철학적 사유의 근본 주제들 Ⅱ

PHILOSOPHIE:
EIN GRUNDKURS, BAND II

철학적 사유의 근본 주제들 II

PHILOSOPHIE: EIN GRUNDKURS, BAND II

마르텐스(E. Martens) / 슈내델바흐(H. Schnädelbach) 편

원승룡·이강서·이방연 역

전남대학교출판문화원

■ 공역자 서문

공동 편집자의 짧지 않은 분량의 '서언'이 있기에 번역자 서문은 될 수 있는 대로 간략하게 붙이고자 한다.

이 번역의 원전은 『철학, 기초과정』(*Philosophie, Ein Grundkurs*)이라는 제목으로 1985년에 처음 세상에 나왔다. 좋은 반응에 고무되어 두 공동 편집자 마르테스E. Martens와 슈내델바흐H. Schnädelbach는 1991년 '자연', '인간', '문화', '기술', '의식' 등이 새로 추가된 개정 증보판을 내기에 이른다. 애초 한 권이었던 책이 두터운 두 권의 책이 되었다. 공동 편집자 두 사람은 함부르크 대학에서 오랫동안 철학을 연구하고 가르쳐 온 동료로서 철학의 기초 지식을 전달해 주는 책들과 전문적 학술 서적 사이의 간격을 메꾸어 줄 수 있는 책을 기획했다고 한다. 이 기획 의도가 책의 수준을 가늠케 해준다. 원저의 제목에 나타나는 'Grund'라는 독일어 단어는 '기초'를 뜻하기도 하고 '근본'을 의미하기도 한다. '철학의 기초과정'이 결코 낮은 수준을 가리키는 것은 아니라고 본다.

이 책의 특징은 분명하다. 우선 이 책은 철학의 핵심 문제들, 주요 주제들을 다룬다. 그러니까 책 전체의 형식은 시간의 흐름에 따른 통시적(通時的) 접근이 아니라 공시적(共時的) 접근을 택하고 있다. 물론 어떤 개별 주제의 경우에는 그 주제가 역사적으로 어떻게 다루어져 왔는가 하는 것을 보이기도 하지만 전체적으로 보아서는 철학사적 접근과는 뚜렷하게 구별된다. 게다가 선택된 주제는 각각 독일어권에서 권위자로 손꼽히는 필자에 의해서 집필되었다. 말하자면 독자들은 이 책을 통해 철학적 사유의 핵심 문제들을 해당 분야 최고 전문가들로부터 소개받는 셈이 된다.

철학의 핵심 문제들을 두루 다룰 뿐만 아니라 '철학 교수법', '철학 연구자들의 직업 전망', '철학 연구 방법론', '철학 연구 기관' 등 여타의 책들에서는 찾아보기 어려운 아이템도 담겨 있다는 점을 이 책의 큰 미덕으로 꼽을 수 있겠다. 그러나 일부 주제의 경우에는 필자의 성향이 강하게 드러나 균형이 깨졌다는 단점도 분명하게 보인다. 그런 경우 대체로 분석철학적 관점이 지나치게 강조되었다고 하겠다. 독자들은 이런 점을 감안하고 읽어주었으면 좋겠다. 목차에서 각 주제 책임 번역자의 이름을 밝혀 두었다.

본디 이 책을 함께 번역하기로 의기투합한 지는 매우 오래 되었다. 공역자들은 마치 원저의 두 공동 편집자처럼 같은 대학교에서 철학을 연구하고 가르치면서 더 나은 철학 교재를 찾고 있었다. 제1권은 원승룡, 이강서, 김은주가 함께 번역하였고, 이번 제2권은 현대독일철학 전공자 이방연 박사가 새로 참여하게 되어 비로소 3인 공동 번역진(원승룡, 이강서, 이방연)이 갖춰지게 되었다. 긴 시간이 걸렸지만 이 번역으로 우리들의 학문적 인연이 발휘된 것을 기쁘게 생각한다.

2021. 2.

공동 번역자

■ 편집자 서언

이 책의 목적은 주변의 수많은 기초적 철학 입문서에다가 또 하나의 입문서를 추가하자는 것이 아니다. 가르치는 활동 속에서 우리가 주목했고, 많은 대학이나 학교의 동료들이 확인해 준 사실은 바로 철학의 기초 지식을 전달해 주는 많은 출판물들과 '학술적인' 전문문헌들 사이에는 하나의 간격이 있다는 것이다. 이 『철학, 기초과정』을 통해서 우리는 이 간격을 메우려고 하는 것이다. 이와 함께 명백히 교과서나 연구서에 대한 욕구가 있는데, 이미 철학함의 첫걸음을 뗀 사람들은 집중적인 독학을 통해 아카데믹한 철학적 담론에 적어도 독자로 참여할 수 있는 능력을 갖추게 한다는 것이다. 동시에 우리는 철학의 전체영역을 적어도 윤곽이라도 소개하기로 했다. 여기서 '기초과정'이라는 말은 그런 식으로 이해해야 한다. 다시 말해 철학의 체계에 대한 기초놓기나 전체적인 개요적 서술이 아니라, 오늘날 현실성 있는 철학함이라면 수행해야 하는 것처럼, 근본적인 문제들에 대한 기초에 집중된 해설이라는 의미에서 이해되어야 한다.

편집자들은 <서론>에서 『철학, 기초과정』의 근본 구상을 이끌었던 오늘날 철학에 대한 상황평가를 고려하고 있다. 이것은 사람들이 철학적인 현재의 조건 속에서 철학을 그같이 제시하고 가르칠 수 있듯이, '철학적인 관심/ 철학에 대한 관심', '비의성/ 공공성', '학문으로서의 철학/ 계몽으로서의 철학'이라는 긴장관계들을 고려할 뿐만 아니라, 유익하게 만들 수 있다는 생각과 관련하여 생겨났다. 오직 문제중심적인 전개만이 우리에게 유용한 것으로 보인다. 이 때문에 이 『철학, 기초과정』은 철학적인 분과들(논리학, 형이상학, 인식론, 윤리학 등등)을 제시하는 것이 아니라 오히려 언제나 전체 문제영역을 대표하는 개념들을 제시한다. 모든 현실성 있는 철학함은 자신의 이전 역사와 용해되지 않으면서 교차되므로 개별적인 문제영역들은 우선 개념의 역사와 문제의 역사적인 수단과 함께 제시되어야 한다. 그때그때 달성되는 논의단계(그러나 역사적 완전함은 아닌)로 인도하는 것이 모든 저자들에게 그들이 서로 다른 방식으로 해결해야 하는 절박한 과제다.

주제영역들의 선택에 관해서는 <서론>에서 상론된 칸트적 물음들인 "나는 무엇을 알 수 있는가? 나는 무엇을 행해야 하는가? 나는 무엇을 희망해도 좋은가? 인간이란 무엇인가?"하는 것들이 우리를 인도하였다. 우리가 상응하려고 했던 칸트의 제시는 그래도 어느 정도 완전하게 이 『철학, 기초과정』의 독자들에게 철학의 대상을 눈앞에 보여주리라는 희망을 갖게 한다.

앞서 말한 것으로부터 이 『철학, 기초과정』은 객관적인 근거들로부터도 순수한 철학 입문서일 수 없다는 사실이 도출된다. 이 책은 기초지식을 전달하기는 하지만 보편적인 목표설정과 관련하여 언제나 다시 기초수준을 벗어날 필요가 생긴다. 각각의 장들에서 많은 독자들에게 처음에는 과중한 부담을 가하는 전문적인 문제분석도 제공된다. 우리는 이 위험을 감수했다. 그리고 우리는 그것을 정당하다고 믿는다. 왜냐하면 인식과 행동의 근본문제들은 개별적인 절들에서가 아니라, 분리되었으면서도 상호보완하고 해명하는 주제 장들의 결합에서 다루어지기 때문이다. 그렇기 때문에 독자는 자신에게 어떤 한 장이 너무 어려우면 다른 장들이 더 나아간 설명과 도움을 제공한다는 것을 기대할 수 있다. 덧붙여 이 『철학, 기초과정』은 단지 독본이 아니라 오히려 무엇보다 연습장과 같다. 이 『철학, 기초과정』은 스스로의 힘으로 계속 나아가게 고무하고 이끌어 간다. 따라서 전거적인 언명들도 일차적으로 이러한 의미로 이해될 수 있다. 제2권 뒷부분에서는 철학의 방법, 전달, 제도화된 현실의 문제들은 철학의 내용에 대해 외적인 것이 아니라 모든 현실성 있는 철학함 안에서 각각 함께 고려되어야 한다는 편집자들의 신념을 반영한다. 그 때문에 여기에서 그 물음들에 상응하는 공간이 주어진 것이다.

이 『철학, 기초과정』에 적어도 개념적으로 통일적인 관점을 주는 데 성공하더라도 이것은 이 『철학, 기초과정』이 어떤 공통적인 철학이나 어떤 교과서적인 생각 같은 것을 대표한다는 것을 의미하지 않는다. 내용상으로는 개별 논문들 사이에 모든 점에서 강조점의 차이와 입장의 차이가 있다. 그리고 편집자들은 조화를 이루려는 노력을 전혀 하지 않았다. 따라서 『철학, 기초과정』은 아카데믹한 논의에 대해서 얘기될 수 있는 것과도 동조한다. 현재의 철학함은 체계나 세계관에 대한 변호가 아니라 복합적인 문제에 대한 공동연구로서만 가능한 것이며, 그것도 학교나 전공의 경계를 넘어서 그렇다.

오늘날 거의 모든 흥미로운 철학적 주제는 학제적인 프로젝트다. 그리고 이는 철학을 철학의 '근원적으로 고유한' 영역, 즉 '순수한' 철학적 물음들의 영역에서 수행하고 가르치는 것이 도대체 아직도 가능한지 의심을 품기를 좋아한다. 여기서 우리는 역사적으로 우연한 학과구분이 아니라 특정한 물음의 방식이 철학을 정의한다는 신념을 따른다. 어떤 물음을 던지고 계속 추구하는 사람은 그가 '전문분야'에 남아 있지 않다고 해도 그는 철학한다. 유감스럽게도 어떤 문제제기가 본질적으로 철학적인 문제제기로 타당할 수 있는지에 대해서는 어떤 보편적인 일치도 없다. 다라서 우리는 여기서 오직 우리 자신의, 그러나 바라건대 논증으로 정당화될 수 있는 신념만을 따를 수 있을 것이다. 그것을 위해 우리는 우리 자신을 불가피한 비판에 내맡기는 것을 감수한다. 아마도 이 『철학, 기초과정』은 철학에서 자신의 것과 학제적인 방향성에의 집중은 어떤 대립이 아니며, 철학자들이 그들의 전문능력의 한계까지도 성찰한다면 철학의 목소리는 바로 들려질 수 있다는 사실을 분명하게 할 것이다. 그리고 나서도 그들이 여전히 말해야 하는 것이 있다면 그것은 그만큼 더 지속적으로 영향력을 행사할 것이다.

한 권으로 된 이 『철학, 기초과정』의 초판(1985)은 독자들의 즐거운 반향과 만났었다. 독자들의 폭넓은 동조가, 다른 한편 그들의 개정과 증보 제안이 출판사와 편집자들을 이 확대된 새 판을 내게끔 고무하였다. 이전 글의 저자들에게는 전거 제시를 현실화하도록 청탁되었다. 대부분의 글들은 사소한 것에서 개정될 필요가 있었다. 우리는 그동안 우리의 신념에 따라 철학적 관심과 철학의 관심을 더욱 강하게 견인하였던 주제영역들을 새롭게 받아들였다. 가령 문화, 기술, 의식 등이 그것들이다.

이 책이 나오는 데 조언과 행동으로 도와 준 모든 사람들을 거명하는 것은 불가능하다. 군다 베르너 여사, 가브리엘 베르너 여사, 아놀드 K.D. 로렌쩬 박사, 그리고 게르트 카일 박사는 원고에 대한 기술적인 편집상의 작업과 문헌 상의 작업의 가장 많은 부분을 떠맡았고 독립적으로 처리했다. 그들에게 이 자리에서 감사드린다. 우리는 쓰기 작업과 관련해서 카린 벤다 여사에게 감사드린다. 로볼트 출판사의 편집부원인 부르크하르트 쾨니히 박사는 총서의 편집자로서 언제나 격려, 고무 그리고 유익한 비판을 통해 철학에 대한 자신의 참여를 보여 주었다. 이 개정판에 대해서도 그에게 특별한 감사가 돌아가야 할 것이다.

함부르크, 1991. 7.

에케하르트 마르텐스Ekkehard Martens

헤르베르트 슈네델바흐Herbert Schnädelbach

■ 목 차

제2권

■ 제1권 목차

1부 _ 자연

- L. 쉐퍼

들어가는 말

인간이 존재한 이래로 인간은 세대로 이어져 내려 왔고 자연 존재들과 같이 탄생과 죽음의 운명을 공유해 왔는데, 인간도 동물들처럼 생명력의 증대와 쇠락을 알고 있다. 식물들의 번창, 동물들의 출현 등 풍경은 변할 수 있는 것이었다고 하더라도, 우리는 동일한 자연이 서로 다른 문화, 서로 다른 시대에 주어졌었다고 생각한다. 이 때 자연이란 그저 사물들의 목록이 아니라 근원 질료의 불파괴성, 자연법칙에 정박해 있는 것으로 보는 과정들의 불변성을 뜻하는 것이다.

사물의 영역으로 이해된 자연에 대하여 자연과학은 보다 정확한 상을 주어야 하고 줄 수 있다. 또한 우리는 대체로 진보로 향하는 자연과학의 특성에서는 자연에 대한 잘못된 생각을 제거하고 이를 참된 것으로 대체하는 것이 중요하다고 생각한다. 우리가 지구와 달 사이의 거리와 같은 사태를 고찰할 때 이 상은 자연과학의 인식 진보에 의해 참일 수 있을 것이다. 그러나 순수한 사실 지식은 과거의 것이고 오늘날도 여전히 자연에 대한 보다 포괄적인 생각 속에 포함되어 있으며 이는 사태에 대한 지식과 동일한 의미에서 획득되고 평가된 것이 아니다.

이렇게 인정된 자연의 불변성과 더불어 우리는 자연에 관한 생각의 변천을 읽을 수 있는데 이는 자연과학적 발견의 결과가 아니라 인간의 변화된 자기이해의 표현인 것이다. 자연에 관한 근본적인 생각은 인간의 자신의 과제의 관점에서 세계에 투사하는 상과 밀접한 관계가 있다. 『우주에서의 인간의 위치』(M. 셸러)는 지구와 달 사이의 간격과 같은 것으로 파악되는 것이 아니라 인간의 자기 기투 속에 깊이 정박해 있다.[1] 따라서 자연에 관한 근본적인 생각과 그 변화는 언제나 철학적 인간학의 흥미로운 자료이며, 어떤 인식의 진보에도 불구하고 인간의 자기 기투의 지위를 보존하고 있는 것이다.[2] 따라서 우리가 오늘날 생태학 담론의 맥락에서, 말하자면 우리가 어떻게 살 것이며 우리는 어떻게 자연과 관계해야 하는가 등등을 묻는 현대 인간의 자기이해와 결정적으로 관련하여 과거 자연관의 르네상스를 맞이하고 있다는 것은 조금도 놀랍지 않다.

다음과 같은 물음이 형이상학의 근본물음으로서 간주된다. "왜 존재자는

---

1) 우리가 여기서 생각하는 것은 의식이란 "자연의 거울"(Rorty 1981)인데 이것은 우리 주위에 나타나는 것을 단순히 반영하면서도 우리가 우리 자신을 자연 속에 반영한다는 것이다. 인간의 자기인식은 밖으로의 투사를 경유할 필요가 있는 것으로 보인다. 흄은 어떤 다른 것을 자기 자신으로 생각한다는 것은 도대체 불가능하다고 생각했다. 인식의 능력이 우주의 가장 먼 구석까지 미치려고 한다면 우리는 우리의 상상력의 우주 안에서 움직이는 것이다.

2) 이러한 인간의 자연인식과 자기인식의 제한은 블루멘베르크가 일련의 저작에서 다루었다. H. Blumenberg, *Die Genesis der kopernikanischen Welt*, Frankfurt/M. 1975.

있고 무는 없는가?" 이 물음에 대하여 과거의 우주론이나 우주진화론도 답을 하려고 하였다. 그러나 이 물음은 우리가 만족할만한 답을 기대하기에는 너무도 심원한 것이다. 그러나 우리가 왜 일반적으로 자연을 인식할 수 있는가 하는 물음은 거부할 수 없는 것으로 보인다. 우리가 우리 자신을 인식할 수 있다는 것은 우리에게 놀라운 것으로 보이지 않는다. 왜냐하면 자기 인식은 원초적으로 인식하는 자와 인식되는 자의 친숙성에 기초해 있기 때문이다.[3] 그러나 우리 앞에 놓여 있는 실재의 인식은 무엇에 기초해 있는가? 그 인식 가능성이 거기에 기초해 있는 그 속성은 자연의 어떤 '속성'인가?

놀랍게도 인간은 자연의 인식 가능성을 수적, 기하학적 형태와 관계에 기초한 수학적 형태에서 본다. 피타고라스학파 이래로, 특히 플라톤의 『티마이오스』(5장 1절 "자연의 위계적 질서: 플라톤" 참조)에서 나타나는 구상에서 이러한 생각은 아주 다양한 변형 속에서 오늘날까지 살아오고 있다. 왜 형식적 구조가 자연의 질료적 인식을 획득하는데 적합하다고 하는가? 우리가 자연법칙을 수학적 형식으로 표현한다는 것은 우리에게는 당연한 것이다. 그러나 왜 자연에서 인식가능한 것은 수학적인가? 우리가 세계의 창조주인 신을 모든 것을 척도, 수, 중량으로 정돈한 수학자로 생각한다면 그것은 그럴 듯하다. 그러나 수학을 추상적이거나 구성적인 체계로 이해한다면 어떻게 될 것인가? 만약 수학의 존재들이 그 근원을 수학적 사고 속에 갖는다면 자연 인식 일반에 대해 적용하는 가능성은 더 이상 분명해 보이는 것이 아니라 완전히 모호한 것으로 보인다. 이러한 난점을 해명하기 위해서는 수는 존재의 본질이라는 피타고라스의 입장에서 '자연의 수학화'라는 근대적 입장으로 가는 길을 따라가야 할 것이다(5장 "자연이라는 주제의 역사적 파악").

두 가지 커다란 전통이 오늘날까지의 자연에 대한 사유에 각인되어 있는데 하나는 유대적-기독교적 사유이고 다른 하나는 그리스적 사유이다. 전자는 구약과 신약의 성서에서, 후자는 소크라테스 이전 철학자의 단편과 그 이후 그리스 철학의 전승된 텍스트들로부터 발견할 수 있다.

---

3) 그것이 하나의 자기기만일 수 있다는 것을 프로이트가 처음으로 보여 주었다. 자기인식은 결코 직접적이거나 참이 아니며 자기기만, 강박, 원망사고에 의해 왜곡되어 있다.

첫 번째 전통에 따르면 자연 자체는 창조된 것이며 신에 의해 창조된 피조물의 삶의 공간이다. 그 공간 안에서 인간은 그를 소유하고, 가공하며, 양식을 얻도록 설정되었다(『창세기』, 9,7). 그리고 마지막 날에 하늘과 땅은 사멸하고 새로운 하늘의 세상이 자리를 차지할 것이라고 약속되어 있다(『묵시록』, 21,1).

두 번째 전통에 따르면 자연은 영원하며 생겨나지도 사멸하지도 않는다. 헤라클레이토스에 따르면 "그러나 모든 존재에게 동일한 이 우주를 신들이나 인간들 중 어느 하나가 창조한 것이 아니다. 그것은 과거에도 현재에도 미래에도 언제나 영원히 살아있는 불이며 그저 정도에 따라 타오르기도 하고 스러지기도 할 뿐이다."[4] 자연이 생산하는 형태들은 다시 소멸되지만 새로운 형태로 회귀하기도 한다. 이것이 발생과 소멸의 영겁회귀이다.

첫 번째 전통에서 자연은 창조의 날에서 새로운 창조에 이르는 역사의 부분이며 시점과 종점을 갖는다. 인간의 (신을 포함) 역사는 그 역사(자연을 포함)에서 문제되는 바로 그것이다.

두 번째 전통에서 우리는 원래는 역사에 대해 말할 수 없으며, 확고한 법칙들이 자연의 상태, 단계, 형식들을 발생시키고 사라지게 만드는 것이고 이러한 영원한 순환에서는 시점과 종점을 구분할 수 없는 것이다.

현대의 우주론자들은 우리에게 두 가지 이론을 제시한다. 하나는 이 우주는 대폭발에서 발생했으며 현재의 세계는 이 강력한 폭발의 지속적인 영향 외에 아무 것도 아니고 언젠가 무한히 얇고 단조롭게 공간 속에 나누어진 물질/에너지 속에서 죽음의 상황을 맞이하게 되리라는 것이다. 다른 하나는 우주는 과거나 현재나 미래에서 안정된 상태를 가지고 있어 한 지역에서 세계들이 사라지고 별들이 소멸하지만 다른 지역에서는 물질의 조밀화가 일어나고 새로운 은하가 형성되며 새로운 별들과 세계가 생겨난다는 것이다.[5]

자연은 전체적으로 시작과 종말을 가지는가, 그렇지 않은가? 칸트는 이 물음은 인간 이성이 최고의 관심을 갖는 물음에 속하지만 대답될 수는 없다고

---

4) H. Diels/W. Kranz, *Die Fragmente der Vorsokratiker*, 3 Bde., Berlin 1952, 22 B 30.

5) M. K. Munitz (편), *Theories of the Universe. From babylonian Myth to Modern Science*, New York/London 1957 참조.

생각했다. 이 물음은 끊임없이 두 가지 대답 사이에서 이리저리 찢겨 나가고, 이 물음에 답하려는 시도에서 이성은 이율배반, 모순에 빠질 뿐이다(칸트, 『순수이성비판』, A 426/B 454이하).

그러나 우리의 자기이해에 관해서는 첫 번째 주장이 적합한지 두 번째 주장이 적합한지에 매우 많이 의존한다. 인식론이 우리를 불가지론자의 상태로 몰아간다 하더라도 인간의 자기이해는 예나 지금이나 인간의 자연 이해와 자연에 대한 태도에 밀접하게 관련되어 있다.

1장
자연에 대한 태도

인간의 자연에 대한 태도는 적어도 세 가지 단계 또는 차원으로 분석된다. 인간은 1) 인식하며(이론적으로) 2) 행위하며(기술적-실천적으로) 3) 반성하며(미적으로) 자연에 관계한다. 현재 많이 논의되는 문세는 인간이 자연에 대해 도덕적-실천적 태도를 취할 수 있는지, 혹은 취해야 하는지 하는 문제이다.

1. 자연의 인식은 우선 관찰 또는 봄의 형태로 이루어진다. 우리가 오늘날 자연과학의 목적이 이론의 구성이라고 말한다면 그것은 시초의 방향에서 먼 반향이다. 왜냐하면 **theorein**은 **봄**의 그리스 말이기 때문이다. 물론 현대의 자연과학은 더 이상 봄에서 나오지 않으며 자연연구는 관찰에서 완성되지 않는다. 그러나 근대 초까지 자연의 인식은 관찰, 봄으로 수행되고 완성되었으며 그것이 최고의 인식방식이었다. 봄은 최고의 인식방식으로 간주되었을 뿐 아니라 우주의 관찰은 동시에 삶의 의미충족으로 여겨졌다. 아낙사고라스는 초기 그리스의 비극적 의식에 던져진 물음, 즉 왜 우리는 태어나지 않는 것보다 차라리 태어나는 것을 택하는 결정을 할 수 있는가 하는 물음에 대해 답했다고 한다. 즉 하늘의 건축을 보고 우주 속에서의 질서를 보기 위하여.[6]

6) H. Blumenberg, *Die Genesis der kopernikanischen Welt*, Frankfurt/M. 1975, 16쪽 이하.

자연 전체를 주제화한다는 것은 아마도 또한 우리가 별이 떠 있는 천체를 관찰하는 경우에서처럼 거리를 취하는, 또는 거리를 요구하는 관찰을 토대로 비로소 진행될 수 있었다는 사실은 그 자체로 충분히 인정될 수 있어야 한다. 우리 주위에서의 지각공간이 제한되어 있는데 반해 맑은 날 밤의 천체의 관찰은 우주 전체의 인상을 전해준다. 비록 지평선은 예나 지금이나 한계로 현전하지만 말이다.

자연은 총체적으로 신뢰할 수 있는 지식을 얻을 수 있는 특별한 영역으로 간주되어 왔고 간주되고 있다. 그것은 고대적 경험이 요구하는 것처럼 우리가 현상을 직접 확인할 수 있는 것이건, 근대의 학문적 이상이 요구하는 것처럼 경험적 자료는 재생산되고 상호주관적으로 검증가능한 것이건 마찬가지이다.

2. 자연에 대한 이론적 태도는 우리에게 자연의 이해를 가져다주는데 무엇보다 자연의 개념을 가져다준다. 그러나 분명히 자연에 대한 **실천적** 태도가 더 오래되고 더 근원적인 것이다. 인류학자들은 인간이 되어가는 과정과 도구의 사용을 동일시한다. 이미 원시적인 삶의 형태에서부터 인간은 행위하면서 자연의 개입하며 자신의 생존조건을 확보하고 개선시키려고 한다. 수렵채취하는 자로서 단순한 도구를 사용하든, 농부로서 땅을 경작하든 말이다. 연장, 그릇, 옷 등의 제작, 그리고 사냥, 경작, 사육 등의 '기술'의 발전은 분명히 자연에 대한 모든 '이론'보다 오래된 것이다. 아마도 이러한 자연과의 실천적 교류에도, 명시화할 수 없다 하더라도, 일정한 자연에 대한 이해가 내포되어 있는 것이다.

자연의 힘에 대한 경외에서 제식을 수용했던 태고적 자연관은 자연에 대한 이론적 태도보다는 실천적 태도에 그 근원을 두고 있다. 그리고 거꾸로 자연에 대한 서로 다른 자연관은 서로 다른 실천적 행위 방식을 이끄는 것처럼 보인다. 무엇이 '원인'이고 무엇이 '결과'인지 말하기 어렵다. 자연에 대한 지식이 특정한 이용적 실천의 조건을 만들어 내는가, 혹은 자연에 대한 지식은 언제나 선행적인 실천에 근거하고 있는가? 단순한 도구의 사용에서 과학적으로 기초된 기술을 끌어들이는 산업적인 이용 실천으로 넘어간다는 것이 자연에 대한 이해에 있어 변화가 선행하고 실천적 태도의 변화가 그에 뒤따른 것이라는 사실에 대한 증거인지, 혹은 이러한 이행은 하나의 새로운 실천이 수립되고 뒤따라 새로운 자연 이해가 나온다는 사실에 대한 증거인지? 아니면 차라리 이론적 자연개념이나 실천적 태도나 모두, 헤겔의 객관적 정신이나 하이데거의 존재운명(Seinsgeschick)에서처럼, 그들을 똑같이 조종하는 하나의 관점에 뒤따르는 것인지? 우리가 어떤 차원을 근본적인 것으로 볼 것인지, 바로 이 지점이 자연관의 근본적 변화에 대해 책임이 있는 요인들도 정착될 수 있는 지점이다.

3. 이제 우리는 우리를 자연에 대하여 그저 호기심이 있는 존재나 기술적-실천적으로 행위하는 존재만으로 이해하는 것이 아니라 자연에 대한 우리의 태도의 중요한 차원, 즉 **미학적** 존재로 이해한다.

자연과 예술은 종종 대립적 개념으로 이해된다. 그러나 미적 체험과 자연 영역 간의 밀접한 관계는 이 기본 개념 자체 속에 놓여있다. aisthesis(Ästhetik이 여기서 나온다)는 직접 현전해 있는 어떤 것에 대한 감각적 지각을 의미하는데 여기서는 무엇보다 자연 사물에 대한 관계가 생각된다.[7] 이러한 근친관계는 미학 이론의 두 가지 중요 개념에서도 표현된다. 우리는 자연미에 대해 말하며 오랫동안 예술의 본질을 미메시스, 즉 자연의 모방으로 규정해 왔다. 이러한 특징을 시대에 뒤지고 너무 좁은 것으로 간주하는 사람도 자연과 미적 경험의 근원적인 관련을 인정하지 않을 수 없을 것이다.[8]

미적 경험에서 우리는 대상을 그것이 우리 마음에 드는지 안드는지, 혹은 어느 정도 마음에 드는지 하는 관점에서 평가하며 우리를 반성적으로 쾌와 불쾌의 능력에 연관시킨다. 물론 자연의 미적 경험은 theoria와, 그리고 종교적, 윤리적 경험과도 밀접하게 연관되어 있다. 이것은 무엇보다 플라톤이 진, 선, 미를 동일시한데서 잘 나타났으며(5장 1절 "자연의 위계적 질서: 플라톤") 기독교적 플라톤주의에 영향을 끼쳤고 케플러의 '세계화음론'(5장 3절 "근대 초의 자연 사상")에서 꽃피웠다. 자연미의 자유롭고 자립적인 미학은

7) R. Jauß, *Aisthesis und Naturerrfahrung*, in: *Das Naturbild des Menschen*, J. Zimmermann (편), München 1982, 155-182쪽 참조.

8) J. Zimmermann, Zur Geschichte des ästhetischen Naturbegriffs, in: *Das Naturbild des Menschen*, J. Zimmermann (편), München 1982, 118-154쪽 참조.

18세기에 비로소 나타났고 낭만주의의 종말과 더불어 종말을 고한다. 그러나 미적 경험만이 아니라 예술적 창작도 자연에서의 형태의 창조와 유비적으로 해석된다. 예술가는 부분적으로 신적인 것과 자연에서의 형태적인 것을 모방하며(natura naturans), 부분적으로 자유로운 형태화 속에서 그것을 진행시키고 완성한다(narura naturata).

이미 언급된 오늘날 자주 논의되는 물음은 자연에 대한 **도덕적-실천적** 태도가 있을 수 있는지, 있어야 하는지 하는 물음이다. 기술적 힘이 막대하게 성장하고 거대기술로 편입됨으로써 자연 관계에서 통렬한 변화가 초래되었다. 무엇보다 소위 생태학적 위기의 위험성이 알려진 후로 자연의 기술적 개조가 허용될 수 있는지 하는 물음이 제기된다. 대체로 윤리적으로 중립적으로 보이는 자연에 대한 인간의 행위도 이제 도덕적 기준에 던져져야 한다는 것이다. 우리는 자연 존재의 고유한 권리를 인정해야 하고 그들에 대한 우리 편에서의 일정한 의무도 상응해야 한다는 주장이 다양하게 주장된다.

'책임의 윤리'[9]는 자연의 보존의 의무를 지우는데, 그것은 '그 자체를 위하여' 그러한 것이지 우리가 자연으로부터 어떤 유용한 것을 끌어내기 때문이 아니다. 창세기에 나오는 사명, 즉 땅을 너희에게 복속시키라는 사명은 자연 이용을 일반적으로 정당화하기 위해 기꺼이 요구되었던 것이지만 이제는 의심스러운 것이 되었다. 유대적-기독교적 신앙이 자연 전체에서 인간에게 부여하는 특별한 위치로부터 자연에 대한 이용 실천에 이르기 까지는 직접적인 선으로 연결되어 되어 있는데 이는 오늘날 우리가 부딪치고 있는 것이며 결국 우리가 우려하는바 환경의 파괴로 귀결되고 있다. 이러한 파괴를 중지시키기 위해서는 따라서 모든 자연의 재화가 인간의 자유로운 이용에 맡겨져 있다는 유대적-기독교적 **인간중심주의**를 자연 자체가 자신의 권리를 가져야 한다는 **자연중심주의**로 대체될 것이 요구된다. '자연과 더불은 평화'[10] 혹은 성스러운 자연이라는 인도나 극동의 사고가 중요하다면 그리스의 자연 사상

---

9) H. Jonas, *Das Prinzip Verantwortung. Versuch einer Ethik für die technologische Zivilisation*, Frankfurt/M. 1979.

10) K. M. Meyer-Abich, *Wege zum Frieden mil der Natur. Praktische Naturphilosophie für die Umweltpolitik*, München 1984.

도 상당한 기대감으로 만날 수 있을 것이다.

그러나 '생태학적 윤리학'의 이름으로 제기되는 이러한 요구가 아무리 정당하다 하더라도 과연 우리가 '성스러운 자연'이나 '목적론적 자연'에 적합한 근거를 줄 수 있는지 하는 의문이 들 수 있다. 근대의 자연 개념이 그러한 정초에 단순히 대립해 있다는 것만이 중요한 것은 아니며, 우리는 생태학적 문제가 사회적 문제이지[11] 자연 사건이 아니라는 것도 주목해야 한다.

2장

시원과 가치전환

1절__ 앞에 놓여있는 자연

자연에 대한 사고에는 여러 가지 관점에서 시원과 근원적인 것에 대한 관념이 얽혀 있다. 자연을 주제화함으로써 철학과 학문은 일반적으로 자신의 시원을 취했다. '자연에 관하여'는 많은 소크라테스 이전 철학자들의 책 제목이었는데 대개 단편들만이 남아 있다. 아리스토텔레스는 소크라테스 이전 철학자들을 전체적으로 자연학자(phsiologoi)라고 부른다. 자연과학적 인식방식(신화와 대비적으로)은 자연철학의 형태로 발생하게 된다. 모든 것을 구성하는 단순한 요소들도 '시원적'인데 모든 것은 이로부터 합성되고 다시 이들로 분해되거나 분해될 수 있다. 사물의 발생과 소멸에서 지속되는 '본성상 단순한 것', 가령 탈레스의 물, 헤라클레이토스의 불, 엠페도클레스의 4원소(불, 공기, 물, 흙) 등을 아리스토텔레스는 자연 개념의 근본 의미로 간주한다(『자연학』, Ⅱ.1, 192b10).

이론적 지식들의 최초의, 적절한 구분도 또한 자연 영역과의 구분 속에서 따라 나온다. 오늘날 우리가 아직도 사용하고 있는 존재 일반의 학문(형이상

---

11) J. Passmore, *Man's Responsibility for Nature*, London 1974.

학)과 특수한 자연사물에 관한 학문(자연학)의 구분은 아리스토텔레스로 거슬러 올라간다. 물론 아리스토텔레스가 형이상학(제일철학)과 자연학(제이철학) 간에 설정한 등급관계는 고착되지 않았다. 이것의 변형과정에는 재차 자연이라는 주제가 개입되어 있음을 보게 될 것이다.

2절__ 종속되어야 할 자연

17세기에 철학과 과학의 혁신이 일어날 때 자연이라는 주제는 근본적 역할을 담당한다. 그것은 자연관에서의 변화(고대의 지구중심적 우주에서 근대의 무한한 우주로의 이행)가 인간의 자기이해를 깊이 촉발하였기 때문만이 아니라, 무엇보다 실험적으로 진행하는 자연과학이 형이상학의 후견 역할에 맞서 저항함으로써 자립적인 학문의 수립이 이루어졌기 때문이다. 자연은 이제 자립적이고 영원히 진보해가는 자연과학의 영역으로 되었고, 여기서부터 외적 경험의 대상 영역으로서의 자연이라는 생각이 주도적인 것이 되었다. 이러한 특성과 결합하여 마찬가지로 17세기 이래 기술적 이용 가능성의 특성이 부가되었고 자연은 결국 기술적-산업적 이용 실천을 위한 힘과 질료의 저장고로 생각되게 된다.

그 이후로 경험적 방법에 따라 작업하는 자연과학은 모범과학의 역할을 떠맡게 되었다. 이것은 특히 물리학에 대해 타당한데, 이는 오늘날 화학, 생물학 등과 더불어 하나의 특수한 자연과학으로 이해하지만 자연 전체(physis)에 대한 명칭으로 이해하는 것도 근거 없는 것은 아니다.

3절__ 화해를 요하는 자연

오늘날 자연이라는 주제는 새로 평가되고 달리 평가되게 되었다. 소위 생태학적 위기는 우리가 자연을 자연과학적 탐구의 영역으로 생각하고 무제한한 기술적 이용을 위해 열어놓는데 안주해서는 안 된다는 것을 보여준다. 왜냐하면 신체적 인간으로서의 우리의 생존조건은 상당부분 온전한 환경에 의존하기 때문이다. 그러나 기술적 생산으로 향해진 자연과학 때문에 자연의 산업적 이용의 형태가 발전했으며 이는 이제 막 생존의 토대를 파괴하려 하고 있다. 따라서 지상에서의 장구한 인간 삶의 생존은 우리가 파괴적 착취보다는 더 적합한 자연에 대한 태도를 발전시킬 수 있을 때에만 보장받을 수 있는 것이다. 우리가 과거에 소진되지 않고 파괴할 수 없으며, 스스로를 갱신하고 치유하는 것으로, 그리고 위대한 유모로 기술해 왔던 자연이 이제는 상처받고 파괴될 수 있는 것으로, 인간이 보호하고 보존해야 할 값비싼 재화로 체험되고 있다. 인간은 자연에 대해 책임을 질 것을 요구받고 있다. 화해의 사상을 알지 못하는 근대 자연과학의 자연 개념에 대신해 '대안적인' 자연 개념의 추구가 자연철학에 대한 새로운 관심을 열어 놓는다. 자연은 생태학적 위기를 통해 실천철학, 인류의 생존프로그램, 정치학의 주제가 되었다. 여기서 자연은 물론 우주 전체로 이해되는 것이 아니라 살아있는 자연, 생명 영역, 인간(homo sapiens)을 포함한 유기체의 공동체로 이해된다.

과거에 자연은 일차적으로 물리학의 관점에서 주제화되었다. 다가오는 자연철학의 임무는 생물학의 관점을 더 강하게 고려하는 것이다. 그것은 과거 낭만주의 철학이 시도했던 것처럼 전 자연을 하나의 유기체로 고찰하기 위해서가 아니라 살아있는 것의 특수성을 고려에 넣기 위해서이다. 우리의 물질성에 근거해서는 우리는 아주 사소한 의미에서 자연의 일부(죽은, 혹은 살아있는)이다. 그러나 우리는 아주 치명적인 의미에서 자연의 생리학적 순환 속에 짜여져 있으며 동시에 끊임없이 변화하면서 영향을 미친다. 우리가 생명의 영역에 개입하는 결과는 이제까지 별로 성찰되지 않았다.

'자연'이란 인간의 시작과 종말을 포괄하는 하나의 주제를 표현하는데, 과학에서는 의심할 수 없는 진보의 영역으로, 인간적 목적에 따른 기술적 개조의 영역으로 간주되면서도, 일차적으로는 언제나 우리가 벌 받지 않고는 결코 약탈하거나 황폐화시킬 수 없는 삶의 공간이다.

3장
자연의 개념

1절__ 존재방식(속성)으로서의 자연

오늘날 우리는 자연을 우선은 사물의 영역으로 이해한다. 그러나 사물의 존재방식 또는 속성으로서의 자연의 의미가 더 시원적이다. 여기에는 무엇보다 사물의 발생과 존속의 방식이 속하는데 대체로 숙련성이 적용되는 대상의 생산과 대비되는 것이다. 그리스 어의에 따르면 자연(physis, phyein-자라다에서 온 말)은 근원상 성장이나 성장된 것, 즉 일정한 식물의 형태나 거기에 놓여있는 힘과 능력을 의미한다(호머, 『오디세이아』, 10.303). 예를 들어 하나의 식물이 특정한 향기를 내뿜는다는 것, 열을 가라앉힐 수 있다는 것은 그의 본성과 더불어, 그의 본성 안에 고정되어 있는 것이다. 우리가 현재 빌려 쓰고 있는 라틴어 자연(natura)에서는 탄생(nasci=태어나다)을 통해 세상에 출현하는 것이 중요한 요소이다. 로마인들에게 있어 자연 개념은 근본적으로 인간의 권리관계와 결합되어 있던 것으로 보인다. 말하자면 가장 중요한 속성은 탄생을 통해 고정되는 것이다. 교육, 지식획득, 습속을 통해 부가되는 것은 이차적인 것('제2의 자연')으로 간주된다. 말하자면 일차적 자연은 언제나 다시 전승된 문화의 외피를 부수고 인간의 불변적 성격 또는 참된 본성을 보여준다.

그러나 그리스인에게서도 초기에는(핀다르의 경우처럼) 누가 영웅이 될지 아닐지는 탄생을 통해 고정된다는 생각이 있었다. 아마도 귀족 혈통의 특권은 이러한 자연 개념을 배경으로 발생했을 것이다. 이에 반해서 교육의 긍정적 개념이 도입되는데 여기서는 일차적 자연은 파괴되지 않고 지속되는 것이 아니라 사라져 버린다. 귀족의 특권에 대해 반대한 데모크리토스로부터 다음과 같은 금언이 전해진다. "많은 사람들은 소질을 통해서가 아니라 훈련을 통해서 덕을 가지게 된다."[12] 그리고 "자연과 교육은 유사한 것이다. 왜냐하면 교육은 실로 인간을 개조하지만 이러한 개조를 통해서 자연을 창조하기 때문이다”(B 33).

속성이라는 의미의 자연 개념은 본질의 개념과 밀접하게 연관되어 있다. 우리는 본질 개념을 가지고 사물을 그 속성의 관점에서 규정하는(그러한 것이 실제로 있다고 가정하지 않고) 반면, 사태의 실현된 본질을 하나의 사태의 자연(본성)으로서 이해한다.

우리가 자연을 일차적으로 사물의 존재방식이나 작용방식으로 이해한다면 우리는 특정한 것에 관계하게 된다고 할 수 있지만, 여기서는 개별 사물의 고찰이 일차적인 문제가 아니며, 자연은 그때그때 이런 저런 종(류)의 자연이다. 우리가 불, 늑대, 약용식물 등등의 본성에 대해 얘기할 때 우리는 여러 개체들의 행동방식이 그때그때 종-본성에 근거를 두고 있다고 생각한다. 이것이 자연 개념의 보다 오래된 생각인 것처럼 보인다. 우리는 원래적으로 사물의 본성(루크레티우스, 『사물의 본성』)에 대해 말하며, 전이된 의미에서 전체의 본성에 대해 말한다. 칸트는 후기에 이러한 자연 개념을 공식화했다. 자연(부가적 또는 형식적인 의미의)이란 “한 사물의 현존에 속하는 모든 것의 일차적 내적 원리”[13]를 의미한다.

사물이 존재하게 되는 발생의 방식만이 아니라 사물이 존속하는 방식도 자연에 귀속된다. 사물의 존속은 사물의 작용과 연관되어 있다. 왜냐하면 사물은 그 본성에 따라 작용함으로써 존재로 유지되기 때문이다. 뿌리를 통해 영양분과 수분을 흡수하고 잎에서 광합성을 행하고 결국 꽃을 피우고 씨앗을 만드는 것 등은 식물의 본성에 속한다. 그 자연적 과정이 방해를 받는다면 그는 쇠약해지거나 죽게 된다. 방해를 받지 않고 삶의 순환을 거친다면 자연적인 죽음을 맞이하겠지만 말이다.

고대에서는 요소들(불, 공기, 물, 흙)이 똑같이 ‘내적 본성’을 갖추고 있는 것으로 생각되었지만 존재방식이나 작용방식으로서의 자연에 대한 생각은 생명체에 대해 일반적이었고 개별 유기체에 대해 명백한 것이었다. 무엇보다 이러한 세대 연속에 대한 생각은 자명한 것이 되는데, 한 종은 개체가 세대를

12) H. Diels/W. Kranz, *Die Fragmente der Vorsokratiker*, 3 Bde., Berlin 1952, 68 B 242.
13) I. Kant, *Metaphysische Anfangsgründe der Naturwissenschaft*, Bd. IV, 467쪽.

관통해 발생하고 소멸함으로써 존재 속에서 유지되는 것이다. "한 인간은 한 인간을 만든다."(아리스토텔레스, 『자연학』, Ⅱ.7, 198a27) 자연의 규칙성과 질서는 총체적으로 개별존재의 내적 본성에 따른 작용방식의 항상성에 기초해 있는 것이다.

2절__ 영역(현상의 총체)로서의 자연

우리를 둘러싸고 있는 것들 중 많은 것들은 우리의 관심이 없이도 거기에 있다. 우리는 인간이 존재하기 전부터 그것들이 거기에 있었다는 것을 받아들인다. 별이 있는 하늘, 태양과 달, 대양과 대륙, 계절과 밤낮의 변화, 바람, 비, 가뭄 등등. 자연은 사물들의 자립적인 발생과 소멸의 영역이다. 모든 생명체는 자신의 자연적인 시초를 받아들이고 자신의 자연적인 죽음을 발견한다.

여기서 자연은 불변하는 법칙에 따라 필연적인 변화가 일어나는 영역으로 생각된다. 자연성은 필연성의 장소이다. 아무 것도 자연법칙에서 벗어날 수 없으며, 모든 것은 시간과 공간의 틀 속에 있는 한 자연법칙에 종속되어 있다. 칸트는 이러한 자연 개념을 다음과 같이 공식화한다. 자연(실체적 또는 물질적인 의미의)이란 "우리의 감각 내지 경험의 대상이 될 수 있는 한에서 사물의 총체"를 의미한다. 혹은 "… 인과성의 내적 원리에 의해 일관적으로 연관되는 한에서 현상의 총체"(『순수이성비판』, A 418/B 446)를 의미한다. 인과성의 내적 원리란 자연법칙에 따른 연관을 의미한다. 이것은 전형적인 근대적 사고이다. 여기서는 자연과 자연법칙의 개념이 너무 밀접히 연관되어 있어 자연의 개념은 자연법칙의 개념을 이미 내포하고 있다고 할 수 있다.

자연법칙만이 아니라 자연 자체의 본질도 어떤 불변하는 것, 항구적인 것으로 이해된다. 자연은 불변하는 질서의 영역이고 손상되지 않는 필연성의 장소이며 자립적인 존속의 영역이다. 우주, 자연의 질서지워진 전체는 변하지 않고 계속 존속하는 반면 세계 제국은 뜨고 지며, 세대는 출현하고 죽으며 도시는 세워지고 파괴된다.

3절__ 신의 작품으로서의 자연

헤라클레이토스의 견해와는 달리 신의 창조로서의 자연이라는 널리 퍼진 생각이 있다. 이러한 사상은 두 가지 형태로 나타난다. 특히 성서의 창조이야기와 결합된 첫 번째 생각에 따르면 신은 세계, 즉 자연 전체를 무로부터(creatio ex nihilo) 창조했다. 반면 플라톤의 『티마이오스』에서 유래하는 것으로 알려진 두 번째 생각에 따르면 신은 놓여있는 무질서의 상태를 질서의 상태로 전환시킴으로써 창조했다. 세계의 창조주는 세계안의 질서의 작자이다.

한 유기체의 성장이나 공생적 외적 관계에서 표현되는 것처럼 그 미묘한 목적성 속에 있는 자연은 그것을 신적 이성과 지혜로 돌릴 때에만 이해될 수 있는 것으로 보인다. 아리스토텔레스가 인정하기를 "자연이 공연히 하는 것은 아무 것도 없으며"(『천체론』, I.4, 271a33) 철두철미 목적활동적이다(『자연학』, II.8). 물론 그는 그에 대한 원인으로서의 외적 지성을 거부한다. 반대로 우리는 자연 속에서의 목적성은 모든 것을 질서지우는 이성을 가정해야만 설명할 수 있다는 사상이 그 후 인기를 얻는데, 그것은 기독교적 창조 사상과 플라톤적 데미우르고스의 결합이었다.

이것은 아우구스티누스나, 특히 쿠자누스Nikolaus Cusanus와 르네상스에서 가능했다. 이와 동시에 자연의 모방으로서의 예술이라는 아리스토텔레스의 명제도 다른 의미를 획득한다. 여기서는 기술적 작용과 자연적 작용(둘 다 목적에 향하고 있다는)의 구조적인 유비만 요구되는 것이 아니며, 인간은 자신의 기술적 행위를 통해 창조된 자연(natura naturata) 속에 표현되는 신적 창조 활동을 모방하는 자이다. 이러한 사상은 우리가 결국 신을 우리의 기술적 제작과의 유비를 통해서만 파악할 수 있다는 데에까지 나아간다. 이렇게 우리는 신의 작품에다가 신은 플라톤적 데미우르고스와 같이 영혼이 있는 생물체로서의 우주를 창조하는 것이 아니라 거대한 세계기계로서의 자연을 창조했다는 사실을 귀속시킨다. 자연은 점점 더 신이 창조의 날에 마치 태엽을 감아놓고 그 이후 기계적인 규칙에 따라 작동하는 정확한 시계장치로 여겨진다. 17, 8세기의 기계론적 자연 해석은 신학적 뿌리를 갖고 있다. 데까르뜨의 생리학적 자동기계로부터 라메트리의 기계로서의 인간까지는 바로 직선으로 연결되어 있다. 기계적 장치에 있어서의 구성 원리는 우리가 만들지 않은 자연의 이해와 설명의 원리가 된다.

케플러에서도 이러한 사상이 나타나며(5장 3절 "근대 초의 자연 사상") 칸트도 결국 이성은 자연 속에서 자신의 표상에 따라 생산하는 것만을 인식할 수 있다는 것을 인정하게 된다. 인식한다는 것은 추후구성할 수 있다는 것이다. "나에게 질료를 주라, 나는 거기서 하나의 세계를 만들어 낼 것이다! 즉 나에게 질료를 주라, 나는 너에게 거기서 하나의 세계가 어떻게 발생하는지를 보여줄 것이다."[14] 신적인 기술, 지혜, 선으로부터 나온 세계는 인간에 의한 구성가능성의 판단기준으로 빠져 들어간다. 이것은 인간이 자신을 그 앞에 놓인 자연의 개선자로서, 공작인(homo faber)으로서, 기술적 힘을 통한 새로운 세계의 창조자로서 이해할 때에만 논리적인 것으로 보인다. 물론 이러한 이념은 인간은 발생적 질료에 대한 조종을 통해 자신의 본성과 다른 유기체의 본성을 바꿀 수 있다는 점에서 위협적인 형태를 내포하고 있다. 이러한 침해가능성이 위협적인 것은 단지 여기서 열려지는 도덕적 성찰 때문만이 아니며 그러한 변화가 돌이킬 수 없는 것이고 그 결과에서 결코 무시할 수 없는 것이기 때문이다.

4절__ 규범으로서의 자연: '자연에 맞음'

근원적인 존재방식으로서의 자연의 이해에 있어서 자연 개념의 규범적인 적용이 다양하게 이루어졌다. 우선 히포크라테스의 의학이 그러한 경우이다. 여기서 자연은 인간이나 어떤 기관의 건강한 정상상태를 뜻하는 것이었다. 이 상태가 병이 들어 파괴된다면 그것을 다시, 의학적 기술을 통해, 회복하는 것이 중요한 것이었다. 여기서 우리가 병듦은 그 자연(physis), 즉 그 발생의 자연적 원인을 가진다고 말한다면, 그것은 고대적 의미에서(3장 1절 "존재방식(속성)으로서의 자연") 그러한 것이다. 의학적 자연 개념의 특수한 측면은

14) I. Kant, *Allgemeine Naturgeschichte und Theorie des Himmels*, in: *Werke* (아카데미판) 1권, 230쪽.

두 가지 점에서 효력이 나타난다. 하나는 우리가 '정상적인' 구조 또는 기능이라고 부르는 것이고, 다른 하나는 치유를 향한 자연의 활동성인데 여기서 의사는 단지 보조할 수만 있을 뿐 자신의 기술로 처리할 수 없다. "의사는 치료하지만 자연이 치유를 가져다준다."

자연에 대한 규범적인 언사는 많은 분야에 침투해 있다. 자연적인 섭생이나 생활방식에서 자연적인 사회질서나 국가형태, 그리고 자연법이나 자연적 윤리에 대한 생각에 이르기까지 그러하다. 어떤 관계를 우리가 '자연적', 혹은 '자연에 맞는'(naturgemäß) 것으로 설정한 것을 통해 정당화하는 것은 언제나 매혹적인 생각이었다. 여기서 우리는 자연에 주어진 것으로 되돌림으로써 규범적 관계를 정당화하는 '자연주의'를 발견하는데 윤리학이나 국가론에서 뿐 아니라 미학, 교육학, 사회학, 심리학 기타 많은 문화의 분야에서 그러하다. 보다 강한 것은 '자연으로부터'(von Natur aus) 하위층에 대한 지배를 위해 규정되는 것으로 여겨지며, 우리는 노예에 대해서 그들은 정당하게 노예화된다고 말하는데 왜냐하면 그것이 노예적 본성에 상응하기 때문이라는 것이다.

우리는 자연에다가 주체적 성격을 부여하는 여러 형태들도 지지할 수 없는 자연주의에 넣어야 한다. 자연은 선량하다, 잔인하다, 경향적이다, 숨기려 한다. 숨김이 없다, 그에 가해진 파괴에 대해 보복한다, 혹은 평화를 사랑하는 이이들에 대해 관심을 베풀어 주다, 등등 이 모든 언사는 자연을 인간화한 것이며 인간의 주체와 같이 의도와 감정을 부여한 것인데 이는 비학문적인 토대에서 나오는 것이다.

자연주의는 18세기 이래 이데올로기라는 의심을 받았으며 '자연주의적 오류추리'라는 원리적인 비판에 직면하기도 하였지만 생태학적 담론에서 자주 모습을 드러내고 있으며 다양한 형태의 문화비판 속에서 우리는 "자연으로 돌아가라!"라는 마력적인 말을 들을 수 있다(3부 문화 1장 2절 "소외로서 문화(루소)").

4장 자연 개념과의 대조

자연 개념은 대비를 통해서 비로소 자신의 규정성을 획득한다고 할 수 있다. 그것은 그리스의 사유에서는 무엇보다 두 가지 대립쌍을 통해 규정되었다. 자연-기술, 그리고 physei-thesei가 그것이다. 첫 번째 대비는 존재론적으로 이해되어야 하는데 이는 모든 사물을 자신 안에 그 존재의 근원을 가지는 사물과, 다른 것 속에 그 근원을 가지는 사물로 구분한다.[15] 전자는 자연을 통해 발생하고 후자는 기술능력을 통해 발생한다. 두 번째 대립쌍은 권리관계의 지위에 관계하는데, **자연으로부터**(physei) 이러저러하게 분화되는 것들과, **규약으로 인해**(thesei) 이러저러하게 설정되는 것들을 대비시킨다. 첫 째 구분에서는 언제나 진짜 선언(選言)이 생각되었던 반면, 둘 째 구분에서는 모든 권리관계는 인간의 일치를 통해서 성취된다는 것, 즉 모든 규범은 하나의 협약적인 지위를 갖는다는 명제도 내포되어 있었다.

유대적-기독교적 사유에서는 자연은 한편으로 초자연적인 것(신, 천사, 정령, 천국, 지옥)과 대비되고, 다른 한편으로 자연 자체는 전혀 다른 상태들로, 가령 신성한/타락한, 구원된/구원되지 않은, 죄많은/은총받은 등으로 생각되었다. 자연은 완전히 구원사의 맥락에 서 있으며 이는 세계의 창조와 더불어 시작되고 그 종말에는 다시 '새로운 하늘과 땅'이 있게 된다. 따라서 그리스적 사유와 히브리적 사유의 주요한 차이는 전자에서 자연은 무역사적으로 생각되는데 반해 후자에서는 역사의 일부로 나타난다는 것이다(K. Löwith).

데까르뜨 이래로 사고하는 자연(주관성)과 연장적 자연(물질적 대상)이 구분된다. 자연은 엄밀하게 결정되는 기계적 체계로 생각되고 자유로운 주관에 대립된다. 이러한 대비는 여러 가지 형태로 근대철학 속에서 보존되었다. 칸

15) '운동의 시원'과 관련된 이러한 대비와 더불어 아리스토텔레스에서의 자연과 기술은 서로 유비적으로 볼 수 있다는 것은 잘 알려져 있다. 그는 기술을 '자연의 모방'으로 규정하고, 반대로 자연의 작용방식을 "스스로를 치유하는 의사처럼"(『자연학』, Ⅱ.8, 199a-b33) 생각한다. 또 한편으로는 이러한 대비는 우주발생론의 틀 안에서 우주를 작품으로 만드는 신적 창조주를 통해 두드러진다.

트는 자연개념과 자유개념, 감각 세계와 지성 세계, 이론적 이성과 실천적 이성을 엄격히 구분한다.

그 이후의 철학은 이러한 이원론을 구분하기 위해 노력한다. 쉘링과 헤겔의 사변적 관념론에서 자연은 단순히 이성에 대립되는 것이 아니라 정신의 타자로서, 정신 자체로서, 타자성의 형태를 띤 정신으로, 얼어붙은 지성 등등으로 생각된다. 즉 여기서 자연 개념은 정신의 철학 속으로 다시 가져오도록 시도되는 것이다. 반대로 유물론에서는 정신의 구조가 물질의 운동법칙으로 소급되도록 시도된다. 상호적인 환원의 여러 프로그램들(낭만주의적인 자연의 정신화, 유물론적인 정신의 자연화)은 오늘날 거의 선호되지 않는다. 자연적인 진화 내지 의식의 출현은 환원주의보다 더 매력적인 통합의 형식으로 제시되었다. 소위 심리-물리적인 문제는 더 나아간 열려진 문제로 취급되고 있지만 말이다.

자연 개념에 대비되는 것으로서 우리는 또한 '문화'의 개념을 사용하며 이를 인간에 의해 만들어진 모든 것으로 생각한다. 인공물, 예를 들어 기술 또는 예술에 의해 생산되는 대상, 현대의 생활세계의 제도와 소통체계, 언어와 상징의 세계 등이 그것이다. 물론 이러한 대비는 근대에 해체되어 버렸다. 왜냐하면 자연 자체는 이미 오래 전부터 제작가능성의 범주로 귀속되었기 때문이다. 자연은 문화화된 자연으로서만 우리와 만난다. 자연과 문화의 대립과 함께 '자연'도 점점 더 기술적인 개입 속으로 종속되어 사라져 버리고 있다. 우리가 관리된 풍경, 조림된 숲, 조성된 호수, 교배 혹은 역교배된 동식물의 종을 일관적으로 '자연'으로 보고 체험한다는 사실을 우리는 '자연스럽게' 생각한다.

5장
자연이라는 주제의 역사적 파악

역사에 있어서 도덕적 자기이해와 기술적-실천적인 것이 변해 온 것처럼 자연에 관한 사유도 변해왔고 여러 가지 형태로 형성되어 왔다. 자연 이해의 몇 가지 단계, 그리고 그와 연관된 윤리적, 실천적, 미학적 태도들의 변화를 다음과 같이 서술할 수 있을 것이다. 핵심적인 사상은 자연의 수학적 구성에서 수학적 물리학의 구성에로의 변화가 될 것이다.

1절__ 자연의 위계적 질서: 플라톤

플라톤은 후기 대화편 『티마이오스』에서 서술된 자연 이론을 통해 결코 낡았다고 할 수 없는 영향사를 일으켰고, 이는 심지어 아리스토텔레스의 그렇게 영향력있는 『자연학』도 능가하는 것이다. 왜냐하면 르네상스 시대에 발생하기 시작하는 근대 자연과학은 아리스토텔레스적-스콜라적 자연 개념으로부터 벗어나 직접 플라톤의 전통에로 연관되기 때문이다. 현대의 원자물리학자 가운데서도 이를 발견할 수 있다.

> "우리가 오늘날의 입자 물리학의 인식을 어떤 고대 철학과 비교하고자 한다면, 그것은 오로지 플라톤의 철학일 것이다. 왜냐하면 오늘날 물리학의 입자는 대칭그룹의 표현이라고 양자 이론이 가르치고 있으며, 이는 플라톤의 대칭적 물체에 비유되기 때문이다."[16)]

플라톤의 자연철학은 세 가지 점에서 주목을 받는다.

1. 플라톤의 자연관에서는 수학이 중요한 역할을 담당한다. 자연의 구조의 수학적 성격은 근대와 현대의 자연관에서 큰 의미를 갖는다. 우리는 공연히 근대의 자연론을 수학적 물리학으로 얘기하는 것이 아니다. 플라톤에서도 자연에 있어서 수학적인 것은 알 수 있는 것의 요소와 연관된다. 자연이 알 수 있는 것은 자연이 수학적으로 파악되기 때문이다.

2. 자연에서 수학적이고 이상적인 존재는 동시에 자연에서의 아름다움이다. 아름다움은 플라톤에서는 수학적-기하학적으로 구조화된 것과 긴밀히

---

16) W. Heisenberg, Was ist ein Elementarteilchen?, in: *Die Naturwissenschaften*, Jg. 63, 1976.

결합되어 있는 것으로 생각되며, 이는 많은 현대의 미학이론가들에게도 중요한 것으로 여겨진다. 대칭, 조화, 형식적 균형에서 '황금비율'과 같은 정확한 규칙에 이르기까지의 사상이 미학의 토대로 간주되는 것만큼, 우리는 자연 이해와 연관하여 플라톤적 미학적 이상의 지속적인 영향사와 관계하고 있는 것이다.

3. 플라톤의 자연에 관한 탐구는 하나의 담론 연관 속에 들어가는데, 이는 최선의 국가에 관한 탐구로 시작해서 좋은 삶에 관한 대화로 끝난다. 여기서 플라톤은 자연을 주제화하는 것은 그 자체 고립되어 있거나 자체가 목적인 것이 아니라 삶의 실천을 위한 방향제시를 위해 전개된다는 것을 역설하고 있는 것이다.

이러한 세 가지 요소에 대하여 플라톤의 운동, 즉 자연의 근본 현상에 대한 견해는 매우 시사점이 많은데, 이는 일견 불변의 사상과 모순된 것으로 보인다. 플라톤은 그 앞의 파르메니데스처럼 자연에 관련해서 하나의 개념적 딜렘마에 처해 있다. 변화로서의 운동은 어떤 비자립적인 것의 표현인데, 이것은 변화에 종속되어 있고, 엘레아학파적 사유에 따르면 비존재나 무규정자로 간주되는 것이다. 다른 한편으로 자연과정이란 순수한 뒤섞임(Durcheinander)으로 나타나는 것이 아니며, 항성 영역의 변화나 행성의 운동은 규칙성과 질서를 보여주는 것이고, 이는 철저히 지속적 존재 방식으로 얘기되어야 하는 것이다. 항구적인 존재의 이념도 아마도 여기서 최초로 발화했을 것이다.

플라톤은 자신의 이데아론에서 두 영역을 엄격하게 구분한다. 하나는 항구적인 것, 즉 어떤 변화에도 종속되지 않고 언제나 자신에 대해 동일한 방식으로 관계하는 사고할 수 있는 것(noeton)의 영역이요, 다른 하나는 언제나 변화하는 볼 수 있는 것(aistheton)의 영역이다. 그런데 플라톤은 자연과 관련하여 중간 길, '제3의 종류'(『티마이오스』, 35a, 48d, 52a)를 도입한다. 플라톤은 이를 통해 변화하고 볼 수 있는 영역 속에서 지속성, 통일성 같은 것이 현상하는데 이는 비개념적으로 파악될 수 있다고 설명한다.

따라서 운동의 현상이나 자연도 이중적으로 생각해야 한다. 우선 비자립성의 양상으로서 운동은 완성되지 않은 것의 표현이다. 운동은 고대적 견해에 따르면 정지로 가려는 하나의 경향이다. 정지는 운동과 반대로 완전성의 상태이다. 근대적 견해에 따르면 운동은 어떤 힘도 작용하지 않으며 동일한 형태로 직선적으로 무한히 지속한다. 이는 고대 자연철학자들과는 거리가 먼 생각이다. 고대 자연철학자들은 운동은 언제나 운동하는 힘이나 운동자를 전제하는데 이것이 없이는 정지 상태에 이를 수 없다는 소박한 생각에서 출발하고 있다.

다른 한편 운동이나 자연은 지속적인 것의 현시, 즉 별의 운행에서 나타나는 것처럼 질서지워진 운동으로 이해된다. 우주라는 말(kosmeo, '치장하다'에서 유래)은 질서지움으로써 아름다움 외관을 보여주는 것을 뜻한다. 우리가 우주의 운동에서 관찰할 수 있는 별자리들의 질서는 플라톤에게는 스스로 그러한 것이 아니라 신적인 기원을 가진 것이다. 그의 말대로 그것은 데미우르고스의 활동에서 발생한 것이다. 데미우르고스는 유대적-기독교적 전통의 의미에서 무에서 세계를 창조하는 자유로운 창조자가 아니라 세계의 **정돈자**, 즉 카오스적 상태에서 주어진 세계를 질서의 상태로 인도하는 자이다. 자연이 이상적인 질서의 모상이라는 것은 데미우르고스의 행위이다. 따라서 우리에게 나타나는 자연은 신적인 것, 영원한 것이 배제된 영역이 아니다. 자연이 존속을 갖는 한 이 존속은 그 질서에서 볼 수 있다. 그러나 자연이 질서를 보여 주는 한 자연은 신적인 기원을 갖는다. 플라톤은 우주는 그것이 질서를 가지는 한 그 자체가 신적이며, 탁월한 불멸성의 상이다.

플라톤 이후 규칙적인 자연 과정은 질료를 구성하는 수학적 형태들의 관념성 안에 정박했다. 따라서 플라톤은 여기서부터 요소들의 상호 변환에 관련된 법칙들도 도출할 수 있었다. 물론 플라톤은 불, 공기, 물에 대해서만 이를 허용할 수 있었다. 왜냐하면 이 요소들만이 동일한 종류의 기본-삼각형에서 구성될 수 있기 때문이다.[17] 플라톤은 어떻게 이러한 요소들이 정수적 관계에서 불, 공기, 물로 결합되는지를 보여줌으로써 동시에 자연과정을 수학적 비율의 아름다움의 이상으로 해석하게 된다. 자연의 과정은 그 외관이 우리의 마음에 들기 때문이 아니라 순수 수적 과정에 따르기 때문에 아름답다

---

17) 정확히 말해 플라톤은 요소를 구성하는 등변삼각형과 정사각형을 만든다. 요소들은 두 가지 종류의 기본 삼각형에서 나오고, 요소 상호들 간의 변화를 해명하기 위해 다시 그 기본 삼각형으로 소급된다.

고 불릴 수 있는 것이다. 우리는 자연의 근저에 놓여있는 수학적 관계, 영원한 불변적 형식을 파악함으로써 자연의 아름다움을 정신의 눈으로만 파악하는 것이다. 따라서 플라톤에서 수학적인 것은 이상적인 것, 시간을 벗어나 있는 것을 대표하고 있으며, 이는 동시에 좋음과 아름다움이라는 술어가 부가될 수 있는 것이기도 하다.

플라톤 자연 개념의 규범적 함축

플라톤의 우주론에서 우리는 해석적인 소모를 통해서 비로소 인간의 자기 이해에 상응하는 것을 밝혀낼 필요는 없다. 이러한 얽힘 관계는 플라톤에 의해 명백히 선취되고 있다. 왜냐하면 우주발생론의 틀 속에서 인간의 물리적 구조(신체구조, 기관, 기능방식)뿐만 아니라 인간의 개인적, 도덕적 삶과 그의 국가 안에서의 의무도 설명되기 때문이다.

인간의 충동적 삶은 영원한 질서로부터 극단적으로 갈라진다. 감성은 카오스적인 무규칙적 상태의 대표자이며 이를 규제하는 것이 중요한 문제가 된다. 육체성은 훈육되어야 하고 이성적 영혼에 의해 훈육되는데, 이는 항구적 존재의 인식에 의해 육체를 덕으로 이끌어야 한다. 플라톤이 이미 『파이돈』에서 말하는 것처럼 육체와 영혼이 같이 있는 한 육체에게 명령하는 것이 영혼의 본성에 맞고, 복종하고 지배되도록 하는 것이 육체에게 맞는 것이다. 플라톤주의에 특징적인 육체적대성은 플라톤의 정치적 이념과 관계가 있다. 이성은 육체에게 명령해야 한다는 것은 마치 아크로폴리스로부터 시민들이 무조건 복종해야할 지시들이 시민들에게 반포되는 것과 같다(『티마이오스』, 70a). 영원한 우주적 질서의 인식은 거기로 인도되어야 한다. 인간에게는 삶을 영위하기 위해 하늘의 질서를 통찰하도록 맞추어진 보는 힘이 부여되어 있다. 『티마이오스』의 한 인상적인 부분(47c)에서 플라톤은 볼 수 있는 능력과 별의 질서의 통찰이 결합하는 것을 삶의 영위의 모범으로 표현하고 있다.

인간의 감각적 욕구가 질서지워야 할 카오스를 대표하는 것처럼 국가시민의 집단은 지배자에 의해 하나의 정치적 질서 하에 귀속되어야 할 카오스를 표현한다. 데미우르고스가 아름다움과 좋음의 이데아를 직관하며 하늘에 질서를 부여한 것처럼 철학자 통치자는 개인의 카오스를 제어하고 안정된 질서로 인도해야 한다. 다수가 소수에 의해 지배되는 신분적으로 분화된 국가는 플라톤에게는 하나의 폴리스 안에서 가능한 삶의 형태의 최선이 된다. 왜냐하면 그 국가 안에서만 그가 이념적으로 표상하는 저 최대가 안정성과 지속성을 얻기 때문이다. 대우주-소우주 상응은 이데아 영역의 여러 지평과 세계 영혼을 넘어 국가 형태, 그리고 인간 능력의 단층론까지 계속 이어지는데, 중요한 것은 상위층의 하위층에 대한 지배를 관철하는 것이다. 자연 과정에서 나타나는 한에서 존속하는 것으로 향한다는 것은 이성적인 것, 신적인 것으로 향한다는 것이다. 자연 이해와 인간의 자기 이해는 서로 완전히 상응한다. 이것은 물론 자연을 일자의 지배 영역으로 이해하고 그의 왕국은 모든 개인에 대한 국가 지도자 너머로까지 확장되어야 한다는 단초에서 기대될 수 있는 것이다. 따라서 플라톤의 자연관은 그의 이상국가의 기획으로 각인되어 있는데 이는 소수에 의한 다수의 지배가 전체의 존속을 위해 최선이라고 주장한다. 데미우르고스에 대한 신화적 언급이 그것을 표현하고 있다. 『티마이오스』에서 끌어들이는 것은 질서 일반이 아니라 모든 것이 자신의 정확한 자리를 지정받아 간직하는 일정한 위계적으로 이해된 질서이다. 가장 바깥에 있는 하늘이 그 밑에 있는 행성 영역을 그 단계적 관계에서 자신의 운동에 참여하게 하고, 그럼으로써 자신의 지배를 행사하는 것처럼, 일방적인 의존성은 사회나 개인에 이르기까지, 육체에 대해 이성이 지배하고 있는 곳에서는 질서와 법칙적인 관계의 모형이다.

우주의 수학적 구조에 대한 플라톤의 묘사는 기술을 위한 자연의 계산가능성이나 이용가능성을 겨냥하는 것이 아니라 영원한 것, 불변하는 것의 직관을 겨냥한다. 영원한 것의 직관에는 일자의 지배하에 다수를 정치적으로 종속시키는 것이 상응한다. 왜냐하면 지속적인 질서는 일자가 지시하고 다수가 따르는 곳에서만 있을 수 있기 때문이다. 폴리스나 삶도 우주처럼 확고히 한정되고 안정된 채로 질서 속에 있어야 한다.

> "이제 우리 안에서 신적인 것에 친근한 운동은 사상과 우주의 회전이다. 따라서 모두가 이를 모범으로 삼아서 각자는 삶을 시작하는 데 있어 머리의 잘못된 회전을 올바른 것으로 되돌려 놓아야 하고 우주의 조화와 과정을 인식하는

것을 배워야 하며, 인식하는 자는 인식되는 것에 그 근원적 본성에 맞게 유사한 것으로 되어야 하며, 이러한 유사화를 통해 현재나 미래에 신에 의해 인간에게 최선의 것으로 설정된 삶의 목표를 가져야 한다."(『티마이오스』, 90d)

플라톤은 결코 자신의 인식을 사회에 적용하려고 시도하는 자연과학적 마인드를 가진 카오스 탐구자가 아니라 국가론의 범주에서 우주에 대해 사유할 뿐이다. 그의 자연 이론은 그의 정치적인 구상의 자연주의적 정당화를 가져다준다고 한다. 플라톤의 우주론은 '사회적 형태를 띤'(soziomorphe) 자연론이다(E. Topitsch).

2절__ 자연의 목적론: 아리스토텔레스

아리스토텔레스가 그의 스승 플라톤에게 의존하는, 혹은 그의 근본개념을 변형하는 정도는 특히 자연철학에서 분명하게 볼 수 있다. 자연의 목적성은 더 이상 외적 데미우르고스의 이성 안에 정박해 있는 것이 아니라 자연 자체의 근본 성향으로 이해된다. 그와 관련하여 우주의 자기운동의 원리로서의 세계영혼은 제거된다.

운동은 아리스토텔레스에게서도 자연의 근본 현상이다. 운동이 무엇인지 이해하지 못하는 자는 또한 자연이 무엇인지 이해하지 못하는 사이나(『자연학』 Ⅲ.1, 200b11). 왜냐하면 자연이란 "자연 사물에 내재하는 운동과 정지의 원리"를 의미하기 때문이다. 자연의 목적지향성은 그 운동에 대한 견해에서 분명히 드러난다. 운동이란 "가능성에 따라 존재하는 것 그 자체의 실현"(201a10)이다. 식물의 성장은 이러한 견해를 설명하는 모범적 사례이다. 씨앗은 가능성에 따라 이미 식물인데, 식물은 씨앗으로부터 언젠가 성장하며 그 궁극 형태는 현실적으로 존재하는 그것이다. 그러나 운동(여기서는 성장)은 그 궁극 형태가 아직 도달되지 않았다는 한에서 가능적인 것의 실현이다. 왜냐하면 그 궁극 형태에서 운동은 종결되기 때문이다.

자연과정의 특징은 거기서는 형태(형상, 본질), 운동하는 원인, **목적**(telos)이 일치한다는 것이다(『자연학』 Ⅱ.7, 198a21-27). 형상(본질)는 운동의 목적인 한에서 운동하는 원인이다. 세대를 이어서 종들이 재생산된다. “현실적인 인간은 가능성에 따라 존재하는 인간으로부터 인간을 만든다”(202a12). 모든 자연과정은 아무 방해자도 개입하지 않는 한 도달되는 궁극 형상의 실현을 향해 죽어간다. 이것이 자연에서의 규칙성과 질서이다. 플라톤에게서 우주는 목적론적 구조를 보여주는데, 그것은 데미우르고스가 질서를 만들어 주었기 때문이다. 반면 아리스토텔레스에서 자연은 질서정연한데, 그것은 자연과정이 목적론적으로 구조화되어 있기 때문이다(『자연학』 II.8, 198b10-199a8). 방해는 자연적 운동의 완성에 맞서고 자연에 반하는 운동의 원인이다. 그래서 어떤 방해가 돌이 아래로 떨어지는 것을 정지시키고 ‘자연적 장소’의 획득을 방해할 수 있다. 그러나 그것은 일시적인 것이다. 방해가 제거되자마자 돌은 자신의 자연적 운동을 완수하게 될 것이다. 아리스토텔레스적인 자연 구조에서는 형상(목적)의 파괴란 없다. 기껏해야 목적을 달성하는 데 일시적인 무능력이 있을 뿐이다.

플라톤의 우주는 목적론적 구조를 갖는다. 왜냐하면 데미우르고스가 모든 관계를 좋음을 직관하는 데로 맞추어 놓았기 때문이다. 반면 아리스토텔레스의 자연이 목적론적 구조를 갖는 것은 모든 운동이 형상의 실현(entelecheia)으로 생각되기 때문이다. 목적론적 사유는 물론 유한자의 사유이다. 즉 목적이 달성되면 운동도 소멸한다. ‘목적에 진입함’은 궁극 상태로서의 정지를 함축한다. 그러나 아리스토텔레스도 소크라테스 이전 철학자들처럼 모든 시간을 관통해 운동 속에 있는 우주의 영원성이란 견해를 견지한다. 그러나 이 영원한 운동이란 좀 전처럼 목적지향적인 것일 수 없다. 왜냐하면 그렇지 않다면 목적의 달성과 더불어 정지되어야 하기 때문이다. 운동이 영원히 지속될 수 있기 위해서는 (특히 유한한 우주에서) 한편으로 그것은 이미 완수되어 있어야 하거나, 다른 한편으로 목적에 도달해서는 안 된다. 이것은 언제나 동일한 방식으로 동일한 장소에서 일어나는 원운동에 해당되는 것인데, 여기서는 자신 밖의 목적을 향해 운동하는 것이 아니라 무한히 중심점 주위를 돌 뿐이다. 우주의 중심에 있는 지구를 중심으로 일어나는 천체의 운동은 아리스토텔레스에서는 완수되지 않는 운동이며, 이것이 없이는 과거나 미래의 목적론적 운동은 정지 상태로 들어갈 수 밖에 없다. 이러한 원운동에 대한 견해, 그리고 이것과 관련하여 다른 운동 종류보다 장소 운동의 우월성에 대한 견해에 대해서만 아리스토텔레스는 목적론의 유한주의와 우주의 영원한 운동성에 대한 견해를 성공적으로 결합할 수 있었다. 그러나 모든 운동은 그 목적론적 규정에 의거해서 자기 안에 정지로 가려는 경향을 내포하기 때문에 그는 또한 천체의 영원한 운동을 위해 영원한 운동자, 즉 스스로는 움직이지 않으면서 모든 것을 움직이는 원동자를 가정해야 했다. 그러나 움직이지 않는 최초의 원동자는 자연학의 대상이 될 수 없다.

기술과 자연이 어떤 것을 생산하는 방식 사이에서 아리스토텔레스는 엄밀한 구조적 유사성을 본다. 왜냐하면 양자에 모두 언제나 앞선 것은 목적을 위하여 행해지기 때문이다. 아리스토텔레스는 어떤 것이 행위적으로 생산되는 것과 똑같이 자연적인 방식으로도 발생하고 역으로도 그러하다.

> "가령 하나의 집이 자연 대상에 속한다면 지금 수공적인 능력을 근거로 하는 방식과 똑같은 방식으로 발생한다. 반대로 자연 사물이 자연조건으로부터만 아니라 기술 능력에 의해 발생한다면 그것은 자연적 방식으로 발생하는 것과 똑같은 방식으로 발생하는 것이다."(『자연학』 Ⅱ.8, 199a12-15)

생산의 방식에서는 기술과 자연의 어떤 차이도 없다. 왜냐하면 목적 아래로 향한다는 것이 이전 것과 이후 것의 질서를 부여하며, 이를 통해 어떤 것이 형성되거나 어떤 것이 생산되기 때문이다.

기술과 자연의 유비는 이전 것과 이후 것의 질서를 넘어간다. 이는 양자의 경우에 "이리저리 숙고하지 않고" 어떤 것이 생산된다는 것을 함축한다. 자연과 기술의 차이로서 보통 벌이 숙고하지 않고 벌집을 만드는데 반해 인간의 기술 능력은 숙고 없이는 어떤 것을 만들 수 없다는 것이 제시된다. 그러나 아리스토텔레스는 하나의 기술 능력을 지배하는 자는 그것을 그저 다룰 줄 아는 것일 뿐이라고 지적한다. 탐구하기, 조언하기, 앎이 인간의 기술 능력에 개입하지만 이는 지식 속에서 완성되는 것이 아니라 능력 속에서 완성된다. 따라서 아리스토텔레스는 자연 존재는 숙고하지 않는다는 것에 근거하는 자연 목적론을 거부할 수 있다. 왜냐하면 "기술 능력도 더 이상 이리저리

숙고하지 않기 때문이다."(199b28)

사실 아리스토텔레스는 이러한 구조적 유비를 대변할 뿐 아니라 기술적 생산의 가능한 목적도 자연에 결합시킨다. 처음에 인용한 부분에서 아리스토텔레스가 계속 말하길 "일반적으로 말해서 기술 능력은 부분적으로 자연히 궁극적으로 가져다 줄 수 없는 것을 완성시키며 부분적으로 그것을 모방한다." 자연의 모방으로서 기술이라는 많이 회자되는 말보다 더 의미심장한 것은 기술 능력을 통한 생산은 자연 자체가 궁극적으로 가져다 줄 수 없는 것을 완성시키는 데에서 소명을 다한다는 명제이다. 그러므로 생산의 목적은 모두 자연으로부터 거기에 있으며 가능성으로서 이미 자연에 속한다(식물의 씨앗처럼). 다만 식물에서는 자연 자체가 다른 것이 방해하지 않는다면 식물을 완전한 현실성으로 이끄는 반면 인공물에서는 기술 능력을 통해 그 현실화가 일어난다는 것이다.

따라서 모든 기술은 자연이 부여하는 목적의 틀 속에서 움직이며, 기술적 생산의 목적도 자연적 목적으로서 그 달성은 여기서 하나의 기술 능력을 거쳐서만 일어나는 것이다. 왜냐하면 자연 자체는 그 달성을 완수할 수 없기 때문이다. 이러한 생각은 생태학적 지향의 기술비판가들에게는 매력적인 것이어서 아리스토텔레스의 목적론의 갱신이 여러 차원에서 권고되고 있다.

우리가 이러한 닫혀진, 위계적으로 구조화된 우주(그 원운동이 영원의 모상인)와 근대적인 세계상(무한한 공간 속에서 힘을 갖지 않는 관성운동이 위/아래의 확정도 좌표 진술의 상대성으로 해소되는 무한 속으로 계속될 수 있는) 대비시킨다면, 이러한 변화된 세계상에는 변화된 인간상이 상응한다는 것을 분명히 알 수 있다. 그러나 한정된 우주라는 생각의 포기, 닫혀진 세계에서 무한한 우주로의 이행은 자동적으로 철학적 자연 사상의 포기로 이어지는 것이 아니라 그 반대이다. 아리스토텔레스적으로 생각된 자연에 대한 반대투쟁은 피타고라스-플라톤적인 견해의 갱신으로 나오는 것이다.

3절__ 근대 초의 자연 사상

플라톤에 의해 전개된 자연 사상의 계속적인 영향은 근대 초에 명확히 작동되었는데 특히 케플러와 갈릴레이에서 가장 두드러진다. 그것은 아리스토텔레스적인 자연 관찰로부터의 전향 속에서 드러난다. 동시에 여기에는 플라톤에게는 낯선 이론과 자연에 대한 새로운 도구적 태도가 발견되기도 한다.

조화로운 우주 체계: 요하네스 케플러(1571-1630)

특히 케플러는 순수 수학적 원리를 통해 행성 체계의 구조를 표현할 수 있는 가능성에 매혹되었다. 케플러는 행성 궤도의 간격을 태양계 안의 운동과 연관시키는 단순한 수학적 표현을 찾고자 하였다. 이미 고대에서처럼 케플러의 시대에 사람들은 6개의 행성만을 알고 있었다(수성, 금성, 지구, 화성, 목성, 토성). 케플러는 "왜 바로 이 수의 행성들만 있는가?", 그리고 "왜 이들은 태양과, 그리고 서로에 대해 일정한 간격 속에서 운동하고 있는가?"라는 문제를 평생 동안 놓지 않았다. 왜냐하면 이 속에서는 단지 사실에 대해서만 묻는 것이 아니라 조화로운 전체 속에서의 사실들의 질서에 대해 묻고 있기 때문이다. 케플러를 추동하는 물음은 비율, 관계수에 대한 물음이었고 이 때문에 그는 플라톤적 사유의 노선에서 움직이고 있는 것이다.

그러나 케플러는 또한 행성 운동의 물리적-역학적 관계를 얻으려고 한 최초의 천문학자이다. 그는 힘의 개념을 자신의 사상 속에 끌어들여 이미 뉴턴의 만유인력 이론을 예비하고 있다. 특히 케플러는 행성 운동의 제3 법칙으로 뉴턴의 생각에 특히 가까이 다가 서 있다. 이 제3 법칙은 순수한 비율 법칙이다. "임의의 두 행성의 공전주기의 제곱은 서로 태양으로부터의 장반경의 세제곱에 비례한다." 케플러는 태양과 행성 간에 작용하며 행성을 궤도에 매어두는 힘에 대한 물음을 빛과의 유비 속에서 보았으며, 그래서 힘의 강도는 거리의 제곱에 반비례한다는 것을 인식할 수 있었고 이는 결국 뉴턴의 보편적인 만유인력법칙으로 이끄는 인식이었다.

케플러의 행성 법칙에 대한 탐구는 보다 포괄적인 프로그램의 일부였다. 그의 목표는 가시적 사물의 배후에 숨겨져 있는 조화에 대한 형이상학적 탐구였으며 이를 정수적인 관계로 표현하는 것이었다. 이것은 우주의 조화에 대한 추구요 천체의 음악에 대한 추구였다. 물론 우주에 대한 미학적 시각은 케플러에서는 종교적 사고와 매우 긴밀히 연결되어 있다. 따라서 그에게서 천체의 운동에 있어서 조화적 관계에 대한 관찰과 인식은 동시에 신적인 선과 권능에 대한 찬양이다. 여기서 고도의 플라톤적 사변적인 지향성이 하나의 특출한 기독교적인 신앙과 연결된다. 첫 작품인 『우주론적 신비』(*Mysterium Kosmographicum*)에서 후기의 『우주의 조화』(1619)에 이르기까지 (이 사이에는 티코 브라헤가 남겨놓은 거대한 양의 관찰자료를 계산하고 도표화하는 시기가 끼어 있는데) 케플러는 이러한 틀의 프로그램에 충실했다. 과학사학자 크롬비Crombie는 케플러의 탐구자적인 작업을 적합하게 묘사하는데 "케플러의 행성 운동의 법칙과 이를 증명하려는 시도는 그의 선취된 신플라톤적인 형이상학적 사고에서 끌질해 나온 것이다. 그것도 양화적 방법과 경험적 테스트 절차를 가능한 한 엄밀히 적용한 결과이다."[18] 케플러는 인간의 삶의 관계는 천체의 질서에 맞추어져야 한다는 플라톤적 지향성도 수용한다. 또한 이를 기독교적으로 변형하여 따르면서 그의 우주의 비밀에 관한 책을 일관되게 찬송가와 연결시킨다. 이 찬송가를 그는 플라톤의 마법의 영향이 미친 말들로 시작하고 있다.

> "이제 친애하는 독자들이여, 이 모든 사물의 목적을 잊지 마십시오. 즉 어디에나 존재하는 신의 인식, 경탄, 찬미를 말입니다. 외적인 외관에서 내적인 의미로, 가시적인 현상에서 내적 직관으로, 세계의 진행의 관찰에서 창조자의 심원한 결정으로 밀고 들어가는 것, 이런 것들은 당신이 이제 멈추어 서서 당신의 온 마음을 다 바쳐 창조주의 인식과 사랑, 찬미와 함께 스스로 하나의 비약 속에 휩쓸리지 않는다면 아무 것도 아닙니다. 따라서 순수한 감각과 감사하는 마음으로 나와 함께 가장 완전한 작품을 만들어낸 분의 찬미에로 화창해 갑시다."(『우주론적 신비』, 146)

물론 케플러 자신도 그 발전에 큰 기여를 한 기계론적 사고에 도달하기까지는 백년도 걸리지 않았다. 이제 더 이상 우주의 공간은 신적인 배려가 존재하는 장소가 아니며 무한한 우주의 차가움과 황량함만이 지각되는 곳이다. 케플러를 적잖이 신뢰하면서도 새로운 자연과학의 길을 넓혀 준 파스칼

---

18) A. C. Crombie, *Von Augustinus bis Galilei. Die Emanzipation der Naturwissenschaft*, Köln/Berlin 1964, 419쪽.

도 이미 "무한한 공간의 심연이 나를 두렵게 한다"고 말하고 있다. 인간이 그 중심적인 위치를 차지했던 유한한 우주의 파괴는 보호받지 못함, 배제되어 있음, 던져져 있음의 상태로 이행하는 것을 의미한다. 파스칼이 말하길,

> "도대체 자연 속에서 인간은 결국 무엇인가? 무한에 대하여 무이고 무에 대하여 전부인 것, 무와 전부 사이의 중간자이다. 가장 바깥에 있는 한계를 파악하는 데에서 무한히 멀리 떨어져 있는 인간에게는 모든 사물의 끝과 그 근원은 파고들어갈 수 없는, 숨겨져 있는 것이요 해결할 수 없는 신비이다. 인간은 마찬가지로 그가 자라나온 무도, 그를 삼켜버리는 무한도 파악할 수 없다."(『수상록』, 단편 72)

자연 속에서 질서의 영원성, 신적인 배려의 현존을 직관하고 인식한다는 것을 더 이상 기대할 수 없다면 무엇이 근대 자연학자를 고무시키는가? 어떤 태도가 거기서 발생한 공허를 채워줄 수 있는가?

자연의 수학화: 갈릴레오 갈릴레이(1564-1642)

자연에 대한 새로운 태도는 케플러의 동시대인인 갈릴레이와 F. 베이컨에서 나타난다. 플라톤주의에 일관되게 가까운 갈릴레이는 케플러처럼 자연 인식과 종교적 직관이 연관되어야 한다는 생각을 이해할 수 없었다. 갈릴레이에게는 신이 쓴 두 가지 책, 즉 자연의 책인 창조와 계시의 책인 성서에 접근하는 방식이 엄밀하게 구분하는 것이 중요했다. 자주 인용되는 그의 격률에 따르면 자연의 책은 수학적 문자로 쓰여져 있다. 따라서 그것은 수학적 방법을 사용하는 사람에게만 읽혀질 수 있는 것이다.

갈릴레이는 자연 인식의 자율성을 대변하는데 이는 종교적 신념과 충돌할 수도 없고 충돌되어서도 안된다. 왜냐하면 종교적 신념의 지향은 완전히 다른 방향으로 설정되어 있기 때문이다. 종교적 사유는 성서의 권위에 근거하고 근거해야 하지만 자연 인식은 가설적-연역적 절차를 따른다. 근대 자연과학의 특징적인 절차는 두 가지 점에서 분명하다. 1) 과학적 이론의 가설적 상태와 2) 구성적인 현상 개념이 그것이다.

1. 아리스토텔레스에 따르면 학문은 지식이 제일의, 최고의 원리로부터 도출될 수 있는 곳에서만 존재한다(『분석론 후서』, I.2). 우리의 인식과 제일원리의 논리적 연관은 학문성을 비로소 유일하게 형성한다. 원리란 원인 또는 근거를 말한다. 갈릴레이는 이러한 학문 개념으로부터의 전향을 그의 새로운 운동론과 관련해서 표현하는데, "무엇이 자연적 운동의 가속도의 원인인가"를 탐구하는 것이 중요한 것이 아니라고 한다. 원인의 탐구가 요구되는 것이 아니라 낙하 운동의 성질의 분석이 요구된다. 그것은 전제된 정의에서 나오고 이 과정의 실험적 증명으로 나아간다.

여기서 갈릴레이는 근대 자연과학의 특징인 가설적-연역적 검증 절차의 단초를 전개한다. 과학적 진술의 진리성과 신뢰성은 원리의 진실성에서 입증되는 것이 아니라 여기서 도출되는 추론에서 입증된다. 그리고 그의 경험적 검증만이 가설의 수용과 폐기를 결정한다.

가설을 경험적 검사의 대상으로 만들기 위해서는 세련된 수학적이고 형식적인 기술이 필요하다. 여기서 자연의 설명을 위한 수학의 역할이 완전히 새로운 의미에서 의식된다. 즉 우리는 가설로부터 도출되는 결과를 실험적 검사의 대상으로 만들 수 있기 위해서는 가설을 변형시켜야 하고 그로부터 이어지는 추론을 도출할 수 있어야 한다. 왜냐하면 자연법칙이 직접 검증될 수 있는 경우는 매우 드물기 때문이다. 갈릴레이가 어떤 원시적인 방법으로 실험했는지는 잘 알려져 있는데 이것은 낙하법칙을 직접 검증하는 것을 불가능하게 만들었다. 이 때문에 그는 운동 과정을 길게 하는데 모든 것을 걸어야 했으며 그렇게 길어진 운동에서도 여전히 동일한 법칙이 경험적으로 검증된다는 것을 확증해야 했다. 경사면에서의 실험은 사실상 '자유 낙하' 법칙의 경험적 검증이라는 이론적 증명에서 우리는 갈릴레이의 고유한 업적을 보아야 한다. 그가 그것을 할 수 있었다는 것은 커다란 수학적 노력과 능력을 요하는 것이었다. 이로써 갈릴레이에게 수학은 하나의 수단, 자연 탐구의 구성적 수단이 되었는데, 이것이 하나의 문제를 정확히 형성하고, 그리고 나서 가설의 경험적 검증이 가능하게끔 변형시키게 만드는 것이다. 갈릴레이가 도입한 물리학의 도구적인 이론 이해는 수학의 도구적 적용에 근거하고 있는 것이다.

2. 갈릴레이가 현상에 관계하는 방식, 즉 그가 그 소박한 직접성에 머물러

관찰하는 것이 아니라 변형시키는 방식을 보면 갈릴레이에서는 사실상 방법이 현상 개념을 규정한다는 것이 명백하다. 이것을 우리는 특히 투척 운동을 다루는 데에서 잘 보여줄 수 있다.

갈릴레이는 투척운동을 크기와 방향이 그때그때의 투척에서 주어지는 단형적으로 직선적인 요소와, 모든 투척에 대해 동일한 지구 중심으로 향하는 단형적으로 가속된 요소로부터 합성한다. 그 운동의 궤도를 점에서 점으로 이어가면 그 투척의 궤도는 하나의 포물선으로 나타난다. 여기서 투척 궤도가 하나의 포물선의 단순한 형태를 보여 준다고 하더라도 중요한 것은 하나의 단순한 현상이 아니라 제시된 구성으로부터만 이해될 수 있는 하나의 합성된 현상이라는 것이다.

갈릴레이의 이러한 발전을 통해서 자연 대상의 '전체론적인' 개념이 요소론적인 것으로 대치되는 것만 의미있는 것은 아니다. 나아가 인식하는 주관 속에서 자연의 구성 원리가 발견된다. 유한한 이성은 자신의 기투를 통해 자연을 파악할 수 있다는 사실, 특히 법칙 연관의 인식은 신적, 이념적 영역에 귀속되는 것이 아니라는 사실은 인간이 자연에 대한 새로운 태도를 보여 주며, 이는 칸트가 "코페르니쿠스적 전환"이라는 공식으로 표현한 바로 그것이다.

그러므로 갈릴레이에서 플라톤주의에 대한 언급은 결정적으로 수정되어야 한다. 갈릴레이는 그의 존재론에서만 플라톤주의자이다. 그것은 무엇보다 "그 문자가 삼각형, 원, 기타 다른 기하학적 형태인" 자연의 책에 대한 비유를 표현하고 있다. 그러나 작업방식에서 보면 그는 설명력과 예측 능력에서 이론의 품질의 기준으로 허용되는 도구적 이성의 대변자이다.

기술적인 자연 이용: 프란시스 베이컨(1561-1626)

갈릴레이에서 만날 수 있는 이러한 자연에 대한 도구적 태도는 프란시스 베이컨의 방법과 과학철학에서 가장 급진적으로 구성되는데, 그는 이를 『신기관』에서 전개했다. 베이컨은 근대과학의 방법적 절차에 대해 매우 결함이 있는, 실효성이 없는 생각을 가지고 있었지만 자연에 대한 인간의 새로운 태도를 가장 분명히 표현했다. 베이컨은 수학적인 것이 가장 전면에 서 있는 갈릴레이나 케플러의 업적을 인정할 수 없었다.

자연은 베이컨에게는 더 이상 인간 활동의 최고의 형태로서의 이론적 인식의 영역이 아니며, 신의 영광을 인지하는 것이 중요한 영역도 아니다. 자연은 인간이 새로운 종류의 목적을 설정하고 활동해야 할 영역이다. 베이컨은 첫 번째로 과학은 오로지 인간의 보편적인 물질적 복지를 촉진하기 위해 존재할 것을 요구한다. 우리는 여기서 베이컨이 처음으로 자연에 대한 과학을 외적으로 도구화한 사람이라고 말할 수 있다. 이 말은 학문은 아리스토텔레스 테오리아에서처럼 그 자체가 목적인 것도 아니고, 플라톤적 의미의 케플러에서처럼 신을 찬양하는 수단도 아니라 특정한 목적에 도달하기 위한 수단이다. 이러한 목적의 부여는 그가 '보편적 인간 복지'라는 제목으로 표현하는 인간 사회의 처분에 속하는 것이다.

두 번째 의미에서도 보편적 인간 사회가 전면에 등장한다. 즉 학문을 추구하는 주체는 더 이상 특별히 재능이 있는 개체가 아니다. 플라톤에 따르면 학문에 도달하고, 이념 자체를 직관하고 진전한 인식에 도달하는 것은 몇몇 선택된 자에게만 허락된 것이다. 그에 반해 베이컨에서는 사회가 학문의 전체적인 담지자이고 기획자이다. 유토피아적인 저서 『새로운 아틀란티스』에서 베이컨은 하나의 유기체적인 학문을 구상하는데, 이는 개인 서로 간에 무사공평성과 교체가능성 속에서 관찰 자료들을 모으고 정리하고 평가하고 해석하는 일등 여러 가지 인식 기능을 떠맡는다. 이러한 귀납주의적인 학문 개념이 어떤 실천도 만들어 낼 수 없었다고 하더라도, 베이컨의 단초에는 자연과학에 대한 작업분화적인, 기술지향적인 사상이 수립되어 있으며, 그에 따르면 이것은 점진적으로 유효한 것이 되었다. 이로써 동시에 자연은 하나의 무기고, 물질과 에너지의 저장고로서 나타나며, 여기에서부터 모든 사람의 건강, 부, 복지를 향상시키는 수단이 얻어지게 된다. 따라서 올바른 수단의 올바른 이용은 인간의 자연력에 대한 힘을 보장해 준다. 이제 인간의 자연에 대한 태도는 힘과 지배의 은유 속에서 표현된다. 플라톤이 원했던 것처럼 인간은 더 이상 스스로를 천체의 지배하에 두는 것이 아니라, 프로테우스와 같은 자연이 자신의 진정한 형태를 보이도록 자기편에서 자연을 강요하고 노예화한다. 실험의 도구들은 마치 무기처럼 자연을 향해 있으며 자연이 자신의 숨겨진 보물과 비밀을 넘겨주도록 만든다. 계몽주의의 개척자로서 베이컨은 여기서 갈릴레이나 케플러처럼 새로운 자연과학의 새로운 방법을 기술하는 것이 아니라, 진리는 고문대 위에서만 얻을 수 있다는 중세 종교재판관의 심문 처치법을 기술한다. 악마화된(복잡다단한) 자연에 대해서는 집게와 나사가 적합한 인식 수단이다. 인식은 말하자면 림보(전지옥)을 거쳐가는 과정이다. 인간은 모든 편견으로부터 정화되어야 하며, 그래야만 이 연옥은 새로운 것의 인식으로 가는 입구를 열어준다. 마치 어린 아이에게 천국이 열리는 것처럼.

이러한 정복되어야 할 대륙으로서의 자연 개념은 하나의 인식의 결과가 아니며, 그 속에는 과거의 모든 의미지향적인 목적을 해체해 버리는 하나의 새로운 의지와 권력 요구가 작동하고 있다는 것은 명백한 사실이다. 베이컨은 그 새로운 개념을 통해 근대 자연과학의 정초자가 된 것이 아니다. 차라리 그는 과학이 봉사하고 구조적으로 동화되는 근대 기술 공학과 산업에 상응한다는 믿음과 정서를 표현한 것이다. 이제 자연에 대한 새로운 지식은 하나의 기술을 발선시키는데 쓸모있이야 하는데, 무엇보다 지식의 획득 자체가 기술적이고 산업적으로 발생한다. 즉 마치 화학적 절차에서 원료를 얻고 선광하는 절차처럼 혼합물을 모으고, 정화하고, 선별하는 절차에 의해 발생한다.

그의 유명한 격언 "아는 것이 힘이다"에 따르면 지식의 가치는 유일하게 그의 가능한 기술적 사용가능성에서 증명되는 것이다. 자연 탐구에 있어서 자발성, 개인적 직관, 미학을 위한 어떤 공간도 남지 않는다. 탐구는 조직화되어야 하고 "마치 하나의 기계에 의해 그런 것처럼 추동되어야 한다."(『신기관』, 서문) 기계는 이제 힘들의 통합의 상징이 되는데, 그것들이 분리되어서는 아무 것도 성취될 수 없고 결합을 통해서 위대한 작품이 완성될 수 있기 때문이다. 플라톤에서는 국가 형태들 가운데 민주주의가 가장 나쁜 통치 형식이라는 설명이 발견되는데, 여기서는 모든 이의 의지가 고립되어 있고 따라서 큰 것이 아니라 작은 것들만이 수행될 수 있기 때문이라고 한다. 한 군주 하에서 모든 이의 의지의 통합을 통해서만 위대한 것이 성취될 수 있다는 것이다. 베이컨은 최고의 지배자 안에서 많은 의지와 힘들의 위계적인 결합을 생각하는 것이 아니라 근대의 기계공학에서 사용되는 것처럼 지렛대를 사용하여 힘들을 통합하고 상승시키는 것을 생각한다.

산업적 힘의 합목적적인 통합은 조직화와 조종을 전제하는데, 이로써 베이컨은 자연의 보물을 길어 올리는 데로 향하는 그의 기술 기획을 통해 계획하는 이성의 대변자가 된다. 질서의 사상은 베이컨에서는 하나의 훈육적 기능을 맡는다. 물론 천체의 지배하에 종속시킨다는 의미에서가 아니라 자연의 이용을 위해 노력하는 힘들을 조직화한다는 의미에서이다. 우리의 자연 개념은 근대의 시작 이래 점점 더 제작가능성의 이념 아래 자율적인 것으로 이해되는 주체성을 위해 봉사한다는 것 속에 빠지게 되었다.

플라톤이 데미우르고스에게 부여한 것, 즉 데미우르고스가 선의 관점에서 세계를 정돈하고, 카오스의 상태에서 질서의 상태로 이행시켰다는 것은 근대에서는 주체에 대해 요구된다. 주체는 자신의 목적에 따라 자연을 이해하고 변형시킨다. 자연은 인간적 투사와 거대한 기획의 장소이다. 근대는 '새로운 세계'의 발견으로 시작하는 것이 아니라 스스로 새로운 세계를 만든다. 인간은 자신의 자유를 향유하며 자연의 모방, 미메시스의 강요를 거부한다. 기술자는 자연에서 물질적인 것만을 보고 거기서 새로운 세계를 만드는 현대의 데미우르고스이다.

4절__ 칸트의 과학적 자연 개념의 재구성

우리가 외적 경험을 가질 수 있는 대상들의 총체로서의 자연은 인간에게는 결코 일괄적으로 주어지지 않는다. 왜냐하면 인간의 실행과 작용들도 언제나 경험가능성의 틀 안으로 들어오기 때문이다. 우리가 갈릴레이의 절차에서 볼 수 있듯이 경험이란 결코 수동적인 수용이 아니라 종합하는 행위로부터 나오기 때문이다. 자연 인식에 있어서 행위와 규정의 계기를 칸트는 『순수이성비판』 재판 서문(B XIII)에서 분명히 밝히고 갈릴레이의 성과에 연결시키고 있다.

칸트는 경험적 탐구의 근저에 놓여 있는 자연 개념을 이념 세계에 근거해서 획득하려고 하는 것이 아니라, 주관의 근원적인 실행에 대한 물음을 통해서 얻으려 하는 것인데, 이는 갈릴레이-뉴턴적 물리학의 유형으로부터 자연

인식을 가지기 위해서는 요구되어야 하는 것이다. 칸트는 이러한 선험적 자연 규정의 해명에 대한 명칭으로서 과거의 명칭인 자연의 형이상학이라는 명칭을 사용하긴 하지만 하나의 새로운 의미를 부여한다. 칸트적인 의미의 자연의 형이상학은 물질적 사물의 자연에 대한 순수이성으로부터의 지식이 되고자 한다. 모든 개별과학의 근저에 놓여있는 선험적인(apriori) 지식은 칸트에 따르면 물질적, 감각적 사물의 객관영역의 무제약적 연관, 궁극적 전체성에 대한 지식이다. 물리학이 그때그때 사실적으로 주장하고 증명하는 법칙연관은 이 대상 영역 자체의 필연적 연관에 대한 예견(Vorblick)에 근거하고 있는데, 자연 사물이 하나의 통일적 자연을 형성하고 이에 따라 하나의 연관적 경험을 가능케 하는 한에서 그러하다. 칸트에 따르면 본래의 형이상학은 "다양한 경험적 표상들을 우선 법칙적으로 묶어주는, 그럼으로써 경험적 인식, 즉 경험이 될 수 있게 하는 선험적인 개념과 원칙"(『자연과학의 형이상학적 시원』, 472)을 내포한다.

따라서 자연에 대한 선험적인 지식은 필연적 법칙성에 대한 지식으로 기술될 수 있으며, 이는 전체 자연을 일관적으로 규정하는 것이고 우리가 모든 경험적 탐구에서 추구하는 바로 그것이다. 이러한 전제된 자연의 연관이라는 개념은 실행하는 학자들이 "자연의 법칙성에 대한 신뢰"라고 표현하는 것이다. 칸트에게 문제는 실행하는 물리학자들이 소박하게 신뢰하는 이 가정의 기원과 정당성을 규정하는 것이다. 자연의 형이상학 안에서 과학의 근저에 놓여 있는 법칙 지식이 해명되어야 한다. 그러나 이러한 구조의 해명은 철학적 지식의 충분히 전개된 개념적 기본뼈대의 관점에서만, 즉 칸트가 『순수이성비판』에서 전개한 구조의 관점에서만 가능하다. 여기에 모든 인식능력의 연관의 전개가 있는데, 거기서 대상과 그 경험가능성의 조건이 제시되고 충분히 수행된다. 그리고 '순수 지성의 원칙'이라는 장에 집중되어 있는 그러한 근본 규정의 관점에서만 자연의 형이상학의 수행이 가능하다. 순수 지성의 원칙은 말하자면 자연의 형이상학에 대하여 하나의 도식(Schema)을 주는데, 그 안에서 일반적으로 자연철학적 물음을 명확하게 할 수 있는 관점이 열린다.

물론 자연에 대하여 어떤 것이 주어져 있다고만 말할 수 있다. 순수 사고 규정은 어떤 자연 개념도 형성하지 않는다. 따라서 칸트는 자연의 형이상학의 실마리를 위한 하나의 경험적 개념을 다시 끄집어내야 한다. 그는 근본 개념으로 공간 속에서 운동하는 한에서 물질을 설정한다. 이것은 그의 경험적 자료이다. 물론 이 경험적 개념을 다루는 관점들은 이성 자체를 통해 미리 주어져 있다. 이것들은 범주를 통해 열려지는 시각들인데, 하나의 사물은 그것이 가능한 경험의 대상이 될 수 있는 한에서 그에 따라 규정된다. 물질이라는 경험적 개념은 종합의 재료로 기여하지만 종합의 형식은 이성에게 선험적으로 귀속되어 있다. 양, 질, 관계, 양상의 범주는 칸트에게는 물질(공간 속에서 운동하는 것)의 경험적 개념이 선험적으로 규정될 수 있게 하는 관점들이다. 이 때문에 칸트의 저작 『자연과학의 형이상학적 시원』(1786)에서 네 가지 관점을 만날 수 있다. 1) 순수 양으로서 운동('운동학'(Phoronomie)의 영역), 2) 물질의 성질로서 운동하는 힘('역학'의 영역), 3) 운동 관계 속에 주어지는 물질('기계학'의 영역), 4) 현상 방식과 관련된 운동 양상('현상학'의 영역).

양의 범주에 대하여 칸트는 '직관의 공리'라는 제목으로 순수 지성의 제1 원칙을 형식화한다. 즉 "모든 현상은 그 직관에 따라 외연적 크기를 갖는다"(A 162). 이 명제는 경험에 현전할 수 있는 모든 대상에 대하여 그것이 그의 시-공적 규정 속에서 연장을 가지고 일정한 형태를 가진 것으로 파악되어야 한다는 것을 의미한다. 왜냐하면 공간 자체가 순수한 연장되어 있음이기 때문이다. 따라서 모든 공간적 규정성은 순수한 연장의 한정이요 우리는 그로써 일정한 공간적 형태를 생각하기 때문이다. 그런데 칸트는 하나의 크기라는 것을 양의 계기들. 즉 하나, 많음, 전부로 분해한다. 우리는 이것들을 측량학의 구조로서의 외연적 크기와 일치시키는데, 여기서는 언제나 척도의 통일성이 강조되어야 하며, 그 다중성을 통해 크기는 특정한 것으로 불려 지게 된다. 따라서 여기서는 개념의 직관에 대한 관계나 양의 범주의 직관화만이 중요한 것은 아니며, 주어진 것의 측정하는 파악의 근본 구조가 이러한 규정과 상응하는 원칙 속에서 사고된다는 것이다.

칸트는 이러한 첫 번째 선험적 종합판단에다가 어떤 성과를 부여하는가? 칸트는 이러한 원칙에서 순수한 크기 규정으로서의 수학을 현상에 적용하는 원리가 제시된다고 생각하며, 따라서 현상의 수학의 초월적 원칙에 대해 말한다. "그것이 순수 수학을 그 모든 엄밀성에서 경험의 대상에 적용될 수 있게 하는 유일한 것이다.”(『순수이성비판』, A 165/B 206) 우리가 경험 자료를 설명하는 데에서 수학적 구조를 이용한다는 사실, 물리학이 수학적 자연과학으로 구성된다는 사실은 칸트의 설명이 현상의 수학의 이러한 초월적 원칙에서 경험하고 있는 것이며, 그것은 단지 크기 개념을 대상에 적용하는 것으로 다하는 것이 아니라 자연과학은 수학적으로 진행할 수 있다는 자연의 수학화와 관련된 것이다. 칸트는 이 제1원칙에서 자연 인식이 수학적 물리학의 의미에서 수행되기 위한 가능성의 조건이 무엇인지에 대한 답을 주고 있다. “그러나 나는 모든 특수한 자연이론에서 **수학**과 만날 수 있는 것만큼만 **본래적인** 과학을 만날 수 있다고 주장한다.”(『자연과학의 형이상학적 시원』, IV 470)

이러한 구조와 기본 방향은 구체적인 물리학적 이론의 모든 변화에도 불구하고, 또한 칸트의 직관의 개념 안에 근원적으로 제시된 것처럼 경험 연관의 직접성을 경험한 모든 제약에도 불구하고 오늘날도 여전히 구속력있고 적절한 것으로 여겨진다. 갈릴레이가 투척 궤도를 점적으로 운동의 요소로부터 구성할 때 그가 물리학자로서 실행하는 절차는 칸트에서는 선험적인 작업의 의미에서 재구성된다. 갈릴레이가 새로운 운동 이론을 전해줄 수 있는 인간 지성의 능력으로 요구하는 것은 칸트에서 하나의 적합한 설명을 경험한다. 여기서는 물론 플라톤에서처럼 이념적 존재 영역에 소급해서가 아니라 유한한 이성의 구조, 인간의 인식 능력에 소급해서 그러하다. 경험 대상을 양적인 것으로 규정하는 한에서 종합의 초월적 통일을 표현하는 양의 범주와 더불어 기타 다른 범주들의 규정도 유사하게 나타난다. 이것들은 함께 저 유한한 지성의 수행을 표현하는데, 우리는 이것들을 철저히 초월적 ‘행위’의 의미에서 이해해야 한다. 여기서부터 자연의 개념이 출현하며 왜 우리의 경험이 일관적인 연관 하에 있을 수 있는지가 이해된다. 이 때문에 칸트에서 자연의 개념은 법칙의 개념을 내포하는 것이다(IV 468). 그때그때의 법칙이 경험적으로 어떤 종류인지는 예측될 수 없고 오직 경험적인 탐구 속에서만 형성될 수 있다. 그러나 그러한 탐구의 근저에는 초월적 수행이 놓여있는 것이다.

칸트의 자연의 형이상학은 경험적 자연과학이 자연에 대한 이론구성과 실험적 연구를 수행할 수 있기 위해서 언제나 반드시 요구해야 하는 자연 이해의 해명으로서 이루어진다. 우리가 신뢰할만한 물리학과 수학을 소유하고 있다는 사실이 명백히 칸트의 구상에 침투해 있다. 그러나 아마도 자연을 경험 가능한 것으로 구성하는 선험적 종합판단을 확실하게 제시하려는 칸트의 프로그램은 뉴턴과 더불어 자연과학이 확고한 토대에 도달했다는(이제 앞으로 더 나아가야 하지만) 확신으로 가득차 있는 것으로 보인다.

칸트는 판단력의 비판에서 이러한 틀을 넘어서 자연의 도식을 두 가지 관점에서 전개하고 있다. 1) 자연미와 숭고함에 대한 이론에서 자연은 반성적 가치판단의 주제가 되며 주체의 쾌/불쾌의 감정과 관련된다. 2) 목적론적인 판단력의 관점에서 자연은 역사철학으로 편입된다.

1. 인공미에 대해 우위를 점유하고 있는 자연미에 대한 칸트의 이론은 좁은 의미의 미학과는 아무 관련이 없는 많은 가치판단과 관련된다. 특히 그가 '도덕의 상징'(『판단력비판』, 59절)으로서의 자연미나, 자연대상에 결합된 "우리가 만들지 않은"(42절) 합목적성의 경험가능성을 말할 때 그러하다. 자연의 숭고함에 대한 사고에서 자연은 힘으로서, 순화되지 않는 자연의 무력으로서 그 무제한성에서 경험된다. 여기서 자연존재로서의 우리는 마치 무화되며 다만 우리는 그에 대해 도덕적 존재로서의 위치를 가질 수 있을 뿐이다(28절). 여기서 물론 반성규정이나 어떤 주관적인 것만이 중요한 것이긴 하지만 이제 자연이라는 주제는 이론적 이성과는 반대편으로 새로운 차원으로 들어온다.

2. 칸트의 이론 철학에서는 아리스토텔레스가 일으킨 자연에 대한 목적론적 고찰은 어떤 설명력도 갖지 못한다는 입장에서 거부된다. 목적(telos)의 개념은 구성적 자연 개념 하에서는 나타나지 않는다. 그러나 『판단력비판』 2부에서는 자연이 다시 목적론적으로 다루어진다. 물론 자연에 목적활동성을 부여하는 규정하는 판단력을 통해서가 아니라 오직 반성적 고찰, '마치'(Als-ob) 고찰의 의미에서만 그러하다. 따라서 내적, 외적 합목적성을 가진 유기체는 목적론적 원리 하에 **발견술적**(heuristisch) 의도에서 고찰될 수 있다. 목적론적 고찰은 어떤 설명도 주지 않지만 암시는 우리를 새로운 인식으로 인도할 수 있다.

이제 칸트는 자연을 실천 이성의 당위와도 결합할 수 있는 가능성을 획득한다. 이는 역사철학에 대한 그의 소저작들에서 나타난다. 여기서 그는 인간의 자연적 소질은 완전하게 발전되어야 한다는 데에서 출발하는데, 이것은 개인 속에서가 아니라 인류 역사 속에서만 일어날 수 있다. 따라서 자연 상태는 인간의 문화화와 도덕화를 위해 폐기되어야 할 어떤 것으로(그 전의 홉스와 비슷하게) 나타난다. 반면 인간의 문명화는 자연의 의도에 귀속되어 있다. 인간의 자연적 소질('사교적인 비사교성')은 인간을 그 능력의 문화화의 과정으로 몰고 가며 결국 삶의 관계들의 법적인 보장으로 몰고 간다.[19] 말하자면 자연의 의도는 도덕적인 당위들과는 대립하는 것이다.

『판단력비판』에서의 칸트의 자연에 대한 고찰은 그 이후의 철학에 많은 영향을 주었는데, 그것은 무엇보다 그가 이론적 이성과 실천적 이성이 어떻게 결합될 수 있는가 라는 물음을 언급했기 때문이다.

특히 셸링의 철학에서 자연철학에는 이론철학과 실천철학을 체계적으로 묶을 수 있는 기능이 부여된다. 자연은 더 이상 인식 주체에 의해 구별되는, 법칙 하에 있는 사물들의 총체로서가 아니라, 무엇보다 하나의 절대적 활동성으로서, 주체 안에서 인식되는 것만이 아니라 자신의 형식과 대상을 자체로부터 일어나게 하는 생산성 자체로서 간주된다. 생산성으로서의 자연은 그 다양한 생산물들을 관통해서 체계의 통일적 연결로서 나타난다. 자연 개념에 부여된 이러한 사변적인 체계 구행은 물론 더 이상 경험적 자연과학과는 아무 관계가 없다. 비록 언제나 당시의 연구 성과들에 대해 의지한 셸링의 작업이 매우 박식한 것이었지만 말이다.

6장
전망: 자연과 함께 하는 인간의 역사

자연 철학이 낭만주의에서 근대 자연과학에 거스르는 방향으로 발전한 이후에 이것은 경험과학의 압력 하에서 무의미성의 의심을 받게 되었다. 자연과학에 대한 방법론적인 반성, 즉 자연에 대한 모든 실질적인 진술에 거리를

---

19) I. Kant, *Idee zu einer allgemeinen Geschichte in weltbürgerlicher Absicht*, 1784, Werke VIII, 15-31쪽.

두는 메타이론이 자연철학의 유일하게 합법적인 유산인 것으로 보였다. 신칸트주의, 논리 실증주의, 비판적 합리주의 등의 철학이해가 아무리 다른 것이라 하더라도 그들은 자연과학의 '분석'만이, 즉 그들의 구성적 개념, 논리학, 방법론 등만이 과거 자연철학에서 살아남은 것이라는 데에 일치한다. 우리 세기에서 자연의 철학을 부활시키려는 시도, 가령 하르트만Nicolai Hartmann의 범주론 같은 것이 있었지만 큰 영향력을 미치지 못했다. 자연과학의 경험방식에 대해 일상적 경험방식의 자립성을 증명하려고 한 후설 현상학의 단초는 의미심장하다. 여기서는 자연과학이 떠맡을 수 없는 과제가 자연의 생활세계적 드러냄에 주어진다. 현상학이 보여주는 선과학적 직관적 자연의 구조는 심지어 수학화된 자연과학에 대해서도 기초를 주는(fundierend) 의미지평이다.[20)]

최근에 두 가지 측면에서 다시 자연철학에 대한 관심이 깨어났다. 자연과학 자체 내에서 '질서'의 성립과 존속에 대한 새로운 사고가 전개되었는데 ('카오스 이론') 이는 우리의 전통적인 자연개념을 변화시키는 것이다. 여기에는 '자기조직화'(Selbstorganisation)의 이론도, 우주의 발전, 생명의 발생과 종의 발전의 이론도 속해 있다. 이러한 이론적 단초들은 전통적인 의미의 자연철학에 귀속시킬 수 있는 보다 보편적인 사상을 촉발시켰다. 우주론은 하나의 보편적인 교양적 관심이 표현되는 자연과학과 철학의 경계영역이었고 경계영역이다.

이와 더불어 간과할 수 없는 생태학적 위기 때문에 자연이라는 주제에 대해 철학적으로 취급하는 일이 급격히 밀려 들어왔다. 현대의 기술이 원인이 된 자연의 변화는 이러한 성찰의 출발점을 이룬다. 자연은 이론적 철학의 대상으로 주제화되는 것이 아니라 인간 행위의 대상으로 주제화된다. 자연철학은 실천철학의 일부이다. 이에 따라 윤리학의 원리(책임, 존중, 경외 등)도 추구의 대상이 된다.

그리스적, 히브리적 사고에 기원을 두었던 자연과 역사에 대한 고찰의 단초들은 이제 다중적으로 결합한다. 18세기 이래 자연의 역사는 지구의 역사

---

20) E. Husserl, *Die Krisis der europäischen Wissenschaften und die transzendentale Phänomenologie*, Husserliana 4권, Haag 1962.

나 우주의 역사 속에서 형성되어 나왔다. 진화의 사상은 자연의 영원성과 불변성에 대한 과거의 사상들을 해체한다. 자연에 대한 현대의 산업적 이용 행위 때문에 자연은 —자연의 이론적인 동력화를 넘어— 새로운 의미에서 인간의 역사와 굳게 결합한다. 자연에서의 근본적인 변화(가령 동식물 종의 가속적인 멸종)가 인간 행위에 의해 유발되었고, 반대로 인류의 생존은 유기체의 생존에 유리한 관계를 자연에서 유지하는 것이 성공하느냐에 의존하게 되었다. 인간은 자연의 진화의 후기적 산물로서 간주될 뿐 아니라 자신의 역사 속에서 자연에 대한 처분권을 갖고 있다. 인간은 자연을 파멸시킬 위험을 갖고 있으며 동시에 자기 자신을 파멸시킬 위험도 갖는다. 자연의 개조는 인간 역사의 요소로서 이루어진다.

그러나 기술 안에 집중된 인간의 힘이 자연에 대한 새로운 사고의 출발시점을 제공하는 한 이러한 단초 안에서 '인간중심주의'는 지양할 수 없는 것으로 못박혀 있다. 문제는 자연과의 적합한 **교섭**이지 자연 자체가 아니다. 특히 우리의 **이용 실천** 안에서 통제되는 변화가 문제이다. 흔히 얘기되는 자연에 대한 책임은 우리와, 특히 미래의 세대에 대한 책임의 틀 안에 있는 책임이다. 자연에 대한 숙고는 미래에 대한 숙고이며 역사의 주체로서의 인간에 관여한다. 그것은 미래의 세대에 대한 결과의 예측가능성의 관점에서 현재 실천의 책임성에 영향을 미친다. 문제는 우리가 땅을 경작하고 광물과 화석원료의 저장소를 열어젖히고 강물의 흐름을 막을 권리가 있느냐 하는 것이 아니라, 그러한 것들을 행하는 형식이 장기간 투입될 수 있고 지구적으로 확산될 수 있는 자연 이용의 전략으로 정당한가 하는 것이다. 자연과 종의 보호의 목적은 이러한 틀 안에서 고찰되어야 한다.

우리가 예나 지금이나 우주의 무한성에 대해 말한다 할지라도, 생태학적 위기를 통해 유한성, 파괴가능성, 일회성의 사고로의 회귀가 확인될 수 있다. 우리는 명백히 우리의 행위 공간은 우주론적으로 이해된 자연을 통해 펼쳐지며 우리에게 제약되지 않는 행위의 가능성을 시사한다고 생각하는 유혹에 빠져 있었다. 무한한 우주에서 결핍이나 궁핍은 있을 수 없으며 우리의 기술적 행위의 기대하지 않은 부작용은 무한히 밀어낼 수 있다. 그러나 우리의 구체적인 삶의 공간은 매우 좁다. 그것은 우리의 생리학을 통해, 우리가 유기체로

속해 있는 실재적인 대사관계를 통해 정의된다. 우리가 우리를 마치 행성간, 은하계간의 제국에서 우주의 정복자로서(SF의 집합소) 이해한다해도 우리는 여전히 유기체로서의 우리에게 부과되는 까다로운 조건들에 대한 의존성을 제거하지 못한다. 생리학적으로 이해된 자연에서 출발하여 우리의 자연에 대한 개입은 언제나 우리 행위의 결과가 유기체의 번성을 위해 요구되는 환경조건을 얼마나 온전하게 하는가를 측정하는 데에 주목해야 한다. 여기에서 자연은 역사의 주체에게 임의로 처분되도록 되어 있지 않다는 것이 따라 나온다. 우리는 숙주를 죽이는 기생충처럼 행위해서는 안 될 것이다.

우주론적 자연에 비해 생리학적 자연은 일차적으로 좁은 경계(처리할 수 있는 삶의 공간과 수단의 협소함, 유기체의 생존조건의 손상가능성)라는 특징을 지닌다. 어떤 지역에서는 처분할 수 있는 재화를 검소하고 신중하게 경제화해야 한다는 의식이 언제나 있었다. 이제 우리에게는 물이나 공기와 같은 아주 기본적인 재화의 전지구적인 부족이 일어나고 있으며 기후와 같은 생명체에 매우 전지구적인 요인이 위험에 빠지는 일이 일어나고 있다. 우리는 유해 물질을 다루는 데에서 더욱 민감해졌으며 기술적 혁신에서 과거보다 '폐기물제거'에 큰 주의를 기울이고 있다. 그러나 부유한 산업국가에서처럼 소위 재화와 에너지의 무해한 소비가 일어나고 그를 확대하는데 노력한다 할지라도 그것은 생리학적 자연에 파괴적으로 영향을 미친다. 인간의 실천을 통해 정의되는 이러한 맥락에서 자연이라는 주제는 우리 세기에서 결정적인 주제가 된다. 결국 인간의 생존은 그것을 처리하는 데에 달려 있다.

■ 인용된 문헌

Aristoteles 1987, *Physik*, H. C. Zekl (독역, 편), 2 Bde., Hamburg.

Bacon, F. 1817-59, *The Works*, Spedding, Ellis, Heath (편), London.

Blumenberg, H. 1975, *Die Cenesis der kopernikanischen Welt*, Frankfurt/M.

Böhme, G. (편) 1989, *Klassiker der Naturphilosophie*, München.

Bubner, R./Gladigow, B./Haug, W. (편) 1990, *Die Trennung von Natur und Ceist*, München.

Crombie, A. C. 1964, *Von Augustinus bis Galilei. Die Emanzipation der Naturwissenschaft*, Köln/Berlin.

Diels, H./Kranz, W. 1952, *Die Fragmente der Vorsokratiker*, 3 Bde., Berlin [VS].

Dijksterhuis, E. J. 1956, *Die Mechanisierung des Weltbildes*, Berlin.

Heisenberg, W. 1976, Was ist ein Elementarteilchen?, in: *Die Naturwissenschaften*, Jg. 63.

Jonas, H. 1979, *Das Prinzip Verantwortung. Versuch einer Ethik für die technologische Zivilisation*, Frankfurt/M.

Kant, I. 1910-23, *Kant's gesammelte Schriften* (Pr.Ak.Ausg.), Berlin.

______________, *Kritik der reinen Vernunft*, Bd. IV [KrV].

______________, *Kritik der Urteilskraft*, Bd. V [KU].

______________, *Metaphysische Anfangsgründe der Naturwissenschaft*, Bd. IV [MAdN].

Löwith, K. 1950, *Natur und Geschichte, in: Sämtliche Schriften*, Bd. 2.

Meyer-Abich, K. M. 1984, *Wege zum Frieden mit der Natur. Praktische Naturphilosophie für die Umweltpolitik,* München.

Moscovici, S. 1982, *Versuch über die menschliche Ceschichte der Natur*, Frankfurt/M.

Munitz, M. K. (편) 1957, *Theories of the Universe. From Babylonian Myth to Modern Science*, New York/London.

Oehler, K. 1984, *Der Unbewegte Beweger des Aristotoles*, Frankfurt/M.

Pascal, B. 1972, *Über die Religion (Pensées)*, Heidelberg.

Passmore, J. 1974, *Man's Responsibility for Nature*, London.

Platon 1972, *Werke* (griech. u. dt. in 8 Bden), Ebd., Timaios, Bd. Ⅶ, Darmstadt.

Rapp, F. (편) 1981, *Naturverständnis und Naturbeherrschung,* München.

Rorty, R. 1981, Der Spiegel der Natur, Frankfurt/M.

Schäfer, L., 1966, *Kants Metaphysik der Natur,* Berlin.

_________, 1974, *Erfahrung und Konvention. Zum Theoriebegriff der empirischen Wissenschaften*, Stuttgart.

Schwemmer, O. (편) 1987, *Über Natur. Philosophlsche Beiträge zum Naturverständnis,* Frankfurt/M.

Spaemann, R./Löw, R. 1981, *Die Frage Wozu? Geschichte und Wiederentdeckung des teleolosischen Denkens*, München.

Ulmer, K. 1949, Die Wandlung des naturwissenschaftlichen Denkens zu Beginn der Neuzeit bei Galilei, in: *Symposion*, Bd. 2, Freiburg.

Zimmermann, J. (편) 1982, *Das Naturbild des Menschen*, München.

2부 _ 인간

- H. 패촐트

들어가는 말

인간은 언제나 이미 특수한 방식으로 자기 자신에 관한 물음에 관심을 가졌고 그것과 대결해 왔다는 것은 자명하다. 그에 관한 증거들은 적어도 선사시대에 이르기까지 소급된다. 신화, 예술, 종교, 학문들, 그리고 또한 그것들과 연관된 의식, 제식, 풍속, 관습에서는 직접적으로든 간접적으로든 인간의 지위가 문제이다. 더군다나 자연과 세계 전체의 영역뿐만 아니라 공동인간의 세계와 연관해서 그러하다.

1장
선철학적 인간학

여기에서 우리는 선철학적 인간학에 대해 다룬다. 만약 우리가 다음의 두 개의 큰 주제를 생각할 때 그러한 '잠재적 인간학'(Landmann 1969, 11)의 윤곽들이 드러난다.

우리가 다양한 선사시대의 문화들에서 발견하는 토테미즘적, 애니미즘적인 사고영역은 깊은 **인간과 자연적인 것의 근친성**으로부터 출발한다. 인간은 자연과 살아 있는 것들의 영역을 "인간의 유비로부터"(14) 파악한다. 이러한 생각은 대략 20세기로 바뀔 무렵의 한 인디언 예언자의 진술에서도 여전히 작용하고 있다. 스모할라(Smohalla) —우마틸라(Umatilla)족의 인디언— 는 땅을 경작하는 것을 거부했다. "모든 우리의 어머니를 경작을 통해 훼손하거나 재단하는 것, 그리고 갈기갈기 찢거나 파헤치는 것은 죄이다." 그는 다음과 같이 덧붙인다.

> "당신은 내가 대지를 경작하는 것을 원하나요? 내가 나의 어머니의 가슴에 비수를 꽂기 위해 칼을 들어야 할까요? 그렇게 하면 내가 죽을 때, 나의 어머니는 나를 더 이상 자신의 품에 받아들이지 않을 겁니다. 당신은 내가 대지를 파서 일구고 돌을 파서 꺼내기를 원하나요? 내가 어머니의 살을 잡아 뜯고 어머니의 뼈를 파내야 할까요? 그렇게 하면 나는 새롭게 태어나기 위해 더 이상 어머니의 몸 속으로 되돌아갈 수 없을 겁니다. 당신은 백인종들이 하는 것처럼 내가 풀과 건초를 베고 그것을 팔아서 부유해지기를 원하나요? 그러나 어떻게 내가 나의 어머니의 머리카락을 자르는 것을 감행할 수 있을까요?"(Eliade 1961, 220)

반면 이렇게 인간적인 것을 자신의 자연적 환경에 투사하는 것은 이미 일찍이 그와는 대립적인 입장, 즉 인간의 독특성을 포착한다는 것은 소박한 신인동형동성설(Anthropomorphismus)의 극복을 전제한다는 입장과 대조되는 것이었다. 인간은 그가 자연 세계나 또한 신적인 것에 대립해서 자신의 특수한 지위를 주목할 때에만 스스로를 파악한다. 사람들은 가령 엘레아의 크세노파네스를 생각할 것인데, 그는 인간적 표상들을 신들에게 단순히 양도해 버리는 호메로스적인 신들의 세계를 비난했다.

선철학적 인간학을 관통하고 있는 두 번째 테마는 **인간적인 것**이 어떤 인간들에게서 나타나느냐 하는 물음과 연관되어 있다. 인간성의 개념을 자명한 것으로 사용하고 있는 우리는 그 개념을 파악하기 위해 도덕적 발전의 오랜 길을 필요로 했었다는 것을 성찰하지 않는다. (유럽적)그리스적 전통에서는 우선 소피스트들이 있는데, 그들은 이방인을 단지 야만인으로만 평가절하하지 않았다. 그 후 스토아학파와 유대의 전통에서 인간성의 이념이 나타났다. 인간성의 이념은 한편으로는 키케로와 마르쿠스 아우렐리우스의 로마적인 휴머니즘을 넘어서, 그리고 다른 한편으로는 기독교적 휴머니즘을 넘어 유럽적 교양(Gesittung, 예절)의 사상 전체로 귀결된다. 물론 우리는 또한 언제나 거듭 엄습해오는 이데올로기적이고 종교적인 기만들에 대항해서 인간성의 이념을 확고히 하는데 어떤 노력과 분발이 필요한지를 알고 있다.

2장
역사 속에서 철학적 인간학의 스케치

인간에 대한 물음이 철학적 근본문제들의 맥락으로부터 제기되고 대답될 때에야 비로소 우리는 철학적 인간학에 관해 말할 수 있다. 앞으로 체계적인 관점뿐만 아니라 역사적인 관점에서도 철학적 인간학의 개괄이 중요하다. 철학적 인간학의 구조와 과제가 몇몇의 역사적 교착점들에서 설명될 것이다.

1절__ 그리스적 고대에서 인간론의 관점들

고대 그리스 철학은 소피스트들을 통해 인간학으로 방향을 전환했다(Landmann외 1962, 29. Landmann 1969, 30) 소피스트의 인간학은 풍속과 관습에서 파악할 수 있는 인간의 다양한 형태의 문화들이 동등한 권리로 서로 나란히 서 있다는 통찰로부터 출발한다. 풍속, 습관 그리고 관습이 본래부터 있는 것이 아니라 인간의 작품이기 때문에, 존속하고 있는 문화들 중 어떤 개별 문화도 특별하게 취급될 수 없다. 소피스트에 의해 소개된 구분, 즉 본래부터 존속하는 **자연**(physis)과 인간적인 정립으로부터 성립하는 **규범**(nomos)의 구분, 그리고 이것을 문화의 문제에 적용한다는 것은 비판적인 의미를 가지는데, 곧 문화를 자연 작품으로서 간주하는 것이 아니라 문제삼을 수 있는 것으로 이해한다는 것이다.

그러나 이제 곧바로 소피스트적 인식론이 기존 형이상학의 거부와 함께 발생한다는 것을 주목해야 한다. 고대 이오니아학파, 피타고라스학파, 그리고 또한 엘레아학파와 초기 자연철학자들이 지각에 주어지는 것, 즉 **현상**과 단지 순수 사고에서만 해명될 수 있는 **본질** 사이를 구별했을 때, 소피스트적 인식론은 세계란 단지 인간으로서의 우리가 행위 하면서 산출하는 바로 그것이며, 단지 이것만이 우리의 기관-장비를 토대로 해서 인식될 수 있다는 것을 의미한다. 그러므로 소피스트적 이론은 인간학적 현상주의(Phänomenalismus)이다(Landmann외 1962, 35).

소피스트인 프라타고라스의 유명한 명제, 즉 "인간"은 "만물의 척도"이고, "존재하는 것들에 대해서는 그것들이 존재한다는 것에 대한 척도이며, 존재하지 않는 것들에 대해서는 그것들이 존재하지 않는다는 것에 대한 척도"(플라톤,『테아이테토스』 152a 이하. 디오게네스Diogenes Laertius, Ⅸ, 51)라는 명제, 이른바 **인간-척도**-명제는 그러므로 우선은 일단 형이상학의 거부를 포함하고 있다. 우리는 세계를 인간 세계의 배후에서 찾으려 해서는 안 된다. 그러나 그 명제는 역시 모든 인식은 행위 하는 인간에 대해서만 의미를 지닌다는 실용주의적인 요점을 함유하고 있다. 프로타고라스는 인간이란 말을 인류, 즉 모든 인간의 총괄개념 뿐으로만 아니라, 개별적인 인간으로 생각하고 있다. 그럼에도 우리는 그 명제가 여전히 제3의 의미 뉘앙스를 함축하고 있다는 것을 논증할 수도 있을 것이다. 다시 말해 프로타고라스는 일차적으로는 개별적인 인간이나 추상적 인류인 인간이 만물의 척도가 아니라, 구체적인 삶의 세계에서 살아가고 있는 인간이 만물의 척도라고 생각한다. 이러한 삶의 세계는 각기 이미 구성된 공공의 의견으로 분화되는 **규범**을 담고 있다.

인간은 공론에 의해 언제나 이미 각인되어 있다. 이러한 측면을 고찰할 때 소피스트철학의 수사학에 대한 관심 또한 설명되는데, 이때의 수사학은 자신의 관심을 영향력있게 구성하고 수행하게끔 하는 이론, **인간에 호소하는** (ad hominem) 의도를 가진 논증과 논쟁의 이론을 의미한다(Classen 1976. Podlewski 1982, 32이하 참조).

소피스트의 인간학의 대강을 거칠게 묘사하고자 한다면, 우리는 보다 광범위한 지점을 언급해야만 한다. 플라톤이 재구성한 프로타고라스의 한 신화가 전승되고 있다(Protagoras, 320c 이하). 그 신화는 대강 단순화해서 말하면 다음과 같다. 동물과 비교할 때, 인간은 특별히 자연적으로 불리한 상태에 있다. 인간은 다른 생명체에 의한 죽임에 대해서 자연적인 방어수단을 소유하지도 못하고, 또한 자연적 방식으로 더위와 추위를 방어하지도 못한다. 또한 자연은 인간에게 어떠한 영양분도 마련해주지 않는다. 인간은 모든 이러한 자연적인 결점을 문화적인 제도를 통해 극복해야만 한다. 프로타고라스의 신화에서는 신은 인간에게 문화유산—언어, 종교, 문명으로 이끄는 기술들, 국가 등등—을 신사함으로써, 인간을 구원하는 것은 여전히 신 자신이다. 그럼에도 불구하고 소피스트철학의 다른 인간학자들에 의하면, 즉 아폴로니아의 디오게네스에 따르면, 인간은 이미 그의 자연적인 존재에서 특출하다. 인간 신체의 소질들과 기관들은 목적에 합당하게 서로서로 관련되어 있다. 뇌의 발전을 고조시키는 직립보행, 인간에게 도구적 활동성의 능력을 주는 인간 손의 독특함은, 말하는데 적합한 혀와 마찬가지로 문화적으로 고차적인 발전을 가능하도록 인간에게 있어서 상호작용하고 있다. 외부 자연 조차 인간의 발전에 호의적이다. 낮과 밤의 주기적인 변화, 그리고 계절의 변화라는 자연의 과정은 인간에게 필요한 시간적인 방향설정을 마련해 주고, 세계에서 올바른 길을 찾아내도록 인간에게 도움을 준다(Landmann외 1962, 53-64 참조).

지금까지 언급된 소피스트 인간학의 구조를 주목한다면, 첫째로 그 인간학은 인간 **삶의 세계**로부터 출발한다고 말할 수 있을 것이다. 다음으로 그 인간학은 인식론의 방법적인 형성 면에서 **형이상학에 대한 비판**을 포함하고 있다. 셋째로 그 인간학은 인간에게 고유한 능력들과 독점권을 해명하고자 한다. 넷째로 그 인간학은 **문화이론적인** 구성요소, 정확하게 말하자면 문화의 기원에 관한 주제를 포함하고 있다.

우리가 철학적 인간학의 역사에 관한 하나의 길라잡이 조망을 얻고자 한다면, 도입부에서 제시된 규정을 상기하는 것이 유용하다. 나는 인간에 대한 시각이 동시에 철학적 근본문제의 전개와 결합되어 있을 때에만 우리가 철학적 인간학에 관해 말할 수 있다는 것을 논증했었다. 그런데 우리는 즉시 소피스트 철학의 구상의 근거와 방법적인 수행에 대한 최종적인 요구들이 충분하지 않다는 것을 고백하게 될 것이다. 그리스적 · 로마적인 고대에서의 철학의 전개를 주목한다면, 우리는 독특한 변증법이 지배하고 있다고 말할 수 있다. 플라톤, 아리스토텔레스, 플로티노스의 위대한 기획들은 인간학적으로 소피스트철학의 배후에 머물러 있었지만 철학의 자기반성을 앞서서 촉구하고 있었다. 모든 이러한 기획들은 실로 인간 본질에 대한 해명을 포함하고 있었는데, 다만 인간학의 문제를 단지 단편적으로만 앞에 세우고 있었다.

몇 가지 언급들이 이러한 것을 밝혀줄 수 있을 것이다. 소크라테스가 강조하는, 철학적 물음을 인간과 인간 세계에로 집중하는 것(플라톤, 『파이드로스』, 230d)은 윤리학을 향하고 있다. 따라서 이성에 정향된 개별적 인간 삶의 태도 문제는 원칙적으로 새로운 기초 위에 서 있게 된다. 모든 일에 있어 좋은(선한) 삶의 가치가 중요하다. 소피스트철학과 결합된 윤리적 상대주의는 극복된다. 그러나 동시에 인간 삶의 다형성과 다양성에 대한 주목은 철학의 길을 바꾸어 놓는다. 그래서 란트만은 다음과 같이 말한다. "소피스트철학에서 인간은 모든 문화의 전개에 있어 문화의 분출점이다. 그에 반해 **소크라테스**에게 인간은 단지 여전히 좋음(선)을 알고 좋음(선)을 행해야만 하는 자일뿐이다. 그러므로 소크라테스는 부분적으로 더 깊이 파고들지만, 그 이면은 인간 전체에 대한 통찰이 사라진다는 점이다. 윤리학은 인간학으로부터 나온다." (Landmann외 1962, 65)

플라톤의 이데아론은 우리에게 인식문제에 관한 좀 더 심층적인 이해를 제공한다. 그러나 그 이데아론은 한편으로는 변하지 않는 이념의 세계와 다른 한편으로는 변화에 지배되는 현상세계에 관한 이분법으로 나아간다. 지각은 이성을 통한 인식에 비해 평가절하 된다(참조 『테아이테토스』). 현상세계에 대한 원칙적인 비판은 이러한 방식으로 가능하게 된다. 그러나 그 비판은 부정적인 가치평가를 유지한다. 소피스트철학이 인간을 신체와 영혼의 통일성으로 생각한다면, 플라톤에게서 인간은 일면적으로 영혼의 관점으로 옮겨진다(『테아이테토스』, 176b, 『법률』, XII, 959a). 물론 욕망으로 가득 찬 부분, 용기의 성질이 있는 부분, 정신적인 부분(『국가』, Ⅸ, 581c, 435e)으로의 플라톤의 영혼 3등분은 인간의 다양한 성향들을 공정하게 다루고자 시도한다. 그리고 말할 나위 없이 정신적인 것이 선호된다(『국가』, Ⅸ, 588c 이하). 사람들은 결국 이상국가로부터 예술의 추방을 생각한다. 예술이 감각적 가상의 영역에서 움직이고 있는 한, 예술은 이념의 존재로부터 떠나 있다. 그 경우 예술은 인간 영혼을 타락으로 이끄는 자이다. 만일 철학이 불변적이고 영원한 이념의 존재로 이끄는 과제를 가지고 있다면, 그때 소피스트적 인간학에서 발견할 수 있는 실험적으로 열려 있는 창조적인 것의 강조는 다시금 사라진다.

아리스토텔레스의 영혼론(『영혼에 관하여』)은 인간 영혼의 유기적인 결합을 올바르게 다루고 있다. 아리스토텔레스의 단계모델 —이것에 따르면 지각은 영양공급과 번식의 영혼을 토대로 하고 있다— 역시 일면적으로 **누스**(정신)를 정립하고 있지는 않다. 오히려 아리스토텔레스는 사고란 감각과 더불어 획득할 수 있는 직관들과 지각들에 의존하고 있다고 강조한다(Uslar 1975). 그러나 여기에서도 모든 지각들은 지각들에 객관적으로 미리 주어져 있는 존재의 실체적인 '형상들'을 겨냥하고 있기 때문에, 인간 지각 능력의 어떠한 더 고차적인 발전과 어떠한 세련된 도야도 있을 수 없다고 한다.

나아가 아름다움에 관한 플로티노스의 학설(Enneaden Ⅰ, 6, Ⅴ, 8 참조)은 아름다움이 감각적 지각에서 파악될 수 있다는 것을 강조한다. 그럼에도 불구하고 본래적인 아름다움은 이성을 통해서만 발견된다. 행복은 인간이 이성에 기초한 완전한 삶에 뜻을 둘 때에만 인간에게 다가온다(I, 4). 플로티노스에 의하면 현세의 존재는 근원적인 통일성으로부터의 하강이거나 타락으로 여겨진다(Enn. Ⅳ 8). 현존재의 목적은 잃어버린 통일성에 도달하는 것이다. 그러나 그것은 현 세계, 즉 바로 인간의 삶의 세계와의 이별을 뜻한다. 역사적으로 볼 때 플로티노스의 학설은 일관되게 하나의 정당한 요소를 지니고 있다. 폴리스가 사라진 후에 인간의 집단만이 자기 안에서 도움이 될 수 있다. 그러나 그렇게 자기 안에 형성된 '소우주'(Mikrokosmos)는 구체적이고 외적인 삶의 조건을 등한시하는 한에서만 성공할 수 있다.

2절__ 근대를 향한 문턱에서의 인간학: G. 피코 델라 미란돌라와 인간의 존엄성

기독교적으로 각인된 중세의 유럽에서는 인간학이 복합적인 모습으로 나타난다. 고대적 원천들이 성서적 전통의 빛 속에서 확대 발전되고 용해된다. 신학적-기독교적인 인간론을 서술하고 전개하는 것은 여기에서는 중요하지 않다. 그 대신에 나는 철학적 인간학의 역사로부터 근대의 문턱에 서 있는 후기의 문헌을 뽑아낼 것이다. 조반니 피코 델라 미란돌라Giovanni Pico della Mirandola의 1486년 『인간 존엄성에 대한 연설』(*Oratio de Dignitate Hominis*)이 분석의 목적을 위해 특히 적합한 것으로 보인다. 왜냐하면 우리는 여기에서 한편으로 전통에 대한 성찰이 요약되어 있고 하나의 새로운 기초 위에 세워져 있음을 발견할 수 있기 때문이다. 또한 이 작품은 방법적인 면에서 관심을 끄는데, 왜냐하면 이것은 이미 언급된 변증법, 즉 삶의 세계와 개별 현상들에 관심을 두는 인간학적인 직관과 체계적인 이론구성 사이의 변증법을 독특한 방식으로 풀어내고 있기 때문이다.

피코의 『인간 존엄성에 대한 연설』은 겨우 24세 작가의 작품이다. 부르크하르트J. Burckhardt가 이미 대략 100년 전에 르네상스의 "문화기의 가장 고상한 유산 중 하나"로 찬미했던 이 연설은 로마에서의 학술회의 개회사로서 계획되었었다. 이 회의는 금지되었는데, 성직자 계급이 피코가 전체적으로 기획한 철학을 위한 900개의 테제 중 13개의 테제를 이단으로 공언하였기 때문이다.

그는 아랍인들의 저술에서 ―피코는 자신의 연설을 그렇게 시작한다― 다음과 같은 것을 읽었다고 말한다. 사라센인인 압달라(아마도 모하메드의 먼 친척)는 "이 세계의 무대" 위에서 어떤 현상을 최고로 경탄할만한가 라는 물음에 대해, 인간보다 찬미할 가치가 있는 것은 아무 것도 없다고 대답했다는 것이다. 피코는 이러한 견해에 동의하지만, 동시에 이러한 사태에 대한 전통적인 설명이 그를 충족시키는 것은 아니라는 것을 강조한다. 인간의 특별한 지위에 관한 적합한 해석은 이러하다.

> “인간은 피조물들 사이의 중개자입니다. 왜냐하면 인간은 상위의 것들과는 친근하고 하위의 것에 대해서는 지배자이기 때문입니다. 인간은 타고난 감각의 예민함, 탐구하는 지성, 정신의 빛이라는 능력을 가지고 자연을 해석하는 자입니다. 인간은 고정된 영원함과 시간의 흐름 사이의 연결고리이고, —페르시아인들이 말하는 것처럼— 세계를 하나로 묶는 유대일 뿐만 아니라, 다윗이 증언했듯이 천사들로부터 아주 멀리 떨어져 있지 않는 세계의 혼인적인 결합입니다.” (『인간의 존엄성』, 27)

몇 가지 규정들은 인간의 **중개역할**을 겨냥하고 있다. 즉 피조물들 사이의 중개자로서의 인간, 영원함과 시간 사이의 연결고리로서의 인간, 세계를 하나로 묶는 유대로서의 인간, 세계의 혼인적인 결합으로서의 인간 등등이다. 또 다른 규정들은 인간의 **포괄적 인식** 능력을 강조하고 있다. 즉 감각의 예민함, 인간 지성의 탐구하는 힘, 정신의 빛, 자연을 해석하는 자 등등 이다. 결국 인간의 존엄성은 인간 존재 형식이 천사의 존재 형식과 가깝다는 점에 있다.

피코는 가장 상이한 사유전통들에서 유래하는 인간의 해석들을 끌고 들어온다. 인간의 탁월함을 가장 넓은 의미에서의 인간의 인식 능력에서 보는 고대(플라톤, 아리스토텔레스, 스토아 학파)는 진짜 기독교적인 해석들과 나란히 서 있다. 그러나 토마스 아퀴나스와 아우구스티누스는 인간의 중개역할을 강조하고 있다(Hinske, in: Landmann 외 1962, 112 이하). 피코는 페르시아인의 증언을 그러한 기독교적 해석 곁에 세운다. 그는 다윗(『시편』, 8, 5이하)을 페르시아인의 직접적인 이웃으로 밀어 넣는다. 인간은 천사에게 거의 뒤지지 않기 때문에 경탄받을 만하다는 구약성서의 해석을 피코는 본래는 인간이 아니라 천사가 경탄받을 만하다는 주장을 가지고 거부한다. 인간은 천사의 존재의 척도에 맞추어져 있을 때에만 존엄성을 가질 수 있다는 것이다.

피코는 모든 견해들에 대해 어떤 권리를 부정하는 것은 아니다. 그럼에도 불구하고 그 견해들은 근본적이지(principalia) 않다. 피코는 인간의 존엄성에 관한 자신의 고유한 해석을 다음과 같은 언급으로 시작하는데, 즉 인간의 특출한 지위를 단지 동물들과 비교해서만 강조할 것이 아니라 초세속적인 정신과 관련해서도 강조하는 규정이 발견되어야 한다는 것이다.

성서적 창조 신화와 플라톤적인 창조 신화 사이의 경계에서 —『창세기』와『티마이오스』라는 책들에서 전승되고 있는바— 피코는 우선 인간의 창조에 앞서 세계의 존재론을 기획한다(『인간의 존엄성』, 27). 우리가 피코의 저서『칠일창조』(*Heptaplus*)를 가지고 폭넓은 설명에 접근한다면 다음의 그림이 밝혀진다. 즉 우주는 세 개의 세계들 내지는 세 개의 영역들로부터 성립한다는 것이다. 즉 신학적으로는 천사와 신의 세계로, 철학적으로는 예지적 세계(mentes)로 파악될 수 있는 **하늘 위의 영역**은 최상의 위치를 차지한다. 그 아래로 열 개의 천체로 구성된 하늘의 영역이 뒤따른다. 가장 아래의 천체는 달이다. 이 영역은 세계영혼(aeternis animis)을 통해 조종된다. 거기에 동물과 식물의 삶의 **달 아래 세계**가 이어진다. 이러한 관점은 본질적으로 신플라톤주의적 전통을 따르는 것이다(Monnerjahn 1960, 18-23). 피코는 특히 모세, 그리고 플라톤에 의존하고 있는 피타고라스학파 티마이오스Timaeus von Lokroi를 증인으로 끌어 댄다.

그러나 이제 새로운 종류의 것이 나타나는데(『인간의 존엄성』, 29), 데미우르고스적인 창조자—피코는 진짜 기독교적 표현인 "지존하신 아버지 조성자 하느님", 그리고 기존의 플라톤적인 표현인 "장인"(artifex), "지존하신 제작자" 등을 선택적으로 사용한다—가 모든 '원형들'(Archetypen)을 이용했다는 것이다. 모든 '위치들' 역시 이미 점유되었다. 신적인 데미우르고스가 하나의 본질에 따라 작품의 의미를 파악할 수 있기를 갈망하고, 따라서 자신의 아름다움을 사랑하고 자신의 위대함에 감탄할 수 있기를 갈망했을 때, 그 데미우르고스는 틀림없이 신의 지혜와 선함을 알리는 방책을 궁리했음에 틀림없다. 신은 꾸며낸 아담과의 대화 속에서, 자신은 확고한 위치도, 특정한 형태도, 그에게만 독특한 재능도 마음대로 할 수 없으며, 인간은 모든 것을 자신의 의지와 재량을 근거로 얻어야 한다는 것이다. 인간은 결코 어떠한 고유한 본성도 마음대로 처리하지 못하며, 그 본성을 자유 의지를 통해 규정해야 한다는 것이다. 물론 인간은 세계의 중심에 세워져 있고, 그래서 그는 세계 도처를 조망 개관할 수 있다. 그러나 천상적이지도 세속적이지도 않게, 죽지도 죽지 않지도 않게 창조된 인간은 자신에게 적합한 삶의 형식을 창조할 자유가 있다. 인간은 자신의 삶의 형식의 모델 제작자이고 조형자(plastes et fictor)이다. 인간은 신적인 것으로 상승할 수도 있고 동물적인 것으로 퇴화할 수도 있다.

인간의 존엄성은 존재론적인 우위에, 또는 특수한 능력들(가령 이성)에 있는 것이 아니라, 오히려 인간의 존엄성은 그의 자유, 다시 말해 인간이 자기 자신으로부터 만드는 바로 그것에 있다. 그러므로 인간에 대한 이전의 해석들은 그 해석들이 인간을 **존재**규정들로부터 정의하려고 했기 때문에 근본적이지 않다. 그와 반대로 **자유**규정들만이 근본적이다.

사람들이 피코를 성급하게 피히테류—그들에 따르면 세계는 우리들의 도덕적인 의무의 재료이다—로 낙인찍는다면, 또는 피코를 성급하게 사르트르의 의미에서의 실존주의자—그들에 따르면 인간은 자유로운 기투 속에서 스스로를 상황으로부터 상황으로 새롭게 수태한다—로 이해한다면, 그것은 당연히 무역사적으로 생각된 것일 것이다. 그러나 '인간의 존엄성'에 대한 피코의 시기에 여전히 살아있는 문헌의 전통과 비교할 때 그의 사유의 새로움은 현저하게 두드러진다. 이러한 전통은 두 가지 움직임 속에 있다.[1] 거기에는 일찍이 인간의 결함을 강조하는 그러한 방향이 있었다. 베른하르트Bernhard von Clairvaux로부터 페트라르카Petrarca를 넘어 에라스무스Erasmus von Rotterdam까지 이르는 이러한 흐름의 취지는 인간 조건의 비참성의 강조였다. 우리는 세계의 고통과 세계의 즐거움 사이에서 동요한다. 여기에서 인간의 존엄성은 부정적으로 정의된다.

인간의 존엄성에 대해 긍정적인 문헌—멜리토Melito von Sardes, 락탄츠Laktanz, 암브로시우스Ambrosius, 그레고르Gregor von Nyssa, 네메시오스Nemesios von Emesa—의 넓은 전선은 무엇보다도 르네상스에서 풍요롭게 꽃핀다. 이를테면 마네티Manetti의 작품인 『인간의 존엄성과 탁월성에 관하여』는 인간의 신체적인 장치를 찬양하고 있다. 직립보행은 인간에게 세계 관찰(contemplatio)을

1) A. Auer, G. Manetti und Pico della Mirandola De Dignitate Hominis, in: *Vitae et Veritati. Festgabe für Karl Adam*, Düsseldorf 1956 참조.

위한 능력을 주었다. 손이라는 기관의 성질은 인간에게 행위의 보편성 등을 보증한다. 인간은 총체적인 소우주이고, 특히 통찰할 수 있는 능력을 가진 사회적이고 문화적인 존재자이다. 인간은 신을 통해 사물들을 지배하는 것을 위임받았다.

이미 이러한 사소한 암시로부터 피코가 **인간 존엄성**에 관한 문헌의 전통을 뚫고 나오고 있다는 것이 분명해진다. 원칙상의 **비규정성**은 인간을 특징짓는 바로 그것이다. 그러나 자유는 인간조건에 대한 더 깊은 이해를 보증한다. 인간은 **위기** 속에 서 있고, 그는 결단해야만 한다. 인간은 자기 자신을 내던져야만 한다. 다시 말해 인간은 무엇보다도 자신의 '형식'을 발견해야만 한다.

그러나 인간은 결코 확고한 본성을 임의로 처리할 수 없다는 이러한 출발점으로부터 피코의 학설은 어떻게 그 이상의 상을 그릴 수 있는가? 전적으로 인문주의적인 학식의 의미에서 피코는 자신의 견해를 위해 전통을 소환한다. 끝없는 만들기와 변형하기는 단지 유대신학자와 피타고라스학파의 철학자들에 의해서만 인간의 본질로서 강조된 것은 아니다. 인간은 정당하게 '프로테우스'의 형태로 상징적으로 해석된다. 고대와 근대의 유언 역시 이러한 사정을 강조하고 있다. 만일 인간이 '온갖 육체로부터', 그리고 '온갖 피조물로부터'로 특징지어진다면 말이다(『창세기』. 6, 12; 『욥』, 34, 15; 『마태』, 24, 22; 『마르코』, 16, 15; 『골로새』, 1, 23). 이와 함께 인간이 "스스로 온갖 육체의 형태를, 온갖 피조물의 자질을 형성하고 만들어내고 변형할 수 있다"는 표현이 나타나게 된다(『인간의 존엄성』, 33). 페르시아인들과 칼데아인들 역시 비슷하게 다음과 같이 생각했다. "우리는 우리가 되고자 하는 바로 그 존재라는 조건 하에서 태어났다."(33)

피코의 관점에서 인간의 자유는 첫째로 선택가능성을 의미한다. 인간은 도덕적으로 높은 자리에 있는 현존과 동물적인 현존사이에서 선택할 수 있다. 둘째로 선택 가능성은 인간의 본성, 즉 인간의 본질이 확립되어 있는 것이 아니라, 그러므로 한계 없이 열려 있다는 것을 전제하고 있다. 셋째로 인간은 그 자신에 있어서 창조성을 처리할 수 있다("plastes et fictor").

그러나 인간은 자신의 자유를 어떻게 누리면 좋을까? 답은 다음과 같다. 최상의 것을 얻고자 노력하는 것! 그러나 피코에게 그것은 신처럼 된다는 것을 의미한다.

신에게로 올라감은 세 단계를 포함하고 있다. 우선 인간은 자신의 감정을 정화해야 한다. 이것은 인간이 **윤리학**을 통해 인격적인 통일성에 도달할 때 발생한다. 다음으로 인간은 **변증법**을 통해 인간의 인식 능력들과 일치하는 관습을 얻는 것으로 나아간다. "변증법은 모순적인 서술들과 궤변적인 삼단논법들로부터 걱정스럽게 괴롭힘을 당하는 이성의 혼란스러움을 무마시켜줄 것이다."(『인간의 존엄성』, 41) 변증법을 통해 인간의 지성은 밝아지게 된다(illuminatio). 계몽은 이성에게 세계의 고찰, 즉 **자연철학**에 몰두하게 하는 능력을 준다. 따라서 세계에 대한 사변적이고 형이상학적인 고찰은 다음을 뜻한다. 즉 세계의 다양한 자연적인 현상들, 그러나 역시 세계의 통일성 속에서 세계를 좇는 것을 말한다. 자연철학의 내부에서는 특히 순수한 주술에게 "전체 자연의 인식"을 확증한다는(Monnerjahn 1960, 83-88) 특수한 역할이 주어진다. 사악하고 검은 마술에 대립하는 순백한 마술에는 "세계의 통일성"(『인간의 존엄성』, 75), "땅을 하늘과", 즉 "저차 세계를 고차적 세계의 소질과 능력과"(77) 통일해야 한다는 의무가 있다. 모든 존재자의 공감적인 공명이 중요한 것이다.

윤리학과 변증법에는 결국 **신학이** 개입한다. 신학은 "신적인 것들의 인식"(37)을 가져온다. 신학에 의해 인간은 최고의 완전성(perfectio)의 단계에 비로소 도달한다.

언제나 새로운 표현 속에서 피코는 신을 향한 이러한 단계적인 상승을 철학을 전체적으로 구성하고 있는 그 모든 것의 내용으로서 증명하고자 한다. 기독교적 사유(야곱의 사다리, 욥, 모세, 다윗), 그리스적인 고대의 사유(엠페도클레스, 피타고라스, 플라톤), 동방의 사유(차라투스트라), 그리고 마지막으로 디오니시우스 아레오파기타의 신플라톤적인 사변(Throni, Seraphim, Cherubim)과 아폴론이라는 이름의 의미(『인간의 존엄성』, 34-52)가 하나의 유일한 사고 과정 속에서 소실점으로 갈 때까지 사변적으로 융해된다.

만일 우리가 인간의 목표임에 틀림없는 신과의 하나 됨이 동시에 철학적인 평화의 사건이라는 것을 알지 못한다면 피코의 철학은 대단히 모호하고 막연하다. 구체적으로 말하면 윤리적인 의미에서 평화롭게 산다는 것은 무엇보다도 영혼이 자기 자신과의 일치에서 성립한다는 것을 의미한다. 영혼이 감정을 억제하는 한, 영혼은 그것을 행한 것이다. 인식에 적합한 계몽(illuminatio)의 단계에서 인간은 평화롭게 산다. 왜냐하면 인간은 한편으로는 자신의 인식 능력들과 일치하는 관습을 만들기 때문이고, 다른 한편으로 인간은 최후의 통일적인 세계의 근거로 나아가기 때문이다. 신학이라는 이름을 통해 이름 붙여진 단계(perfectio)는 결국 신적인 것들의 인식으로 나아가고, 그런 점에서 모든 존재의 절대적인 근거로 나아가는 것이다.

피코의 사유를 특징짓고 있는 것은 피코가 피치노Marsilio Ficino와 플로렌스의 신플라톤주의에 존속하고 있는 경향을 급진화한 것인데, 그 경향에 따르면 플라톤적이고 기독교적인 전통은 통일적인 **플라톤적 신학**(**고대적 신학**의 형태로 여전히 이집트와 기타 다른 고대의 흐름들을 병합하고 있는)을 향해 함께 고려된다는 것이다. 피코에게 있어서는 유태적 카발라, 페르시아인들의 동방적 사유 및 고대의 전통과 기독교적인 전통은 단지 인간적인 사유의 유일하고 위대한 통일을 위해 화합된다. 『인간 존엄성에 관한 연설』에서 피코는 다음과 같이 강조한다. 즉 그는 결코 어떠한 철학적인 학파의 의견을 주장하는 것이 아니라 플라톤이 『제7서한』에서 말한(341c, d) "진리의 불꽃"을 주장한다고 말이다. 피코는 이러한 "진리의 불꽃"을 모든 철학의 작품에서 보고 있으며(62), 그것을 확고히 하는 것이 중요했다.

모든 그러한 서로 다른 철학에서 어떤 공통적인 것이 작동한다는 피코의 가정은 단지 피상적인 절충주의 또는 혼합주의의 의미에서만 가치가 있고, 따라서 내던져 버려야 하는가? 역사적-체계적인 관점에서 볼 때 피코의 단초를 두 입장과 구별하는 것이 유익하다. 이탈리아의 휴머니즘에서, 소위 발라Valla와 니졸리우스Nizolius에게서 철학이 단순한 학파의 의견으로 해소되지 않는다는 사상이 드러난다. 수사학적 철학은 키케로와 퀸틸리안Quintilian에 의지해서 철학의 실천적인 효능을 위해 결코 단지 자체적으로 논리적으로 적확한 이론이려는 것이 아니라, 오히려 인간들을 움직이는 실천으로 열어주는 것 때문에 하나의 실용주의적 운동성을 가진 형태가 지향되는 것이다. 발라에게 있어서는 구체적으로 세계를 여는 기독교적인 삶의 실행과 강단적인 학설의 시합, 그리고 아우구스티누스와 토마스 아퀴나스의 시합이 이루어진다. 다른 쪽에서 헤겔은 나중에 철학의 절대적인 진리란 역사의 진행에서 역시 현실적으로 발생한다는 것으로부터 출발한다. 역사는 철학 자신의 설명에 대한 시금석이 된다. 철학적 사유의 역사는 절대적인 목표를 향해 나아가는데, 그 목표는 역시 그 자체로 현재에서 해석될 수 있다.

피코의 철학은 단지 해명을 위해 끌어들인 두 입장들과 똑같이 떨어져 있다. 피코에게 있어 신은 원칙적으로 설명될 수 없다. 그런 점에서 철학적 사상의 모든 형성은 상대성의 그림자로 덮여 있다. 그럼에도 불구하고 피코는 결코 회의론자는 아니다. 즉 모든 테제에 동일한 가치를 가진 반대 테제가 옆에 세워져 있으므로 사람들이 **에포케**(epoche)를, 즉 판단 중지를 해야 한다는 회의론자 말이다. 피코의 해결책은 그가 신의 원칙적 인식불가능성을 단지 **상징적인** 인식을 위한 간접 증거로서 평가하고 있다는 것이다. 신은 단지 상징적으로만 인식할 수 있기 때문에, 상이한 철학들은 합법적이게 된다.

다른 한편 이러한 사상은 피코에게 있어 **만인의 합의**(consensus omnium), 다시 말해 상이한 의견들은 역사적으로 비로소 영향력을 실현하게 되는 **하나의 궁극적인 의견**으로 결합하게 된다는 견해로 이끌어 지는 것은 아니다. 이것은 이탈리아 휴머니즘에 잠재한 채 움직이고 있는 이념, 물론 퍼스Peirce에 의해 비로소 철학적으로 실제로 관철된 이념이다.[2] 그 시대의 휴머니즘에 대한 피코의 태도는 이중적이었다. 언어에 대한 그의 원칙적인 비판(1485년 Hermolaos Barbaro에게 보낸 편지; Garin: Pico 1968; Apel 1975, 233 이하)은 휴머니즘과 언어에로 정향하는 그들의 철학을 끊는 것이다. 그러나 아무리 피코에게서 인본주의의 정신이 강하게 작용하고 있다 하더라도 그는 철학들의 배후에 구체적이고 개별적이며 정신적인 모습들을 지각하고 있다(Cassirer 1942, 328)는 점이 드러나고 있다. 철학의 전체성은 구분되는 개별적인 철학들로부터 형성된다.

피코의 해결은 신플라톤주의의 노선과 특히 니콜라우스 쿠자누스의 노선

2) 찰스 퍼스Charles S. Peirce는 진리를 사실에 반하는 규제적인 원리로 해석하는데, 그 원리는 연구 과정에 관여된 모든 사람의 최종적인 의견에서 분절된 것이다. 이러한 "합의적"(konsensuelle) 진리 개념은 소박한 실재론, 그러나 역시 진리를 술어의 상관관계와 그 술어에 대응하는 존재자들과의 상관관계로 이해하는 개념의 정면에 서 있다. 물론 퍼스의 합의의 원리는 학문의 과정을 근원으로 하고 있다.

에 놓여 있다. 즉 신은 유한한 타자성(Andersheit)의 양태에서만 사유할 수 있으므로, 신은 언제나 인간이 진술할 수 있는 것보다 많고 그것과 다르다. 이미 플로티누스를 따라 누스(nous)위에 위치하는 '일자'(Eine)는 단순한 사유 이상이며, 피코의 신적인 '일자'는 인간적인 사유에서 접근적인 방식으로만 접촉할 수 있다(Pico 1905, 20). 여기서부터 **철학적인 평화**가 통찰될 수 있다. 평화는 인간 자유의 목표이다. 왜냐하면 신을 향한 어떤 특권적 접근도 없기 때문이다. 신의 단일성은 단일성을 향해 노력하는 다수의 철학적 교의들의 평화 속에서 나타난다. 고대에서 평화(eirene)는 단지 투쟁(polemos)의 부재로 생각되고 기독교적인 사유에서 평화는 신의 구원 행위를 통해 가능했다면, 피코는 평화를 종교적으로 생각하지 않는다. 오히려 평화는 인간의 인식 상황의 함축이다. 신은 단지 상징적으로만 이해될 수 있으므로 상이한 해석들이 합법적이게 된다. 피코는 물론 관용의 이념을 향한 길에 있지만, 그는 관용을 후에 로크처럼 정치적으로 공식화하지도 않고 칸트처럼 도덕적으로 떠들썩한 정치적인 이념으로 공식화하지도 않는다. 오히려 관용은 이미 니콜라우스 쿠자누스의 『신앙의 평화에 대해서』(*De Pace fidei*)에서 암시되었던 인간의 인식 상황의 귀결이다.

아담은 그가 어떠한 확고한 형상도 신에 의해 전달받지 않았다는 것 때문에 자신의 존엄성을 유지한다. 거기에서 그의 자유가 성립한다. 역시 어떠한 절대적인 인식도 주어질 수 없다. 그 절대적인 인식이 인간의 자유를 제한하게 될 것이다. 인간은 절대적인 인식을 근거로 또한 행위해야 한다. 그러나 그것과 더불어 선택 가능성을 잃게 된다.

피코에게서 자유의 개념의 중요성은 또 다른 체계적으로 중요한 측면에서 드러난다. 피코는 **점성술**(Astrologie)을 원리적으로 비판한다. 별의 세계가 인간의 행위에 영향을 끼친다면, 그때 자유는 지양될 것이다. 이러한 견해를 피코는 르네상스의 다른 사상가들 앞에 그려낸다. 피치노와 많은 다른 사람들은 점성술적인 미신으로부터 자유롭지 못하다. 피코가 사태에 따라 필연성의 원리와 인과의 원리에 근거를 두고 있는 '자연의 왕국'과 그것과는 범주적으로 구별되는 '자유의 왕국' 사이를 구별하고 있는 것은 방법적으로 주목할 가치가 있다(Cassirer 1942, 338 이하). 점성술은 비판되는데, 왜냐하면 점성술은 경험적인 매개를 통해 인간의 자유를 증시하고, 바로 그런 점에서 지양하고자 하기 때문이다. 피코에 따르면 지상의 삶에 대한 "별의 영향"은 기껏해야 인과 관계의 의미에서 해석하는 것에 불과하다. 수행된 점성술은 자유를 해명할 수는 없고, 오히려 그 점성술은 다른 영역에서 움직이고 있다.

피코의 철학적 인간학은 다음과 같이 개괄할 수 있다. 즉 인간에 관한 그의 철학적 학설을 각인하고 있는 특별한 강조는 **자유**의 개념이라는 것이다. 인간에겐 근본적으로 신과 연관된 현존과 동물적인 것 속으로 떨어지는 삶 사이의 선택 가능성이 열려 있다. 인간은 자신의 삶을 만드는 자이자 구성하는 자이다. 바로 거기에 인간의 창조자 성질이 있다. 인간이 원칙적으로 위기에 처해 있다는 것이 인간의 가치와 존엄성을 이룬다.

인간 자유의 긍정적인 목표는 평화다. 평화는 철학적인 평화로서 이해된다. 그 평화는 개별적인 인간의 자신과의 통일성 속에서 스스로를 고지하고 있고, 개별적인 인간의 인간성과의 통일성 속에서도 스스로를 고지하고 있다. 인간성의 통일성은 다양한 인간적인 종교와 문화적인 삶의 기획을 관통해 실현된다. 이러한 다형성은 정당한데, 왜냐하면 '일자', 즉 신은 단지 상징적으로만 해석될 수 있고 파악될 수 있기 때문이다. 신은 인간의 인식에겐 원칙적으로 폐쇄되어 있다. 이것은 결코 회의적인 통찰이 아니다. 오히려 신은 상징적으로만 발언될 수 있기 때문에 차별적인 철학들과 차별적인 문화적인 삶의 양식들은 정당하게 된다.

인간의 자유의 개념은 피코에게 있어 결국 점성술에 대한 원리적인 비판으로 귀결된다. 점성술이 인간의 지위에 대한 역사적인 인식을 제공한다면, 그때 인간의 자유는 지양될 것이다. 그 뒤에는 사태적으로 보면 경험적으로 파악할 수 있는 '자연의 왕국'과, **영원한 철학**(philosophia perennis) 속에서 스스로를 고지하는 '자유의 왕국'과의 범주적인 구분이 숨어 있다.

3절_ 칸트의 실용적 관점에서의 인간학 이념

인간학이라는 낱말은 피코의 『인간 존엄성에 관한 연설』과 대략 동시기에 마그누스 훈트Magnus Hundt에 의해 쓰인 다음과 같은 작품의 제목에서 불쑥 나타난다. 즉 "인간의 존엄성에 관한 인간학, 인간의 본성과 독특성에 관한 인간학, 인간 신체의 요소와 부분 그리고 사지 등등에 관한 인간학, 인간의 정신에 관한 인간학, … 인간의 영혼과 그것과 연관되어 있는 대상들에 관한 인간학"(1501). 그러나 훈트의 작품은 그 시기의 생체학적인, 즉 생리학적이고 의학적인 문헌에 지향되어 있다.

카스만Otto Casmann의 선구적인 작품, 즉 1594/96년 『심리학적 인간학 또는 인간 영혼의 원리』라는 명칭을 가진 책이 출판된 후, 18세기에, 그리고 19세기를 향한 문턱에서 풍부한 인간학적인 문헌(철학자들뿐만 아니라 무엇보다 역시 의학자들, 심리학자들, 교육학자들, 사회학자들의 문헌)이 나타났다.[3] 일반적으로 이러한 인간학적인 노선은 반형이상학적인 것에서 반신학적인 것에까지 지향되어 있는 것으로 특징지울 수 있다. 그 외에도 이 노선은 인간 삶의 구체적인 현상들에 관심을 갖는다. 따라서 이 노선은 이미 이탈리아 르네상스의 휴머니즘에서 고대의 전형(세네카)을 취하고, 몽테뉴와 베이컨 등등을 통해 발전되는 도덕론(Moralistik)과 동행할 수 있다. 1800년 경 인간학적인 문헌은 데카르트를 통해 출범한 연장적인 것(res extensa)과 사유하는 것(res cogitans)의 이원론을 결국 무력하게 만들려고 하는데, 왜냐하면 그는 인간 존재의 실재성을 간과하기 때문이다. 세 가지 동기, 즉 반형이상학적인 충격, 인간 삶의 세계의 구체적인 소여성에 대한 집중, 정신적으로 자유로운 존재와 동시에 유기적으로 결합된 존재로서의 인간의 통일성에 대한 사유, 이 세 가지 동기 모두가 그 후 20세기에 형성되는 철학적 인간학에서 물론 특수한 굴절과 더불어 다시 떠오른다.[4]

우리의 논구의 이후의 목적을 위해서는 이 자리에서 칸트에 관계하는 것이 필요하다. 인간학적 문헌의 부흥에 대한 그의 반응은 시사하는 바가 많다. 칸트 자신에 의해 출판된 강연인 『실용적 관점에서의 인간학』에서 칸트는 우

---

3) O. Marquard, Zur Geschichte des philosophischen Begriffs "Anthropologie" seit dem Ende des 18. Jahrhunderts, in: *Schwierigkeiten mit der Geschichtsphilosophie*, Frankfurt/M. 1973 참조.

4) **철학적 인간학**이란 말과 더불어 다음에서 20세기에 발생한 철학의 사조가 전형기술적으로도 잡아낼 수 있다.

리가 인간학에 종사할 수 있는 두 가지 방향을 내세운다. "인간의 지식에 관한 이론은 체계적으로 파악할 때(인간학) **생리학적** 관점 아니면 **실용적인** 관점에서 가능하다. 생리학적 인간 지식은 **자연**이 인간으로부터 만드는 것의 연구에 관계하고, 실용적인 인간 지식은 **인간**이 자유롭게 행동하는 자로서 자기 자신으로부터 만드는, 혹은 만들 수 있거나 만들어야 하는 바로 그것의 연구에 관계한다."(『인간학』, BA Ⅳ) 칸트 자신은 단지 실용적 인간학만을 철학적 학문 분야의 등급으로 고양하고자 했다. 논리학에 관한 자신의 강연에서(『논리학』, 입문 Ⅲ, 철학 일반에 관한 개념) 칸트는 인간학에 대해 모든 철학을 기초지우는 기능을 부여했다.

"철학의 분야는 이러한 세계시민적인 의미에서 다음과 같은 물음들로 모을 수 있다. 1. 나는 무엇을 알 수 있는가? 2. 나는 무엇을 해야만 하는가? 3. 나는 무엇을 희망해도 좋은가? 4. 인간이란 무엇인가? 첫 번째 물음은 형이상학이 대답하고, 두 번째 물음은 도덕이 대답하고, 세 번째 물음은 종교가 대답하고, 네 번째 물음은 인간학이 대답한다. 그러나 근본적으로 우리는 이 모든 것을 인간학에 귀속시킬 수 있다. 왜냐하면 세 가지 전자의 물음은 후자의 물음과 관련되기 때문이다."

그럼에도 불구하고 칸트가 초월비판적인 방법들을 곧 바로 인간학에 적용하지 않은 것은 사실이다. 칸트의 "인간학으로의 방향전환"(Marquard)은 물론 철학은 형이상학일 수도 없고 수학적 자연과학일 수도 없다는 비판철학의 성과를 견지하고 있다. 그러나 인간 삶의 세계라는 구체적인 현상들로의 방향 전환은 역시 초월론적 비판철학의 목적 하에서 발생한다. 그래서 우리가 이미 여러 자리에서 강조했던 것이 역사적인 칸트에게서 확증된다. 그것은 인간학과 자기 비판적인 성찰에서 실행된 철학의 기획은 역사 속에서는 대개 엇갈려 나간다는 것이다. 철학적 인간학이 처음으로 여기서 원리적으로 변화하게 된다. 그 인간학에 들어가기 전에 칸트와 인간학적 대척자인 헤르더 Johann Gottfried Herder에 대해 곁눈질해 보도록 한다.

4절__ 헤르더의 인간학에서 인간 이해를 위한 열쇠로서의 언어

헤르더는 철학적 인간학에서 하나의 중요한 역할을 하고 있다. 무엇보다 겔렌Arnold Gehlen은 하나의 선구자로서 헤르더에 의지한다.[5] 다음으로 플레스너Helmuth Plessner는 자신의 『감각의 인간학』에서 헤르더를 선배로 본다.[6] 거기에서부터 이미 그에게 관계하는 것이 합당한 것으로 나타난다. 다음에서 헤르더의 인간학은 언어의 문제에서부터 전개되어야 할 것이다.[7]

헤르더는 언어란 인간의 전유물에 속한다는 자신의 테제를 자신의 시기에 널리 퍼진 언어의 기원에 관한 두 가지 견해들에 대한 비판을 통해 획득한다. 첫 째 **신학적** 기원은 언어의 문법적이고 논리적인 완전함으로부터 언어의 창시자로서의 신에로 역추리해야 한다고 생각한다. 달콤하게도 신학적 기원테제를 주장하는 자는 불과 20개 이상이 되지 않는 문자로 모든 소리를 말할 수 있는 능력은 그의 신적인 기원을 대변하는 것이라는 데에서 출발했다. 그에 반해 헤르더는 인간이 바로 문자로 일의적으로 번역되기 힘든 풍부한 '감각의 언어'를 처리한다는 주장을 정립한다. 감탄사는 무의식적이며, 문맥 의존적이고, 그럼에도 불구하고 의사소통적, 다시 말해 동료에게 이해가능하다. 그럼에도 불구하고 '감각의 언어'는 인간이 동물들과 공유하고 있는 것이다.

> "인간은 이미 동물로서 언어를 가지고 있다. 인간의 육체가 느끼는 모든 격렬한 감정, 격렬한 감정 중 가장 격렬한 감정들과 고통스러운 감정들, 그리고 인간의 영혼이 지닌 모든 강렬한 열정들은 곧장 비명으로, 외침으로, 거칠고 분절화되지 않은 소리로 표현된다. 수동적인 동물이나 영웅 필록테테스Philoktet나 고통이 엄습할 때면 울고 신음하지 않는가! 도움이 되는 동료들의 모습이나 흔적이 보이지 않고 도움을 바랄 수도 없는 섬에 버려져 있을 때도 그러하다. 귀먹은 바람에게 신음소리를 띄워 보내면, 인간 고통의 일부를 한숨으로 날려 보

5) A. Gehlen, *Der Mensch. Seine Natur und seine Stellung in der Welt*, Berlin 1940 참조.

6) H. Plessner, *Anthropologie der Sinne* (= Gesammelte Schriften 111), Frankfurt/M. 1980 참조.

7) J. G. Herder, Abhandlung über den Ursprung der Sprache, in: *Sprachphilosophische Schriften* (= Philosophische Bibliothek, Bd. 248), E. Heintel (편), Hamburg 1975.

내고 고통을 감내할 최소한의 새로운 힘을 텅 빈 하늘에서 자기에게로 이끌어 올 수 있기라도 한 듯이 말이다. 자연은 우리를 이렇게 따로 떨어진 돌 무리, 이기적인 단자(Monaden)로 창조하지 않았다!"(『기원』, 3)

감탄사는 단지 추상적인 입장에서 보면 특수하지 않다. 구체적인 상황에서 사랑의 신음인 "아"는 놀라움을 표현하는 "아"와는 완전히 구별된다. 그러므로 헤르더는 감탄사를 통해 신학적인 기원 테제를 거부한다. 그럼에도 불구하고 그는 신이 인간에게 이성을 부여했다는 가정 하에서 그 기원 테제를 따른다. 그러나 이것은 언어의 형성을 위해 필요한 것이다. 신학적인 기원 테제는 아포리아로 이끈다. 왜냐하면 한편으로 인간은 자신의 이성을 전개하기 위하여 언어를 신으로부터 선사받아야만 하기 때문이고, 다른 한편으로 인간은 신의 요구 일반을 이해하기 위하여 이성과 언어를 마음대로 다루어야만 하기 때문이다. 헤르더는 이러한 아포리아를 해결한다. 왜냐하면 그는, 언어와 이성은 서로 서로를 필요로 하고, 그것들은 서로 서로를 전제하고 있다고 말하기 때문이다. "그래서 나는 영원한 순환을 멈추게 하고, 이를 올바로 검사하려 하는데, 이제 그것은 완전히 다른 것을 말하고 있다. 즉 이성과 언어(ratio et oratio)! 인간에게 어떠한 이성도 언어 없이 가능하지 않다면, 아마도 언어의 발명은 인간에게 언어의 사용과 똑 같이 매우 자연스럽고, 오래되고, 근원적이고, 특징적이다."(『기원』, 28)

콩디약Condillac과 루소를 통해 대변되는 **감각주의적인** 기원 테제는 언어의 표현성분에 근거를 두고 있다. 헤르더는 이 테제를 받아들인다. 무엇보다도 시적인 언어 사용에서 그 테제는 실행된다. 감각적인 기원이론은 인간의 언어를 사회적인 계약으로서 해석하는 데에서 실패한다. 그것에 따르면 인간은 추상적인 의미에 어떤 음성적 소리와 몸짓을 귀속시키는지에 일치한다고 한다. 그러나 만일 의사소통의 매체가 완전히 발전하지 않았다면, 어떻게 인간은 합의에 이를 수 있는가? 감각적인 이론은 자신이 비로소 증명해야할 바로 그것을 이미 전제하고 있다.

헤르더는 신학적인 기원 이론들과 감각적인 기원 이론들의 아포리아를 인간의 인간학적인 근본상황에 의지함으로써 해결한다. 이 두 다른 이론들은 그것들이 충분히 인간에게 의거하지 않기 때문에 실패한다. 신으로부터도 동물로부터도 사람들은 언어에 관한 해명을 얻지 못한다. 동물들은 자신의 기관이 갖추어져 있기 때문에 그때그때마다 특수한 환경들에 적응한다. 감각들은 그때그때 앞에 주어진 환경들과 관계한다.

> "모든 동물은 자신의 영역을 가지고 있다. 즉 태어날 때부터 자신이 속하고 태어나자마자 곧장 들어가며, 살아 있는 동안 그 안에서 머물다가 죽는 영역 말이다. 그러나 동물들의 감각이 예민할수록, 그리고 그들의 기술 작품들이 놀라울수록, 그들의 영역은 더욱 좁아지며 그들의 기술 작품이 더욱 단순해진다는 것은 기묘하다. 나는 이러한 관계를 추적해보았고, 나는 놀랍게 관찰된 반비례 관계, 즉 동물들의 운동, 활동 영역, 식량, 종족보존, 짝짓기, 교육, 사회의 사소한 확장과 그들의 본능과 기술들 사이의 반비례 관계를 도처에서 발견했다. 벌집 속에 있는 꿀벌들은 에게리아(Egeria)가 누마(Numa)에게 가르쳐 줄 수 없던 그런 지혜를 갖고 벌집을 만들지만, 그 지혜는 이 벌집을 벗어나면 그리고 벌집 속에서 그들에게 규정된 일을 벗어나면 아무 쓸모가 없는 것이다. 거미는 미네르바의 기술로 거미줄을 치지만, 그들의 모든 기술 또한 이 좁은 거미줄 안에서만 엮은 것이며 이것이 거미의 세계이다! 그 곤충은 얼마나 놀라운 활동을 하는가! 그렇지만 그 활동의 영역은 얼마나 좁은가!"(『기원』, 15 이하)

그에 반해 인간은 결코 "그렇게 한 가지 형태의 좁은 영역"을 가지고 있지 않다. "인간의 감각들은 … 한 가지 것만을 향해 연마된 것이 아니다. 인간은 모든 것에 감각을 가지고 있고, 그러므로 모든 개개의 것에는 당연히 비교적 약하고 무딘 감각을 가지고 있다."(『기원』, 17) 감각과 기관의 결핍된 전문성 및 결여된 본능 확실성은 인간에게 있어 언어를 통해 상쇄된다. 언어는 생물학적으로 위험한 존재에게 자신의 방향설정을 가능케 하고, 그에게 미리 그려지지 않은 세계의 획득을 가능하게 한다.

인간은 환경에 직면하여 거리를 두면서 태도를 취할 수 있고 환경을 객관적으로 관찰할 수 있다. 헤르더는 그것을 **반성** 또는 숙고성이라고 부른다. 반성은 감각과 지각을 그저 발생시키는 것이 아니라 그것들에 특별히 주의한다. 헤르더는 우위를 다음과 같이 생각한다. 즉 인간은 대상에게 특징들을 배당함으로써 인간은 대상을 정체확인하며 규정한다. 그때 인간은 이 특징들을 자기 자신에게서 구별할 수 있다. 구별하는 특징 설정이 인간에게 세계를 정돈하게 하는 것을 가능하게 한다. 인간은 세계에 대한 개관을 창조해 낸다.

> “만일 인간의 영혼의 힘이 자유롭게 작용해서, 그 영혼이 모든 감각을 통해 밀어닥치는 감정들의 전 바다 속에서 큰 파도를—내가 그렇게 말할 수 있다면—구별해 내고, 그것을 붙잡고, 그것에 주의력을 쏟고, 큰 파도에 주목하는 것을 의식할 수 있다면, 인간은 반성을 증명하는 것이다. 만일 인간이 자신의 감각을 스쳐 지나가는 영상들의 모든 부유하는 꿈으로부터 깨어나는 순간에로 정신을 집중해서 자발적으로 하나의 영상에 머물면서 밝고 보다 조용하게 그 영상에 유의하며, 이것이 다른 것이 아닌 바로 그 대상이라는 징표들을 구별할 수 있다면, 인간은 반성을 증명하는 것이다. 그러므로 만일 인간이 모든 속성들을 단순히 생생하게 또는 분명하게 인식하는 것이 아니라, 하나 이상의 속성들을 구별되는 고유한 속성들로서 자기에게서 **인지할** 수 있다면, 인간은 반성을 증명하는 것이다. 이러한 인지의 최초의 행위가 명료한 개념을 주고, 이것이 영혼의 최초의 판단이다. 그리고 인지는 어떻게 발생했는가? 그것은 그가 구별해내야 했던 징표를 통해서였고, 숙고의 징표으로서 분명히 그에게 일어났던 징표를 통해서였다. … 이러한 숙고의 최초의 징표는 영혼의 낱말이었다!”(『기원』, 24)

우리가 이점에 이르기까지 헤르더가 요구하는 논증의 난세를 주시한다면 다음과 같은 것이 드러난다.

1. 인간은 자연과, 다시 말해 동물들과 ‘감각의 언어’를 공유하고 있다. 그 언어는 문맥 의존적이고 상황 관계적이다. 그럼에도 불구하고 ‘감각의 언어’는 언어 전체의 본질을 이루고 있지는 않다.

2. 인간만이 완전한 의미에서 언어를 마음대로 처리할 수 있다. 이러한 인간적인 언어의 기원을 헤르더는 인간학적-생물학적으로 설명한다. 생물의 본성과 생물의 환경의 관계에 관한 근본 법칙은 다음과 같다. 생물의 물리학적인 기관들은 생물의 행동반경이 작으면 작을수록 더 예리해진다는 것이다. 감각과 본능은 행위 공간(환경)이 더 넓으면 넓을수록 더 특수하지 않게 된다. 생물학적으로 말해 ‘결핍존재’인 인간은 본능의 확실함 및 감각의 날카로

움의 관점에서 보면 생물학적인 결핍을 보상하는 기관을 사용한다. 인간은 인간을 비로소 살 수 있게 하고 삶을 유용하게 만드는 기관을 필요로 한다. 이러한 기관이 언어다.

3. 언어는 무엇보다도 '숙고성', 다시 말해 모든 양식의 환경에 대해 거리를 취하는 태도를 가능하게 한다. 이러한 것을 언어는 특징설정을 통해 수행한다. 특징설정이란 대상성의 구성, 즉 구별하는 특징설정을 통해 '세계'를 인식하는 정립(Setzung)을 말한다. 구별하는 특징설정은 세계의 질서 구조를 뽑아낸다는 목적을 가진다.

이제 헤르더는 언어가 특수한 **인간의 감각의 조직**을 토대로 하고 있다는 것을 이끌어낸다. 감각지각들을 언어적인 소리영상(Lautbilder)으로 번역하고 변형하는 것이 인간에게 어떻게 가능할까? 헤르더는 그것을 두 가지 특징으로 논증한다. 한편으로 인간에게 있어 감각들은 서로 협력하고 있다. 소리구조(Akustik)와 촉각구조(Haptik), 촉각구조와 시각구조(Optik)는 인간에게 있어 그것들이 서로서로 상응하게끔 그렇게 조직적이다. "우리는 그렇게 상이한 감각의 결합들로 가득 차 있으며, 우리는 그 결합들을 환상의 병이나 특별히 주목될 수 있는 기회에서 우리를 당황케 만드는 돌출변화(Anwandlungen)에서나 알아차릴 수 있다."(『기원』, 39) 그것은 구체적으로 인간에게 있어 그때그때마다의 감각의 영역들이 서로서로 지시한다는 것을 말한다. 감각의 영역들은 서로 변환될 수 있다. 우리는 어떤 대상에서 매끈매끈함, 딱딱함, 울퉁불퉁함, 즉 대상의 촉각적인 성질을 본다. 감각들은 상호 교호적으로 대변한다. 감각지각들이 상징적인 지시들을 받아들이기 때문에 인간에게 있어 하나의 지각세계가 구축된다.

다른 한편 헤르더에게 있어 두 번째 논증 차원에서 언어는 무엇보다도 청각의 성질을 통해 가능하게 된다. 헤르더에 따르면 청각은 다른 감각들보다 탁월하다. 청각은 인간의 감각들 중 중간적인 것이다(『기원』, 41). 개별적으로 보면 청각은 "외부로부터의 감각가능성"과 관련하여 중간 감각이다. 촉각은 우리를 사물들과의 직접적인 접촉으로 이끈다. 시각은 세계와의 거리를 만들어준다. 청각은 그 둘(촉각과 시각) 사이에 있다.

지각된 특징의 분명함과 명백함이라는 차원과 관련하여서도 청각은 탁월하다. 시각은 촉각이 어둡게 머무르고 있는 엄청난 다양성을 만들어 준다. 청각은 판명한 통일성들을 허락한다(『기원』, 42). 더 나아가 청각은 생동성의 차원에서 중간 감각이다. 지각들의 강도와 관련하여 시각은 우리를 냉정하게 하고 무관심하게 만든다. 촉각은 압도한다. 그에 반해 청각적인 음조는 헤르더가 말하듯이 영혼 속으로 친밀하게 파고든다. 더욱이 청각은 시간적인 측면에서 중간 감각이다. 청각은 세계를 시간적인 연속에서 매개한다. 시각은 세계를 우리 앞에 갑자기 펼친다. 촉각은 개별적인 순간에 묶여있다. 청각은 표현의 욕구에 대해 가장 적합하다. 느낌 내지 만져진 것은 자기 속에 침잠한 채 어둡게 머무르고 있다. 시각은 거리를 유지하고 있다. 청각은 소리를 통해 세계를 가깝게 만든다. 결국 청각은 발전의 측면에서 탁월하다. 시각은 가장 먼저 발전되고 훈련됨에 틀림없다. 촉감은 본성상 언제나 동일하다. 청각만이 적절한 발전 속도를 가진다. 그때 청각의 발전으로부터 다른 감각들이 이익을 얻는다(『기원』, 44).

인간의 언어에 관한 헤르더의 분류는 인간 감각의 질적인 성질로부터 전개하고 있는데, 이는 추후에 "감각의 인간학" 또는 "정신의 미학"(Plessner)이라고 불린다. 정신성과 감각성의 협력이 문제다. 비판적인 거리를 두고 두 가지 것이 강조되어야 한다. 의심스러운 것은 헤르더의 직관이 모든 점들에 다 들어맞는가 하는 것이다. 더욱이 물어져야만 하는 것은 감각들 중 한 감각(헤르더에게 있어서는 청각)이 다른 감각들에 대해 우세하다는 것으로부터 출발하는 것이 의미있는가 하는 것이다. 그럼에도 불구하고 그때그때마다의 감각 영역의 구조적인 특성을 추출해낸 것은 매우 올바른 것 같다. 헤르더의 성취의 역사적인 한계는 우리가 세계는 인간에게 어느 정도 근원적으로 청각을 통해 경험된다는 헤르더의 견해를 숙고할 때 드러난다. 그는 물론 산업적인 그리고 도시 세계의 소음을 예감할 수 없었다. 헤르더의 울림의 세계는 고요함의 배경으로부터 부각된다. 오늘날의 인간에게는 고요함과 그 고요함으로부터 부각되는 소리세계는 흔하지 않은 사건이다.

헤르더에게 있어 언어의 기원에 대한 물음은 언어를 인간의 '본성'으로부터, 특히 인간 감각의 성질로부터 설명하는 것을 통해서는 여전히 해결되지 않고 있다. 언어에 관한 인간학적인 고찰은 그것을 또한 인간의 **발전법칙**과 결합시켜야만 한다. 이 문제에 대해서는 이 책의 제2부에 있다. 거기에 있는 몇 가지 언급은 다음과 같다.

우선 여기에는 **완전화가능성**의 법칙이 있다. "인간은 자유롭게 사유하며 행동하는 존재이고, 인간의 힘은 발전적으로 계속 작용한다. 그래서 인간은 언어의 피조물이다!"(『기원』, 56) 여기에서 계몽주의자 헤르더가 말한다. 사람들은 프랑스의 계몽주의에서, 그리고 또한 라이프니츠와 바움가르텐Baumgarten에게서 진보이념의 전개를 생각한다. 헤르더의 사상에 따르면 언어는 인간의 발전에 있어 필연적이다. 왜냐하면 인간은 "존재들 중 가장 비참한 존재"로서 어떤 도움도 없이 그리고 곤경에 빠진 채 세상에 나타났기 때문이다. 여기에서 언어가 탄생한다(『기원』, 56 이하). 왜냐하면 언어는 최초로 **경험**을 가공하고 확정하는 매개물이기 때문이다. 본능의 확실함 없이도 살아가는 인간은 구조적으로 언어에 의존하고 있다.

> "꿀벌은 어려서부터 늙을 때까지 집을 짓고, 창조의 시작 당시와 세계의 종말 때에도 집을 지을 것이다. … 반면에 노련한 여우는 이미 자신과 사냥 초보자들을 매우 잘 구분한다. 그리고 그 여우는 이미 수많은 책략을 앞서서 알고 있으며, 그 책략을 피해가려고 한다. 그러나 여우는 그 책략을 무엇으로부터 아는가? 그리고 여우는 그 책략을 어떻게 피해 가는가? 그것은 여우가 그 책략을 앞서서 직접적으로 경험하였기 때문이고, 그러한 경험으로부터 직접적으로 이런 행위의 법칙이 나오기 때문이다. 그러나 어떤 경우에도 명료한 반성은 수행되지 않는다. 사실 가장 영리한 여우들이 세계 최초의 사냥꾼에게 당한 것처럼 지금도 여전히 계속해서 농락당하고 있지 않은가? 그렇지만 인간에게 있어서는 그의 생각의 계승에 대한 다른 자연법칙, 즉 숙고성이 분명히 주재하고 있다. 이 숙고성은 가장 감각적인 상태에서도 주재하고 있는데, 단지 눈에 잘 띄지 않을 뿐이다. 세상에 나왔을 때 가장 무지한 피조물인 인간은 곧바로 어떤 동물도 하지 못하는 방식으로 자연을 배우는 학생이 된다. 매일매일 배울 뿐만 아니라 하루의 매분마다 배우며, 하나의 생각에서 다른 생각을 하도록 배운다. 기술은 인간의 영혼에 본질적인 것이어서, 이 순간을 위해 배우는 것은 아무 것도 없고, 모든 것은 영혼이 이미 알고 있는 것과 연계하거나 영혼이 장래에 연결하려고 생각하는 것을 보존하기 위해 배운다."(『기원』, 59 이하)

그러므로 인간은 자신이 완전하지 않기 때문에 자신의 학습 진보와 경험들을 보존할 중간자를 필요로 한다. 언어가 이것을 수행한다.

나아가 언어는 **욕구분화**와 **욕구조절**의 아주 기본적인 과정에서 도움을 준다(『기원』, 62). 인간은 언어를 통해서만 생존해 나가는데, 언어가 인간에게 '특징세계'를 구성하는 것을 허락하고 있기 때문이다.

언어는 결국 **도구적인** 기능을 가진다. 이름을 짓는 일은 인간에게 자연에 관한 지배를 보장해 준다.

> "전 우주 속에서 그저 홀로 존재하면서, 그 어떤 것에도 연결되어 있지 않으면서 모든 것에 대해 존재하면서, 그 어떤 것에 의해서도 안전을 보장받지 못하고 자기 자신에 의해서는 더더욱 안전을 보장받지 못하는 가운데에 인간은 모든 것에 예속되거나 아니면 모든 것을 지배해야만 한다. 그 어떤 동물도 갖지 못하는 지혜로운 계획을 가지고 모든 것을 명료하게 소유하거나 아니면 죽어야만 한다! 아무 것도 아닌 것이 되거나 아니면 지성을 통해 피조물들의 군주가 되어라! 파괴하거나 아니면 너의 언어를 창조하라!"(『기원』, 63)

보편적인 법칙은 다음과 같다. 언어란 인간의 고유한 발전과 그 힘의 전개를 향한 인간의 노력을 떠받치고 촉진한다는 것이다.

나아가 여기에는 **사회성**의 법칙이 있다. 인간은 의지할 데 없는 갓난아기로 세상에 태어난다. 인간은 배려와 양육(『기원』, 67이하), 더불어 교육을 필요로 한다. 그것은 언어를 통해서만 가능하다. 이와 함께 역사와 전통이 작동하고 있다. 언어를 가지고 우리는 세계를 조망할 수 있다. 그러나 여기에서 곧바로 오류의 문제가 제기된다. 베이컨의 우상론을 근거로 헤르더는 곧바로 언어가 유혹당해서 오류를 고착화 할 수 있음을 확인한다. 헤르더는 —이미 베이컨처럼— 확실한 해독제로서 사람은 어린 아이처럼 되어야 한다고 제시한다. 그러나 그것은 근본적으로 경험론자인 베이컨에게서나 의미가 있는 것이다. 헤르더의 인간은 곧바로 언어로부터 생겨날 수 없다. 인간은 단지 하나의 언어를 다른 언어에 대해서 상대화할 수 있을 뿐이다.

언어는 결국 **개별화**의 매개체이다. 언어는 필연적으로 상이한 언어들로 이

행해 간다. 다시 말해 민족이 됨은 인간 발전의 필연적인 법칙이다(『기원』, 75이하, 80). 하나의 인간의 정신은 다수의 민족 속으로 갈려 나간다. 헤르더의 역사철학에 대해 곁눈질해 본다면(헤르더 1967, 후기), 헤르더는 '민족'(Volk)의 개념을 '발견한다'. 이 개념은 낭만주의에서 결정적인 역할을 했고, 아른트Arndt와 괴레스Görres 그리고 클라이스트Kleist에게서도 그랬다. 후기 계몽주의자인 헤르더는 물론 극단적으로 상승된 모든 민족적인 파토스와는 여전히 꽤 멀리 떨어져 있다. 왜냐하면 언어를 통한 개별화의 경향은 그와는 대척적으로 작용하는 보편성을 향한 경향을 통해 균형을 유지하고 있기 때문이다.

언어란 단순히 수동적인 매개체만이 아니며, 그 속에는 부단히 자발성(숙고성)이 관여하기 때문에 언어 자체는 부단히 **보다 널리 발전**하고 **보다 높이 발전**한다. 이것이 네 번째 법칙이다. 벌꿀 집이 꿀벌들에게 천부적인 것처럼 언어는 인간에게 천부적이지 않다. 보다 높은 발전은 단지 모든 민족과 인간들의 서로 겹침으로만 이해될 수 있다. 개인을 언어적인 발전으로 추동해 가는 바로 그것이 즉시 인류의 소유로 넘어간다(『기원』, 81-84). 한 민족이 '세계관'에서 작동시키는 그것은 전승(학문, 예술)을 통해 다른 민족에게로 넘어간다.

헤르더의 인간학을 조금 둥글게 하기 위해서 몇 가지 표어들이 덧붙여 따라 나온다. 이미 언급된 인간의 문화적인 전유물—교육, 기술, 역사—은 언어와 긴밀하게 결합되어 있다. 헤르더가 동시에 인간 기관의 생물학적인 소여성을 주시하고 있다는 것은 헤르더의 단초를 특징짓고 있다. 무엇보다도 두 시각의 한정이 중요하다. 그래서 헤르더는 직립 보행의 결과를 숙고한다. 인간은 손을 자유롭게 사용하므로 촉각이 매우 섬세하게 발전할 수 있다. 그것을 통해 또한 인간은 도구를 만들 수 있고 도구를 설계할 수도 있게 된다.[8]

헤르더에 따르면 인간은 언제나 다음과 같은 양자의 측면을 가지고 있다. 한편으로 인간은 역사를 통해 그리고 문화를 통해 각인되어 있다. 다른 한편

8) J. G. Herder, *Ideen zur Philosophie der Geschichte der Menschheit*, in: *Sämtliche Werke*, E. Suphan (편), Bd. 13, 14. 1877-1913, Ⅳ, 1. 3쪽.

인간은 그것들(역사와 문화)을 창조적으로 계승한다. 그러나 인간은 그것을 홀로 계승할 수 있는 것이 아니라 단지 다른 사람과 공동으로만 계승할 수 있다. "그러므로 인간은 사회를 위해 태어난다."(『이념』, Ⅳ, 6) 창조성은 자유를 전제하고 있다. "인간은 피조물 중 최초의 **자유를 부여받은 자**이다."(『이념』, Ⅳ, 4)

역사의 목표인 **인간성**의 발전이 개별 민족들을 통해서 실현된다는 것은 헤르더의 역사이론을 특징짓고 있다. "왜냐하면 하나의 인간성의 형태와 지역이 그것(선, das Gute)을 파악할 수 없으며, 그것은 천개의 형태들로 분할되고, 모든 대륙과 세기를 통해 ―불멸의 프로테우스!― 변화되기 때문이다."(Herder 1967, 46) 민족 전체는 다시 개별적인 인간을 통해서만 스스로를 실현한다. "우리 현존의 가장 깊은 근거는 감각에서도 사상에서도 개인적인 것이다. … 그것은 물론 전달될 수 없고 전달되어서도 안 될 정도로 그렇게 깊다."[9]

3장
20세기의 철학적 인간학

다음에서는 이 시기의 철학적인 흐름, 즉 스스로를 '철학적 인간학'이라고 부르는 흐름이 다루어진다. 철학적 인간학은 우리의 세기인 20세기에 셸러Scheler 그리고 플레스너와 같은 철학자들을 통해 시작되었고, 겔렌, 로탁커Rothacker, 리트Litt, 포르트만Portmann에 의해 계승되었으며, 마지막으로 란트만, 볼노프Bollnow, 헹스텐베르크Hengstenberg, 뮐러M. Müller, 그리고 많은 다른 사람들을 통해 제2차 세계 대전 이후에 새롭게 활기를 띠었다. 무엇보다도 독일어권에서 영향력 있는 철학적인 운동이 중요한데, 그 운동은 대략 마르

---

9) J. G. Herder, in: *De homine. Der Mensch im Spiegel seines Gedankens* (= Orbis Academicus), M. Landmann 외, Freiburg/München 1962, 312쪽.

크바르트Marquard와 레펜니스Lepenies에게서 역시 오늘날도 여전히 그 계승자가 발견되고 있다(Lepenies 1977).

1절__ 철학의 토대로서의 철학적 인간학

막스 셸러는 기폭제 같은 영향을 끼친 책인『우주에서 인간의 지위』의 머리말에서 1928년 다음과 같이 서술했다. "나는 어느 정도 만족스럽게 철학적 인간학의 문제들이 오늘날 거의 모든 철학적 문제틀의 중심이 되었다는 것을 확정하고자 한다."(셸러 1976, 10) 셸러에 따르면 인간학은 철학의 임의의 분과가 결코 아니며 오히려 철학의 기초 또는 토대와 같은 그러한 어떤 것이다. 아무리 방법적인 수단에 있어서 새로울지라도, 철학적 인간학은 데카르트로부터 칸트에 이르기까지의 고전적인 근대 철학의 유산을 이어받고 있다고 한다. 따라서 철학의 역사를 관통해서 우리가 몇몇의 예에서 밝힌 저 변증법, 즉 한편으로 다양한 인간적인 것에 책임을 지우는 이론과, 다른 편으로 자기비판적인 숙고 속에서 수행된 철학의 전 형태의 정초 사이의 변증법은 지양될 것이다.

그러나 과연 철학적 인간학이 제일철학(prima phlosophia) 또는 철학의 토대일 수 있는가 라는 물음이 물어져야 한다.[10] 그것에 대해서는, 아리스토텔레스에 따르면 형이상학이 "제일의 근거들과 원리들에 관한 이론적인 학문"(『형이상학』, Ⅰ, 2)인 한에서 **형이상학**에게 제일철학의 과제가 주어진다는 것을 상기할 필요가 있다. 아리스토텔레스는 중세 전체를 통해 학교 교육에 영향을 끼쳤다. 데카르트, 라이프니츠, 로크, 흄을 통한 근대의 특징에서 시작된 전향—그것에 따르면 모든 형이상학은 인간 인식 능력의 분석에 근거 지어져야만 한다—은 칸트를 새로운 방식에 붙잡아 매었다. 따라서 모든 존재론에 앞서 인간 인식 능력의 분석이 선행해야 한다.『순수이성비판』의 문구에 따르면 "존재론이라는 거만한 이름", "그것은 체계적인 원리에서 사물 일반

10) 다음에서 **철학적 인간학**이란 20세기에 발생해 전형화된 사조를 말한다. **역주**. 많은 철학적 인간학 중 하나가 아니라 철학적 인간학 자체이다.

에 관한 선험적 종합 인식을 주기에 적합하고, 순수 지성의 겸손하고 단순한 분석에게 결정적인 자리를 만들어 주어야 한다."(A 247/B 303) 형이상학은 존재론이라는 자신의 핵심부분과 더불어 인간 경험의 가능성과 타당성의 조건들에 관한 **초월비판적인 반성**을 통해 보충될 필요가 있다. 그런데 우리가 알듯이 역사적인 칸트는 인간학을 초월적인 비판주의와 결합된 '코페르니쿠스적 전화'로 통합하지는 못했다.

철학적 인간학은 이러한 간격을 극복할 수 있을 것이다. 플레스너는 1936년 그로닝거 취임 강연에서 철학적 인간학의 개념을 기획하였다("철학적 인간학의 과제"). 우리와 연관해서는 무엇보다도 그러한 개념의 전통과의 위치 설정이 중요하다. 플레스너에 따르면 철학적 인간학에서 하나의 '지향'이 성취되는데, "이 지향은 우선 16세기와 17세기의 인간의 분석에서 감지될 수 있고, 18세기의 위대한 영국과 프랑스를 넘어 칸트의 이성 비판에서 지향의 절정에 도달한다." 그 외에 플레스너는 철학적 인간학과 초월철학 사이의 분명한 연관을 내세운다. 물론 철학적 인간학은 칸트의 수행과는 '거리'를 두고 자신의 자리를 잡고 있다. 그럼에도 불구하고 철학적 인간학은 '초월론적 비판의 의도들'에 충실히 머물러 있다. 철학적 인간학은 초월철학에 상응하는 어떤 것을 변형된 역사적인 상황 속에서 관철하고 있다(Plessner 1979, 148).

우리의 지점적인 현재에 있어서의 철학적 인간학의 대변자들도 역시 초월철학과 관련된 계승에 대해 그러한 요구를 강화하고 있다. 볼노프에 따르면 철학적 인간학은 "지금까지의 인식론—어떤 의미에서 칸트적 초월철학이라고 할 수 있는—의 확장과 심화"로 간주된다(Bollnow 1974, 25). 란트만에 따르면 "그러므로 인간학은 초월주의의 심화와 확장, 즉 최종적인 근원으로 거슬러 올라가는 정초에 대한 심화와 확장이다"(Landmann 1969, 39).

2절__ 과학적으로 정보화된 인간론으로서의 철학적 인간학

그러나 철학적 인간학이란 무엇인가? 우선 철학적 인간학은 철학의 모든 전통을 수반하는 인간의 본성에 관한 성찰과 동일시될 필요는 없다. 철학적 인간학의 전형은 인간에 관한 플라톤적인 학설도 아리스토텔레스적인 학설도 아니다. 중세의 신학적 해석들과, 그것의 프로테스탄티즘의 표지 속에서의 부흥은, 마치 헤겔의 인간학에서 파악될 수 있는 것처럼, 철학적 인간학에 대하여 척도가 될 수 없다. 철학적 인간학은 자신의 반형이상학적인 충동 및 반존재론적인 충동을 통해 인간에 관한 모든 그러한 해석과는 특히 대조를 이루고 있다. 철학적 인간학은 오히려 소위 19세기 후반 이후에 탄생한 인간의 경험과학들, 즉 인간생물학, 개인- 및 민족심리학, 선사학, 행동과학, 사회학 및 문화학(Habermas 1973)과의 긍정적인 연관으로부터 존속하고 있다.

이러한 관점에 대한 몇 가지 증거들은 다음과 같다. 셸러는 실천적인 지성, 다시 말해 기술적이고 도구적인 행위를 위한 능력이 인간의 독점권에 속하는지 어떤지에 대한 물음을 쾰러Wolfgang Köhler의 행동과학적인 연구들에 의지함으로써 결정한다. 유인원들(원숭이들)이 모든 점에서 기술적 행위를 할 능력이 있다는 쾰러의 입증을 셸러는 삶에 반대되는 원리로서의 정신만이 인간의 참된 독점권에 속한다는 테제를 위해 충분히 이용한다. 정신의 시금석은 세계 개방성, 즉 환경에 사로잡혀 있음, 사실성을 극복하는 것, 다시 말해 정황들을 그것의 문맥연관성으로부터 해결하는 능력, 도덕적인 책임성에 관여할 수 있는 자기의식과 인격성 등등이다. "종합, 자기의식, 그리고 대상파악 능력은 … 그 자체로 인간에게만 고유한, **유일한 분리할 수 없는 구조**를 이룬다."(셸러 1976, 33, 27 이하)

플레스너는 인간의 특수한 존재방식이 살아있는 것들의 단계계열로부터 해명될 필요가 있다는 자신의 인간학의 원리를 생화학과 그의 삶에 대한 해명과의 근접적 대결에서 확증하고자 한다(Plessner 1976, 85 이하). 선사학의 연구 성과를 토대로 로탁커는 불을 다룸과 도구사용 및 도구발명이 인간의 본질에 속한다고 생각한다. 언어는 세 번째 본질적 특징으로서 간주되어야 한다(Rothacker 1962, 27-34). 겔렌은 결국 자신의 인간학을 기초 짓고 있는 테제, 즉 인간이 생물학적으로 '결핍존재'로서 간주되어야만 하고 따라서 결핍을 상쇄하기(보상받기) 위하여 문화적인 체계에 의존해야 한다는 테제를 생물학적인 형태학과 소위 지체법칙(Retardationsgesetz) (Bolk, Schindewolf 등등)에 대한 언급을 통해 확증하고자 했다. 지체법칙은 거칠게 단순화해서 말하면 다음과 같다. 우리는 일정한 형태학적인 인간의 특수성(치아, 털상태,

신체축)을 보다 발전된 유아들과의 비교해 볼 때 발전의 저지로서 이해할 수 있고, 일정한 삶의 주기적인 소여성(너무 긴 아동기, 사춘기 이전의 성장 중지, 긴 노년)을 연기된 '태아화'(Fötalisierung)로서 이해할 수 있다는 것이다 (Gehlen 1940, 80 이하).

그러므로 철학적 인간학은 인간에 관한 과학들과의 긍정적인 연관으로부터 존속하고 있다. 그럼에도 불구하고 철학적 인간학은 인간에 관한 과학들(Humanwissenschaften)의 방법론이나 학문이론이 아니며, 경험적인 연구 성과에 관한 단순한 일반화로 이해될 수 없다. 산재한 경험 과학들에 의지하는 것이 오히려 철학적 해석을 목표로 하고 있다. '인간에 대한 상'(겔렌), 즉 전체의 조망이 문제다. 전통을 주목해 보면 그러한 기도가 기형아로서 나타난다. 경험 과학들과의 긍정적인 연관은 모든 전통 철학에게 단순한 경험주의라는 혐의를 두게 한다. "경험적인 철학"이라는 겔렌의 개념은 비록 그가 자기 자신을 흄으로부터 듀이Dewey에 이르는 영미 전통에 끌어대고 더욱이 헤르더를 주요 증인으로 스스로 공언하고 있을지라도 부단히 의심스러운 것으로 여겨신나. 밀이다. 인간의 해서이 인간의 전체성에서 제공된다는 데에서 표현되고 있는 그의 철학적이고 사변적인 특성은 다시금 전문적인 과학들 곁에서 철학적 인간학을 비방하고 있다.

전통적인 스타일의 철학에 대한 적대적인 입장과 경험과학들에 대한 적대적인 입장을 철학적 인간학은 방법상 사회 비판 이론의 이념과 공유하고 있는데, 그것은 호르크하이머, 아도르노, 뢰벤탈, 프롬, 마르쿠제에 의해 형성되고, 그 다음에 하버마스와 벨머Albrecht Wellmer에 의해 더 전개되었다. 비판 이론은 "실천적인 의도 속에서 경험적으로 내용 있는 역사철학"(Habermas)으로서 이해된다.

그럼에도 불구하고 여기에는 근본적인 사실적인 차이가 있다. 비판이론은 '선한(좋은) 삶이라는 이념'이라는 간판 속에서 성공적인 사회적인 실천을 겨냥하고 있다. 그러한 파악에서 물론 비판 이론은 인간을 역시 신뢰한다. 그에 반해 철학적 인간학은 인간적인 삶의 상황을 개선하는 능력에 대하여 회의적이다.

3절__ 철학적 인간학과 전통의 붕괴

우리가 철학적 인간학을 한 눈에 특징짓고자 할 때 여전히 다음과 같은 중요한 동기가 언급되어야만 한다. 즉 철학적 인간학은 자신의 기원에 있어 특수한 역사적 경험, 즉 인간 삶의 모든 영역들을 포괄하고 있는 전통의 붕괴에 대한 경험에 힘입고 있다는 것 말이다. 소위 인간 현존의 어두운 면에 주목한다는 것이 철학적 인간학에게 동기를 부여하고 있는 것은 아니다. 이러한 측면은 철학에서 후기 셸링의 의지의 분석 및 염세적으로 채색된 쇼펜하우어의 의지의 형이상학을 관통해, 마르크스의 이데올로기론, 인간의 근본상황으로서의 불안에 대한 키에르케고르의 분석, 니체의 모든 가치의 가치전도 및 니힐리즘의 도래의 간청까지 관통해 존재해 있었다. 오히려 그것은 비교하는 정신과학들과 역사과학들(민족학, 민족심리학, 보편사)의 형성의 과정 속에서 모든 종류의 소박한 유럽중심주의과 결별하기에 이르렀다.

계몽주의의 시기를 곁눈질 해보는 것이 발견술적으로 유익하다. 낯선 민족과 그들의 언어와 풍속에 관한 급속히 늘어나는 지식은 인간성으로 확장된 역사 철학 속에서 계몽주의자들—디드로Diderot, 콩도르세Condorcet와 볼테르, 칸트, 헤르더와 훔볼트—에 의해 포착되고 가공되었다. 그에 반해 철학적 인간학은 자신의 탄생 때부터 회의를 통해 인도된다. 1929년에 쓰여진 셸러의 글은 철학적 인간학 전체에 대해 구속력이 있다.

> "어떠한 시기에도 인간의 **본질과 기원**에 대한 견해들이 우리들의 시기에서보다 더 의심스러운 적이 없었고, 더 불확실한 적이 없었으며, 다양한 적이 없었다. … 우리는 대략 1만년의 역사에서 인간이 충분히 철저하게 문제가 되는 최초의 시기에 있다. 여기서 인간은 그가 무엇인지를 더 이상 알고 있지 못하지만, 동시에 역시 그가 그것을 알고 있지 못하다는 바로 그 **사실을 알고 있다**."(셸러 1976, 15; Plessner 1979, 142, 149)

4절__ 초월론 철학의 상속자로서의 철학적 인간학?

철학적 인간학에 이바지한 몇몇의 동기들을 드러낸 후 이제 메타비판적인 반성 속에서 다음과 같은 물음이 논구되어야만 한다. 즉 철학적 인간학이 초월철학의 후계자 내지 상속자라는 자신의 요구를 준수하고 있는가 하는 물음이다. 무엇이 철학적 인간학에 그러한 자격을 주는가?

경험의 문제

두 가지 점들이 앞서서 언급되어야 한다. 거기에 우선은 철학적 인간학은 인간의 다형성에 관심을 가지기 때문에 이를 통해 **경험의 문제론**을 심화했다는 사실이 있다. 경험에 대한 이해와 개념은 인간학에 따르면 일방적으로 과학적인 경험으로 재단되어서는 안 된다.

경험의 문제론에 대한 철학적 인간학의 답변은 두 가지 측면에서 고찰되어야 한다. 겔렌의 인간학에서는 인간이 자신의 기관 생물학적인 결핍을 근거로 우선 세계를 구조화하는 경험 형식들을 만들어야만 한다는 사상이 핵심적이다. 인간은 생물학적인 부하들(기관, 본능저하, 충동과잉의 미분화)을 그는 경감체계(Entlastungssysteme)를 통해 보상한다. 거기에는 촉각 경험과 붙잡는 경험 및 그것들의 코드화(Kodifizierung)의 발전이 속해 있다. 그런 다음 이것은 상징적으로 구조화된 지각 세계들 속에서 변형된다. 시각은 그와 결합하는 모든 지시 기능들 그리고 축약 기능들을 가지고 세계에 대한 '조망'을 마련한다. 시각적으로 구조화된 지각세계들은 상징적인 농축 속에서 촉각 체험과 운동 체험을 포함하고 있다. 다시 말해서 우리는 사물들을 시각적으로뿐만 아니라 그의 붙잡는 성질들 및 촉각 성질들과 운동 성질들을 그 자체로 시각적으로 인지한다. 결국 상징적으로 구조화된 지각세계는 다시, 즉 언어로 변형된다. 언어는 과거적인 것과 미래적인 것에서의 포착, 그리고 그것의 현재 속에서의 재현을 허락한다. 언어는 공동의 행위, 학문, 그리고 추상적인 사유 등등을 가능하게 한다. 상징적으로 구조화된 지각은 인간을 세계에서 언제나 다시 새로운 질서도식을 얻어야 하는 것으로부터 벗어나게 해준다. 언어는 인간을 언제나 다시 지각들을 실제로 수행해야 하는 것으로부터 벗어나게 한다. 그러므로 겔렌의 인간학은 왜 인간이 경험들 일반에 의존하고 있는지를(그것도 이미 단순한 생물학적인 생존을 위해) 납득할 수 있게 한다. 본능의 안전성은 그에게서는 탈락한다(Gehlen 1983, 3 이하, 89 이하).

이와 더불어 —경험의 문제론에서 보아야 하는 두 번째 측면— 철학적 인간학은 전통에서 대개 등한시된 감각적이고 감정적인 **경험양상**에 관한 우리의 이해를 심화했다. 몇 가지 언급들이 있는데 우선 우리는 특수한 인간적인 세계 개방의 형식들로서 기분(Stimmung)에 대한 볼노프의 분석을 기억한다. 『존재와 시간』—이것에 따르면 인간 현존재는 언제나 이미 기분에 젖어 있는 현존재, 즉 그때그때마다 이미 세계를 열어 밝히고 있는 현존재이다—에서의 하이데거의 단초를 볼노프는 확장하고 있다. 그는 문학적인 증거들과 심리학적인 경험적 보고들에 대해 평가하면서 하이데거가 주목하지 않은 '행복한 기분들'을 분석의 테마로 삼는다(Bollnow 1968). 스트뢰커Elisabeth Ströker는 —물론 인간학을 넘어서는 관점에서— 일상적으로 체험되는 공간 경험을 구별한다. 그 경험은 기분에 젖어 있는 공간을 활동공간, 직관공간과 구별한다. 체험되는 공간(Der gelebte Raum)은 다시 추상적으로 기하학의 학문적인 공간 경험이 유래하는 토대가 된다(Ströker 1977). 우리는 플레스너의 『감각의 인간학』(1980)을 생각할 수 있다. 감각은 여기에서 범주적으로 형성된 지성의 힘을 통해 종합되는 —마치 칸트에 따라 그것이 있어야 하는 것처럼— 질료의 단순한 공급자로서 기능하지 않는다. 오히려 감각은 맨 처음에 예술과 학문의 문화적인 생산물에서 감각론적으로 접근할 수 있다는 사상이 중요하다. 우리의 감각의 독특성을 우리는 그것의 수행에서 파악한다. 플레스너의 분석은 방법적으로 밖으로부터의 생리학적인 시각을 내부의 경험과 결합시키는 시도를 하고 있다. 그러나 우리는 또한 동정심, 사랑 등등과 같은 윤리적으로 중요한 경험양상에 대한 셸러의 분석을 기억한다(Scheler 1973). 더군다나 셸러는 도덕의 원천으로서의 복수심(Ressentiment)에 관한 니체의 학설으로 소급해 간다.

그러는 사이에 인간 경험의 다양성에 몰두한 결과 경험의 통일성의 측면을 등한시한다는 것이 비판적으로 주목된다. 철학적 인간학이 이러한 것을 행하는 바로 그곳에서 철학적 인간학은 대체로 체계학 앞에서 움찔 물러난다. 플레스너는 인간에게 전형적인 근본구조, 즉 **탈중심적인 위치성**—이것에 따르면 인간은 단순히 자신의 존재일 뿐만 아니라 동시에 그 자신에 관계한다—의 의미에서의 근본구조로부터 인간학적인 법칙, 즉 매개된 직접성, 자연적인 인공성, 유토피아적인 입장의 법칙(Plessner 1975)을 이끌어낸다. 자연적인 인공성의 법칙은 인간에게 자연적인 것이 부단히 문화적으로 형성된다는 것을 말한다. 자연과 문화는 칼로 자르듯이 서로 구분될 수 없다. 매개적인 직접성의 법칙은 인간에게 외부의 것, 즉 자연적인 객체와 이웃들이 직접적으로가 아니라 오히려 부단히 상징적인 매개에서만 접근될 수 있다는 것을 의미한다. 표현은 객체적으로 향하는 인간의 모든 태도의 근본구조이다. 유토피아적인 입장의 법칙은 인간이 부단히 절대자를 목표로 한다는 것을 주장하고 있다. 그러나 동시에 인간은 절대자가 결코 궁극적으로 실현가능하지 않다는 경험을 한다. 그럼에도 불구하고 역사적이고 사회적인 사물화(Verdinglichungen)가 깨지기 위해서는 언제나 다시 추구되어야 한다. 플레스너는 이러한 법칙을 인간 현존의 근본구조로서의 탈중심적인 위치성으로부터 매우 설득력있게 만든다. 그러나 그는 다시 이 법칙을 단순히 종결할 수 없는 법칙으로 이해되지 않기를 바란다. "구조 형성은 결코 종결적-이론적인 가치가 아니라 오히려 개화적적-개진적인 가치만을 요구한다."(Plessner 1979, 138) 볼노프는 딜디이적인 삶의 철학를 이어받아 체계론의 결핍을 철학적 인간학의 긍정적 성질의 특징으로 본다. "개별적인 성과들이 어떻게 결합되느냐 하는 것은 부차적인 물음이고 근본적으로는 결실이 없는 체계론의 관심사일 뿐이다."(Bollnow 1974, 35)

그러므로 우리는 명백히 철학적 인간학은 이론적으로 하나의 딜레마에 부딪친 것으로 보이고, 이 딜레마를 확실하게 해결하지 못했다고 말할 수 있다. 즉 한편으로는 인간 존재의 다양함을 정당하게 평가하고 이것과 함께 경험적인 학문에게 의지한다는 것, 다른 한편으로는 경험적인 사실들을 종합적으로 통합하는 인간의 본질 규정으로 돌진한다는 것이다. 이로써 철학적 인간학은 이미 철학적 인간학의 역사에서 나타나는 변증법을 공유하고 있다.

행위의 문제

초월철학과 연관된 계승에 대하여 두 번째 점으로서 철학적 인간학이 인간 **행위**를 깊이 이해하는 데에 기여했다는 점이 지적될 수 있다. 이것에 대해서는 다음과 같은 언급들이 있다. 셸러는 **인격존재**(Personsein)의 단계이론을 발전시켰다. 그 단계이론은 사회적 존재의 다양한 차원의 해석을 위한 열쇠가 된다. 셸러는 사회적 군집 속에서, 즉 부부나 사회의 생활 공동체에서의 인간의 출현과, 마지막으로 교회, 국가, 문화권처럼 초개인적인 형성물에서의 전체 인격의 실현 사이를 구별한다. 모든 단계는 가치파악의 각기 특수한 가치와 행위에 상응한다(Scheler 1980).

겔렌의 인간학은 인간을 **행위**로부터 해석한다. 그것은 인간학적인 범주로서 권장되는데, 왜냐하면 그것은 육체와 영혼, 그리고 육체와 정신이라는 오래된 이원론을 넘어서 있기 때문이다. 생물학적 결핍 존재인 인간은 세계와 동료들과 교제할 수 있기 때문에 살아갈 수 있다. 지각과 언어가 행위의 구조계기로서 증명된다. 그러나 생물학적으로 위험한 존재인 인간은 나아가 언제나 다시 새로운 행위 목표를 기획해야 한다는 압박으로부터 벗어나기 위해 제도를 발전시켜야만 한다. 결국 인간은 자신의 생존을 보장해주는 지속적인 형성물 속에서 자신의 세계인식을 변형하기 위하여 기술에 의존한다.

마지막으로 플레스너는 탈중심적인 위치성으로서의 인간에 대한 자신의 해석을 근거로 사회적인 **역할관계**와 **개방성 개념**(Öffentlichkeitsbegriff)에 대한 인간학적인 기초를 드러낼 수 있었다(Plessner 1974, 9 이하, 23 이하). 인간의 행위를 파악하는 주요한 사회학적인 범주들이 이러한 방식으로 철학적으로 심화되었다.

철학적 인간학을 인간적인 경험양상 및 행위개념의 해명과 해석에 관련하여 습득한 모든 공적들에도 불구하고 우리는 다음의 비판적인 실상을 지나칠 수는 없을 것이다. 나는 철학적 인간학—덧붙여서 현상학도 역시—이 칸트적인 초월철학을 한 방향으로만 심화하였다고 생각한다. 인식론에서 있어서의 칸트의 근본 물음은 인간 경험의 가능성과 타당성의 조건을 겨냥하고 있다. 철학적 인간학은 가능성의 물음만을 앞세워 나아갔다. 그러는 사이 철학적 인간학은 타당성의 반성을 방기해 버렸다.

단순하게 말해서 철학적 인간학은 오로지 인간의 기관적이고 정신적인 장치를 근거로 어떤 경험양상이 인간에게 가능한지를 설명하고 있다. "인간존재의 근본 구조로부터 인간의 독점권이 어떻게 생겨나는지"(Asemissen 1973, 147)를 설명하는 것만이 철학적 인간학에게 중요하다. 여기에는 물론 다음과 같은 공적들이 놓여있다. 가령 형식적인 선험성뿐만 아니라 질료적인 선험성에 관한 플레스너의 이론은 보다 나은 생산적인 발전으로 여겨질 수 있다(Plessner 1976, 191 이하). 인간의 경험은 생물체의 구조들에 근거하고 있고, 여기서 해방되어 있지 못하다. 그러나 철학적 인간학은 그때그때마다의 경험방식의 정당성에 대한 물음을 등한시한다. 어떤 등급에까지 학적인 인식은 객관적으로 타당할까? 왜 인간은 미적인 경험도 해야만 하는가? 이러한 물음들에서는 경험양상들을 구조적으로, 즉 경험 가능성의 조건들에서 파악하는 것만이 중요할 뿐 아니라, 그것과 결합된 타당성 주장이 중요하다. 정확히 이 타당성이론적인 반성이 철학적 인간학에서는 행해지고 있지 않다.

행위이론 및 윤리학과 연관해서 초월비판적인 근본물음은 어떤 유형이 인륜적이고 도덕적인 행위 또는 올바른 행위인가를 말하고 있을 뿐만 아니라, 초월철학의 근본 물음은 모든 사람에게 의무를 지우는 인륜적 행위의 원리가 있는지, 그리고 그 원리가 추론되는 것이 아니라 어떻게 근거지어 지는지를 말하고 있다. 달리 말해서 사유할 능력이 있는 모든 사람들이 그것을 따라야만 할 정도로 사람들은 윤리적인 규범을 보편적으로 정초할 수 있는지 이다.

『도덕과 초도덕』(*Moral und Hypermoral*, 1981)에서의 겔렌의 단초는 윤리학에 있어서의 철학적 인간학의 선행에 대한 전형으로 간주될 수 있다. 제도적 행위의 에토스 및 인도주의의 에토스를 인간의 생물학적인 근본층 — 한편으로는 종족의 유지, 다른 한편으로는 소규모 집단 내지는 가족의 보존 — 으로부터 도출하려는 그의 시도는 그 가능성의 조건만을 다루고 있다. 이러한 방식으로는 특수하고 윤리적인 명법의 **실존**만이 납득될 수 있다. 그렇기 때문에 그의 정초 및 그때그때 타당한 영역의 한계가 결여되어 있다. 하나의 규범은 우리가 생물학적인 행동 잔여에 의거해서는 정초되지 않는다. 종족으로 살아간다는 것은 아마도 제도 없이는 결코 생각할 수 없을 것이다. 타당성의 영역과 관련해서 겔렌은 물론 타당성의 물음을 언급한다. 그가 인도주의적인 에토스가 산업화의 과정에서 경계를 넘어서는 경향이 있다는 것을 강조할 때 말이다. 그러나 그는 제도의 에토스와 인도주의적인 에토스 사이의 논리적으로 타당한 어떠한 한계지움도 실행하지 않는다.

달리 말해 철학적 인간학은 도덕성의 원천과 뿌리들에 관해 우리를 가르치고 있다. 철학적 인간학은 우리에게 도덕적인 규범의 유래와 정박지에 관해 그 규범이 생물학적이건, 사회적이건, 아니면 다른 본성의 것이건 어떤 것을 말해주고 있다. 그러나 우리는 다음과 같은 물음, 즉 어떤 규범이 타당해야만 하고 타당함에 틀림없는가, 우리는 이 타당성을 논증적으로 어떻게 정초할 수 있는가 라는 물음에 답이 없음을 아쉬워한다.

4장
초월론적-비판적인 방향의 인간론의 개요

마지막으로, 역시 철학적 인간학을 관통하고 있는 딜레마가 어떻게 해결될 수 있는지를 최소한 간단하게 윤곽을 그려볼 것이다. 다음과 같은 물음이 도식적으로 제기된다. 다양한 형태의 인간 현존을 올바로 세우려는 철학적 인간학의 올바른 생산적인 의도가 어떻게 인간 경험의 가능성의 조건과 타당성의 조건의 통일성을 반성하는 초월철학의 원리와 화해될 수 있는가?

1절__ 카시러의 문화철학에서 '상징적 동물'로서의 인간

우선 카시러의 『상징 형식들의 철학』을 상기해보자(Paetzold 1981 a, b; 1982; 1983 b). 중심적인 사상은 칸트의 초월 철학은 여전히 일면적으로 과학적인 경험에 정향되어 있기 때문에 초월비판적인 문화철학 방향으로 넘어가려 한다는 데에 있다. 인간의 경험은 과학적인 경험에서만 조직될 뿐 아니라, 그와 더불어 세계에 대한 인간의 접근을 알려주는 다른 방식이 등장한다. 한편으로 인간의 모든 경험은 '의미'와 '감성'의 통일으로 각인되어 있으며, 이는 칸트적인 "직관"과 "개념"의 통일의 자리를 대신한다. 의미형성체는 개념적인 종류의 것이 아니다. 카시러는 인간의 참된 경험을 특징짓기 위해 **상징**(Symbol) 개념을 선택한다. 인간의 모든 경험은 상징적인 구조로 제시된다. 다른 한편으로 기호론적으로 해석되고 엄밀하게 규정되는 다양한 '상징 형식들'이 문제이다.

신체와 가까운 표현 상징론은 신화와 예술에서 포착할 수 있다. 거리를 취하는 표현의 기능은 언어의 영역이다. 과학들은 순수한 의미의 기능을 제시한다. 물론 모든 상징체계는 '통각의 초월론적 종합'의 작용, 다시 말해 대상과 연관된 의식과 자기의식의 선행적인 통일의 작용 속에서 근거 지어진다. 그러나 이 종합은 그때마다 특수한 방식에서 타당하다. 인간의 모든 경험은 규정된 범주적인 구성을 가리킨다. 범주의 질은 언제나 동일하다. 그에 반해 그때그때의 의미의 영역에 대응하여 그 양태적 색채는 변화한다. 신화적으로 경험된 공간은 인간적 존재와 자연적 존재의 운율에 결합되어 있는 질적인 구조공간이다. 과학적인 공간—기학학적인 공간을 말한다—은 동질적이고 동형적인, 생활 세계적인 관점으로부터 순화된 공간이다.

이러한 단초를 통해 하만Hamann과 헤르더에 의해서 언어를 제목으로 원래의 칸트적인 초월철학에 대해 제기된 비판이 체계적으로 적절하게 고려되어야 한다. 언어는 '상징 형식'의 지위를 가진다. 그러나 동시에 언어의 한계가 있다는 것은 명백하다. 철학적 인간학은 다만 언어가 인간의 독점권에 속한다는 것(겔렌, 플레스너, 로탁커 등등)을 지적하고 있다. 인간이 카시러가 말하고 있는 것처럼 '상징적 동물'로서 해석된다면, 통일성은 인간의 독점권의 다양함 속에서 유지된다(Cassirer 1960, 40). 그러므로 카시러의 문화철학은 인간의 세계 정향의 다양함—신화, 언어, 예술, 과학, 종교—에 대해 우리를 가르치고 있다. 그러나 동시에 그 모든 것 속에서 인간에게만 특징적인 상징적인 활동성이 드러나는 한에서 그들의 통일성은 시야를 떠나지 않는다.

2절__ 철학적 인간학의 토대로서의 변형된 초월론 철학의 구상

반면 카시러의 문화철학은 체계적으로 여전히 행위이론과 접촉을 결여하고 있기 때문에 무엇보다도 아펠Apel에 의해 전개된 변형된 초월철학의 유형이 고려되어야만 한다(Apel 1973). 이러한 갱신된 초월철학의 구상이란 우리가 인간 인식과 경험의 가능성 및 타당성의 최종적인 조건에 대한 칸트의 근본물음을 확정해야 한다는 것을 뜻한다. 그러나 우리는 그것을 새로운 형태로 변화시키고 변형해야 한다. 칸트에게서 초월적 주체—칸트는 이 주체를 순수 의식으로 생각했다—가 차지하고 있는 그 자리에 기호로 표현되는 의사소통 공동체(Kommunikationsgemeinschaft)가 들어선다.

이것은 인식문제적으로 무엇보다 다음을 의미한다. 진리에 대한 요구와 더불어 등장한 세계에 대한 모든 '이론적인' 기술과 설명은 연구자 공동체의 내부에서 지지될 수 있어야만 한다는 것이다. 인식하는 주체가 인식되는 대상을 규정하고, 따라서 주-객-관계로부터 출발하는 것을 언제나 자신의 근본물음으로 여기는 근대의 인식론은 이제 상호주관성의 관계가 인식의 최종적인 토대로서 삽입됨으로써 극복된다. 의사소통 공동체와 결합된 탐구 과정은 종결될 수 없다. 과학적인 가설들과 이론들은 오류가능한 제한조건 하에 놓여 있다. 다시 말해 그것들은 언제나 수정가능하고 비판받을 수 있다. 그러나 또한 자신을 개량할 기회도 있다. 이러한 개량적인 탐구의 원리는 우리가 실재에 대해 최종적으로 타당한 해석과 같은 어떤 것이 있다는 것(퍼스의 '궁극적인 의견')을 전제할 때에만 생각될 수 있다. 그 해석은 물론 인간 삶의 조건들과 유한한 삶의 조건 하에서 결코 완전히 도달될 수 없지만, 그 해석은 모든 인식에서 같이 작동하는 가능성의 조건이다. 모든 개별적 과학적인 이론은 물론 비판될 수 있지만 과학적인 이론 구성 전체가 오류에 빠질 수는 없다. 퍼스와 아펠에서 나타나는 것처럼 궁극적인 해석의 주체는 만들어진 것이고 동시에 만드는 것(factum und faciendum)이라는 주장은 결국은 플라톤적인 특징이다. 인식이 쓸데없는 것이 아닌 한 모든 인식은 이상적인 의사소통 공동체에 참여하고 있다. 인식은 경험적인 크기로서 주어지지 않는다. 인식은 칸트적인 의미로 규제적 원리다.

아펠의 변형된 초월철학의 이념에서의 인간학적인 전제들

변형된 초월철학의 이념은 참된 인간학적인, 인식 인간학적인(Apel) 요소를 포함하고 있다. 간단하게 윤곽을 그리면 다음과 같다. 학문이론의 유산 위에서 우리는 신체의 선천성 및 의식의 선천성을 고려해야만 한다. 신체의 선천성은 각기 특수한 형태에서 특징을 가지고 있다. 요점을 찔러 말한다면 자연과학에서는 기술적인 도구를 통해 형식이 가해진 신체의 위치가 우리가 세계의 어떤 부분을 보는지를 결정한다. 문화과학에서는 역사적으로 위치한 신체가 있는데, 그 신체가 우리로 하여금 역사적인 문화의 세계를 의미를 통해 발견하게 한다. 사회과학은 의사소통적인 실천에 정향된 이해 관심이 경험적-분석적인 태도의 거리를 두는 시각과 결합한다. 이론적인 반성을 통해, 다시 말해 의식의 선천성에 의해, 우리는 신체와 결합된 지평적 소여로부터 부단히 거리를 둘 수 있다. 플레스너의 말로 표현하면 다음과 같다. 인간의 탈중심성은 의식의 선천성에 있고, 중심적인 위치성은 신체의 선천성에 있다. 우리는 언제나 거듭 신체적인 중심성을 강요받고 있고, 거리를 둔 반성이 그 중심성에서 처음으로 분리되어 나온다. 그러나 학문적인 합리성은 의사소통적이며 언어 형식적인 표출 속에서 표현되어야 하므로, 인식 인간학적인 근본상황이 의사소통 공동체를 통해 지배된 것 역시 타당하다.

의사소통 공동체의 변증법은 동시에 경험적이고 이상적인 변증법으로서 논리학과 윤리학의 새로운 관계를 귀결시킨다. 윤리학은 논리학을 전제한다. 그러나 윤리학은 논리학에 의해 역시 이미 요구된다. 우리는 이론적인 논증을 통해서 의사소통 공동체서만 합법적으로 인정되고 승인될 수 있는 타당성 요구를 한다. 모든 논리적인 타당성 반성은 규범의 승인을 전제하고 있다. 학문적인 합리성은 최소한의 윤리학을 포함하고 있다(Apel). 의사소통 공동체의 지위는 동시에 실재적이고 이상적인 의사소통 공동체의 의미에서 윤리학의 변증법적인 구조를 조건지우고 있다. 왜냐하면 한편으로는 모든 인식 수행과 행위 수행의 주체인 의사소통 공동체를 또한 실재성으로서 보존하는 것이 문제이기 때문이다. 여기에서 인류의 생존을 보장해 주는 명법이 생긴다. 다른 한편 의사소통 공동체의 윤리학은 의사소통 관계의 수정을 목표로 하고 있는 명법을 지니고 있다. 의사소통 공동체의 윤리학은, 그 윤리학이 실제로 현존하고 있는 의사소통 공동체의 전면적인 확대와 탈경계화를 추구하기 때문에, 범주적, 단순히 가설적이지 않은 명법(칸트의 의미에서)을 산출한다.

'상징 형식들'의 변증법과 인간의 현실성에 대한 물음

아펠적인 단초를 바로 확대할 때 타당성의 문제는 미학 영역에서 다음과 같이 전개된다(Paetzold 1984, 30-46) 우리가 미학적인 경험을 감각지각과 반성의 통일로 파악한다면, 반성의 극에 하나의 타당성의 요소가 붙어 있다는 것이 드러난다. 개념적인 예술 작품에 훈련된, 섬세하게 형성된 감각지각은 하나의 척도, 즉 문화 산업과 감성과 매스 커뮤니케이션의 중개를 통해 타락된 감성이 맞추어 질 수 있는 척도를 현실화한다. 하나의 반성적인 경험인 미학적인 경험을 통해 우리는 우리의 감각지각 능력을 확장하고 심화한다. 우리는 그 감각지각을 복잡하게 할 수도 있으며, 다시 말해 우리는 그것을 완전하게 할 수도 있다. 그러나 그때 감각을 완전하게 하는 것이 개념 또는 이론을 통한 기초 공사로서 생각할 수 없다는 것에 주의해야 한다. 미학적인 경험—마치 신칸트주의의 예술 이론가 피들러Conrad Fiedler를 따라 말하듯이—은 시각에 관한 하나의 확실성, 즉 시각적인 지각의 매개물에서 자기 자신을 유지하고 있는 확실성을 획득하고자 한다. 그리고 이러한 확신은 반성적 태도에서만 수행될 수 있다. 다시 말해 객관적으로 학문적인 인식과 사실적인 행위의 기능 영역을 넘어서만 수행될 수 있다. 미학적인 경험에서는 감각이 자신의 독특한 실행속에서 포착된다.

우리는 아펠의 단초를 넘어서서 두 번째 걸음을 내딛는다. 우리는 아펠이 제시한 변형된 초월철학의 원리, 즉 가능성의 조건과 타당성의 조건의 통일을 확정하고, 그것을 역시 다른 '상징 형식들'에게로 확대한다. 그럴 때에만 우리는 단지 철학적 인간학으로부터 성취된 인간 경험의 다형성을 준수할 수 있다. 구체적으로 말하면 다음과 같다. 우리는 신화에서, 예술에서, 그리고 다른 '상징 형식들'에서 진정한 각인들과 우연적으로뿐만 아니라 실질적으로 타락한 구조들 사이를 체계적으로 구분해야 한다.

비판 이론의 미학에서—무엇보다도 아도르노에게서—는 타당성에 대한 이러한 차이가 진정한 아방가르드적인 '진리'를 겨냥한 예술과 문화산업의 생산품을 분리하고 있다(Paetzold 1974). 문화산업의 작품을 우리는 체계적으로 왜곡된 실패한 예술로 파악한다. 다른 한편 진정하면서도 위험한, 다시 말해 이데올로기적으로 위조된 그리고 도구화된 신화들이 있다. 이러한 의미에서 그의 후기 작품인 『국가의 신화』(1946)에서 선사시대의 문화들에서 명백히 나타난 신화들을 전체주의의 국가에 의해 기술적으로 실행된 현대의 신화들과 대립시키고 후자를 정치적인 병리학에서의 재발로 해석한다. 콜라코브

스키Kolakowski는 무엇보다도 신앙, 사랑, 희망이라는 기독교적인 기본 도덕 속에서 적법하게 영향을 끼치고 있는 신화적인 힘들을 대중문화의 신화들과 구분한다. 이러한 '진통제적인'(analgetisch) 신화는 우리로 하여금 공동체에 대한 거짓 감정을 만들어 주고, 신앙인의 신화의 형태로 '자신의 신성의 이상'을 만들어 준다(Kolakowski 1974, 106 이하).

이제까지 단편적으로 던져진 이러한 언급들은 두 가지 체계적인 테제들로 묶을 수 있을 것이다. '상징 형식들'은 완성된 것이 아니라, 그것들은 계속되는 진보적인 발전 속에 놓여 있다. 거기에서의 노동은 인류사의 작품이다. 그것은 부단히 몰락의 위협을 받고 있다. 그러나 또한 그것의 계속적인 생산적인 발전의 가능성이 있다. 인간의 현실 전체라는 것은 우리에겐 단지 모든 '상징 형식들'의 총체일 뿐이다. 다른 한편 우리는 진정한 형식들과 타락된, 파괴된 형식들 사이의 분열을 극복할 수 있다. 왜냐하면 우리는 우리의 모든 문화적인 활동을 '좋은 삶의 이념' 아래에 두고 있기 때문이다. 실패한 '상징 형식들'에 대한 모든 비판은 그것(그 이념)을 먹으면서 살아간다.

이러한 몇몇의 언급은 우리가 철학적 인간학의 성과를 보존하면서도 변형된 초월철학의 구상을 추구할 수 있다는 것을 수긍하게 한다. 왜냐하면 우리가 인간 경험과 인간 삶의 형식의 가능성의 조건에 대한 반성과 그에 대한 타당성의 조건에 대한 반성의 통일을 확정할 때에만 우리는 철학적 인간학의 역사를 관통하고 있는 변증법도 사로잡을 수 있을 것이기 때문이다.

■ 인용된 문헌

Apel, K.-O. 1973, *Transformation der Philosophie*, 2 Bde., Frankfurt/M.

__________. 1975, *Die Idee der Sprache in der Tradition des Humanismus von Dante bis Vico* (= Archiv für Begriffsgeschichte, Bd. 8), 2. Aufl., Bonn.

Aristoteles 1915, *De Anima*, Theiler (독역), Darmstadt.

_________ 1951, *Metaphysik*, Gohlke (편), Paderborn.

Asemissen, H.-U. 1973, Helmuth Plessner. Die exzentrische Position des Menschen, in: *Grundprobleme der großen Philosophen. Philosophie der Gegenwart II*, J. Speck (편), Göttingen.

Auer, A. 1956, G. Manetti und Pico della Mirandola De Dignitate Hominis, in: *Vitae et Veritati. Festgabe für Karl Adam*, Düsseldorf.

Bollnow, O. F. 1968, *Das Wesen der Stimmungen*, 4. Aufl., Frankfurt/M.

__________. 1974, Die philosophische Anthropologie und ihre Prinzipien, in: *Philosophische Anthropologie heute*, Elf Beiträge von O. F. Bollnow, R. Roček/O. Schatz (편), 2. Aufl., München.

Cassirer, E. 1942, Giovanni Pico della Mirandola, in: *Journal of the History of Ideas*, Vol. Ⅲ.

__________. 1960, *Was ist der Mensch? Versuch einer Philosophie der menschlichen Kultur*, Stuttgart.

Classen C. J. (편) 1976, *Sophistik* (= Wege der Forschung, Bd. 187), Darmstadt.

Diogenes Laertius 1967, *Leben und Meinungen berühmter Philosophen*, K. Reich(편), 2. Aufl., Hamburg.

Eliade, M. 1961, *Mythen, Träume und Mysterien* (= Wort und Antwort), Bd. 25, Salzburg.

Gehlen, A. 1940, *Der Mensch. Seine Natur und seine Stellung in der Welt*, Berlin.

__________. 1981, *Moral und Hypermoral. Eine pluralistische Ethik*, 4. Aufl., Wiesbaden.

__________. 1983, *Philosophische Anthropologie und Handlungslehre* (= Gesamtausgabe, Bd. 4), Frankfurt/M.

Habermas, J. 1973, Philosophische Anthropologie (ein Lexikonartikel), in: *Kultur und Kritik. Verstreute Aufsätze*, Frankfurt/M.

Herder, J. G. 1877-1913, *Ideen zur Philosophie der Geschichte der Menschheit*, in: *Sämtliche Werke*, E. Suphan (편), Bd. 13, 14.

__________. 1967, *Auch eine Philosophie der Ceschichte Zur Bildung der Menschheit*, (Nachwort von H. G. Cadamer), Frankfurt/M.

__________. 1971, Abhandlung über den Ursprung der Sprache, in: *Sprachphilosophische Schriften* (= Philosophische Bibliothek, Bd. 248), E. Heintel (편), Hamburg.

Kant, I. 1907, *Anthropologie in pragmatischer Hinsicht*, Akademie-Aussabe, Bd. Ⅶ, Berlin.

______. 1911, *Kritik der reinen Vernunft* (KdrV), Akademie-Ausgabe, Bd. Ⅲ.

______. 1923, *Logik*, Akademie-Ausgabe, Bd. Ⅸ, Berlin.

Kolakowski, L. 1974, *Die Gegenwärtigkeit des Mythos*, 2. Aufl., München.

Landmann, M. u.a. 1962, *De homine. Der Mensch im Spiegel seines Gedankens* (= Orbis Academicus), Freiburg/München.

______. 1969, *Philosophische Anthropologie. Menschliche Selbstdeutung*, in *Geschichte und Gegenwart* (= Sammlung Göschen 156/156 a), 3. Aufl., Berlin.

Lepenies, W. 1977, *Soziologische Anthropologie. Materialien.* Frankfurt/Berlin/Wien.

Marquard, O. 1973, Zur Ceschichte des philosophischen Begriffs "Anthropologie" seit dem Ende des 18. Jahrhunderts, in: *Schwierigkeiten mit der Geschichtsphilosophie*, Frankfurt/M.

Monnerjahn, E. 1960, *Giovanni Pico della Mirandola. Ein Beitrag zur philosophischen Theologie des italienischen Humanismus*, Wiesbaden.

Paetzold, H. 1974, *Neomarxistische Ästhetik*, 2 Bde., Düsseldorf.

_________. 1981 a, Ernst Cassirers "Philosophie der symbolischen Formen" und die neuere Semiotik, in: *Zeichenkonstitution, Akten des 2. Semiotischen Kolloquiums Regensburg*, A. Lange-Seidl (편), Bd. 1, Berlin/New York.

_________. 1981 b, Sprache als symbolische Form. Zur Sprachphilosophie Ernst Cassirers, in: *Philosophisrhes Jahrburh*, 88. Jg.

_________. 1982, Ernst Cassirer und die Idee einer transformierten Transzendentalphilosophie, in: *Kommunikation und Reflexion. Zur Dlskussion der Transzendentalpragmatik. Antworten auf Karl-Otto Apel*, W. Kuhlmann/D. Böhler (편), Frankfurt/M.

_________. 1983 a, Philosophische Anthropologie und Transzendentalphilosophie, in: *Der Mensch und die Wissenschaften vom Menschen. Die Beiträge des XII. Deutschen Kongresses für Philosophie in Innsbruck 1981*, G. Frey/J. Zelger (편), Bd. 1, Innsbruck.

_________. 1983 b, Mythos als symbolische Form. Zu Ernst Cassirers philosophischer Deutung des Mythos, in: *Neue Zeitschrift für systematische Theologie und Religionsphilosophie*, Bd. 25.

_________. 1984, Grundlasen der philosophischen Ästhetik, in: *Philosophisches Jahrbuch*, 91. Jg.

Pico della Mirandola, G. 1905, *Ausgewählte Schriften*, A. Liebert (독역), Jena/Leipzig.

______________________. 1968, *De Dignitate Hominis* (= *Respublita Literaria. Studienreihe zur europäischen Bildungstradition vom Humanismus bis zur Romantik*, Bd. 1), Lateinisch und Deutsch. Eingel. v. E. Garin, Bad Homburg/Berlin/Zürich.

Platon 1917 ff., *Sämtliche Werke*, F. Schleiermacher (독역), Reinbek bei Hamburg.

Plessner, H. 1974, *Diesseits der Utopie. Ausgewählte Beiträge zur Kultursoziologie*, Frankfurt/M.

_________. 1975, *Die Stufen des Organischen und der Mensch. Einleitung in die philosophische Anthropologie* (= Sammlung Göschen 2200), 3. Aufl., Berlin.

_________. 1976, *Die Frage nach der Conditio humana. Aufsätze zur philosophischen Anthropologie*, Frankfurt/M.

_________. 1979, *Zwischen Philosophie und Cesellschaft. Ausgewählte Abhandlungen und Vorträge*, Frankfurt/M.

_________. 1980, *Anthropologie der Sinne* (= Gesammelte Schriften 111), Frankfurt/M.

Plotin 1901, *Enneaden*, O. Kiefer (독역), Jena/Leipzig.

Podlewski, R. 1982, *Rhetorik als pragmatisches System* (= Philosophische Texte und Studien, Bd. 3), Hildesheim/New York.

Rothacker, E. 1962, *Philosophische Anthropologie*, Bonn.

Scheler, M. 1973, *Wesen und Formen der Sympathie* (= Gesammelte Werke, Bd. 7), Bern.

_________. 1976, *Späte Schriften* (= Gesammelte Werke, Bd. 9), Bern/München.

_________. 1980, *Der Formalismus in der Ethik und die materiale Wertethik. Neuer Versuch zur Grundlegung eines ethischen Personalismus* (= Gesammelte Werke, Bd. 2), 6. Aufl., Bern/München.

Ströker, E. 1977, *Philosophische Untersuchungen zum Raum* (= Philosophische Abhandlungen, Bd. 25), 2. Aufl., Frankfurt/M.

Uslar, D. v. 1975, Die Welt als Ort des Menschen (Spinoza, Leibniz, Sthelling, Heidegger), in: *Neue Anthropologie*, H.-C. Cadamer/P. Vogler (편), Bd. 7. Philosophische Anthropologie 2. Teil, Stuttgart.

3부 _ 문화

- H. 슈내델바흐

들어가는 말

주제

비록 '문화'가 철학적 근본개념이라는 점이 자명하지 않다고 하더라도, 우리가 문화(Kultur) 혹은 문화적인 것(das Kulturelle)을 주제로 삼지 않고 철학한다는 것은 쉽사리 상상하기 어렵다. 과거 수세기 동안 인간세계에 관한 숙고는 이러한 근본개념 없이 발생되었다. 문화 개념은 우리 세기로의 전환기에야 처음으로 호황을 누렸다. 왜냐하면 이 개념이 거의 마법과 같은 보편개념으로 갑자기 나타나 사람들에게 회자되었기 때문이다. '문화비판'은 모든 철학적 계파들이 참여하는 시대의 주제이다. '문화학'이라는 표현은 '정신과학' 개념이 차지한 지금까지의 독점을 이제 위태롭게 하려고 한다. 모든 철학은 문화철학이라는 의미에서[1] "문화철학"에 대해 보편성의 주장이 명백하게 제기된다. 그러한 행복감은 1930년대에 자연과학적 방식에 다소 치우치지만 철학적 근본법칙으로 이해되는 철학적 인간학의 출현을 통해 뚜렷하게 약화된다(2부 인간 참조). 문화지향적 철학자들은 "문화인류학"(로타커E. Rothacker와 란트만M. Landmann 등)을 설립함으로써 이에 반응하지만, 문화 개념에게 예전의 독점적 지위를 되돌려 줄 수는 없었다. 반면에 제2차 세계대전 이후 문화는 침묵한다. "제국문화협회"(Reichskulturbund)와 "문화계 종사자들"(die Kulturschaffenden)과 같은 언어생성물에서 표출된 국가사회주의와 스탈린주의에서의 문화적인 것의 정치적 도구화로 인하여 많은 사람들이 문화라는 단어를 더 이상 들을 수 없었다. 항상 시끄럽게 자랑했던 독일의 교양있는 시민계급의 문화는 히틀러를 막지 못했다. 그래서 아도르노Adorno는 아우슈비츠(Ausschwitz) 이후의 모든 문화를 "쓰레기"라고 많은 동시대인에게 진심으로 이야기한다(아도르노, 1966, 357). 문화 개념은 또한 소수의 급진주의자들에게도 학문적으로는 시대에 뒤진 것으로, 정치적으로는 보수적 신념의 징후로 나타난다. 문화는 브레히트B. Brecht가 이미 익살스럽게 말했고 제2차 세계대전 이후 첫해의 복구단계에서 새롭게 간청되었던 "영원한 가치"를 떠올리게 한다. 그것은 당시의 문화 개념에 대한 명성을 박탈하는 완전히 다른 법칙을 따르는 세계에서는 문화적인 것의 사실상의 무효능성, 겉치레작용, 허위일 뿐이다.

1950년대 이후 마법과 같은 보편단어는 '사회'라는 단어이다. 이 단어는 진보적으로, 심지어 다소 파괴적으로 들린다. 왜냐하면 그것은 '좌파'에서 유래하기 때문이다. 주로 역사가를 대변인으로 뽑았던 빌헬름 2세의 독일제국시대(1888-1918)의 보수적인 교양있는 시민계급은 이제 막 성립한 사회학을 사

1) W. Perpeet, Zur Wortbedeutung von "Kultur", in: *Naturplan und Verfallskritik. Zu Begriff und Geschichte der Kultur*, Brackert/Wefelmeyer (편), Frankfurt/M. 1984, 21쪽 이하, 특히 26쪽 이하 참조.

회주의와 결합시키려고 했고 사회학의 중심개념인 '사회'도 '좌편향적'인 것처럼 보이게끔 만들었다.[2]

전쟁이후 이러한 평가들이 다시 개진되었고, 심지어 말 그대로 진실이라고 입증되는 것처럼 보였다. 왜냐하면 초창기 독일 연방공화국에서의 '사회'라는 단어가 좌파지성의 식별표시로 되었다는 점은 특히 1920년대 히틀러에게 박해받은 지식인층에게 오래도록 깊은 인상을 심어주었고 이제 망명지에서 돌아온 네오마르크시즘의 중요성에서 설명되기 때문이다. 루카치G. Lukács, 블로흐E. Bloch와 프랑크푸르트 비판 이론의 작가들에게 있어 사회이론만이 인간세계의 모든 현상들에로의 통로를 —또한 이제 문화적 현상들에로의 통로를— 개시한다는 점은 자명했다. 최종적으로 마르크스는 사회적 생산물을 "토대"로, 나머지는 모두 "상층구조"로 설명했다. 상층구조로서 문화라는 것은 또한 문화에 대한 이데올로기의 일반적 의심을 예고한다. **모든** 상부구조의 현상은 이러한 의심에 직면한다. 반면에 마르크스에 의해 영향을 받은 사회이론가는 "토대"에서부터 사유하면서 이러한 의심에 면역이 되어 있는 것처럼 보인다. 따라서 1968년 저항운동까지의 오랜 시간 동안 지적 숙고의 요구는 사회 개념과 결부되었다. 이러한 지적 숙고의 요구에, 사회이론이 "비판적"으로 이해되는 한에서, 도덕적-정치적 숙고의 요구가 더해졌다.

1970년대 초반이후 '사회'라는 단어에 대한 열광은 좌파 지성인들에게서 뚜렷이 사라졌다. 이점에 마르크시즘의 환영에 대한 감소와 1968년 혁명의 희망에 대한 좌절이 본질적으로 기여했다. 오늘날 '사회'는 낡은 것으로, '문화'는 현대적인 것으로 들린다. 그 이유는 미국의 기능주의 사회학(Strukturfunktionalismus)과 프랑스의 구조주의(Strukturalismus)의 추세에서 현대 비교민족학(Ethnologie)이 수용되었기 때문이다. 비교민족학은 문화의 개념에 학문적 유명세를 되돌려주었지만, 가치 중립화의 대가를 치러야만 했다. '문화'라는 주제에 관련해 말하자면, 우리는 베버가 마르크스를 이겼다, 라고 주장할 수 있다. 왜냐하면 우리는 뚜렷하게 가치중립적으로 이해되고 전승된 정신과학들과 구분되며

2) 불과 몇 년 전에 영국의 보수주의적 수상인 마거릿 대처Margaret Thatcher는 공개발언에서 '사회'의 존재를 국가와 개인 사이의 중간영역으로 인정하는 것을 거부했다. 이것은 명백히 반사회적 방향에서 일어났다.

원칙적으로 사회과학적 방법들을 사용하는 새로운 문화학들을 지니기 때문이다. 이러한 새로운 문화학들은 신용이 떨어진 토대-상층구조-도식에도 결부되지 않는다. 그래서 오늘날 문화 개념을 사용하는 사람이 보수주의라고 의혹을 받는 일에 더 이상 두려워할 필요가 없고 이 사람이 현대적이라는 점을 사람들은 문화 개념을 통해 판단할 수 있게 된다.[3)]

개념적 내용

오늘날 문화 개념에 관한 새로운 문화학적 매력은 그 개념을 철학적 근본 개념으로 간주할 이유가 여전히 없다는 것이다. 하지만 문화 개념의 평가에 관한 개괄적 변화는 그것의 상이한 의미들에 대한 상세한 연구를 촉구하며 이 연구는 문화 개념과 철학의 관련성을 결정하는 데 중요할 수 있다. 문화에 관한 전통적 언급과 현대적 언급 사이에서 가장 중요한 차이는 단수와 복수의 차이에 있다. 예전 작가들은 문화를 **하나의 문화**, 즉 자연이나 사회처럼 공통적이고 일반적 특징들을 지시하는 하나의 영역으로서 고찰한다. 반면에 우리는 주저 없이 '문화'를 복수로 사용하고 이점을 우리가 계몽되었다는 것의 증명으로 이해한다. 학문적 맥락에서 문화의 다양성에서 시작하지 **않는** 것은 비학문성의 지표이다. 왜냐하면 이 경우 사람들은 자민족중심주의(Ethnozentrismus), 심지어 문화제국주의(Kulturimperialismus)라는 의심에 자신을 노출시키기 때문이다. 그래서 가치중립이라는 현대이념과의 연계에서 문화 개념을 복권시키는 것은 명백히 포스트모더니즘적 복수성 경험이다.[4)] (그래서 요즘 사람들이 '사회'에 대한 말할 때, 그 사람들은 더 이상 마르크스주의라는 의심을 받지 않는다.) 하지만 '단수-복수'와 '가치적-가치중립적'이라는 양자택일은 여전히 완전하지 않다. 또 다른 말썽거리는 우리가 인간의 생활세계의 특정한 총체성이나 어떤 총체성을 가령 자연과의 대조에서 표시하기 위해 어떻든 '문화'를 사용한다는 사실에서 생긴다. (우리는 여기서 말

3) Brackert/Wefelmeyer (편), *Kultur. Bestimmungen im 20. Jahrhundert*, Frankfurt/M. 1990, 편저의 서문 참조, 특히 10쪽 이하 참조.

4) "포스트모더니즘"의 토대로서 거역불가능한 복수성 경험은 W. Welsch의 *Unsere postmoderne Moderne* (Weinheim 1987)에 서술된다.

한 총체성으로서의 문화를 '문화'로 지칭한다.) 그런데 우리는 이 단어를 통해 때때로 그러한 총체성(들)의 하위영역을 이야기하기도 하고 사람들이 경제, 정치, 법체계, 종교, 심지어 학문과 구분할 수 있는 그러한 영역만을 이야기하기도 한다. (우리는 여기서 이야기한 총체성(들)의 부분영역으로서의 문화를 '문화*'로 지칭한다.) 우리는 '문화*'를 통해 문화적 생활을 이야기한다. '문화*'의 예로는 오페라, 극장, 문학, 청소년문화와 팝문화, 도시지역문화, 하위문화 등이 있다. 한마디로 말하면 '문화*'는, 국가가 절약해야만 할 때, 국가가 항상 먼저 절약하는 것이자 문화보수주의자들이 그것의 상업화를 유감스럽게 생각하는 것이다. 중요한 점은 문화의 하위영역으로서의 '문화*'에 대한 토론은 문화분야들이 세분화되면서도 상대적 자립성의 특징을 보이는 현대의 문화들에서만 의미가 있다는 점이다. 여기서 '문화*'는 문화가 아닌 다른 영역의 하위에 있었던 문화분야이다. 예술, 문학, 학문의 자유로서의 '문화*'의 자유는 현대 이전의 문화에서는 존재하지 않았다. 특히 정치적이고 이데올로기적 권력에 대항하는 '문화*'의 상대적 자립성은 주장될 수 있는 원칙이 아니었다.

'문화 vs. 문화적인 것', '문화 가치적 vs. 문화 중립적', '문화 vs. 문화*'라는 이러한 세 가지 대립은, 우리의 토론에서 말해진 바가 항상 매우 명확히 될 수 있다면, 무언가를 얻을 수 있음을 시사한다. 또한 두 번째와 세 번째의 개념의 차이에도 이 개념들이 복수성의 경험에서부터 그 타당성을 획득한다는 것이 적용된다. 우리들의 규범과는 다른 규범들을 따르고 그 때문에 가치중립적 접근을 요구하며 우리의 가치 표상에 비추어 쉽게 비판되거나 비난되어서는 안 되는 다른 문화들 역시 존재권리를 지닌다는 점은 문화와의 교류에 관한 학문화의 결과가 아닌 다른 문화들을 등급으로 나누지 않는 우리의 문화의 자유로운 근본신념에서 나타난다.

자유와 관용은 우리나라[독일]에서 —최종적으로 동유럽에서— 일원론적이거나 전체주의적 문화 개념들과의 고통스러운 경험에서부터 발생했다. 이러한 의미에서 문화에 관한 우리의 다원론적 시선은 포스트모더니즘의 특징인 무관심의 지표일 뿐만 아니라 문화적 업적이기도 하다. 이와 달리 문화와 문화*의 차이는, 지적한 대로, 우리 문화의 현대화의 직접적인 결과이며, 이는 복수화를 초래했다. 그래서 우리는 다음의 임시적 개념들의 조망을 얻는다.

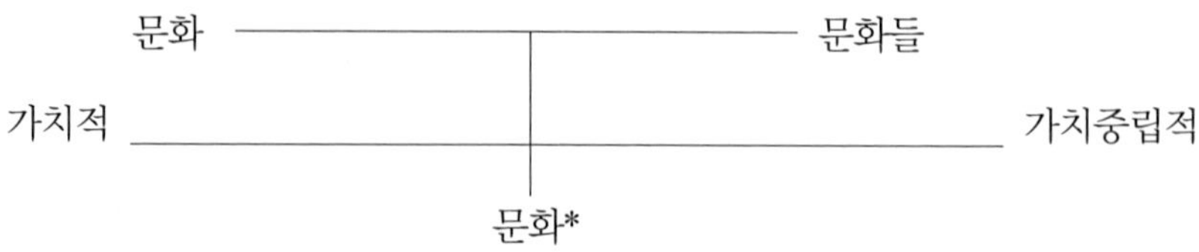

중요한 점은 사람들은 문화뿐만 아니라 문화*도 역시 가치적인 것이거나 가치중립적인 것으로 고찰할 수 있다는 점이다.

'문화철학이란?'

문화와 문화*는 오랫동안 경험과학적 학문의 주제가 되었다. 문화적 현실에 대해 무언가를 경험하기를 원하는 자는 순수 숙고라는 순수한 철학적 수단과는 잘 어울리지 못한다. 그렇다면 어디에서 문화학의 가능성들과 구분될 수 있는 문화철학의 가능성은 성립하는가? 개념에 대한 체계이면서도 더 이상의 혼란을 방지하는 설명이 철학함이 요구하는 과제 중 하나이다. 다른 하나는 우선 대략적으로 나타나는 개념을 대안적으로나마 해석하고 사용하는 데에 있어 합리적 의견표명이다. 궁극적으로 오늘날의 문화철학은 우리가 우리의 고유한 문화와 다른 문화들과의 교류에서 우리 문화를 현대화하는 역사에서부터 발생하는 복수성의 경험을 통해 어떻게 지적이고 도덕적-정치적으로 살 수 있는가에 관한 물음이다. 문화의 **단일성**에 관한 문제는 적어도 우리가 문화의 현대적 복수화를 드러냈던 세 가지 방식에서 제기된다. (1) 우리는 이론적 맥락에서 환원할 수 없는 문화들의 다양성을 고수할 수 있는가, 혹은 우리는 모든 문화적 고유성을 포함하는 일반적 문화 개념을 필요로 하지 않는가? (2) 우리는 문화적 생활형식들에 대한 가치중립적 접근만으로 만족할 수 있는가? 이점은 생활형식들이 우리가 정당한 이유로 공유하는 가치지향과 모순되는 경우에도 그러한가? (3) 어떻게 문화와 문화*는 서로 관계되어야 하는가? 다시 말해서 어떠한 과제들을 문화적 하위영역으로서의 문화*는 문화 전체의 맥락에서 수행해야 하는가? 적절한 암시와 납득할만한 논의를 통해 이러한 질문들에 답변될 수 있는 원칙들을 제시하는 일은 문화학들이 우리를 위해 해주지 않는 과제이다. 이점은 어쨌든 문화철학의 불가피성을 정당화한다.

1. 첫 번째 물음은 **인지적** 문제로서 다원주의에 관한 것이다. 만약 모든 문화에 관여하는 개념과 이론이 형성될 어떠한 가능성도 존재하지 않는다면, 우리는 우리의 문화에 갇혀있고 낯선 문화들은 항상 우리에게 친숙한 것의 표준에 따라서만 해석될 수 있을 뿐이다. 이러한 방식에서는 어떠한 일반적 문화학도, 학문도 존재하지 않을 것이고, 기껏해야 **우리의** 문화에 대한 어떤 특정 지식만이 존재할 것이다. 왜냐하면 학문은 일반적인 것, 즉 개념들과 이론들에만 의존하기 때문이다. 이점은 다음과 같은 역설을 보여준다. 누가 중세 문화를 이해할 수 있는가? 이 질문에 대해 역사학자는 답이 아니다. 왜냐하면 그는 후세대로서 다른 문화 세계에 속하기 때문이다. 또한 중세시대의 사람 자체도 아니다. 왜냐하면 그는 '중세'와 '문화'라는 개념도, 그리고 문화를 전체적으로 이해하기 위해 필요한 생활관계와의 거리도 없기 때문이다. 따라서 이해가 이해되어야 할 것에로의 단순한 감정이입이나 이것과의 친숙함과 구분되어야만 할 경우, 학문적 인식을 최초로 가능케 하는 거리두기가 필요하다. 이러한 거리두기는 중세인보다 중세를 다루는 역사가에게 더 잘 중세를 이해할 수 있도록 한다. 물론 우리가 문화철학과 문화학을 다루기 데 사용하는 핵심개념이 우리의 문화적 배후관계를 통해 형성된다는 점은 자명하지만, 문화철학과 문화학을 다루기 위해 우리가 개념과 이론을 필요로 한다는 것 외에 다른 대안도 없다. 그렇지 않다면 우리는 아무 것도 —우리의 문화도— 이해하지 못한다. 하지만 어떻게 사람들은 개념들과 이론들을 획득하는가?

관례적 방법은 형식화와 일반화의 방법이다. 무엇이 모든 문화들의 공통점인가, 라는 질문에서 사람들은 문화를 **일반화한다**. 하지만 이 일반화는 본질속성에 관한 물음의 의미에서가 아닌, 그때마다 상이한 양식에도 불구하고 모든 문화가 구성원의 생존을 위해 제공해야 하는 성과물을 설명하는 방식에서 가장 잘 드러난다. 그래서 사람들은 문화를 가령 물질적 재생산성, 공동의 생존보장, 내적이고 외부적 평정이라는 동일한 혹은 유사한 문제에 관한 상이한 제도적 답변으로 이해한다(겔렌A. Gehlen). 보통 이점은 오랫동안 미국의

"문화 인류학"(말리노프스키B. Malinowski, 레드클리프-브라운A. R. Radcliff-Brown 등)에서 관례화되고 니클라스 누만Niklas Luhmann의 "사회 체계의 이론"을 통해서도 예시된 것과 같은 기능주의적 문화이론으로 이어진다. 이와 달리 문화적인 것, 즉 자연적이지 않은 것으로서 간주되는 대상 혹은 현상이 가져야 하는 특징이 무엇인가, 라는 질문에서 사람들은 문화를 **형식화한다**. 여기에는 인간 행동에 대한 증명, 원칙적 이해가능성(딜타이W. Dilthey), 가치성격(빈델반트W. Windelband와 리케르트H. Rickert) 등이 언급된다. (문화이론에서의 자연주의는 자연적인 것과 "문화적인 것" 사이에 구별기준이 되는 특징은 존재하지 않는다는 테제를 주장한다.) 일반화의 방법을 지닌 문화이론은 객관적 보편으로서의 **내용적** 문화 개념을 통상 사용한다. 반면에 형식화의 결과는 '문화'의 **형식적** 개념이다. 이 형식적 개념은 현상들 "자체"가 아닌 현상에 대한 접근과 관계되는 인식주도적이고 인식구성적 기능을 지닌다. 우리가 (단수의) 문화 개념 없이 생활하지 않는다는 점이 맞는다면, 앞서 제시된 개념도식은 다음과 같이 수정되어야 하고 보완되어야 한다.

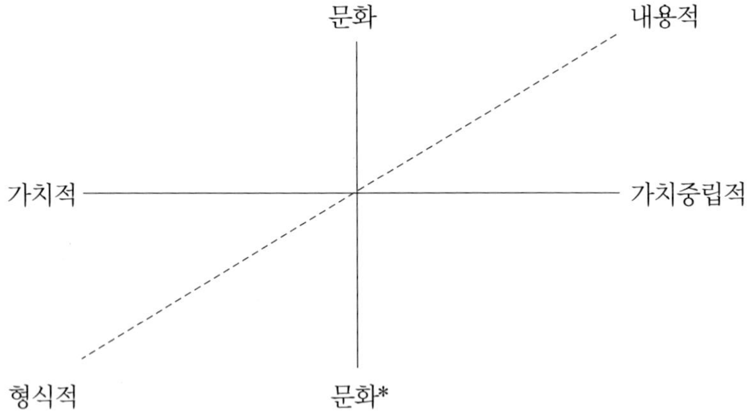

2. 문화에 대한 가치중립적 접근의 가능성에 대한 또 다른 물음이 문화학자들에게 제기된다. 이 문화학자들은 서유럽의 도덕의식을 가진 사람들로서

낯선 나라들에서 참여관찰의 방식으로 자신들을 격분시키는 일들을 기록하는 학자들이다. 위에서 말한 물음이란, 문화학자들이 신생아를 죽이고 여성을 학대하고 무력화된 자를 고문하고 이방인을 노예로 삼는 곳에서 개입해야 하는가 혹은 심지어 개입해도 되는가, 라는 물음이다. 아마도 학자는 연구 목표를 통해 자신의 "가치중립성"을 정당화할 수 있을 것이다. 하지만 동시대 사람으로서 우리가 낯선 세계영역들에서 일상문화의 일부분인 인종차별, 여성차별, 아이학대 혹은 동물학대를 대면할 경우에는 어떠한가? 누구도 서구의 문화제국주의, 즉 우리의 가치성향이 지니는 폭력적 특권을 변호하지는 않을 것이다. 하지만 이점이 우리가 그러한 만행들에 대해 들었을 때 침묵해야만 한다는 것을 뜻할 수 있는가? 우리 문화의 원칙으로서의 자유과 관용은 이것을 주장할 수 없다. 그래서 '문화'의 가치중립적 사용에 대한 질문은 어디에 자유과 관용의 경계가 있고 어디에서 항변에 대한 의무가 시작하는가, 라는 **도덕적** 문제에 우리를 직면케 한다.

3. 문화와 문화*의 관계는 특히 사회학적이고 정치학적 논쟁과의 연관에서 연구되어야 한다. 다시 말해 문화와 문화*의 관계는 주로 역사적이고 경험적 문제이다. 하지만 어떻게 그러한 관계가 마련되어야 하는가에 대한 물음에서 도덕적 관점이 중요할 경우, 철학자들이 필요하고 이와 함께 문화이론과 윤리의 경계가 다시금 건드려진다. 우리가 어떠한 결정적 지분을 문화*에게 생활관계의 전체연관에서 허가해야만 하는지에 대한 질문은, 예를 들어 우리가 문화를 여가활동으로만 간주하는지 또는 우리의 모든 생활영역에 스며드는 힘으로 간주하는지의 여부에 관한 질문은, 결국 우리가 어떻게 살기를 원하는지에 관한 물음이며 우리는 이 물음을 인간으로서의 자기이해에 따라 답해야만 한다. 그래서 우리는 실천철학을 위한 부록으로 구상된 『실용적 관점에서의 인간학』과의 연관에서 문화의 문제를 제기했던 칸트에 대한 성찰로 되돌아간다.

문화와 문화비판

서두에서 우리는 우리 세기의 첫 수십 년 동안의 문화담론을 규정했고 오늘날 다양한 형태로 계속 영향을 끼치는 현대 문화비판에 관해 이야기했다.

문화보수주의자들은 오늘날과 같이 그 당시에도 문화와 문화*를 소위 문화비판이 지니는 파괴적 결과로부터 보호하기 위해, 즉 이상적으로는 문화비판을 침묵시키기 위해 모든 힘을 쏟았다. 이와 달리 아도르노에 동조하는 문화비판적 분파는 문화비판가가 자신이 비판하는 문화와 문화*에 속하면서도 그 존립에 대한 비판 속에서 생활한다는 점에서 나타나는 딜레마를 상기하도록 만든다.[5] 여기서 누군가는 빈(Wien)에 있는 커피 집에 앉아 통상의 야만에 대해 불평하는 오스트리아의 풍자적 작가인 카를 크라우스K. Kraus와 같은 문화 수준이 높은 지적 사람을 생각하지 않겠는가? 이와 함께 문화비판과 비판된 문화 사이에 내적 연관이 존재한다면, 반대로 문화와 문화비판이, 비판 없는 문화는 비문화 혹은 야만과 같다는 정도로, 공속하지 않는가에 대한 물음이 제기된다. 물론 이점은 개념적 차원에서만 결정될 일이 아니다. 그럼에도 불구하고 우선 '비판'이 거부, 비방, 거절 등과 같은 단순한 것이 아닌, 단어의미(희랍어 krineîn)에 따라 '차이'를 의미하고 식별가능한 기준을 토대로 하는 판단을 의미한다는 점을 기억할 필요가 있다. (그래서 우리는 가령 비판과 단순한 불평을 구분한다.) 이러한 의미에서의 문화비판은, 문화가 존재하는 동안, 항상 존재해왔던 것은 아니다. 오히려 인간이 생활세계를 자연과 구별하는 법을 배웠을 때에야, 인간은 문화 자체를 주제로 삼을 수 있었고 문화와 비판적으로 연관을 맺을 수 있었다. (도대체 누가 자연을 비판하겠는가?) 그래서 사람들은 자기 자신의 개념을 문화로서 지니고 이러한 의미에서 **반성적으로** 되었던 문화에서만 문화와 문화비판 사이의 내적이며 단순한 우연이 아닌 어떤 연관이 성립한다는 테제를 검증해본다. 우리는 이러한 반성적 전개의 앞선 형태를 신화에서 찾는다. 가령 인간의 원죄의 역사에서 우리는 그 형태를 찾는다. 하지만 여기서 원죄로 인해 문화가 파라다이스에 존재하지 않는다는 것이 아닌, 원죄에 대한 형벌로서 수고와 노동이 존재하고 동시에 인간이 신과 한낱 자연에 대항해 획득한 제한된 자율성이 암시된다는 것이 중요하다. 우리는 여기서 또한 자연적인 것을 문화와 구별하여 문화의 신성한 기원에 대한 말하는 그리스 신화를 생각해봐야 한다. 그런데 우리의 문화

5) T. W. Adorno, Kulturkritik und Gesellschaft, in: *Prismen*, Frankfurt/M. 1955, 7쪽 이하 참조.

권에서 소피스트철학(Sophistik, 궤변철학)에서의 문화는 명백하게 반성적이다(1장 1절 "역사적 내용" 참조). 따라서 소피스트철학은 당시의 문화보수주의자들에게 질서를 붕괴시키고 위험한 것으로서 나타났다. 왜냐하면 소피스트철학은 전통적인 것과 소위 자연적(희랍어 phýsei 본래적)인 것으로 추정되는 것이 인간에 의한 만들어지지는 않았는지, 즉 문화적으로 (희랍어 thései, nómo 규정, 법을 통해서) 생산되지는 않았는지의 여부의 관점에서 끊임없이 질문했기 때문이다. 소피스트철학의 '위험한 점'은 이러한 입증에서부터 성립하는 것을 위협하는 정당화의 박탈에 있었다. (가령 오늘날 우리가 지성, 공격성, 성역할의 행동 등이 선천적인지 혹은 사회적으로 만들어진 것인지에 관해 토론할 때, 우리는 이와 비슷한 논쟁을 한다.) 그러므로 문화비판의 토대 자체는 자연과 문화의 구분이며, 이러한 구분은 무엇보다도 문화적인 것을 지적으로 사용할 수 있게끔 함으로써 동시에 문화와 문화비판의 내적 연관을 생성시키는 것을 의미한다.

문화비판은 반성적 문화에 대한 불가피하고 완료될 수 없는 담론이다. 이 점은 문화보수주의자와 자연주의자들이 지적 실천을 통해 증명된다. 문화보수주의자는 문화의 존립에 유익한 것을 그 존립에 유해한 것과 구별할 수 있기를 요구한다. 문화보수주의자는 문화비판에 맞서면서 문화내부의 문화적 현상도 비판한다. 문화보수주의자는 자신이 공격하는 문화비판자와는 다른 규범적 지침을 가진 문화비판가이기도 하다. 이와 달리 자연주의자는 문화에 관한 자연주의적 해석에서 자연으로 단순히 가정될 수 없는 것이 자연으로 해석된다는 점을 간과할 위험이 있다. 다시 말해서 자연주의적 문화해석은 자연과 문화 자체의 구별을 전제하지만 문화에 관한 가장 자연스러운 해석조차도 그렇게 해석된 것을 순수한 자연에로 되돌릴 수 없다. 적어도 이 해석은 순수 자연일 수 없고 오히려 문화적 성과로서 간주되어야 한다. 문화가 문화로서 인식될 때, 인간에 의해 형성된 것으로서의 문화는 인간 스스로 책임져야만 하고 판단해야만 하는 영역에 속하며 이에 관한 담론은 문화비판적 담론이다. (현대 사회에서 이러한 담론은 문화의 하위영역인 문화*에 속한다. 그러므로 여기서 문화*는 문화를 비판하는 곳이다.) 문제의 핵심은 문화*에서 **문화비판**의 기준과 척도가 항상 논쟁의 여지가 있다는 점이다. 이점에서 문화비판은 항상 그리고 동시에 **문화비판에 대한 비판**이라는 점, 즉 자기반성적이라는 점이 귀결된다. (문화보수주의는 본질적으로 문화비판에 대한 비판이며, 그러므로 문화보수주의는 자신이 하는 일을 공격한다.)

현대 이전의 문화도 문화비판에 익숙하다. 예를 들어 사람들은 구약성서에 나오는 선지자들 혹은 노자를 생각하면 된다. 그러므로 성찰성이라는 사태는 문화의 현대성을 결정하지 않는다. 문화는, 문화비판이 더 이상 신화적, 종교적 혹은 단순한 정통적 권위를 지향하지 않고 자신이 따르는 기준·척도·규범이 문화비판적 담론 자체에서 정당화되어야 한다는 인식을 획득한 경우에만, 비로소 현대적일 수 있다. 현대의 문화는 그 규범성이 "자기 자신에 의해 길러"져야만 하는 문화이다(하버마스J. Habermas, 1984, 19). 완전히 성찰적으로 이루어진다는 이러한 특성에서 현대의 문화비판은 그 이전의 형식들과 구분된다. 모든 문화비판과 마찬가지로 현대 문화비판은 모든 문화가 한 번은 값을 치러야 하는 '수고와 노동'의 요소이다. 하지만 현대 문화의 필수적 구성요소로서의 문화비판은 문화보수자들이 두려워하는 문화파괴가 아닌 오히려 그 반대이다. 즉 모든 전체주의적 시스템들이 시도하는 문화비판에 대한 강제적 중지는 현대 문화의 종말이다. 이점은 전체주의적인 것의 매력이 우리를 마침내 문화비판이라는 수고와 짐에서 단숨에 벗어나게 해준다는 약속과 관련이 있음을 보여준다. 우리는 이러한 '면제'를 거부함으로써만 현대성을 인정할 수 있다. 그러므로 문화/문화*와 문화비판의 내적 연관이 해체될 수 없는 것으로서 우리에게 나타나는 것이 궁극적으로 우리 자신의 문화적 자기이해이다.

개요

우리의 문화적 상황이 문화와 문화비판과 뗄 수 없는 연관에 의해 규정된다는 테제를 배경으로 고전적 문화비판의 본질특징들을 가장 잘 묘사할 수 있는 세 가지 개념쌍(즉 문화와 자연, 문화와 문명, 문화와 삶)과 연관하여 다음의 세 가지 현대 문화철학의 주요동인들이 제시된다. 첫 번째 개념쌍은 문화외적 관점과 심급(審級)에 비추어 문화비판의 이념을 나타낸다. 반면에 두 번째 개념쌍은 문화내적인 것에로 되돌아가는 문화비판의 전략을 대변한다. 마지막으로 세 번째 개념쌍은 문화와 문화비판을 그 배후에서 이 두 가지를 모두 포함하는 총체성, 즉 삶에로 지시한다. 특히 우리의 세기를 규정했던 것은 생철학적 문화비판의 근본신념이었고, 이 방법으로만 비판적 문화철학이 설득력 있게 정당화될 수 있다. "오늘날의 문화비판?"이라는 물음에 대한 논평으로 이 논문은 끝맺음될 것이다.

1장
문화와 자연

1절__ 역사적 내용

우리가 문화를 인간에 의해 만들어지고 재현되는 인간의 생활세계의 전형으로 이해할 때, 문화가 인간에 의해 만들어지지 않고 인간의 점유를 거부하는 것과 대조된다는 점은 명백하다. 이것이 바로 고전적 자연 개념(희랍어 phýsis, 라틴어 natura, 1부 자연 참조)이 의미하는 바이다. 소피스트학파의 계몽주의는 이미 인간의 위치를 나타내는 자연적 요소들과 비자연적 요소들에 유념하여 모든 문화적인 것에 대해 의문을 제기하면서 문화비판의 복석으로 '자연적(phýsei)-규정적(thései)'이라는 대립쌍을 사용했다. 여기에서 문화의 정당성을 위협하는 손실은 그리스인들에게 있어서의 자연이 전혀 가치중립적이지 않고 오히려 자연숭배를 배경으로 인간적 사용이 박탈된 것이자 동시에 선한 것, 잘 정돈된 것 (희랍어 kósmos-질서, 장식), 척도적인 것으로서 생각되었다는 점에서 기인했다. 바로 이러한 "자연적" 척도를 소피스테스(Sophistes, 궤변논자)들은 언어, 종교, 국가와 사회이든지 (이 둘은 희랍어 pólis에서 함께 사유된다), 이와 함께 정치적 권력관계이든지 간에 모든 문화적인 것들이 인간에서 기원한다는 것을 입증함으로써 파괴한다. 이와 연관하여 극히 드문 전승 중에서 중요한 부분은 프로타고라스Protagoras가 서술한 문화기원에 관한 신화이다. 프로타고라스는 어떻게 인간들이 자연적 곤궁으로 인해 신의 도움을 받아 자신의 힘으로 문화를 "발명하게"[6] 되었는지를 알려준다. 여기에서 처음으로 문화 전체가 자연적인 것에 대한 인간의 대용물이라는 사상이[7] 개진된다. (물론 이와의 유사점이 "네가 얼굴에 땀이 흘러야 빵을 먹을 것이다"(창세기 3장 19절)라는 성경의 구절에도 있다.) 중요한 점은 프로타고라스의 문화비판이 여기에서 '자연비판적' 태도를 취한다는 점이다. 앞선 그리스의 자연철학이 순수 이론의 대상으로 삼았던 소위 신적 **자연**은 인식될 수 없을 뿐만 아니라(이것이 프로타고라스의 유명한 명제의 의미이다. 『철학적 사유의 근본 주제들 1』, 1부 철학, 49), 문화적인 것에 대한 비판적 평가와도 무관하다. 왜냐하면 문화적인 것의 기원은 자연이 아닌 인간의 활동에 있기 때문이다. 적게나마 전승된 소피스테스들의 교리를 특징짓고 그 교리에 함의된 "인간본성"에로의 회귀, 즉 인간의 본래적 욕구와 흥미뿐만 아니라 인간의 선천적 오성에로의 회귀는 소피스테스들에게 있어서는 '자연'이라는 용어와 관련이 없다. 인간본성에로의 자연의 회귀는 많은 점에서 소피스트철학의 사고유형을 추종하는 근대의 계몽철학에 이르러서야 발생한다.

사람들은 자연의 철학적 중립화를 통해 소피스테스들에게 있어서의 **문화주의적**(kulturalistisch) 문화비판에 대한 말할 수 있게 된다. 여기에서 문화주의(Kulturalismus)는 문화의 비자연적인 것을 모든 문화적인 것의 원칙과 비판적 척도로 삼는 입장이다. 이 경우에는 비판적 절차가 명백히 순환적이기 때문에 당연히 척도의 한도에 관한 물음이 제기된다. 이것이 플라톤이 소피스테스들을 철학적으로 근거없고 정치적으로 위험하다고 공격했던 이유이다. 하지만 그의 이데아론(Ideenlehre)은 바로 그리스적 자연 개념으로 소급하는 것이 아니라, 단지 사상적으로만 파악될 수 있는 초-자연(Hyper-phýsis)을 구상한다. 그런데 이러한 초-자연은, 비록 직접 감각적으로 확인가능한 자연적인 것의 너머에 있다고 하더라도, 인간이 통제할 수 없는 실재인 자연이어

---

6) Platon, *Protagoras*, 320c 이하 참조.

7) O. Marquard, Homo compensator. Zur anthropologischen Karriere eines metaphysischen Begriffs, in: *Der Mensch und die Wissenschaften vom Menschen*, Frey/Zelger (편), Bd. 1, Innsbruck 1983, 55쪽 이하 참조.

야 한다. 플라톤의 주저인 『국가·정체』는 철저하게 현실비판 혹은 문화비판의 의도에서 "올바른" 공동체의 모델, 즉 "초자연적" 이데아의 빛에서 정당화될 수 있는 공동체의 모델을 발전시킨다. 그 다음 키니코스 학파와 스토아주의는 문화비판에서 명백히 **자연주의적** 입장을 취했다. 키니코스 학파는 이론적 사념이 아닌 충격적인 '자연적' 생활형태를 통해 지배적 문화규범을 가장 극단적으로 멀리한다. 그래서 키니코스 학파는 나무통의 디오게네스Diogenes라는 전형적 형태에서 이해된다. 키니코스 학파의 철학자들은 반주류적 성향을 지닌 사람들이며 실로 고대의 히피족이다. 그런데 "자연에 적합한 생활"은 의미는 다르지만 스토아 철학자들의 최고 원칙이기도 하다. 여기서 의미하는 것은 기존의 문화적 관계의 가치와 중요성이 상대화되고 평가되어져야 한다는 관점에서 신적이고 이성적으로서 제시된 자연적 세계질서와의 일치이다.

고대의 사례는 자연주의적 문화비판이 자연에 대한 규범적으로 의미 있는 개념이 있을 때에만 가능하다는 것을 나타낸다. 이점은, 개념적 관계가 굉장히 복잡하더라도, 근대에도 적용된다. [1] 먼저 자연주의적 문화비판은 '자연'을 가치중립적으로 사용하는 근대의 많은 영역에서 나타난다. 이점은 다음의 두 가지의 이유에서부터 기인한다. 한편으로 신 개념의 변화로 인해 자연이 신적 이성을 반영한다고 더 이상 기대될 수 없을 때, 중세 후기 이래로 자연의 신학적 중립화가 있었다 신의 의지는 절대적이기 때문에, 신은 자연적인 것에서 비이성적인 것도 창조할 수 있을 것이다.[8] 다른 한편으로 근대 자연과학의 출현 과정에서 자연은 이론적 질서와 기술적 사용에 있어 단순한 재료가 된다. 여기서 학문을 통해 자연지배를 목표로 하는 베이컨의 설정이(1부 자연 참조) 자연의 신화적-가치적 해체를 전제한다는 것이 간과될 수는 없다. [2] 그 다음 고대에서는 낯선 개념이었던 자연이해의 가치적 양립성이 추구된다. 유대적-기독교적 전통에서 자연은 신의 창조물이자 "타락한" 피조물, 즉 인간의 원죄를 통해 훼손된 피조물이다. 자연의 "부활"을 통한 "새로운 천상과 새로운 지상"의 유토피아는 원죄이후 양립적으로 되어버린 인

8) H. Heimsoeth, *Die sechs großen Themen der Metaphysik und der Ausgang des Mittelalters*, Darmstadt 1958, 특히 제4장 참조.

간본성의 우주적 투영에서 비롯된다. 모든 이러한 상이한 관점들은 문화비판적, 심지어 17세기와 18세기의 문화혁명적 계몽철학에서 중요한 역할을 담당한다. 여기서 자연적 질서, 인간의 본성, 이성의 “자연적 빛”에 대한 규범적 호소와 같은 자연의 학문적 객관화와 이를 통한 가치적 중립화가 발견된다. 이외에도 선한 것, 성스러운 것, 척도적인 것으로서의 자연적인 것은 인간이 문화적 진보를 통해 자연상태의 공포에서 벗어나야만 했던 것만큼 조정된다. 그래서 우리는 자연에로의 회귀라는 근대의 문화비판의 경우에는 다음의 도식을 고려해야 한다.

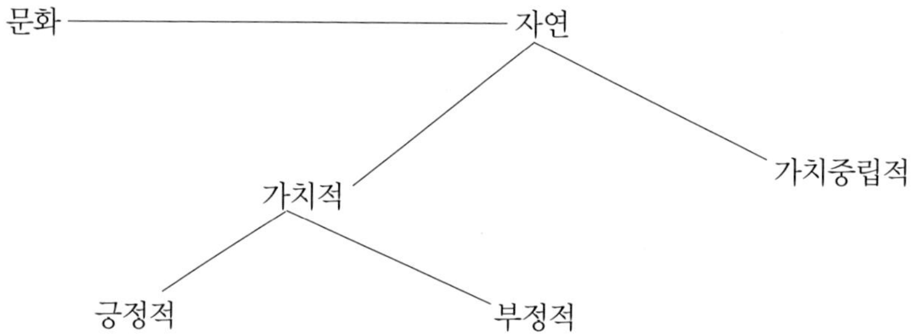

근대에서 뿐만 아니라 우리의 현재에서도 계속해서 개진되는 자연주의적 문화비판의 어려움은 가치적으로 사용된 자연 개념의 양립성에서부터 아주 잘 재구성될 수 있다. ‘자연주의 vs. 문화주의’에 관한 모든 문화비판적 논쟁은 이 지점에서 설명된다. 그 자체로 보자면 두 입장은 상당히 진부하다. 예를 들어 키니코스 학파는 사실상 문화를 비판하지 않고, 오히려 문화를 폐지한다. 반면에 순수 문화주의는 최종 심급 단계에서 문화비판을 중지해야만 한다. 왜냐하면 순수 문화주의는 모든 자연적 요소들과 심급들을 비판적으로 말살한 후에 비판하는 자와 비판받는 것의 긴장감 없는 동일성에 도달하기 때문이다. 그 외에도 사람들이 어떻게 자연적인 것을 척도적인 것으로서 소환하고 동시에 어떻게 한낱 자연적인 것과의 간격에서만 성립할 수 있는 진보에 자연적인 것을 기여하도록 원할 수 있는지는 이해하기 어렵다. 이점은 가치적으로 사용된 문화 개념의 양립성에 해당한다. 왜냐하면 여기에서도 인간의 문화는 타락된 것과 획득된 것과 같은 문화비판의 대상이자 목적이기 때문이다. (따라서 다음과 같은 점이 추정될 수 있다. 가치적으로 사용된 자연 개념의 양립성은 양립적 문화경험이 자연적인 것에로 투영된 결과이며, 이점은 그러한 양립적 자연 개념 자체가 암묵적으로 문화비판적으로 이해되어야 하고 이러한 자연 개념이 문화와 문화비판의 불안정한 관계를 반영한다는 점을 의미한다.)

그러므로 '자연-문화'의 긴장의 장에서 문화비판은 이중의 양립성에 의해 규정된다. 자연은 척도적인 것으로서 그리고 (문화를 통해) 포기되어야만 하는 것이자, 반대로 동시에 문화는 가치있는 것이고 비판되어야 하는 것으로 존재해야 한다. 이러한 복잡한 관계를 문화철학의 개념에로 통합시켰던 것은 루소J. J. Rousseau의 업적이다. 이를 통해 루소는 일반적으로 현대 문화비판의 시조가 되었다.

2절__ 소외로서 문화(루소)

계몽철학은 자연의 이름으로 문화를 비판하지만 문화를 위해 존재한다. 동시에 자연은 문화비판의 척도이다. 하지만 이 경우 문화비판의 문화적 효과는 자연상태에 대한 지속적 소외에서만 존재할 수 있다. 이 사상에서는 문화를 비판할 수 있는 것이 자연과 긍정적 짝을 이루며, 문화적으로 옹호되어야만 하는 것은 자연과 자연스럽게 부정적 짝을 명백히 이룬다. 어떻게 이러한 가치분배는 자연주의적 문화비판과 결합될 수 있는가? 루소는 **소외** 모델을 기반으로 하여 자연주의적 관점에서 문화와 문화비판을 서로 결합해서 [문화와 문화비판의] 모순의 출현이 사라지게 만드는 데 성공한다. 루소에 따르면, 자연상태를 벗어났을 때 인간은 자신의 본성과 그의 외부에 있는 자연과의 관계를 잃어버리지 않고 오히려 자신을 자연에게서 소외시킴으로써, 그 결과 실제 자신의 고유한 것이 자신에게 낯설게 되고 익숙하지 않게 대립된다. 하지만 동시에 루소에 의하면 자연성에서의 인간의 출구는 인간의 인간성의 계발을 위한 불가피한 전제조건이다. "비자연적" 문화는 사람들 속에서의 단순한 자연적 인간(homme sauvage, 야만인)의 소외와 문화화의 과정이지만, 인간의 본성은 문화과정의 토대와 지침을 제공해야 한다. 자연과 문화의 단일성과 차이를 함께 생각하는 것을 가능하게 하는 소외모델은 사실 성경에서 파라다이스로부터의 탈출이자 인간 문화의 시작점으로서 서술되는 인간 원죄의 역사의 세속화된 형태이다. 실제로 원죄는 인간의 인간됨의 진정한 시작이다. 헤겔도 역시 "파라다이스는 인간이 아닌 단지 동물만이 머무를 수 있는 공원이다"(12, 389)라고 말한다. 야만인은 단지 가능성에 따라 인간, 즉 인간 '자체'이다. 이러한 가능적 인간의 실현은, 인간이 파라다이스에서, 즉 자연과 조화를 이루는 곳에서 머무르는 한, 일어나지 않는다. 성경이 인간에게 원죄로서 간주하는 자신의 고유한 행위로서의 소외는 **자기**소외이자 루소에 의하면 인간의 최초의 문화적 업적이다. 이러한 문화적 업적은 인간을 '자연으로 돌아가라!'가 아닌 '문화의 완성으로 나아가라!'에서만 해결될 수 있는 자연과 문화의 갈등에로 즉시 몰아넣는다. ('자연으로 돌아가라!'라는 구호는 계속해서 루소에게 의해 쓰였다고 하지만, 그의 저서 어디에서도 발견되지 않는다.) 그러므로 소외모델은 자연주의적 문화비판의 모순을 극복하기 위한 구조적 제안을 제공할 뿐만 아니라, 추가로 소외모델은 자연과 문화의 관계를 소외의 "원죄"가 태초에 있고 종말에는 자연과 문화가 화해하는 유토피아가 빛을 발한다는 역사철학적 관점으로 전환시킨다. 이러한 모델에 따르면 역사 자체는 소외에 의해서만 시작한다. 반면에 야만인은 역사 없이 자연과 조화를 이루며 살아간다.

루소는 소외모델의 공식화와 완성을 통해 자연주의적 문화비판에 현대적 형태를 제공한다. 여기서 현대적이라는 표현은 그가 문화에 대한 비판을 18세기까지 우리에게 친숙한 형태로 나타나지 않았던 역사적 사유의 요구와 조화시키는 방법을 알고 있었기 때문에 그런 것이다. 반대로 헤겔에게서 처음 절정에 도달한 현대의 역사철학은 루소 없이 생각될 수 없다. 마르크스의 전통도 계급 없는 사회에서, 즉 소외와 화해의 모델 이후의 사회에서 역사를 인간의 자기상실과 재획득의 과정으로서 구성한다. 그러므로 청년 마르크스는 자연의 인간화와 인간의 자연화를 "세계사의 해결된 수수께끼"로서의 공산주의에서 요구한다(마르크스, 1953, 235 이하 참조).

현재의 문화비판과 사회비판에서도 루소주의의 편재성이 설명되는 루소적 문화비판의 맥락은 문화비판의 운동의 일부로 자신을 보았던 당시의 계몽철학에 대한 문화비판적 논쟁의 맥락이다. 그래서 루소의 작업에서 문화비판 자체는 반성적이다. 그렇기 때문에 루소는 단순한 반계몽주의자이거나 계몽운동의 문화를 반대하는 전통적 정치, 종교 세력의 옹호자가 아니라, 계몽에 대한 최초의 중요한 계몽주의자이다. 계몽에 대해 깨닫게 해주는 자기비판으로서의 문화비판은 현대의 문화비판적 담론의 또 다른 근본모습이며 우리는 이를 루소의 공로로 인정해야만 한다. 루소는 계몽철학과 그것의 진보낙관론을 상쇄시키면서, 문화비판의 깨닫게 해주는 자기비판적 방법을 계몽철학 자체에 적용한다. 1750년에 이르기까지 완전히 무명이었던 장 자크 루소는 갑작스럽게 세계적으로 명성을 얻게 된다. 그는 디종 학술원의 현상과제인 "학문과 예술들의 부흥이 도덕의 정화에 기여했는가"에 대해 자신의 현상논문에서 "아니다!"라고 답한다. 그의 근본테제는 학문적이고 기술적 진보가 — 여기서 기술은, 희랍어 téchne와 라틴어 ars처럼, 기술적-실용적 지식이라는 의미에서의 '예술'을 의미한다 — 예전 계몽철학이 일반적으로 믿었던 것처럼 진보하는 도덕화와 인간화를 수반하지 않았고 오히려 그 반대라는 것이다. 심지어 루소는 학문적 성찰과 기술적 생활편의가 게으름, 사치, 낭비로 이어지고 따라서 필연적으로 도덕적 쇠퇴로 이끈다는 "역사법칙"을 제시한다. (이에 대한 가장 중요한 증거는 으레 스파르타와 고대 로마공화정이 있다.)

두 번째 현상논문인 『인간 불평등 기원론』(1755)[9]은 계몽비판적 근본모습을 다양화시키면서 자연상태에서부터의 인간의 벗어남과 인간의 근원적 자유·평등의 상실인 문화적 사회화를 묘사한다. 루소의 모든 위대한 작품들은 계몽된 합리성을 특징으로 하는 현대 문화의 모순과 소외의 경험에 의해 촉발된다. 『사회계약론』은 "인간은 자유롭게 태어났지만 도처에서 쇠사슬에 묶여있다"라는 구절로 시작한다. 교육소설인 『에밀』의 첫 문장은 "조물주의 손에서부터 생겨날 때 모든 것은 선했으나 인간에서는 모든 것이 타락한다"라

9) 두 개의 현상논문의 판본은 J. J. Rousseau, *Schriften zur Kulturkritik*, K. Weigand (편), Hamburg 1971.

는 내용이다. 루소는 문화를 설명할 때 항상, 문화적 진보는 근원적으로 선하고 성스럽다고 생각되는 인간의 본성으로부터 인간을 소외시키는 대가를 치른다, 라는 근본테제를 따른다. 문화는 인간 자신의 일이기 때문에, 오직 인간만이 이러한 소외의 비용에 책임을 질 수 있다. 인간 자신만이 자기소외를 극복할 수 있다. 이점은 루소 작품들의 호소적 성격을 설명한다. "오, 인간이여, 네가 어느 지역에서 왔든지, 어떤 종류의 생각을 지녔든지, 내 말을 들어보라."(저작 1971, 81) 루소는 문화비판적이라고 공격받았던 계몽철학과 "인류의 교육"(레싱)의 격정을 공유한다.

루소의 소외명제는 인간이 자연상태를 떠나 문화에서 자신의 고유한 자연성을 상실한 이후에도 "진정한" 자연에로 접근할 수 있다는 점이 어떻게 가능한지에 대해 이해할 수 있도록 하는 것이다. 왜냐하면 그러한 접근 없이는 '자연과 문화'라는 긴장의 장에서 문화비판은 불가능하기 때문이다. 소외된 것은 단순히 낯선 것이 아닌, 오히려 낯설게 된 고유한 것이다. 이 때문에 소외된 것은 원칙적으로 그 자체로서 재인식될 수 있다. 하지만 사람들은 어떻게 이론적으로 인간의 자연적 본성에 가까워지는가? 루소는 여기서 가설적 역사의 길과 직관의 길이라는 두 가지 길을 선택한다. 야만인에 도달하기 위해 문화인은 사고실험에서 문화와 사회화를 명백하게 나타내는 모든 특성을 제거해야만 한다. 그래서 야만인은 재산, 분업, 기술적 지식, 고정된 생활형식, 심지어 언어 없는 전(前)-사회적 존재로서 생각되어야 한다. (루소는 자연상태에 관한 지금까지의 이론들, 즉 현재 사회의 전체관계를 문화 이전의 시대에로 투영하는 이론들을 비판한다.) "가설적 역사"는 자연상태에서 현재의 문화에로 도달되기 위해 포함되어야만 했던 모든 것이 사상적으로 재구성된 결과이다(같은 곳, 81).

그런데 루소는 어떻게 사람들이 이러한 방식에서 부정적으로만 규정된 야만인을 긍정적으로 규정할 수 있는지, 즉 어떠한 속성들이 야만인에게 실제로 있을 수 있는지, 라는 문제를 직관을 통해 해결한다. "그러므로 우리는 우리 인간을 단지 완성물로 보도록 가르치는 모든 학문적 서적을 버리고, 인간 영혼의 최초이자 가장 단순한 충동들에 대해 숙고한다."(71) 따라서 우리는 단순한 사유를 통해 우리 안의 훼손되지 않은 자연적인 것에 접근할 수 있어야만 한다. 물론 이점은 우리 자신이 문화적으로 완전히 훼손되지 않았다는 점을 전제한다. 여기서 루소는 중요하고 결정적인 것을 자신의 "마음"에서 발견하는 단순하고 소박한 남자로 자신을 계속해서 형상화한다. 그는 "시골적이지만 자연적"이라고 일찍이 말한 바 있다(11). 그 후 모든 루소주의자들에게 시골적인 것의 철학적 찬양과 도시에 부정적인 소시민적 경향이 전형적으로 나타난다. 왜냐하면 도시는 반자연이라고 비판받는 문화의 중심지이기 때문이다. 게다가 루소에 의하면 소위 자연적인 것으로서의 문화적 순박함은 척도적인 것이며 심지어 전적으로 덕의 척도로 존재해야만 한다. 그러므로 단순하고 소박한 것은 더 나은 것이자 더 덕이 있는 것이다, 그래서 사람들은 루소에게서 소시민적 적대감이 창조되었다고 정당하게 말했다.[10]

또 다른 일면으로 단순한 마음조차도 선을 인식할 수 있고 그러므로 사람들은 무엇이 도덕적이고 비도덕적인지를 알기 위해 도덕철학을 공부할 필요가 없다는 생각에는 교양인에 대한 야만인의 적대감은 소진되지 않는다는 관점도 들어 있다. "오, 단순한 영혼의 숭고한 학문인 덕이여, 너를 알기 위해 많은 노력과 준비가 필요한가? 너의 원칙이 모든 마음에 새겨져 있지 않은가? 너의 법칙을 알기 위해서는 격정이 침묵할 때 자신에게 들어가 양심의 소리를 듣는 것으로 충분하지 않은가? 그것이 진정한 철학이다! 그 철학에 만족하도록 현명하자"(57) "양심의 소리"는 루소에게 있어 인간 안의 신의 소리가 아닌, 인간의 고유하고 때 묻지 않은 본성의 소리이다. 그래서 그의 사유에서 자연과 덕은 각각의 개인을 윤리적 맥락에서 자율적인 것으로 설명하는 방식에서 서로 결합된다. 왜냐하면, 덕을 확인하기 위해서는, 신적인 것도 어떤 인간적 권위도 필요하지 않기 때문이다. 여기에 루소가 "옳았다"라고 평가하는 칸트 윤리학의 뿌리가 있다(슐츠U. Schultz 1965, 81에서 인용).

그러나 루소는 우리의 근원적 자연성에로 직관적으로 돌아가는 과정에서 마주치는 규정을 "오성에 앞서" 존재해야 하는 두 원칙, 즉 자연스러운 자기애와 연민이라는 원칙들로 파악한다(71 참조). 두 가지 동인은 원칙상 자유롭

---

10) R. Spaemann, *Rousseau. Bürger ohne Vaterland*, München 1980, 9쪽 참조. 이 점은 니체와 실러와 관련된다.

고 무한한 완성능력(perfectibilité, 개선능력)이 있다는 것 외에는 달리 말할 수가 없는 자연적 인간을 근원적으로 규정한다(105 이하). 이점은 루소를 인간과 자신의 오성을 동일시하는 계몽철학의 주지주의(Intellektualismus)에 대한 비판으로 이끈다. 루소에 따르면 사유, 심사숙고, 성찰은 "자연에 반하는 것"이다. 심지어 그는 숙고하는 사람을 "변종된 동물"(99)이라고 지칭한다. 이성은 자연적 인간에게 잠들어 있고, 문화에서 사회적 공동생활의 조건에서만 되살아난다. 그래서 지성은 인간에서 인간적인 것의 현실화가 아닌, 인간적인 것의 변질로 나타난다. 지성은 인간을 자연스러운 충동에서 소외시킨다.

감정을 인간의 근원성의 중심으로 삼는 루소는 **낭만주의**(Romantik)의 시조가 된다. 그 때문에 그를 비이성주의자라고 비난하는 것은 당연히 경솔한 일일 것이다. 왜냐하면 주지주의에 대한 비판은 전반적으로 합리성에 맞서 싸우는 것이 아닌, 합리성이 이성적으로 입증될 수 있게끔 완화시키는 것이기 때문이다. 이점에서도 대부분의 낭만주의자들이 그를 따랐다. 본래의 정서적 충동을 배경으로 하는 "마음"의 소리는 정서윤리(Gefühlsethik)의 원칙이기도 하다. 이러한 정서윤리는 또한 계몽철학에서도 주장되었는데, 이것은 가령 흄D. Hume과 그 후 특히 쇼펜하우어A. Schopenhauer에 의해 오늘날에도 여전히 합리주의적이라고 비난받고 있다. 루소는 두 번째 현상논문에서 자연에서 문화에로의 전환을 또한 재산, 사회적 불평등과 이러한 불평등에 필연적으로 결합되는 정치적 지배의 생성과정으로서 서술한다. 여기에서 모든 결정적 사회화의 원칙은 사회적 노동분업의 원칙이다. 이러한 문화비판적 주장으로 루소는 또한 근대 **사회주의**(Sozialismus)의 공동창시자가 된다. 전반적으로 루소는 그의 날카로운 문화비판에도 불구하고 문화적대적이지 않다. 왜냐하면 그에 따르면 사람들은 문화를 단순히 폐기할 수 없기 때문이다. 그러므로 "자연으로 돌아가라!"가 아니다. 루소의 문제는 어떻게 문화 속의 인간이 자신의 고유한 본성과 조화를 이루는 삶에로 돌아가는가, 라는 것이다. 이를 위해 『에밀』과 『사회계약론』은 교육학적이고 정치적 모델을 기획한다. 바로 이러한 국가모델에서 루소는 소외의 완성을 통한 소외의 극복을 숙고한다. 이점은 레싱, 칸트, 피히테, 헤겔, 그리고 청년 마르크스의 많은 변형들에서 발견될 수 있다.

3절__ 문화로서 소외(칸트)

문화철학의 역사에서 칸트의 업적은 소외명제의 **문화주의적 재해석**에 있다. 이점은 소외가 문화주의적 재해석을 통해 순수한 문화내적 현상으로서 해석되는 것을 의미한다. 또한 이점은 문화와 문화비판의 관계에서 자연의 문화비판적 중립화를 초래한다. 이것은 칸트가 루소 사상의 내적 불일치를 거의 눈에 띄지 않게 변화시키면서 나타난다. 루소에게 있어 자기애와 연민은 인간의 자유와 완전성의 조건에서 개인적 도덕성인 덕의 토대로서 간주된다. 따라서 이러한 감정들은 단순한 자연적, 동물적 충동처럼 작용될 수 없다. 루소 자신은 다음과 같이 말한다. "자연은 모든 존재에게 명령하고 동물은 순종한다. 인간도 자연적 열망을 느낀다. 그러나 인간은 복종하거나 저항할 자유가 있음을 인식한다. 그리고 인간 영혼의 영성이 드러나는 것은 바로 그의 자유에 대한 이러한 인식에서이다."(107) 인간은 자유의지를 지닌다. 루소와 칸트는 이에 동의한다. 하지만 이것으로부터 칸트는 인간 행동의 도덕적 특성을 결정하는 것은 원초적인 감정적 충동의 방식이 아닌 의지결정의 사태라는 결론을 이끌어낸다. "세계 어느 곳에서도, 심지어 게다가 세계 밖에서도 아무런 제한 없이 선한 것으로 간주될 수 있는 것은 단지 선의지뿐이다."(『윤리형이상학 정초』, A7) 이와 함께 칸트는 자유 자체를 도덕의 기초로 끌어올린다. 자연적 욕망은 인간이 자발적으로 포기하거나 포기하지 않을 수 있는 동기적 욕구에만 관련된다. 이로써 정서윤리학은 먼저 그 토대가 박탈된다. 자유 개념의 도움으로 중립화된 "본성의 음성"이 감정으로 자신을 표현하는 대신, 칸트에게는 이성이 의지를 규정할 수 있는 한, 이성 자체, 즉 "실천"이성이 나타난다.

문화비판의 경우 이러한 변화는 인간의 자유를 전제로 하는 문화의 규범적 토대가 더 이상 자연스럽지 않을 수 있음을 의미한다. 자연상태에서 자유로이 나간 인간은 "본성의 음성"이라는 명령에서 벗어나 문화에서 요구되거나 금지되는 것을 스스로 결정해야만 한다. 그러나 이점은 또한 문화비판을 순수 문화내부의 문제로 만든다. (이미 위에서 언급된 것과 연관에서 사람들은 칸트의 작업에서야 문화가 완전히 반성적이 된다고 주장할 수 있다.) 이러한 결과를 칸트는 대중적 "작은" 작품들에서 제공한다. 『추측해 본 인류 역사의 기원』(1786)은 그에 의해서 완전히 루소 양식으로 설명되고 다음의 문장이 이어진다. "최초의 인류 역사에 대한 이러한 설명에서 다음이 증명된다. 인간이 이성에 의해 인류의 최초의 체류지로 생각되었던 파라다이스로부터 나온 것은 단순한 동물의 조야함에서 인간성에로의 전환, 본능의 유모차에서 이성의 인도에로의 전환과 다르지 않다. 한마디로 말하면 이것은 자연의 보호 상태에서 자유의 상태에로의 전환이었다."(92) 칸트에게 있어 인간이 자연으로부터 나온 것은 자연으로부터의 해방이다. 이러한 사태는 원죄의 역사의 신화적 형태에서 이성으로 표현된다. 중요한 점은 해방이라는 단어의 문자 그대로의 뜻에 따르면 자유는 자연이 인간에게 부여하는 것이라는 점이다. "자연이 의도하고 있는 것은, 인간이 동물적 존재의 기계적 명령을 넘어서는 모든 것을 완전히 자기 자신으로부터 가져와야 하며, 그가 자신의 이성을 통해 본능에서 자유롭게 스스로 창조한 행복과 완전함 외에는 관여하지 않아야 한다는 것이다."(『세계 시민적 견지에서 본 보편사의 이념』, 36)

이러한 완전성에 칸트는 다른 모든 것과 마찬가지로 "전적으로 인간 자신의 작품"이어야 하는 "의지의 선량함"을 명확히 포함시킨다(같은 곳). 이점은 루소와 칸트의 결정적 차이점이며 인간의 자연적 도덕성에 대한 개념이다. 이것은 문화 전체를 자연으로부터 자율적으로 만든다. 이 단계 이후 어떤 누구도 문화를 비판하면서 자연에 대해 불평할 수 없다. 인간들이 자연 안에 있는 선한 것을 장점으로 여긴다면, 부정적인 것에 대해서도 책임을 져야 한다. 소외는, 문화비판적 동인일 경우에만, 문화에서 사람들에게 영향을 미친다. "자연이 인간의 모든 소질을 발전시키기 위해 사용하는 수단은 사회에서의 인간들의 대립이다. 이 대립이 결국 사회의 적법한 질서에 의해 극복되는 한에서 말이다."(37) 칸트에 의하면 사람들은 문화비판에서 더 이상 자연에 대한 소외를 논증할 수 없다. 더욱이 소외현상은 사회화 상태에 있는 인간들의 자연스러운 "대립"에서 자연스런 토대를 지닌다. 하지만 어떻게 소외현상이 형성되는가는 다시금 인간의 작품이다. 인간이 자기 자신을 창조하지 않았기에, 인간과 그의 문화는 자연적 조건 아래에 있지만 인간의 자유로 인해 자연적 지시나 명령과 혼동되어서도 안 된다. 항상 자연은 자신이 마련한 토대에서 인간이 시작하는 것을 열어둔다.

헤겔은 칸트의 소외명제의 이러한 문화비판적 재해석을 완전히 따른다. 우리가 문화라고 부르는 것은 그에게는 "정신"이고, 그는 문화비판적인 당대의 시대를 "소외된 정신의 세계"라고 묘사한다. 헤겔에 따르면 일반적으로 소외는 (그의 '정신'이라는 단어의 의미에서) 정신적인 것의 특징이다. 자연에는 그러한 것이 존재하지 않는다. 게다가 소외가 정신의 필수적 특성이라는 점에서도 그는 칸트를 추종한다. 이점은 이러한 특성이 없이는 자유의 왕국이 존재하지 않는다는 점을 의미한다. 자신의 초기저작에서 마르크스는 포이에르바흐L. Feuerbach의 자연적이고 감각적 인간에 관한 철학의 영향을 받아 소외명제를 다시금 자연화시킨다. 무엇보다도 종교의 존재가 증명하는 문화에서 나타나는 인간의 본성으로부터의 자기소외는, 인간의 본성이 역사적으로 전개된다 하더라도, 다시금 전적으로 루소의 의미에서 인간의 본성으로 거슬러 올라간다. 마르크스는 자신의 후기 작품에서 자연의 인간화와 인간의 자연화라는 루소주의의 유토피아를 포기한다. 지속적 필연성의 왕국을 뛰어넘는 자유의 왕국의 이미지는 공산주의에서의 인간과 자연의 화해를 대체한다.[11)]

2장 문화와 문명

자연의 규범적 중립화와 문화의 자율화에 해당하는 소외명제에 관한 칸트의 문화주의적 재해석 이후, 문화비판의 문화**외적** 표준은 더 이상 사용될 수 없다. 문화비판은 문화**내적** 문제가 되며, 이점은 문화적인 것만이 이제부터 문화에 대한 반대 논거로 비판적으로 제시된다는 점을 의미한다. 이 경우 문화에 대한 상이한 측면과 부분을 구분하고 대조하는 일이 합리적이다. 문화

11) K. Marx, *Das Kapital III*, Berlin 1957, 873쪽 이하.

의 이러한 여러 영역들 중 하나에서 필연적으로 나머지 영역들을 위한 척도가 되는 역할이 주어진다. 여기에서 복수주의가 철저히 사유될 수 있다고 하더라고, 현대 문화비판에서 이원론은 주로 우세했다. 이원론은 더 복잡한 모델보다 '더 편리하다'. 그래서 사람들은 19세기와 20세기의 위대한 문화비판가들은 모두 단순한 양자택일의 대가들이었다, 라고 말할 수 있다. 독일어권에서 '문화와 문명'은 모든 것을 규정하는 대립이다. 이러한 대립은 이미 칸트에게서 발견되지만 1850년 이후에야 문화비판적 담화에서 상투적 말이 되고 이점은 1950년대까지 그대로 남아있다. 오늘날의 젊은 세대에게는 '문화와 문명'의 대립은 서두에서 언급된 문화 개념의 학문화와 연관되어 크게 이질화되었다. 문화와 문명은 괴테와 철도, 블록플루트와 축구, 개신교 아카데미와 6일간의 릴레이 사이클 경기, 만년필로 글쓰기와 볼펜으로 글쓰기와 같은 것이 되었다. 문화는 항상 '더 고상한 것', '영원히 가치', 진정한 교양, 영혼적 심오를 의미하는 반면에, 문명은 통상 기술적인 것, 단순한 기능적인 것, 단지 유용한 것, 상업적으로 효과가 큰 것과 관련되었다. 이러한 사유모델에서 문화는 자신의 가치를 자기 안에 지니는 반면에, 문명은 항상 어떤 다른 것을 위해 좋은 것이다. 즉 수단의 왕국은 목적의 왕국의 다른 편에 있다.

'문화 vs. 문명'이라는 개념적 대립은, 사람들이 이 용어를 영어나 프랑스어로 번역할 수 없다는 점에서, 독일적 특수성이다. 이러한 개념적 대립은 서방 유럽, 미국화, 도시화, 즉 독일의 후기 산업화의 문화적 결과에 반대하는 '독일적 특유의 길'이라는 이데올로기의 일부였다.[12] 그래서 서구의 국가들이 '단순한 문명화'로 분류되는 반면에, '참된' 문화는 대부분 '독일적인 것'과 관련된다. 제1차 세계대전의 프로파간다에 수반되는 지적인 것에 대한 평판은 완전히 그러한 음조이며,[13] 모두 국가사회주의에서 다시 발견된다. 문화와 국가 정체성의 결합은 헤르더Herder와 그의 민족정신에 관한 이론에로 거슬러 올라간다. 독일에서 이러한 결합은 그 순진함을 잃어버렸다. 그것은 '문화

12) H. Plessner, *Die verspätete Nation (1933/34)*, Frankfurt/M. 1974.

13) H. Lübbe, *Politische Philosophie in Deutschland*, Basel 1963/München 1974, 특히 4부의 1914년의 철학적 이념 참조.

의 밤'에 관광객들에게 민속 음악을 상연하는 휴양국가들에서 민족주의적으로 전도되지 않은 형태로 잔존할 뿐이다. 독일의 또 다른 특수성은 독일에서 교양있는 시민계급과 유산시민계급의 뚜렷한 대조였다. 여기에서 교양있는 시민계급은 검소한 부에 대한 보상으로 문화의 혜택을 받았다. 사람들은 가난했지만 인문주의적으로 교육을 받았다. 다른 사람들이 어떤 자동차를 소유하든, 사람들은 서고에 '고전'을 가졌다. 오랫동안 '문화와 문명'은 김나지움과 대학에 비해 실업학교와 기술대학을 경시하는 이데올로기의 토대였다.

문화와 문명의 대립은 단어역사적 맥락에서 이미 보여주듯이 항상 단순한 이데올로기에 불과한 것은 아니었다. 문명은 라틴어 civilis(도시적, 국가적, 시민적)에 속한다. 근대의 정치철학에서는 이 단어의 도움으로 인간의 자연상태(status naturalis)와 사회상태(status civilis)를 구분하는 것은 통례였다. 그 다음 civilis는 보통 독일어로 '시민적'(bürgerlich)으로 번역된다. 칸트가 '세계시민 사회'를 언급할 때, 그는 가령 오늘날 우리가 시민적으로 부르는 사회계층의 생활형식이 확산하는 것을 염두에 둔 것이 아니라, 자연적 폭력관계의 반대, 즉 모든 인류와 관련된 일반적 교양의 상태를 이야기한다. 문명이 단순히 문화와 동일한 의미로 사용되지 않는 곳에서 "훈련(길들임), 길들이기, 진정, 야만의 종말"이라는 단어의미는 18세기부터 널리 퍼지며, 이러한 것을 사람들은 문학적으로 '높은' 모든 것에 대한 기본 전제조건으로 생각한다. 엘리아스N. Elias는 1968년 이후 독일에서만 알려지게 된 그의 주저인 『문명의 과정』(1936)에서 이점과 계속 관련을 맺었다. 19세기 이후 그리고 오직 독일에서만 문명은 일반적으로 기술-산업적 현대화와 관련되어 '기술적 문명'은 거의 중복어로 쓰인다. 그 이후 문명비판은 거의 항상 기술비판이다.

1절__ 칸트와 문화의 도덕화

"우리는 예술과 학문을 통해 고도로 문화화되었다. 우리는 각종 사회적 공손과 예의바름에 과중한 부담을 느낄 정도로 문명화되었다. 그러나 우리 자신이 도덕적이라고 여기기에는 여전히 많이 부족하다. 도덕성의 이념은 여전히 문화에 속한다. 그러나 이 이념의 사용은 명예욕과 외적 예의바름에서 단지 도덕적

유사함에만 머물기에 단순히 문명화를 장식할 뿐이다."(칸트, 44 이하)

칸트에게 있어 문화와 문명의 특징적 차이는 **도덕성**이다. 그에 따르면, 우리는 각각의 경우에 적용되는 문명의 규칙에 합당하게 행동하는 한에서만 문화화되는 것이 아니라, 오히려 "명예욕"과 "외적 예의바름"으로 인한 이익추구를 넘어서 우리가 오늘날 도덕적 정체성이라고 부르는 것을 계발할 때 문화화된다. 따라서 문화화된 인간에게는, 유용하기 때문이 아니라 선하고 옳기 때문에, 선하고 옳은 일을 행하려는 의지가 포함된다. 여기서 칸트는 초기 계몽철학의 자기이해와는 반대로 "예술과 학문"의 발전이 자동적으로 인간을 향상시키는 것이 아니라 그 반대일 수도 있다고 지적했던 루소의 첫 번째 현상논문을 관심을 갖고 다룬다. 루소가 파악했던 또 다른 이념사적 배경은 덜 고결한 사적 이익을 관철하기 위한 수단으로 공적 도덕성의 가면을 완전히 벗겼던 프랑스의 도덕주의이다(라 로슈푸코La Rochefoucauld, 보브나르그Vauvenargues 등). 맨더빌B. Mandeville의 "사적인 악덕 = 공적인 덕"이라는 냉소적 모델은 칸트에게 낯설지 않았다. 그래서 칸트에게 있어 문화화와 도덕화는 동일한 것이다. 문명화만으로는 이것을 할 수 없다. 칸트는 자신의 역사철학에서 문화를 "자연과 윤리의 결합"으로서 파악하고 이를 인류가 역사에서 해결해야만 하는 위대한 과제로서 규정한다.[14] 그에 따르면 인간은 단지 윤리에서만 자신의 자율성을 이성적 특성으로 이해할 수 있기 때문에, 단순히 문명화된 태도들은 이를 위한 어떠한 실제적 기회도 제공하지 않는다. 사회세계는 도덕적 행동이 가능하도록 구조화되어야 하며, 그래야만 비로소 그 세계는 '문화'라는 이름을 가질 만한 가치가 있다.

칸트에게 있어 문화에 대해 말할 수 있으려면, 도덕화는 문명화에 추가되어야만 하는 것이다. 도덕화와 문명화의 필연적 갈등, 즉 루소의 첫 번째 현상논문에서 (칸트적 의미에서의) 문화와 문명의 갈등이라는 첨예한 테제를 칸트는 옹호하지 않았다. 기술적-학문적 진보가 인간을 필연적으로 더 저급

---

14) W. Bartuschat, Kultur als Verbindung von Natur und Sittlichkeit, in: *Naturplan und Verfallskritik*, H. Brackert und F. Wefelmeyer (편), Frankfurt/M. 1984, 69쪽의 각주 1번 참조.

하게 만든다는 주장은 오늘날까지 문화비판적 루소주의의 주요테제이다. 예를 들어 루소주의는 환경 친화적 녹색-대안 운동의 주위에서도 다시 발견된다. 많지 않지만 자전거를 타고 채식의 비흡연자가 '더 나은 인간'인가? 그러한 사유형태는 오랫동안 독일의 루소주의적-소시민주의적 지방주의의 레퍼토리에 속한다. 빌헬름 부쉬W. Busch는 이러한 지방주의를 『신앙심이 깊은 헬레네』(*Die fromme Helene*, 1872)에서 훌륭하게 풍자했다. 여기에서 세련된 도시생활에 행한 짓눌린 부러움은 그 도시생활이 도덕적으로 더 나은 것 '같지 않기에', 감사의 기쁨으로 바뀐다.

훔볼트W. von Humboldt는 문화와 문명을 대립으로서 파악하지 않는다.

> "문명은 외적 제도와 관습에서 그리고 이와 관련된 내적 태도에서 민족의 인간화이다. 문화는 이러한 사회적 상태의 개선에 학문과 예술을 첨가한다. 그러나 우리가 우리의 언어로 **교양**을 말할 때, 동시에 더 높고 더 내적인 무언가, 즉 모든 정신적이고 도덕적 노력에 대한 지식과 감정에서부터 감각과 성격에로 조화롭게 흐르는 성향을 의미한다."(『인간의 언어구조의 상이성과 그것이 인류의 정신적 발달에 미친 영향에 관하여』(*Über die Verschiedenheit des menschlichen Sprachbaues und ihren Einfluss auf die geistige Entwickelung des Menschengeschlechts*, 1830-1835), 전집 Ⅲ, 401)

문화는 문명에 학문과 예술을 부가한다. 하지만 훔볼트에 의하면 학문과 예술은 진정한 의미에서 "교양"의 매체들이다. (이러한 의미에서 대학개혁가 훔볼트는 "학문을 통한 교양"이라는 "교훈적" 목표를 세웠다. 그는 이러한 목표에 따라 베를린 대학을 설립했고 이 목표는 고전적 "훔볼트 대학"을 우리의 세기까지 규정하도록 한다.[15]) 여기서 "교양"은 개인의 도덕화를 포함한다. 왜냐하면 교양은 "도덕적 노력"과 관련된 성향에도 영향을 미치기 때문이다. 훔볼트가 주관적 측면에서 볼 때 "외부 제도와 관습"과 같은 규범의 내재화에만 관련된 "문명"보다는 "문화"를 더 교양에 가까게 접근시키는 한,

15) H. Schelsky, *Einsamkeit und Freiheit*, Düsseldorf 1971 (훔볼트 대학의 성립에 대한 연구); H. Schnädelbach, *Philosophie in Deutschland 1831–1933*, Frankfurt/M. 1983, 36쪽 이하.

그는 문화의 특별한 점을 도덕성으로 규정했던 칸트에 머물러 있다.

그럼에도 불구하고 괴테에게서 크게 영감을 받아 19세기와 20세기의 새로운 인문주의적 교양이념을 규정하는 교양구상에서 도덕화의 이상은 뒷전으로 밀리기에, 일반적으로 문화와 문명은 내부적 교양과 "단순한" 외부적 교양의 대립에 의해 특징지어진다. 문명은 일반적으로 "사회적 공손과 예의바름"의 획득, 숙달과 세련, 즉 인간의 인격적 핵심에는 도달하지 못하고 그것을 변형하는 속성과 능력과 관련되었다. 니체도 역시 자신의 교양비판에서(3장 2절 "니체의 역사적 교양에 대한 비판") "내부적 교양 — 외부적 야만"이라는 전통적 표현법으로써 작업하기에, 모든 현대적 교양은 본질적으로 내면적이다. 제본공은 도덕적 입장을 암시하지 않은 채 "외면적 야만인을 위한 내면적 교육안내서"(『삶을 위한 역사의 공과』, 233)와 같은 어떤 것을 외부에서 찍어 누를 뿐이다. 니체에 의하면 진정한 문화는 단순한 내면성의 문화로서 불가능하다. 왜냐하면 그것은 외부를 비문화로 남겨두기 때문이다. 그러므로 니체는 칸트와 훔볼트를 논거로 잘못 언급한 교육받은 시민의 교양이해를 비판한 첫 번째 위대한 사상가이다

2절__ 니체와 문화의 예술화

초기 니체는 문화 개념을 탈도덕화지만, "문화와 문명"을 문화비판적 모델로서 유지한다. 이점은 그가 "문화"를 칸트와 다르게 정의한다는 것을 의미한다. "민족의 문화는 … 언젠가 내가 생각하기에 적절하게, 민족의 모든 삶의 표현에서 예술적 양식의 통일성으로 서술되었다."(『삶을 위한 역사의 공과』, 233) 조야한 의사(擬似)문화의 주인공으로 폭로한 스트라우스D. F. Strauss에 대한 공격에서 니체는 "진정한 문화"는 "양식의 통일성"을 전제한다고 주장한다(같은 곳, 142). 진정한 문화를 만드는 것, 즉 생활양식의 단일성은 단지 **예술적으로** 인식될 수 있다. 그래서 니체에 의하면 문화 전체는 도덕적 현상이 아닌 예술적 현상이므로, 이에 따라 판단해야만 한다. 교양의 영역에서 내적-외적-대립에 관한 그의 비판은 예술작품에서 내용과 형식, 내용과 형태의 불일치에 대한 비판적 평가와 유사한 예술적 비판이다.

후에 니체는 "문화의 중대한 시기는, 항상, 도덕적으로 말하자면, 부패의 시대였다"(837)라고 말하면서, 칸트의 문화의 도덕화를 직접적으로 공격한다. 동시에 그는 "문화 대 문명"(같은 곳)이라는 공식을 통해 루소에로 되돌아간다. 그러나 이점은 다음의 반대주장을 재해석하지 않고서는 드러나지 않는다. "다른 한편 인간을 고의적이고 강제적으로 가축처럼 길들이는 ('문명')시대는 가장 정신적이고 가장 대담한 본성들에 대한 편협의 시대였다. 문명은 문화가 원하는 것과는 다른 것을 원한다. 아마도 반대의 것을."(같은 곳) 후기 니체에서 문화비판은 도덕비판에 그대로 흡수되고, 도덕비판은 규범적 원칙으로서의 "삶"의 영향을 받는다(3장 2절 "니체의 역사적 교양에 대한 비판"). 그럼에도 불구하고 여기에서도 문화적인 것은 예술적인 것에 따라 특징지어진다. 그래서 니체는 문화비판에서 **심미주의**(Ästhetizismus)의 시조가 된다. 우리 세기의 첫 수십 년 동안의 심미주의의 만연을 우리는 오늘날에도 쉽게 이해할 수 없지만 말이다. 그에 의하면 문화적 성공은 예술적 성공이다. 우리는 이러한 표준을 사용하여 무엇이 진정한 문화이고 무엇이 문화적 퇴폐(décadence)인지를 알아낸다. 중요한 점은 니체가 이러한 퇴폐를 문명과 동일시하지 않는다는 점이다. "인간을 가축처럼 길들이기"로서의 퇴폐는 문화적인 것의 전제조건, 실로 힘의 원천에 속한다. "나는 문명을 해결하는 수단과 필연적으로 퇴폐에로 몰아놓는 수단을 문화와 혼동하지 말 것을 경고한다."(810) 비판적 니체주의자로서 토마스 만T. Mann은 자신의 단편소설과 장편소설에서 문화의 원천으로서 퇴폐와 퇴폐의 특수한 문화를 서술한다.

3절__ 슈펭글러의 문화의 생물화

슈펭글러O. Spengler는 많은 점에서 니체에 의존하고 있지만, '문화와 문명'이라는 주제를 직접적으로 퇴폐-모티브와 결합하여 문화와 문명의 관계를 다음과 같이 규정한다는 점에서 니체와 구분된다.

> "이렇게 보면 서구의 몰락이란 문명의 문제와 다름없는 것이다. 모든 고도의 역사의 근본문제 중 하나가 여기에 존재한다. 문화의 완성과 종결로서, 유기적-

논리적 경과로서의 문명이란 무엇인가? 왜냐하면 각각의 문화는 자기 특유의 문명을 가지기 때문이다. 지금까지 막연히 윤리적 양식의 불확실한 구별을 표시했던 문화와 문명이라는 두 낱말이, 주기적 의미에서 엄밀하고 필연적 유기적 연속의 표현으로서 사용되고 있는 것은 이 책이 처음이다. 문명이란 문화의 불가피한 운명이다. 여기에서 역사적 형태학이라는 최후의, 그리고 가장 중대한 문제를 풀 수 있는 정점에 다다른다. 문명이란 고차적 부류의 사람들이 가능케 하는, 가장 외적이고 가장 인위적 상태이다. 문명이란 종결이다. 문명은 형성하는 것에 뒤를 잇는 형성된 것이고, 삶에 뒤를 잇는 죽음이며, 발달에 뒤를 잇는 부동이고, 도리스 양식과 고딕 양식을 보여 주는 대로 시골과 정신적 아동기에 뒤를 잇는 지적 노년과 석조이며 석화시키는 국제도시이다. 문명이란 종말이며 최종적이다. 하지만 문명은 가장 깊은 필연에 의해 계속해서 제공된다."(『서구의 몰락』, 43)

슈펭글러는 유기적 노화과정과 유사하게 문명을 문화적인 것의 연령의 단계와 퇴폐의 단계로 묘사할 수 있기에, 여기에서 "문화의 생물학화"를 말하는 것은 정당하다. 그래서 그는 문화, 언어, 국가, 예술작품과 같은 문화적인 것의 해석에서 그 당시에 편재했고 니체의 문화 개념도 규정하는 낭만주의의 유기체-은유를 극적으로 절정에 이르게 한다. 슈펭글러는 이러한 은유를 문자 그대로 받아들여서 다윈Darwin이래로 문화 전체에서 자연과학을 선도해왔던 생물학에 문화이론을 근접시킨다. 특히 정치이론과 사회이론에서 사회적 다윈주의로 이어졌던 진화론에 대한 매력은 그 당시에 거의 반박하기 어려웠다. 모든 문화적인 것이 궁극적으로 "존재를 위한 투쟁"이며 생존을 위한 투쟁이라는 이러한 견해는 인종차별적 관점에서 국가사회주의의 이상적 기반이었다. 하지만 슈펭글러의 생물학주의는 "평화적" 생물학주의이다. 슈펭글러 자신은 나치에 대한 '올바른' 비판가 중 한 명이었다. 그럼에도 불구하고 나치는 자신의 망상을 위한 충분한 자양분을 슈펭글러에게서 발견했다. 니체에서와 같이 슈펭글러에게 있어서도 분명하게 드러나는 학문적-가치중립적 태도에도 불구하고 암묵적 규범주의는 간과될 수 없다. 여기서도 더 건강할수록 더 좋은 것이고, "생명"이 척도이다. 다시 이에 반대하는 사람은 토마스 만이다.

4절__ '문화와 문명'에 대한 그 이외의 운명에 관하여

'문화와 문명'이라는 이러한 개념쌍에서 명확히 해야 할 점은 사람들이 문화의 한 분야를 규범적으로 식별하고 이러한 분야를 다른 분야(혹은 다른 분야들)의 표준으로 끌어올릴 때에만 문화내적 표준을 지닌 문화비판이 가능하다는 점이다. 인용된 칸트, 니체, 슈펭글러의 모델에서 정당화되어야 한다고 하는 '단순한' 문명에 앞서 도덕적, 예술적, 생물학적으로 해석된 문화*가 문제가 된다. 그런데 이론적으로는 이러한 절차가 어떻든 뒤집힐 수도 있다. '문화와 문명'은 순전히 설명적이고 분석적인 문화학의 의미에서 실제로 가치중립적으로 사용되는 순간, 문화비판적 도구로 더 이상 적합하지 않는다.

그래서 프로이트S. Freud는 "문화와 문명을 분리하는 것을 경멸"한다고 말할 수 있다(『환상의 미래』(*Die Zukunft einer Illusion*, 1927), 290). 이점은 그가 더 이상 문화비판가가 아니라는 것을 의미하지 않고, 그가 단지 더 이상 저 개념쌍을 사용하지 않는다는 것을 의미한다. 문화*가 문화내부에서 규범적 독점적 지위를 상실한다면, 사람들은 문화내부의 문화비판에서 다른 심급을 찾아봐야 한다. 달리 말하면 다른 개념쌍이 '문화와 문명'을 대체해야 한다.

최근 이를 위한 다양한 제안들이 있었다. 스노우C. P. Snow는 1959년 케임브리지에서 많은 주목을 받고 논의된 연설에서 "두 문화"[16]라는 테제를 개발하여, 자연과학적 지능과 문학적-예술적 지능의 차이와 이러한 지능들이 문화에서 하는 역할에 대해 입증했다. 여기에서는 문화 전체가 분열되는 두 영역에 대한 평가보다 문화 전반에서 정신분열증의 현상학이 더 문제가 된다. 그의 테제가 전체성을 요구하고 두 문화들 사이의 대화를 촉구하는 한, 이 테제는 문화비판적이다. 스노우에게 있어 협의의 이론은 발견되지 않는다. 그는 두 문화들의 분리에 대한 책임을 특히 교육시스템에 묻지만, 더 이상의 설명은 진행되지 않는다.

리터J. Ritter와 그의 몇몇 제자들은 현대 이론의 맥락에서 기능주의적 방식으로 '문화와 문명'의 이분법을 받아들인다. 그들은 (겔렌이 제안한) 현대화의

16) H. Kreuzer (편), *Die zwei Kulturen. Literarische und naturwissenschaftliche Intelligenz. C. P. Snows These in der Diskussion*, Stuttgart 1967/München 1987.

두 가지 형태인 기술적-학문적 현대화와 문화적 현대화를 구분한다. 그들은 기술적-학문적 현대화가 인간의 생활세계에서 불가피하게 초래하는 불안전성, 변형 그리고 다른 결과적 손상을 "보상하기" 위해 문화적 현대화에게 역할을 부여한다. 그래서 그들은 또한 정신과학의 문화적 역할도 결정한다.[17] 그들은 두 형태의 현대화 사이에서의 이러한 역할 분담을 토대로 하여 문화적 현대화에 대한 근본적 회의론을 주장한다. 왜냐하면 문화적 현대화는 기술적-학문적 현대의 문제를 악화시킬 뿐이기 때문이다. 그래서 사람들은 기능주의의 정신에서 유래하는 현대 문화보수주의 탄생에 대해 말할 수 있다.

아렌트H. Arendt와[18] 리터의 후계자 중의 한명인 마우어R. Maurer의 경우 '문화와 문명'의 대립은 "행위의 문화"와 "제작의 문화"의 차이에로 변형된다.[19] 그 배경에는 행위(희랍어 prâxis)와 제작(희랍어 poíesis) 사이의 아리스토텔레스적 구분이 있는데, 아렌트는 이러한 구분을 다시 한 번 채택하여 제작과는 확연히 구분되는 노동 개념을 보충하기 위해 사용했다. 아렌트와 마우어에게 있어 어떤 유형의 활동을 다른 활동에 반목시키는 것이 중요한 것이 아니다. 오히려 그들은 실제로 주로 정치적으로 치명적 결과를 초래하는 행동 영역에서 만듦과 제작의 증대하는 확산을 문화비판적 의도에서 한탄한다. 이상적 개념을 현실로 '전환'함으로써 정치에서 사회적 행동과 상호작용을 대체하려는 자는 실제로 다른 모든 사람들을 단순한 재료, 즉 나치가 말했듯이 "인간재료"로 저하시켜야만 하고 전체주의의 길을 준비해야만 한다. 여기서 문화비판은 **행동이론**에 기반을 두고 있다. 하버마스의 비판적 사회이론에 함의된 문화비판에 대한 지적은 이 시점에서 누락되어서는 안 된다. 하버마스에서 시스템과 생활세계의 중요한 구분과 사회의 시스템통합적 영역을

17) J. Ritter, Die Aufgabe der Geisteswissenschaften in der modernen Gesellschaft (1961), in: Ders., *Subjektivität. Sechs Aufsätze*, Frankfurt/M. 1974; O. Marquard, *Über die Unvermeidlichkeit der Geisteswissenschaften*, in: Ders., *Apologie des Zufälligen*, Stuttgart 1986, 98쪽 이하. 이에 대한 나의 비판, H. Schnädelbach, Kritik der Kompensation, in: *Kursbuch 91 (Wozu Geisteswissenschaften?)*, Berlin 1988, 35쪽 이하.

18) H. Arendt, *Vita activa oder Vom tätigen Leben*, Stuttgart 1960.

19) R. Maurer, Kultur, in: *Handbuch philosophischer Grundbegriffe*, H. Krings/H. M. Baumgartner/Chr. Wild (편), München 1973, 823쪽 이하.

통한 생활세계의 "식민지화"(Kolonialisierung)라는 테제는[20] 한때 '문화와 문명'의 이분법까지 다루었던 직관의 재구성이기도 하다.

3장
문화와 삶

왜 문화라는 테마에서 '문화와 삶'이란 세 번째 개념쌍이 나타나야 하는가? 문화외적 문화비판('문화와 자연')과 문화내적 문화비판('문화와 문명')은 완전한 반대를 형성하지 않는가? '자연'에로의 소환이 더 이상 불가능하고 문화가 문화적 수단들을 통해서만 비판될 수 있는 경우, 특정 문화의 영역이 비판적 척도의 역할을 맡기에 적합한지를 사람들이 어떻게 증명할 수 있는지에 관한 문제가 발생한다. 문화가 문명에 맞선다면, 왜 그리고 어떤 점에서 문화는 더 숭고한 것, 더 가치 있는 것, 탈비판적인 것으로 측정되는가? 이미 언급한 대로, 니체와 슈펭글러에서의 핵심어인 "삶"이 이러한 질문에 대한 답에 해당한다. 삶의 상승과 퇴폐, 개화와 퇴락, 젊음과 노년, 이동성과 경직성은 "삶"과 연관되는 문화적인 것에 대한 판단의 차원이다. 중요한 점은 여기에서부터 단순한 문명에 반하여 제시될 수 있는 것이 문화*로 표시된다는 점이다. 문화*와 문명은 이러한 두 가지를 모두 포괄하는 총체성으로서의 가치 있는 삶과 관련되고, 삶은 문화*와 문명의 구분을 만들어내고 유지하는 총체성으로서 이해된다. 하지만 바로 이 때문에 '문화'와 '문명'을 **가치중립적**으로 사용하는 것이 가능하다. 규범적 판단의 기준이 되는 "삶"에로의 전환은 이제 문화와 문명이라는 두 개념을 전통적 문화비판적 역할에서 면제한다. 그래서 니체와 그의 후계자들은 더 이상 칸트와 훔볼트처럼 문명과 문화 자체를 동일시할 필요가 없었다. 문화에는 매정하고 객관적 시선만이 주어진다. 따라서 사람들은 "삶"에로의 문화비판적 전환은 베버M. Weber의 의미에서의

---

20) J. Habermas, *Theorie des kommunikativen Handelns*, Frankfurt/M. 1981, Bd. Ⅱ.

가치중립적 문화학을 비로소 가능하게 만들었다고 말할 수 있다. 게다가 중요한 점은 삶과 문화가 일치하지 않는다는 점이다. 이러한 관점에서 문화*와 문명을 포괄하는 인간의 생활세계의 전체성으로서의 문화도 역시 '삶'이라는 심급 아래에 규범적으로 있다. 왜냐하면 문화도 역시 특정한 인간적 조건에서의 삶의 한 형태이기 때문이다.

1절__ '삶'의 개념에 대해

삶이 문화도 종속시킬 수 있는 이론적이고 규범적 전체범주인 경우에, 사람들은 **생철학**[21]에 대해 말한다. 이 단어는 삶에 대한 철학적 지침, 즉 삶의 실천에 대한 철학이 아니라, 삶을 원칙으로 삼는 사고의 관점을 의미한다. 또한 이점은 문화비판에서도 마찬가지이다. 오늘날 우리는 삶을 생물학의 주제영역으로 이해하기에, 어떻게 전체 형이상학이 이것을 기반으로 할 수 있는지를 이해하는 데 어려움을 겪는다. 원래 '삶'은 생철학에서 생물학적으로 의미되지 않았다. 그렇지 않다면 사람들은 어떻게 슈펭글러가 생철학을 "생물학적으로" 만들 수 있었는지를 거의 설명할 수 없을 것이다.

생철학의 기원은 쇼펜하우어와 삶의 의지로서 이해될 수 있는 그의 "의지" 형이상학에 있다. 여기서 인간과 문화는 이러한 의지의 "객관화"로 간주된다. 이 지점에서 니체는 "힘에의 의지"를 언급하는데, 그럼에도 불구하고 그는 이러한 의지가 삶의 현상에 작용하는 것으로 판단한다. 쇼펜하우어에 의하면, 존재하는 모든 것이 드러나야 하는 어둡고 강력한 충동의 의미에서의 삶은 자연과학적 대상의 영역이 아닌 인간의 내면에서 우선 발견되어야 한다. 삶은 경험되고 단지 부차적으로만 외부세계에서 다시 발견된다. 경험을 통해 삶을 소개하는 일은 전체 생철학(딜타이W. Dilthey, 베르그송H. Bergson, 짐멜G. Simmel 등)의 특징이다. 하지만 생철학의 핵심은 의식철학이며, 이 근거에 의해서만 생철학은 협의의 삶의 현상과 관련될 수 있다. 인간

21) H. Schnädelbach, *Philosophie in Deutschland 1831–1933*, Frankfurt/M. 1983, 제5장 "삶" 174쪽 이하.

의 모습에서 정신적인 것과 지적인 것이 첫 번째일 수 없고 오히려 이것들은 더 깊숙하고 논리적인 것에 앞선 경험에 의존하고 통제된다는 점이 삶의 우위에서부터 추론된다. 무의식의 심리학으로서의 정신분석학은 여기에 철학적 뿌리를 지닐 뿐만 아니라, 인류학에서 이성적 동물이라는 생각의 철회도 이에 해당한다.[22] 감정만이 우리를 세계와 우리 자신과 관계맺게 한다는 인식론적 결과는 반성과 신념보다 직관에 대한 생철학적 선호이다. 하지만 무엇보다도 이점들은 생철학에게 비합리성이라는 비난을 가져왔다.

결국 생철학적 문화비판이 문화의 토대에서 삶과 정신의 관계에 대한 의식철학적 모델의 확대적용에 기초함으로써, 문화*와 문명은 삶의 문화적 객관화로 나타나게 된다. "삶"을 규범적 원칙으로 이해한다면, 사람들은 이러한 생각을 비판적 사고로 바꿀 수 있다. 니체가 완전히 염세주의적 세계관을 확립한 쇼펜하우어의 "삶의 의지"를 긍정적으로 재해석한 후, 삶은 전적으로 긍정적인 것으로 간주되어서 삶을 진흥하고 향상시키는 모든 것은 긍정적으로 분류될 수 있는 반면에, 다른 모든 것은 부정적인 것, 즉 퇴폐를 형성한다. 그래서 생철학적 문화비판에서 가치분포는 일반적으로 매우 간단하고 명확하다. 예를 들어 살아있는 것과 죽은 것, 움직이는 것과 고정된 것, 역동적인 것과 정체된 것, 유기적인 것과 기계적인 것, 건강한 것과 병든 것 등이 이에 해당한다. 특히 '건강-질병'이라는 대립쌍은 명백하면서도 숙명적인 문화비판의 영향사를 '건강한 민족정서'에서 '퇴폐적' 예술에 이르기까지 발전시켰다. 오늘날에도 많은 동시대인들은 어떤 경멸적 말을 하고자 할 때, 여전히 '병든'이라고 말한다. (반면에 토마스 만은 질병의 문화적 생산성을 믿었다. 그는 '거꾸로 된' 생철학자였다.) 생철학에 대한 모티브는 다양한 형태의 기술비판(죽은 것, 기계적인 것 참조), 환경 친화적 녹색-대안 운동, 자기느낌의 생생함과 강도가 가장 높은 가치인 현대의 정서윤리에서도 계속해서 영향을 미친다. 슈바이처A. Schweitzer는 생철학에서 더 인상적인 또 다른 윤리학의 예를 "생명에의 경외"[23]라는 원칙으로 발전시켰다. 이 원칙은 (요나스H.

---

22) H. Schnädelbach, *Philosophie in Deutschland 1831–1933*, Frankfurt/M. 1983, 274쪽 참조.

23) A. Schweitzer, *Kultur und Ethik (1914-17)*, München 1960, 특히 308쪽 이하.

Jonas, 뢰브R. Löw 등의) 생명윤리에서 진행되는 도덕철학적 작업에 비밀스럽게 계속 영향을 미치고 있다.

루소의 소외 모티브(1장 2절 "소외로서 문화(루소)" 참조)가 이러한 사고의 근본틀에로 통합되면서 비극적-영웅적 근본분위기는 생철학 전체에 확산된다. 삶의 객관화로서의 의식, 정신, 문화, 학문 등은 삶 자체에 낯설어지고 반대세력인 삶에 대항한다. 그래서 의식은, "영혼의 적대자가 정신"(클라게스L. Klages)이며 인간 자체가 대지의 "질병"(니체, 『차라투스트라는 이렇게 말했다』, 386)인 것처럼, 삶이라는 고기의 가시로서 나타난다. 계속해서 의식은 '생물학적' 또는 병리학적으로 변하는 소외모델의 변형이며, 이러한 변형이 생철학적 문화비판을 이끈다. 비극적-영웅적인 것은 이러한 추론 자체가 살아있는 것의 병리적 자기분열로서의 정신에 속하면서도 정신으로부터는 나타나지 않는다는 통찰에서 발생한다. 그래서 절망적인 곳에서도 견뎌내는 것이 중요하다.

2절__ 니체의 역사적 교양에 대한 비판

니체의 역사적 교양에 대한 비판은 생철학적 문화비판의 첫 번째이자 몇 번이고 계속 모방되는 예이다. 그의 비판은 교양비판으로 시작된다. 왜냐하면 니체의 비판은 교양에서 자신의 문화적 정체성을 이끌어내는 세계와 관련되기 때문이다. 니체의 비판에서 진정한 문화는, 비록 역사적 교양의 형태일지라도, 진정한 교양(훔볼트 참조)과 동의어이다. 이러한 문화비판의 기준은 이미 『반시대적 고찰』의 2부 「삶에 대한 역사의 공과」(1874)이라는 니체 저작의 명칭에서 암시된다. 니체에게 있어 자신의 고찰은 "반시대적"이다. 왜냐하면 이 고찰은 문화에 집착하는 동시대인들에게 가장 숭고하고 가장 가치 있는 것으로 나타나는 것을 더 높은 원칙에 종속시키기 때문이다. 다시 말해 니체의 고찰은 역사를 "삶"에 종속시킨다. 그래서 "서언"에서 다음과 같이 말해진다. "역사가 삶에 봉사하는 정도까지만, 우리는 역사에 봉사하고자 한다"(209). 그 다음 니체는 "반역사적인 것과 역사적인 것이 … 같은 정도로 개인과 민족과 문화의 건강함을 위해 필요하다"(214)는 사상을 발전시켰다.

망각과 기억은 둘 다 삶의 조건들이다. 그러나 "불면증, 반추, 역사적 의미의 한도가 있다. 이 한도에 이르면 인간이든 민족이든 문화이든 살아 있는 것은 손상되고 결국 몰락한다"(213). 역사가 삶에 기여한 척도는 "인간, 민족, 문화의 조형력이다. … 나는 조형력을 그 자체에서 고유하게 성장하고, 과거의 것과 낯선 것을 변형하고 병합하고, 상처를 치료하고, 잃어버린 것을 보충하고, 부서진 형태를 그 자체에서부터 본떠 만드는 힘으로 의미한다"(같은 곳). 이러한 "조형력"은 진정한 교양의 기준이다. 왜냐하면 그 자체가 "형성", 창조, 생산의 힘, 즉 생명력이기 때문이다. 반면에 니체에 따르면 동시대 문화의 역사적 교양은 그 반대이다. 이러한 교양은 현재가 고통받는 "역사적 질병"(281)의 원인이다. 왜냐하면 학문적 객관성이라는 교양의 사명은 과거와의 살아있는 상호작용을 죽이고 현재의 창조력을 질식시키고 무엇보다도 젊은 이들을 길들이는 수단이기 때문이다. "선천적 백발의 노인성"(258)은 그러한 "교양"의 결과이다. "삶"과 "젊음"의 이러한 결합은 후에 문화혁명의 힘으로 이해되는 청소년운동(Jugendbewegung)*의 슬로건이 되었다. 사람들은 이러한 운동을 "청년은 삶의 편에, 삶은 청년의 편에. 시민적, 학문적, 제도적으로 경직된 성인 세계에 반대하여"와 같이 표현할 수 있을 것이다. 68년대의 청년 시위에서 이러한 니체적 음색은 네오마르크스라는 악기를 통한 다시 들일 수 있게 된다.

3절_ 짐멜의 '문화의 비극'에 관해

우리의 세기의 문화비판에서 짐멜G. Simmel은 항상 명확하지 않더라도 어디에나 존재한다. "베버Weber에서 시작하여, 한편으로는 루카치Lukács를 거쳐 호르크하이머Horkheimer와 아도르노Adorno에로, 다른 한편으로는 프레이어Freyer를 거쳐 겔렌과 셀스키Schelsky로 이어지는 시대진단에 근거한 사회이론은 모두 짐멜의 문화철학의 저수지에서 나온 것이다"(하버마스, 「게오르크 지멜의 『철학적 문화』에 대한 서문」(Vorwort zu: Georg Simmel:

*역주. 20세기 초 독일의 문화 쇄신 운동(위키백과)

Philosophische Kultur), Berlin 1983, 13). 이러한 숨겨진 영향사는, 사람들이 짐멜을 직접 읽고 1920년대 이후 모든 계파의 문화비판가들이 사용했던 거의 모든 주제들이 이미 그에 의해 준비되었다는 것을 깨달았을 때, 드러난다. 짐멜은 문화를 주관적 정신과 객관적 정신 사이의 이원론에서 이해하고, "정신"을 딜타이W. Dilthey와 같이 의식적 삶으로 파악한다. 객관적 정신은 객관화된 정신이며 삶의 객관화이다. 왜냐하면 삶 자체는 "삶 이상의 것", 즉 자기 자신을 초월하고 객관화하려는 충동이기 때문이다. 그래서 정신이 반드시 객체로 응축되는 문화에서 순수한 생명체로서의 "영혼"은 경직되고 정적 "형태"와 필연적으로 반대된다(「문화의 개념과 문화의 비극」(Der Begriff und die Tragödie der Kultur), 『철학적 문화』, 195참조). 짐멜에 의하면 "문화의 비극"은 문화가 "폐쇄된 통일성에서 출발해 전개된 다양성을 거쳐 전개된 통일성에 이르는 길"(197)이지만 동시에 그 길은 삶의 비극적 자기분열이 문화에서 직접적으로 표현되는 모순의 조건에서만 갈 수 있다는 데에 있다.

> "다음이 문화의 역설이다. 즉 우리가 끊임없는 흐름 속에서 느끼고 자발적으로 내적 완성을 추구하는 주관적 삶은 이러한 완성을 문화의 이념에서 보자면 스스로 달성할 수 없고, 자신에게 완전히 이질적이며, 자족적이고 폐쇄적으로 결정된 구조를 통해서만 달성할 수 있다는 사실이 그것이다. 문화는 … 두 가지 요소가 결합될 때 생성되며, 이 두 요소 중에 어느 것도 문화를 자체적으로 포함하지 않는다. 주관적 영혼과 객관적 정신의 생산물이 바로 그것들이다."(198)

짐멜은 나중에 "문화내용"에 대해 다음과 같이 말한다. "이 문화내용은 — 그리고 '문화'가 점점 발전함에 따라 — 다음의 역설 아래에 있다. 문화내용이 실제로 주체에 의해 창조되고 주체를 위해 규정되지만, 이러한 주체의 차안과 피안에서 가정되는 객관성의 중간형태에서는 내적 발전논리를 따르며, 따라서 자신의 기원과 목적에서 소외된다는 역설이 그것이다."(213) 이러한 역설은 루소와 니체의 뒤를 이어 문화에서 영혼의 소외증상과 질병을 해석하는 짐멜의 문화적 병리학 진단의 기초이다. 짐멜은 많은 에세이에서 그러한 현상들을 섬세하게 서술했다. 항상 그 현상들은 "영혼"의 살아있음이 "형식"

의 죽음에 의해 질식될 것이라는 경고였다.

하지만 짐멜은 사회학자였고 독일어권 지역에서 이러한 신생 학문[사회학]의 공동설립자 중 한명이었다. 그리고 인용된 에세이에서 그는 예술작품과 같은 좁은 의미의 문화적인 예를 사용하여 "문화의 비극"을 예시하는 데 그치지 않는다. 문화에서 주체와 객체 사이의 "소외"는 노동 분업, 공장에서의 생산의 익명성, 대도시의 삶뿐만 아니라 모든 생활역역의 기계화의 결과로도 진단될 수 있다(209 참조). 그 다음 짐멜은 마르크스를 언급한다. "마르크스가 상품생산의 시대에 경제적 객체의 특징으로 여기는 '물신성격'은 우리 문화내용의 일반적 운명이 특수하게 변형된 사례일 뿐이다."(213)

문화비판과 "정치경제학의 비판"(마르크스)의 연관은 루카치의 작품에서 결정적 역할을 한다. 그는 일찍이 『영혼과 형식』(1911)과 『소설의 이론』(1916)을 창작하면서 생철학을 시작했지만, 1923년에 그를 서유럽의 네오마르크스주의의 창시자로서 받아들여지는 작품인 『역사와 계급의식』이 출판된다. 루카치가 후에 『이성의 파괴』(1962)에서 모든 생철학과 함께 자신의 예전의 스승이사 친구인 짐멜과 베버를 전(前)-파시즘이라고 가격하더라도, 『역사와 계급의식』에서의 생철학적 근본성격은 간과될 수 없다. 이 작품이 곧 당의 공식적 검열에서 "이상주의적"이라고 거부된 것은 바로 이런 까닭이었고, 루카치는 자기비판을 추가해야만 했다. 짐멜과의 결정적 차이는, 짐멜이 마르크스의 "상품물신주의"를 "우리 문화내용의 일반적 운명"의 "사례"로 이해한 반면에, 루카치는 해석의 방향을 바꾸어서 문화의 역설을 일반적으로 자본주의의 생산방식의 세계에 편재하는 "상품물신주의"의 증상으로 해석한다는 점이다. 따라서 짐멜과 모든 생철학적 문화비판가는 필연적으로 시민적 이데올로그들로 나타난다. 피상적으로만 '마르크스화된' 형태로 생철학적 문화비판은 자신의 이론적 근본형태에서 항상 『역사와 계급의식』에 의존하는 소위 프랑크푸르트 학파의 비판이론으로 옮겨간다.

호르크하이머와 아도르노의 『계몽의 변증법』(1947) 이후 협의의 마르크스주의적 모티브는, 전문용어로 반복적으로 언급된다 하더라도, 비판이론의 배경으로 점점 밀려난다. 『계몽의 변증법』은 자연지배를 통한 인간의 자기보존의 조건에서 일반적으로 문화의 변증법으로 기획되어 다시 니체와 짐멜에게

다가선다. —짐멜은 『현대문화의 갈등』(1918)이라는 에세이에서 보다 더 일반적인 문화적 진화의 예로서 경제적 발전을 제시했다.— 호르크하이머와 아도르노는 '경제학자'가 아니다. 자신들의 주요작품에서 그들은 사회이론에서 역사철학에로 다시 돌아간다. 이 역사철학은 생산력과 생산관계의 마르크스적 '논리'의 결합보다 생철학적 경향도 지니는 베버의 합리화 테제의 특징에 더 가깝다.

20년대와 30년대 문화비판의 보수적 진영과 심지어 하이데거와 그의 기술철학에 대한 짐멜의 영향의 복잡한 경로는 아직 활발히 탐구되지 않았다. 전체적으로 보자면, 오늘날의 관점에서 모든 진영의 문화비판적 외침이 일치하는 것은 놀랍다. 이러한 일치는 거의 과대평가되지 않은 니체의 중요성뿐만 아니라, 짐멜의 작품에서의 '문화와 삶'의 모델을 받아들이는 특별한 형태 덕택이다.

4장
오늘날의 문화비판?

아도르노가 이미 1949년에 언급했던 문화비판이라는 단어는 과거의 시대에 속할지도 모른다. 그러나 이 단어가 지니는 의미는 어떠한가? 서두에서 언급했지만 문화 개념을 학문적이고 가치중립적으로 완전히 고정하는 것처럼 보이는 '문화'의 의미변화는 과연 문화에 대한 비판적 접근을 허용하는가? 얼핏 보면, 문화비판적 담론이 마침내 주요 신문들의 문예란으로 옮겨가거나, 과거에 중요한 철학자들이 가끔 걸었던 학술적 철학 담론에로의 모든 가교가 끊어진 것처럼 보인다. 현대 문화가 문화비판적 담론 없이는 존재하지 않는다는 것이 사실이라면, 문화의 철학적 부분은 어떠한가?

이 부분은 아마도 비판적 문화철학에서만 존재할 수 있다. 그런데 이 비판적 문화철학은 철학의 학문화를 위해 제2차 세계대전 이전에 있었던 일반적 문화비판의 담론과 더 이상 혼동되어서는 안 되고, 우리 문화의 전반적 발전만큼 문화에 대한 담론을 비판적으로 수행해야만 한다. 오늘날 비판적 문화철학은 자연주의와 문화상대주의라는 두 호적수와 경쟁한다. **자연주의**는[24] 자연과 문화 사이에서 입증가능한 물질적이고 형식적 차이의 존재를 부인한다. 이로부터 자연주의에게 자연과학적 방법의 독점과 우리가 문화적인 것이라고 생각하는 영역에 대한 관할의 독점이 나타난다. 자연주의에 따르면 문화학이나 문화철학은 별개의 학문분야로 존재할 수 없다. 이제 그러한 학문분야의 손실이 감당이 될 수도 있겠지만, 이점은 자연과 문화의 구별에는 적용되지 않는다. 우리가 자연주의를 비판하면서 자연과 문화의 차이를 고집할 때, 반박에 맞서 문화와 문화학에 유리한 어떤 감정적 편견을 갖는 것이 중요할 수 없고, 오히려 적합한 개념적 수단이 중요하다. 이 개념적 수단을 통해 우리는 우리의 힘 안에 있고 우리 자신이 책임지고 있는 것과 같은 인간의 생활세계를 단순한 자연으로부터 구분할 수 있다. 그 때문에 비판적 문화철학은 문화학의 토대뿐만 아니라, 무엇보다도 단순한 자연이 아니라고 정당하게 가정될 수 있는 세계에서 합리적 실천 가능성에 대한 근본적 보호에 관심을 가져야 한다. 또한 자연주의자는 '자연-문화'의 대비를 통하여 그러한 실천의 이념뿐만 아니라, 문화비판에 대한 주제 자체를 사라지도록 시도한다. 이점은, 자연주의가 문화비판의 입장으로 나타났기에, 더더욱 놀랍다. 자연주의는 문화에 대한 자연주의적 자기해석이 인간에게 구원을 가져다주기를 희망한다. 왜냐하면, 인간이 더 이상 "자유와 존엄"(스키너B. F. Skinner)이라는 문화주의의 미신에서 더 이상 산만해지지 않는다면, 자연주의에 따르면 심리적·사회적 영역에서의 모든 문제는, 신체적·의료적 문제처럼, 자연과학적 방법을 통해 장기적으로 해결될 수 있기 때문이다.

이와 달리 **문화상대주의**는 문화의 통일성의 문제에 대한 회의적 대답이다. 문화상대주의는 인간이 이해하고 인식하고 판단하는 모든 것은 항상 그가 속한 문화에 의해 형성되었다고 주장한다. 그래서 문화의 현대 복수주의는 절대적으로 설정되고, 동시대인, 문화학자, 문화철학자이든 우리 모두는 우리의 고유한 문화의 경계에 갇혀 있다는 테제와 연결된다. 따라서 문화상대주의자

---

24) G. Keil, *Ist menschliches Selbstverständnis naturalisierbar?*, Hamburg(Diss.) 1991.

에게는 일반적 관점에서 보면 다른 문화적 생활형식에 대한 지식도 평가도 없다. 그래서 그는 학문적이고 실용적·정치적 관점에서 —고유한 문화이든 낯선 문화이든지— 일반적으로 문화에 대한 합리적 접근의 가능성을 부인한다. 세계문명이 점점 함께 성장하고 전통 문화의 경계는 점점 더 침투가능해지고 문화상호간의 네트워크가 지속적으로 가까워지는 역사적 시대에서 문화상대주의자는 인간종의 인지적, 규범적 통합에 근본적으로 의문을 제기한다. 더욱이 문화상대주의자가 보기에 이러한 통합의 입장은 문화적 특수성의 세계적 평준화에 직면하여 반발을 완화하는 보완적 이데올로기를 퍼뜨린다는 의심에 자신을 노출시키는 설득력 없는 입장이다. 하지만 문화상대주의자는 문화전체의 관점에서 문화와 문화비판의 불가분성을 고수하는 사람을 위해 어떠한 최종적 말도 지니고 있지 못하다.

그래서 비판적 문화철학이 일반적 문화비판적 담론의 철학적 부분으로 이해될 경우, 오늘날 비판적 문화철학은 **자연주의적 독단론의 배제**와 **상대주의적 회의론의 제한**이라는 수행해야 할 이중적 과제에 직면해 있다. 종합하면, 단순한 자연이 아니라고 정당하게 가정될 수 있는 세계에서 상이한 문화적 기원을 지닌 인간에 대한 합리적 대우를 이론적으로 확보하는 것이 중요하다. 왜냐하면 우리는 세계 자체를 함께 만들고, 이러한 의미에서 우리는 책임이 있고, 세계는 점점 더 빠르게 하나의 세계가 되어 가기 때문이다. 이점은 개별의 '문화상대주의적' 해석과 결정이 매우 빠르게 전세계적으로 영향을 미칠 수 있다는 점을 의미한다. 또한 자연주의와 문화상대주의는 스스로 문화비판적으로 분석되어야 하는 입장들이다. 왜냐하면, 자연주의자가 문화적 현상을 부정하려는 경향을 지닌다 하더라도, 자연주의와 문화상대주의에서는 의심의 여지없이 문화적 현상이 문제가 되기 때문이다. 문화 자체에 대한 자연주의적 관점을 자연주의적, 즉 순수한 자연의 사실로 해석하는 것은 무의미하며, 자연주의자가 창조한 문화의 형상은 엄격한 자연과학의 결과물도 아니다. 자연주의자가 순전히 자연과학적 수단으로 문화를 해석할 경우, 원칙적으로 그는 문화학자와 문화철학자의 입장에서 어설프게 연구하는 것이다. 자연주의자가 이점을 인정한다면, 사람들은 그가 문화비판적 의도로 문화주의에 반대하여 내놓는 자연에 대한 문화적 해석과는 무관하게, 도대체 자연

'그 자체'가 무엇이 되어야만 하는지를 계속 그에게 물어봐야 한다. 또한 자연주의자는 자연과학적 수단만으로는 불가능하고 세계에서의 우리의 상황에 무엇이 적절한지 혹은 적절하지 않는지에 대한 어떤 규범적 선이해를 전제로 하는 자연과학적 방법과 해석규준의 독점을 정당화할 수 있어야 한다. 따라서 특정 문화학적이고 문화철학적 문제의 가능성과 필요성을 부인하는 자연주의자는 스스로 암묵적으로 문화철학을 지지하는 셈이다.

문화상대주의는 그것이 문자 그대로 의미하는 것이 사실이라면, 자신을 일반적 입장으로 표현해야 하는 문제를 지닌다. 다시 말해서, 그가 주장하는 것이 자신의 고유한 배경문화의 관점에서만 적용된다면, 어떻게 그는 각각의 배경문화에 대한 모든 문화해석의 상대성을 주장할 수 있는가? 어떻게 그는 단수의 문화를 말하면서도 다른 문화를 **여타의 문화와는 다른** 그 자신의 것으로 의미할 수 있는가? 우리는 이미 견딜 수 없는 문화상대주의의 도덕적, 정치적 결과를 언급했다. 언뜻 보기에 인도적이고 자유로운 입장으로 보일 수 있으며 주로 유럽중심의 문화제국주의에 대한 비판으로 제시되는 것은 오늘날 스스로 지배이데올로기가 될 위험이 있다. 세계의 어느 곳에서 혹은 우리의 직접적 이웃에서 불의가 나타나고 폭력이 지배할 경우, 일관된 문화상대주의자는 침착하게 외면할 수 있다. 왜냐하면 간섭하는 것과 참여하는 것은 다시금 '문화제국주의적'이기 때문이다. 오늘날 이와 같은 태도는 개인적이고 정치적 이기주의에서 일반화될 수 있는 규범에 비추어 자신을 정당화하는 일을 경감시킨다. 그러므로 모든 것은 권력의 문제로 남아있으며, 권력을 지니는 자가 문화상대주의자들의 세계에서도 권리를 지니고 있다.

오늘날 비판적 문화철학의 첫 번째 과제가 학문적으로 효율적이고 윤리적-정치적 고찰에 적합한 문화 개념을 마련하는 데 있다는 것이 사실이라면, 자연주의와 문화상대주의는 이를 충족시킬 수 없으며 이러한 과제를 궁극적으로 달성할 수 없다고 거부해야만 한다. 그러한 문화 개념은 전제 없이 얻을 수 없다. '문화'의 학문적 중립화 이후, 문화철학은 자신이 속한 문화의 비판적 자의식의 요소로 여겨질 때에만 이 목표에 도달할 수 있다. 그러므로 문화철학은 문화와 문화비판 사이의 연결을 자신의 고유한 주제로 삼아야 한다. 그런데 이점이 문화상대주의로 이어질 필요는 없다. 왜냐하면 우리의 문화

자체가 경계를 넘어 가리키는 요소를 포함하고 있기 때문이다. 의미하는 바는 우리의 전통이 —종종 잘못 사용되더라도— 항상 '이성'과 '인간성'이라는 말과 관련된 보편주의적 요구이다. 바로 이러한 요구가 현실에서 '이성'과 '인간성'에 모순되는 것을 정당하게 비판할 수 있게 했다. 비판의 대상은 또한 바로 우리의 문화가 종종 저러한 원칙으로 행했던 문화제국주의적 악습이다. 하지만 그러한 악습에 대한 비판이 우리의 고유한 문화에서 원칙적으로 제기되었고 진지하게 받아들여졌다는 것은 의심의 여지가 없다. 그런데 이러한 비판이 원하는 정치적 결과를 항상 가져 오지 않았던 경우에도, 우리의 문화에서 그 사이에 보편화된 우리 문화가 제국주의라는 비판이 다시금 우리 문화를 문화제국주의라고 비난할 근거는 없다.

'문화'라는 필수적 근본개념에 대한 소개의 이유와 관련해 말하자면, 오늘날 문화비판이 일반적으로 **합리성**의 비판으로 개진된다는 사실은 여기서 하나의 기회를 제공하기 때문이다. 다시 말해서 합리성을 비판하는 문화비판가는 일찍이 이성 개념에 결합되었던 자유와 인류의 약속 외에는 지배에 의해 타락된 이성에 대해 어떤 불평도 하지 않기에, 우리는 비상대주의적 문화비판의 기초를 제공할 수 있는 **비판적** 합리성이론이 필요하다는 것이다. '합리성'은 인간과 문화 사이의 이해를 가능케 하는 명칭으로, 우리에게 타인을 자신의 단순한 반복이 아닌 다른 자로 제시하고 타인과 자신에 대해 정당한 진술을 하도록 유도한다. 합리성이 일반적 평등주의와 억압적 평준화의 힘이라는 널리 퍼진 편견과는 달리, 일반적으로 이러한 편견이 '합리화'의 특성에서 이루어진다는 사실에도 불구하고, 우리는 이성이 본질적으로 차별화의 힘이고 차이를 포착할 수 있는 능력이라는 점을 유지해야만 한다. 반면에 우리의 감정은 종종 단순하고 경솔하다. 세계문화의 분화를 감정적으로 참아내고 정치적-실천적으로 대처하기 위해서는 많은 합리성이 필요하다. 합리성에 대한 비판은 물론 합리성의 일부분이다. 왜냐하면 이성도 역시 어리석고 편협하게 반응하는 것을 막아주지 않기 때문이다. 게다가 합리성에 대한 비판은 여전히 합리성 그 자체의 가장 설득력있는 증거이다.

칸트 이후로 많은 철학자들은 특히 세기말경에 이성비판에서 문화비판의 길을 선택했다. 오늘날 우리는 이러한 길을 다시 반대 방향으로 돌아가야만 한다. 다시 말해서 우리는 비판적 합리성이론에 비판적 문화철학을 기초세워야만 한다. 여기서부터 문화와 문화비판의 근본적 공속성도 분명해질 것이다. 문화와 비판적 이성은 공속한다고 이미 칸트가 알고 있었던 것은 오늘날 더욱 사실이다.

■ 인용된 문헌

Adorno, Th. W. 1955, *Prismen. Kulturkritik und Gesellschaft*, Frankfurt/M.

__________________, *Negative Dialektik*, Frankfurt/M.

Arendt, H. 1960, *Vita activa oder Vom tätigen Leben*, Stuttgart.

Brackert/Wefelmeyer (편) 1984, *Naturplan und Verfallskritik. Zu Begriff und Geschichte der Kultur*, Frankfurt/M.

________________ (편) 1990, *Kultur. Bestimmungen im 20. Jahrhundert*, Frankfurt/M.

Elias, N. 1974, *Über den Prozeß der Zivilisation*, 2 Bde., Frankfurt/M.

Freud, S. 1960, Das *Unbewußte. Schriften zur Psychoanalyse*, A. Mitscherlich (편), Frankfurt/M.

Habermas, J. 1981, *Theorie des kommunikativen Handelns*, 2 Bde., Frankfurt/M.

_________. 1984, *Der philosophische Diskurs der Moderne*, Frankfurt/M.

Hegel, G. W. F. 1979, *Werke in 20 Bdn*, Frankfurt/M.

Horkheimer/Adorno 1969, *Dialektik der Aufklarung*, Frankfurt/M.

Humboldt, W. v. 1963, *Werke in fünf Bdn*, Darmstadt.

Kant, I. 1964, *Werke in sechs Bänden*, W. Weischedel (편), insbes. Bd. VI, Darmstadt.

Lukács, G. 1923, *Geschichte und Klassenbewußtsein*, Berlin.

Marquard, O. 1986, Die Unvermeidlichkeit der Geisteswissenschaften, in: Ders., *Apologie des Zufälligen*, Stuttgart.

Marx, K. 1953, *Pariser Manuskripte*, in: Ders., *Die Frühschriften*, S. Landshut (편), Stutneart.

Maurer, R. 1973, Kultur, in: *Handbuch phlilosophischer Grundbegriffe*, Krings/Baumgartner/Wild (편), München.

Nietzsche, F. 1960, *Werke in drei Bdn*, K. Schlechta (편), 2. Aufl., München.

Platon 1953, *Protagoras*. in: Ders., *Sämtliche Werke*, F. Schleiermacher (독역), Bd. I, Reinbeft bei Hamburg.

Plessner, H. 1974, *Die verspätete Nation*, Frankfurt/M.

Ritter, J. 1974, Die Aufgabe der Geisteswissenschaften in der modernen Gesellschaft, in: Ders., *Subjektivität. Sechs Aufsätze*, Frankfurt/M.

Rousseau, J. J. 1971, *Schriften zur Kulturkritik*, K. Weigand (편), 2. Aufl., Hamburg.

Schnädelbach, H. 1983, *Philosophie in Deutschland 1831-1933*, Frankfurt/M.

Schultz, U. 1965, *Kant in Selbstzeugnissen und Bilddokumenten*, Reinbek bei Hamburg.

Simmel, G. 1983, *Philosophische Kultur. Gesammelte Essays* (mit einem Vorwort von J. Habermas), Berlin.

Snow, C. P. 1987, Die zwei Kulturen. Rede Lecture, in: *Die zwei Kulturen. Literarische und naturwissenschaftliche Intelligenz. C. P. Snows These in der Diskussion*, Helmut Kreuzer (편), München.

Spengler, O. 1980, *Der Untergang des Abendlandes*, München.

4부 _ 기술

- D. 비른바허

1장
현대 사회에서 기술

산업혁명 이후 기술이 사회에서 넘겨받은 중심역할은 마르크스주의 철학을 제외하고 철학에서 기술이 받았던 낮은 관심과 독특한 대조를 이룬다. 어떤 지적 자부심이 철학과 기술의 관계를 항상 각인했던 것 같다. 이미 플라톤Platon과 아리스토텔레스Aristoteles는 인간 영혼의 '상위' 부분을 드러내는 정신의 관조적 활동들을 그리스인들에게 있어 그 활동의 대표자들이 속물(bánausos)이라고 비난당했던 기술적이고 실용적 활동보다 확실히 더 높게 평가한다. 중세가 서양의 르네상스에서의 기술 발전을 위한 중요한 예비작업들을 수행했지만, 중세도 역시 교육이념에 따라 '자유'학예들(artes liberales, 문법, 수사학, 변증학, 산술, 기하학, 천문학, 음악)에 수공적 기예(artes mechanicae)보다 분명한 우위를 두었다.

오늘날에도 기술자가 지적으로 낮다는 평판은 기술에 대해 철학적으로 묻는 작업을 방해한다. 인문학에서 엔지니어의 주도적 형상은 그가 지닌 '도구적 이성'이 목적이 아닌 수단만을 항상 묻고 그의 무비판적 열정이 가장 범죄적 목적들을 위해 악용되도록 제공하는 여전히 편협한 애호가의 형상이다. 하지만 목적이 아닌 바로 수단이 사회와 환경을 근본적으로 변화시켰다. 기술은 미래에 없어서는 안 될 실제들을 만들어냈다.

> "게다가 정치는 도시들과 민족들을 넘어섰다. 인간 경제는 동식물의 세계의 운명에 깊이 개입했지만, 이점은 삶에 영향을 미치고 다시 희미해진다. 그러나 이 기술은, 다른 모든 것이 없어지고 침몰할 때, 이것들의 생활에 흔적을 남길 것이다. 이러한 파우스트적 열정은 지구 표면의 이미지를 바꾸었다."(슈펭글러O. Spengler, 1923, 1188이하)

수백만의 사람들이 사는 생활환경은 기술적으로 제작된 "인위적 세계"이다. 사람들은 "일주일 내내 실제 땅이 아닌, 오직 아스팔트, 리놀륨*, 인공석재, 강화 유리만 걷는다"(H. Freyer 1955, 29). 그 사이에 집으로 돌아와서 회의장이 얼마나 따뜻하고 추웠던지에 대해 말할 수 없는 회의 참석자들이 있다. 왜냐하면 그들은 냉난방 시설이 완비된 장소들에만 머물렀기 때문이다. 그런데 포장도로 아래에 있는 해변도 점점 더 기술력의 결과물이 된다. 풍경이 쓰레기더미로 바뀌고 쓰레기더미가 풍경으로 바뀐 이후, 자연에 반대되는 세계조차도 자신의 근원적 모습을 잃어버렸다. 환경뿐만 아니라 생활 자체도 철저히 기술에 의해 각인된다. 대량 상품의 생산, 유통, 소비를 위한 복잡한 기술적 시스템 없이는 현대 산업사회의 생활양식도 생각될 수 없다. 오늘날의 사회에서 거래되는 재화와 상업서비스 중 기술적 도움 없이 생성되는 것은 거의 없다. 거의 모든 일상용품들은 그 자신 또한 기계들의 도움으로써 제작된 다수의 기계들을 거쳐 나온다. 기술화된 현대 의술 없이는 많은 사람

---

* 역주. 버랩(burlap : 올이 굵은 삼베 같은 천)이나 펠트(felt) 천에 산화유·고무·수지 등의 혼합물을 도포하여 만드는 표면이 매끈한 장판(다음백과)

들의 삶은 짧은 기간 동안만 지속되거나 시작조차 되지 않았을 것이다.

경제 분야에서 기술의 결정적 중요성은 엄청나게 크다. 경제 발전을 결정하는 요인으로서 기술적 진보는 노동과 자본의 요인들을 대체했다. 얼마나 크게 기술이 작업의 생산성을 상승시켰는가는 (기계적) 밀베기의 수익과 (수작업으로 하는) 이발의 수익을 비교하면 구체적으로 설명된다. 1800년에 1아르*의 밀밭을 낫으로 베는 데 1시간이 걸렸지만, 1945년에는 탈곡도 추가적으로 가능한 자동 수확기로 35초가 걸린다. 반면에 사람이 감당할 수 있는 이발을 횟수로 표현하자면, 미숙련 노동자의 시간당 임금은 150년 동안 변함이 없다(Fourastié 1954, 30, 34).

그런데 노동생산성의 엄청난 증가가 항상 노동을 더 짧고, 더 온전하고, 더 쾌적하게 만드는 것은 아니다. 아마도 단조로운 노동과정을 통한 농업으로의 전환인 신석기 혁명은 힘든 모험적 생활에 익숙한 사냥꾼들과 수집가들에게만 노동의 경감으로 받아들여졌을 것이다(Büchel 1981, 76). 수공업에서 기계의 조작, 제어, 보수에로의 전환은 육체적 부담을 뚜렷하게 감소시켰지만 정신적 부담은 부분적으로 증가시켜서, 노동자들의 제어작업은 컨베이어벨트에서 반복되는 활동보다 몇 배의 부담으로 느껴진다(Stork 1977, 71). 기술의 복잡성이 증가함에 따라 '고용 없는 성장'과 '2/3사회'*라는 슬로건으로 표시되는 추가적 문제들이 발생한다. 복잡해지는 기술을 다룰 수 있는 노동력을 교육시키기 위한 높은 수준의 투자는 능력이 부족한 사람들을 간신히 자격을 갖춘 사람들의 식객들(Kostgänger)로 만드는 외적 제약을 유발한다. 이를 통해 기술적 진보는 그 의미를 상실할 상황에 맞닥뜨린다. 자격이 부족한 노동력을 해고하는 데 드는 사회적 비용은 기술적으로 증가한 노동생산성의 사회적 혜택보다 클 수 있다. 특히 이득의 증대가 조절할 능력을 갖춘 소수의 몫이 될 때 그렇다.

물론 중세나 근대 초기보다 오늘날 사람들이 더 많이 노동한다는 것은 근

---

*역주. 1Ar = 100m^2(위키백과)

*역주. 2/3사회(Zwei-Drittel-Gesellschaft)는 사회구성원의 2/3가 안정적 일자리를 획득한 반면에, 그 구성원의 1/3은 실직상태이고 빈곤층을 형성한다는 의미이다(위키백과).

로소득을 통해 만족될 수 있는 요구와 수요의 기준이 엄청나게 상승한 덕분일 것이다. 기술적 수단에 대한 이용성 증대는 '적절한' 생활수준, 사회적 최저한도, 사치라는 개념에 관한 변화를 야기했다. 이러한 이용성 증대는 일부는 잠재적 수요의 활성화를 통해서, 다른 일부는 새로운 수요들의 조성을 통해서 점진적으로 새로운 수요지평을 열었다. 여기에서도 기술은 지배적 역할을 한다. 이전에는 부족하다고 인지되지 못했던 기술 혁신은 시장에서 확실히 수요 자체를 마련한다. 더 좋은 것은 좋은 것의 적이며 전통에 대한 불만의 수준은 크게 변하지 않고 남아 있다.

2장
현대 기술에서의 세 가지 특징: 기술성, 지구성, 파괴잠재력

도구, 기기, 기계들의 세계는 인간만큼이나 오래되었다. 인간에 의해 의식적으로 제작되고 형성된 것의 영역으로서 이것들의 세계는 성장하고 주어진 것의 영역인 자연과 항상 구분되었다. 그런데 이전에는 이러한 차이가 결코 그렇게 뚜렷하지도 그렇게 명백하게 눈에 띄지도 않았다. 현대 기술의 대상들은 뚜렷하게 자신의 자연적 기반과 대조된다. 현대 기술의 대상이 자연의 대상과는 달리 [1] 도구-목적과 연관되며 특정 기능들을 위해 존재한다는 점은 의심의 여지가 없으며, [2] 단순히 자연에서 끄집어내거나 인간의 손에 의해 제작된다는 점이 아니라 오히려 기술적 측면에서 도구, 기기, 기계들의 도움으로써 제작된다는 점도 의심할 여지가 없다. 사람들은 현대 기술의 이러한 [1]과 [2]의 두 가지 본질특성들을 '기술성'(Technizität)이라고 부를 수 있다. 사용된 재료와 형식의 측면에서 보자면, [먼저 사용된 재료와 연관하여] 현대 기술적 대상은 과거의 시대들보다 자연에서 더 멀리 떨어져 있다. 청동기시대에서 청동 역시 자연에서 저절로 생겨나지 않지만, 천연 원료로부터 청동을 만드는 방법은 오늘날 플라스틱을 만드는 방법보다 더 가까이 있고 더 적은 절차의 기술적 가공단계를 지닌다. 또한 현대 기술적 대상의 외형에서 보자면, 현대 기술은 자연 환경에 더 이질적이고 더 관련 없이 맞서있다. 과거의 기술보다 현대의 기술에서는 성장하고 그 자체 충족되는 자연적인 것에 고착된 아우라와 더불어 미적 내용의 부분이 더 많이 부족하다. 평평한 지붕과 주차장이 있는 조립식 부품으로 만들어진 직각형태의 공장건물은 나무로 둘러싸인 오래된 농장이 다른 건물들과 여유롭게 가까워지는 흡사 유기적 성장을 더 이상 지니지 않는다.

어느 정도로 기술적 대상이 자연에 가깝거나 멀리 있는 것으로 판단되는지는 물론 부분적으로 얼마나 대상이 사람들에게 친숙한지에 좌우된다. 과거의 기술은 종종 자연적이라고 생각되었다. 증기기관차, 증기기관, 베틀에서의 증기는 가끔 낭만도 이끌어낸다. 그러나 이러한 주관적 요소에는 객관적 내용도 들어있다. 산업혁명 이후 기술적 변화가 지속적으로 가속화되면서, 변화는 점점 더 빨리 계속해서 새롭고 생소한 대상들을 생산한다, 이 대상들은 이전 시대에서는 세대를 거쳐 소요되었던 이 대상에 대한 지각과 태도에 대한 적응을 몇 년 안에 수행하도록 우리를 강요한다.

그런데 현대 기술은 자연에서 소외될 뿐만 아니라, 우리가 우리의 직접적 생활환경과 우리 자신에서 감각적으로 경험하는 특성, 구조, 과정에서도 소외된다. 증기기관차에서는 짐 아래에서 거칠게 숨을 쉬고 신음하듯 우는 수레를 끄는 동물이 다시 인식된다. 물레방아와 풍차의 원리는 즉시 이해될 뿐만 아니라, 직접 관조될 수 있다. 오늘날 전기로 작동되는 기관차와 제분기의 경우에는 더 이상 이러한 지각적 특성이 감지될 수 없다. 블로흐E. Bloch는 인간에게 있어 증가하는 기술의 낯섦을 자신의 에세이인 『엔지니어의 두려움』(Die Angst des Ingenieurs)에서 엔지니어가 냉동기 내부의 과정들이 직관적이지 않고 수학적 언어의 표시에서만 파악할 수 있다는 사실에 얼마나 충격을 받는지를 표현주의의 문체양식으로 다음과 같이 서술했다. 엔지니어는 "가짜 얼굴 … 우주의 추위보다 더 나쁜 것을 방출하는 존재, 즉 비현실성"을 본다(Bloch, 1929, 352). 무엇보다도 기술의 광범위한 차원이 현대 기술의 낯섦에 기여한다. 작든 크든, 즉 마이크로 전자공학의 극미한 회로소자의 경우나 20세기의 돔이라고 완곡하게 간주되는 건식 냉각탑의 경우나, 이러한 예들은 인간에게 친숙한 척도를 넘어서고 이를 통해 섬뜩한 성향을 띠게 된다.

현대 기술의 '기술성'은 지금까지 단지 드물게 철학적으로 성찰되었다. 기술성은 하이데거M. Heidegger에 의해 암시적으로 밝혀진다. 그는 원칙상 **현대** 기술의 현상학인 자신의 기술의 현상학을 자의적 신조어인 "몰아-세움"(Ge-stell)에 맴돌게 한다(Heidegger 1954, 19이하). "몰아-세움"은 다의적 의미를 지닌다. 이것은 한번은 "틀"(Gestell)의 의미에서, 다른 한번은 "세움" (Stellen)의 의미에서 이해될 수 있다. 그런데 "틀"은 기술성에 대한 은유 외에 다름 아니다. 틀은 일반적으로 철저하게 기능적인 것, 즉 그 본성상 기둥과 토대로서 다른 것에 이바지함으로써 소진되는 것이며, 또한 이러한 기능성을 공공연하게 드러낸다. 틀은 쉽사리 미적이고 자기목적적인 것으로서 인지될 수 없다. 일반적으로 틀의 형식에서부터 다른 물질은 실제 환경에 기계적-비유기적으로 "틀이 잡혀진다". 하이데거의 두 예시들인 수력발전소와 목조다리는 기술성 단계의 양 극단을 표시한다. 인공 재료와 거대한 기계로 만들어진 놀라운 크기의 댐은 오랜 전통을 가진 풍경에 벌어져 있는 상처를 찢는다. 이와 달리 목조다리는, 자신의 환경을 제 것으로 만들면서, 전원시를 보존하고 소생시키고 한층 더 강화시킨다.

기술성 외에 현대 기술의 다른 특징은 기술의 지구성(Globalität)이다. 기술은 폭발적 양상으로 전지구로 확장되고 있다. 그 결과는 기술 혜택의 증가이지만, 또한 기술 위험의 증가이며 기술적으로 형성된 세계문명에 대한 세계 단일화이다.

기술적 시설들의 양적 증대는 대형 기계설비의 고장과 재해의 숫자와 이에 따른 재난 위험을 높인다. 각각의 개별적 설비에서 미미한 작은 위험의 경우라도 누적된 위험은 시한폭탄의 특성일 수 있다. 현대 기술의 전지구적 확산의 다른 결과는 문화적 전통과 개성에 대한 평준화의 증가이다. 열린 시장, 강력한 통신시스템, 잘 확충된 교통로 덕택에 기술 혁신들은 전통적 기술보다 빠르게 확고한 위치를 차지한다. 세계는 기술적 기능성에 의해 규정된 '하나의 세계'이다. 결국 균일한 기술을 통해 직업자격들, 교육과정들, 생활스타일들이 같게 된다. 이제 전세계적으로 공항들과 대형사무실들뿐만 아니라 이런 곳에서 일하는 직원들의 행동 패턴과 요구사항들이 혼돈될 정도로 유사하게 보인다.

사람들은 이러한 발전을 단지 부정적으로만 평가할 수 없다. 이성과 학문 이전의 세계상들과 자아상들의 충만함을 민간전승으로 격하시키는 기술적 합리성은 항상 계몽의 일부분을 전달한다. 경험을 통제하고 일관되고 상호주관적으로 공감될 수 있게 사유하게끔 보편적 기술에서 비롯되는 압력은 신념체계들과 사회적이고 정치적 구조들을 이성적 정당화의 토대에서 시험하고 독재주의에서의 추종과 복종의 태도들을 비판과 감시의 민주주의적 원칙들로 대체하는 데 기여할 수도 있을 것이다.

기술발전에서 구상된 단일화의 추세는 생물학적 진화와 가장 두드러진 구조적 차이이다. 다른 경우에는 이러한 두 가지 발전은 상당히 유사하게 진행된다(Lem 1981, 25이하, Rapp 1981, 148 이하). 기술적 진화와 생물학적 진화에서 '이전 모델들'은 비약적으로 등장하는 혁신을 통해 하찮은 잔여물로 취급된다. 시원적 원시형태에서 시작하여 혁신은 점차적으로 개선되고 자신의 '환경'에 적용된다.

현대 기술의 세 번째로 표시되는 특징은 기술의 강력한 파괴잠재력(Zerstörungspotential)이다. 과잉으로 보유한 슈퍼 무기의 잠재력은 인류뿐만 아니라 생물영역의 많은 부분들을 불가역적으로 말살시키기에 충분하다. 보안시스템이 고장이 난 경우나 시너지효과가 불행히 실패한 경우 유전자를 조작한 미생물의 유출은 세계적 유행병을 초래할 수 있을 것이다. 그렇지만 묵시적 위협을 넘어 기술을 수단으로 사용하는 다음과 같은 일상적 파괴도 잊혀져서는 안 된다. 즉 브레이크 걸리지 않는 기술적 사회설비의 확장을 통한 생물학적 종들의 돌이킬 수 없는 말살, 농업의 기계화, 통합되지 않은 기능적 건물들을 통한 사실상의 풍경 전체의 돌이킬 수 없는 파괴, 전래된 생활권의 파괴 또는 생소화를 통한 인간의 문화의 말살이라는 일상적 파괴가 말이다.

현대 기술의 파괴적 힘에 대한 암시는 다시금 하이데거의 "몰아-세움"에서 발견된다. "몰아-세움"에 대한 그의 두 번째 해석은 —한번은 현대 기술이 자연에게 싸움을 걸고 그와 싸우면서, 다른 한번은 현대 기술이 경찰에 의해 쫓기는 범죄자처럼 자연을 "세워놓으면서"— 현대 기술이 자연을 "세운다”(stellen)라는 것을 의미한다. 두 가지 경우는 정당하게 기술에게 폭력성의 성향을 부여한다. 현대 기술과 인간에 적대적인 자연과의 투쟁은 극단적으로 불공정하다. 기술적 무기는 자연에게 어떤 기회도 허락하지 않는다. 추가로 자연은 현대 기술을 통해 점점 종속될 뿐만 아니라 파괴된다. 더 이상 '싸움'은 결코 일어나지 않는다. 길들여지지 않는 자연이 가진 모든 역동성은 기술로 옮겨졌다. 잉게보르크 바흐만I. Bachmann의 「빈의 거대한 풍경」(Große Landschaft bei Wien)라는 시에서의 다음의 구절처럼 말이다. “저기 나무의 벌거벗은 옹이는 쇠약해진다/플라이휠(Schwungrad)이 뛰어올라, 들판에서 때린다/시추탑이 봄을.”(Bachmann 1964, 25)

현대 기술의 파괴가능성은 최근 몇 년간 기술에 반대하고 세기전환기에 문명비판에 관한 수많은 주제들이(예를 들어 Klages 1913) 다시 채택되는 여론의 변화에 대한 가장 명백한 설명이다. 물론 기술은 양가적 힘, 즉 그것의 권력에서 위협적이면서도 전도양양한 힘으로서 이미 지각되었다. 그리스 신화에서 추한 절름발이로 태어난 대장장이의 신인 헤파이스토스Hephaistos에게 외적 기형은 내적 표시가 된다. 많은 고대 문화들에서 광산업과 금속가공은 위험하고 의심스럽고 교활하고 기만적이거나, 신들의 영역에로 마법적이고 초자연적 침입이라는 양가적 가치를 지닌다. 자연에서 충족된 상태를 넘어서는 기술의 각각의 습득형태는 역사적으로 한계의 위법적 월권, 죄악과 불손이라고 잠재적으로 의심받았던 것 같다. 프로메테우스Prometheus에게 있어 제우스Zeus의 복수처럼, 기술이라는 미개척지에로의 발걸음은 '자연에 대한 격퇴'를 요구하는 것처럼 보인다. 이점은 현대 기술의 본고장인 서유럽에서 오늘날 기술혁신을 수용하면서도 이상하게 주저하는 점을 설명할 수 있다. 물레방아가 인간의 힘든 육체노동을 대체했지만, 오래전부터 알려진 물레방아는 12세기와 13세기에 비로소 널리 유포되었다(Fourastié 1954, 75). 중세 길드의 전통주의는 발명에 대한 명백한 금지에까지 나아갔고, 연구하고 실험하는 프란체스코 수도회의 수도사인 로저 베이컨R. Bacon은 13세기에 심지어 감금되었다(Dessauer 1956, 153).

여전히 완전한 예측가능성을 거절하는 자연에 직면한 인간의 자만에 대한 태곳적 두려움들이 오늘날에도 특히 유전공학과 핵에너지와 같은 미개척분야의 공학들의 영역에서 기술에 대한 인식을 형성하는 것처럼 보인다(Wünschmann 1980). 그런데 이러한 두려움들이 심적 깊은 차원에서 나온다고 하더라도, 이 두려움들이 반드시 비합리적인 것은 아니다. 오늘날의 대규모의 기술의 위험성들은, 최근에 해리스버그*, 보팔*, 체르노빌*이 보여주는 대로, 단순한 망상들이 결코 아니다.

3장
목적에 대한 수단으로서의 기술

바라는 대로 미래에 극단적으로 높은 재앙의 잠재력을 지닌 기술들이 추구되지 않더라도, 이점은 기술의 근본적 양가성, 유용과 남용 그리고 기회와 위험의 혼합, 인류에 대한 희망과 묵시적 위험에 관해 아무것도 변화시키지 않는다. 가치의 양가성은 기술의 폐기될 수 없는 본질특성이다. 왜냐하면 기술은 그 본질상 임의적 목적들의 수단이자, 수단의 특성은 '기술'이라는 언어적 표현의 많은 상이한 의미들의 공통적 핵심이기 때문이다. 대체로 기술철학의 대상은 물질적 도구, 기기, 기계들과 이것들과의 교류의 전체성인 "실제기술"(Realtechnik)이다(Gottl-Ottlilienfeld). 그 외에 '기술'은 영어에서 "기법"(technique)이라는 의미, 즉 배울 수 있는 가능한 모든 실용적 방법들과 기교들(종이비행기를 접는 요령)과 그것에 속하는 숙련(펄만*의 스피카토-기법)을 나타내기도 한다. 경제학에서 사용되는 기술적 진보라는 개념도 기기와 기계의 형태에서 구체화된 기술의 진보뿐만 아니라, 가령 경영과 인력자원관리의 개선과 같은 노동조직의 절차에서의 진보를 의미한다.

---

*역주. 미국, 1979: 펜실베이니아주 해리스버그 인근의 스리마일섬에서 원자력 발전소 사고(위키백과)
*역주. 인도, 1984: 가스 누출 사고(위키백과)
*역주. 우크라이나(구소련), 1986: 원자력 발전소 사고(위키백과)
*역주. 이착 펄만[Itzhak Perlman]: 이스라엘계 미국인 바이올리니스트(다음백과)

기술은 수단의 영역이지 목적의 영역이 아니다. 활동이 자신의 궁극적 목적에서 멀어지면 질수록, 이 활동은 기술 분야에 더 명백하게 속한다. 바이올리니스트의 탄주(彈奏)기법과 축구선수의 볼 다루는 기술은 연주나 시합의 질을 위한 전제조건일 뿐이다. 회의장의 '기계실'에 모여 있는 기계장치는 작동중지를 통해 회의를 수포로 만들게 된다. 그러나 기계장치의 문제없는 작동이 회의의 성공을 보장하지도 않는다. 목적에 관한 문제와 목적 달성을 위해 동반되는 신뢰성, 완전성, 저렴성의 문제는 기술에서 항상 중요하다. 이점은 기술과 예술을 구분하며, 베버(M. Weber 1956, 45)가 보았듯, 기술을 경제, 즉 기술과 마찬가지로 주어진 특정한 과제들에 대해 특정 조건들에서 최적 해결책을 찾는 경제와 연결시킨다.

하지만 여기에서 기술이 해결하는 과제들을 너무 특수하게 생각해서는 안 된다. "기술적 창조의 전체 의도"가 "특정한 기능"의 충족을 목표로 한다, 라는 데사우어F. Dessauer의 언급은 증명을 필요로 한다(1970, 167). 피아니스트는 탄주법을 특정한 악곡이나 특정한 악절을 위해 특수하게 발전시킬 수 있고 발명가는 기계를 특별한 이용목적을 위해 개발할 수 있다. 그러나 기술의 목표는 일반적 기능과 조작을 가능케 하거나 개선하는 것일 수도 있다. 물론 기술 개발의 순간에는 이러한 기능과 조작의 구체적 사용이 완전히 열려있지만 말이다. 기술은, 이득을 처음부터 예측하지 않고, 능력을 향상시키는 "자유로운 목적을 위한 힘"(Freyer 1960, 10)을 창출한다. 그래서 피아니스트는, 음표나 악절을 시작하기 위한 특정한 때를 마음에 두고 있지 않더라도, 음량 차별화의 기술을 완성할 수 있다. 엔지니어도, 구체적 적용을 시야에 두지 않더라도, 동력시스템, 회로, 에너지 변환 프로세스를 시험할 수 있다.

'목적을 위한 수단'이라는 핵심의미는 "기술"이라는 표현이 그의 형용사 형태로 소급하는 고대그리스의 표현인 테크네(téchne)에 이미 속한다. 그 외연에 따르면 "테크네"는 현대 기술 개념보다 넓거나 좁다. 요령과 숙련 외에 "테크네"는 특정 목적들을 달성하는 것과 이러한 숙련들을 보유하고 이러한 요령들을 실행하는 자의 활동, 즉 수공업과 예술 전체를 나타낸다. 플라톤에게서 의사는 기술자(technítes 혹은 technikós)이다. 왜냐하면 그는 자신의 활동을 위해 특정한 지식을 사용해야 하기 때문이다. 또한 천문학 역시 테크네이다. 왜냐하면 천문학이 특정한 방법의 적용에서 성립하기 때문이다(플라톤, 『고르기아스』(*Gorgias*) 451 b). 테크네 개념의 분석에서 플라톤에게는 특히 이 개념이 단순한 숙련보다 더 많은 것을 필요로 한다는 것이 중요하다. 기술자의 능력은 우연적 경험의 축적이나 숙련된 손재주에 기인하는 것이 아니라, 의식적으로 따르는 원칙 또는 규칙이라는 로고스(logós)를 포함한다. 기술에서 요구되는 '노하우'(Know-how)는 실제 능력에서 소진되어서는 안 되며, 오히려 응용 방법에 대한 지적 숙달과 최소한의 기술적 지식과 기술적 이해도 포함한다.

플라톤이 강조한 **기술**과 **규칙**의 이러한 관계는 현대의 기술 개념에도 해당된다. 방법과 요령의 의미에서의 기술은 그 자체가 규칙에 다름 아니다. 규칙은 "B를 획득하려면, A를 행하라"라는 일반적 형식을 지닌다. 하지만 이점은 이러한 규칙이 반드시 완전히 말로 표현될 수 있다는 것을 의미하지는 않는다. 규칙은 언어적으로 표현된 "기술적 명령"(Technischer Imperativ)(칸트I. Kant 1785, 416)의* 형태를 가지지 않고, 오히려 언어적으로 달리 가령 (특정한 손놀림과 같은 경우에) 특정한 시연과 모방을 통해 혹은 (명상법과 같은 경우에) 내적 상태의 유발을 통해서 구상, 전달, 학습될 수 있다. 도구, 기기, 기계들과 이들과의 교류의 전체성의 의미에서 기술도 역시 규칙과 연관이 있다. 기술적 행동은, 예술가의 훨씬 더 강력한 즉흥적이고 창조적 행동과는 달리, 철저히 규칙에 따라 진행된다. 기술적 행동은 자신의 목적과 연관하여 의미가 있거나 틀리거나, 옳거나 그릇되는 것으로 분류된다.

아리스토텔레스는 테크네 개념에 대해 비슷하지만 다르게 강조된 분석을 제공한다. 그에게 있어 테크네는 실용적 숙련일 뿐만 아니라 과학과 견줄 수 있는 정신적 내용도 지닌다. 테크네를 숙달한 사람은 자신이 무엇을 하고, 왜 그 일을 하는지를 알고 있다. 테크네는 숙고, 추론적 사고, 의식적 규칙적용에 근거한다. 하지만 플라톤과는 달리 아리스토텔레스는 기술을 자신의 외부

---

*역주. 칸트에게 있어 기술적 명령은 숙련의 규칙을 의미한다. 칸트에 따르면 기술적 명령에서는 "목적이 합리적이며 선한 것이냐는 전혀 문제가 아니고, 오로지 그 목적에 이르기 위해 사람들은 무엇을 해야만 하는가 만이 문제"가 된다(칸트, 『윤리형이상학 정초』, 백종현 옮김, 아카넷 2005, B41f., 121쪽 이하). 칸트는 이러한 기술적 명령을 복지를 위한 실용적 명령이나 도덕적 명령과 구분한다(124쪽 참조).

에 목적을 지니는 것이나 그 자체 목적을 가진 대상들의 생산과 제작에 더 밀접하게 연결한다. 아리스토텔레스가 『니코마코스 윤리학』에서 가르치는 것처럼(1140a), 테크네는 더욱이 자신의 행동을 숙고와 이성에 따라 계획적으로 수행하는 인간의 능력을 기반으로 하는 생산과 제조의 행동방식이다.

아리스토텔레스는 기술의 생산적 기능을 강조함으로써, 기술을 자연적 생성과 소멸과 뚜렷이 대조시킨다. 인간적 기술은 창조와 조형을 목표로 한다. 반면에 파괴와 몰락은 자연의 힘에 할당된다. 그러나 오늘날의 관점에서 생산적인 것에 대한 이러한 강조는, '자연'이라는 말에서 사람들이 그것 또한 자연적 순환의 특징인 자연의 해체과정 대신 자연의 형성과정만 사유하는 일방적 측면과 유사하게, 단편적 측면만을 나타낼 뿐이다. 왜냐하면, 쓰레기 산이 커지면서 가능한 한 쓰레기 없이 기술적으로 생산하는 일이 기술의 주요문제가 되었기에, 오늘날뿐만 아니라 기술은 건축 외에 해체에도, 삶 외에 죽음에도 기여하기 때문이다. 전략(戰略)의 이상적 기술과 손도끼의 실질적 기술처럼 기술은 처음부터 일정한 목적으로 지닌 파괴와 폐기에 항상 기여했다.

실질적 도구와 기기라는 '실제기술'의 의미에서 현대 기술 개념에 대한 분석은 이 개념이 결정되지 않고 그 경계가 매우 불확실하다는 사실로 인해 어려워졌다. 기술 개념을 긍정적으로 묘사하는 것보다 부정적으로 묘사하는 일이 더 쉬운 일이다. 어떠한 경우에도 기술은, 사회학자 오그번(W. F. Ogburn 1969, 125)이 "물질적 문화의 대상들" 전체라고 가정한 것처럼, 인간의 작품 전체가 아니다. 기술은 "인위적 세계"의 본질적 요소이지만 전부는 아니다. 책장안의 책, 탁자위의 꽃병은 제품들이지만, 기술의 일부가 아니다. 제품에서 도구, 기기, 기계가 문제되는 경우에서만, 제품은 기술의 영역에 속한다. 또한 기술적 가공절차, 생산절차, 운반절차에서의 대상들과 제품들이 반드시 물질적인 것은 아니다. 오히려 이것들은 (전기) 에너지나 (데이터, 프로그램) 정보의 성질일 수 있다. 게다가 모든 기술적 대상들이 (상품 혹은 서비스를 생산하기 위해) 생산적으로 사용되지는 않는다. 특히 수세기 동안 범례적으로 기술적 대상으로 간주된 시계는 생산이 아닌 주로 소비를 위해 사용된다. 오늘날에 기술적 기기들은 공장, 작업장 또는 사무실이 아닌 가정에 점점 더 많이 있다.

4장
기술은 '응용과학'인가?

기술 규칙의 목표는 목적달성의 실질적 성공이다. 규칙이 이러한 목표에 얼마나 적합한지는 규정되거나 권고된 행위의 수행과 의도된 목적의 관계가 얼마나 신뢰될 수 있는지에 달려있다. 행위가 필연적으로 목적에 도달하거나 양자택일적 행위보다 최소한 더 높은 확률로 목표에 도달하는 경우에만 규칙을 따르는 것이 좋다. 그러므로 "B를 획득하려면, A를 행하라"라는 형식의 각각의 사용가능한 기술적 규칙에는 "A이면, B이다"라는 형식의 진정한 결정론적 일반화 또는 "A_1이면 p_1의 확률로 B이고 모든 A_i가 A_1이 아닌 경우에, A_i이면 p_i의 확률로 B이면 p_1은 p_i보다 확률이 높다"라는 형식의 확률적 일반화가 상응한다.

기술 규칙의 가치는 규칙에 상응하게 서술되는 일반화의 진리에 달려있다. 이것이 규칙에 내재된 토대이다. 다른 한편으로 서술적 일반화의 진리는 규칙의 성공적 준수에 달려있다. 왜냐하면 규칙의 성공적 준수는 일반화의 진리를 확인하는 것이기 때문이다. 이점은 기술은 '응용과학' 외에 다름 아니다, 라는 친숙한 표현방식이 맞는다는 것을 의미하는가? 예이면서 아니다. 기술 규칙의 토대가 되는 일반화는, 규칙이 그편에서 기술적 사용의 대상이 아닌 경우에서만, 사실상 '본래적으로' 유효하다. 수단 A를 실현하든 그렇지 않든 그것은 기술적 규칙을 사용하는 사람의 자유이지만, A와 B의 관계는 이미 정해져있다. 사용자에게 기술적 사용권한은 한계에 도달한다. 기술적 사용권한은 객관적으로 존재하는 A와 B의 연관을 이용할 수는 있지만, 이 연관 자체를 구성하거나 수정할 수는 없다.

그럼에도 불구하고 기술을 '응용과학'으로 말하는 표현방식은 여러 가지 이유로 오해의 소지로 이끈다. 첫째, 기초가 되는 A와 B의 서술적 연관이 반드시 자연과학의 대상은 아니다. 이러한 연관은 또한 사회과학들이나 심리학의 대상일 수 있다. 사회계획이나 일정한 목적을 지닌 '사회공학'의 형태에서 사회과학 이론의 기술적 도구화에 대한 이념은 19세기의 실증주의(콩트A.

Comte, 밀J. S. Mill)와 유토피아적 사회주의자들 이후 정치의 자기이해에서 필요불가결한 부분이 될 수 있다. 둘째, '실제기술'은 자연과학의 즉각적 일반화가 아닌, 공학에 대체로 기반을 둔다. 왜냐하면 기술이 적용되는 모든 영역에서 기술로 변경 가능한 자연과학의 이론이 부분적으로 없기 때문이다. 경험적 일반화를 통해 이론적으로 근거가 되는 법칙가설을 검사할 수 있는 한에서, 자연과학은 기술의 적용에서 토대가 될 수 있는 경험적 일반화에만 종종 관심이 있다. 반면에 기술은, 포괄적 이론시스템에 흡수될 수 있는지 또는 자연법칙에서 결정된 보편성의 조건을 충족할 수 있는지에 관계없이, 원칙적으로 신뢰할 수 있고 잘 확인된 경험적 일반화가 필요하다. 특정한 침술방법이 두통을 확실하게 제거하거나 특정한 종류의 이끼가 특정한 환경오염을 확실하게 보여준다는 점은, 각각의 연관을 설명할 수 있는 이론이 없더라도, 경험적 일반화의 기술적 적용에 충분하다.

세계에 대한 자연과학적 설명에서 기술적 대상들의 기능을 살펴보면, 기술과 자연과학의 관계가 다시금 달리 서술된다. 원칙적으로 자연과학의 목표는 자연사적(naturgeschichtlich)으로 나타난 구체적 자연의 묘사가 아닌, 자연에서 지배적 적법성의 확인이다. 법칙을 확인하는 일은 가설에서 언급된 대상들이 없이도 사실일 수 있는 조건-결과-형식(Wenn-Dann-Form)에서의 확인이기 때문에, 법칙의 확인은 그들의 적용범위 측면에서 우연히 그렇게 된 현실을 넘어선다. 따라서 법칙확인은 '자연적'(즉 자연사적으로 나타난) 현상뿐만 아니라, 초(超)우라늄원소, 거대분자로 구성된 플라스틱, 다배수체의 유용식물과 같은 '비자연적' 현상에도 적용된다. 많은 경우 자연과학은, 자연에는 존재하지 않지만 가령 '새로운' 아원자 입자(subatomares Teilchen)* 또는 반물질(Antimaterie)*과 같은 기술적으로만 생산되는 대상들을 다루면서, 우주의 법칙구조를 파악하려는 자신의 목표에 더 가까이 다가선다. 그 다음 자연과학은 가상적으로 대체된 발전경로를 위해 우주에는 여유공간이 열려있다는 결론을 도출한다.

---

*역주. 아원자 입자(亞元子 粒子, subatomic particle)는 중성자, 양성자, 전자처럼 원자보다 작은 입자를 의미하며 중성미자, 반전자, 반양성자, 반중성자, 뮤온, 보손도 아원자 입자임이 나중에 밝혀졌다(위키백과).

*역주. 반(反)물질: 이론으로는 해명이 되지만 실제로는 존재하지 않는 물질(나무위키)

다른 의미에서 기술과 과학의 연관은 '응용과학'으로서의 기술이라는 표현이 암시하는 것보다 더 적게 밀접하다. 원칙적으로 이론에 관심을 두는 자연과학은 공학보다 복잡성을 더 크게 줄인다. 본질적으로 자연과학에서는 환경과는 무관한 불변성의 발견과 정확한 정량적 규정이 문제가 되기에, 자연과학은 공학보다 이론적으로 이상화(완벽한 진공, 완벽한 탄성)를 더 많이 사용하며 실천적으로 부분시스템의 실험적 격리를 더 많이 사용한다. 이와 달리 공학과 기술은 원칙적으로 실천에 관심을 두기에 전체 영역에서 실제 존재하는 요인들과 그 상호작용의 복잡성에 관여해야만 한다. 가령 텔레비전 송신탑과 같은 기술적 건축물에 대한 계산은 바람, 태양복사, 지진, 가능한 하중, 물질반응, 건축부지의 변화 등에 대한 영향(Duddeck 1987, 123참조)에 대한 자연과학과 공학의 다양한 이론들의 비교와 통합을 필요로 할 뿐만 아니라, 관련된 요인들의 상호작용에 관한 과학적 이론들이 부재하기 때문에 견본에 대한 검증과 경험에 따른 직관적 판단("공학적 판단")에 대한 검증과 경험적 가치를 항상 바탕으로 삼는다.

하지만 과학적 지식증가와 기술이용 사이에서는 **구조적** 관계와는 다른 상당히 밀접한 **인과적** 관계가 다채롭게 존재한다. 20세기에는 발견과 발명, 과학적 혁신과 기술적 혁신 사이의 간격이 점점 단축된다는 점이 관찰된다. 이 세기의 가장 큰 주목을 불러일으키는 발견인 원자핵분열과 이에 못지않게 놀라운 원자폭탄에서의 기술적 적용 사이에는 6년이 채 걸리지 않았다. 놀랍게도 기술에 대한 광범위한 추진력은 바로 자연과학의 이론적 분야에서 나타났다. 전자공학을 변혁시켰던 트랜지스터는 이론적 연구방향인 반도체 물리학에서 발견되었다. 의료진단에 사용되는 자기공명촬영영상은 미소체 물리학의 이론적 결과와 직접적으로 연관되었다.

과학과 기술 사이의 이처럼 다채롭고 매우 밀접한 인과 관계는 기술 발명이 이러한 발견에 기초가 되는 과학이론에서 마치 자동으로 유래될 수 있다는 것을 의미하지는 않는다. 기술자와 공학과학자가 자연과학자와 구별되는 것은 자연과학자가 다수의 실제 요인들의 체계적 상호작용에 대한 이해에 많은 부분 의존할 뿐만 아니라 그의 활동이 기술효율성, 경제, 안전, 친환경 등의 규범과 표준과 같은 **규범적** 기준들에 맞추어져 있다는 데 있다. 과학자와 달리 기술자는 특정 대상이나 (가령 화학적 합성과 같은) 상태의 제작을 위해 원칙적으로 존재하는 가능성에 대해 묻지 않고, 기술적으로 실현가능하고 저렴하며 반응이 빠르면서도 원가가 적게 들 수 있는 가능성에 대해 묻는다 (Rumpf 1973, 92참조). 게다가 기술적 발명과 혁신에서는 구성과 재구성의 **창조적** 동인이 발생하며, 이러한 동인은 기술을 한편으로는 예술과, 다른 한편으로는 과학 이론구성과 유사하게 한다. 혁신은, 관련된 이론과 경험에 관한 개괄적 조망을 넘어서, 독자적 통합공정과 의도된 적용이 특정 조건에서 검증되는 창의적 아이디어를 요구한다. “아이디어 자체는 … 이론이나 추론을 통해서가 아닌 직관적으로 발생한다. 과학은 실험과 검사를 위한 단순한 도구일 뿐 사유의 창조자가 아니다. 그리고 과학적 검토가 사유의 올바름을 입증했음에도 불구하고, 발명은 아직 무르익지 않았다. 자연 자체가 실험에 의해 그 자신에게 제기된 문제에 대해 긍정적으로 답을 했을 때에만, 발명이 완성된다.”(Rudolf Diesel, nach Sachsse 1976a, 29) 많은 분야에서, 예를 들어 화학에서, 주어진 구성요소들의 결합에 관한 체계적이고 ‘다양한 시험’을 기반으로 하여 컴퓨터의 도움으로써 오늘날 발명은 점점 더 많이 이루어지고 있다는 점이 제한적으로 보충 설명되어야 한다. 이로써 기술은 자신의 고유한 발전을 자체적으로 수행한다.

기술과 자연과학 사이의 인과관계는 일방통행이 아니다. 자연과학은 그 자신의 측면에서 기술에 의존한다. 많은 이론과학의 분야들은 최종적으로 기술적이고 공학적 문제로 되돌아간다. 토지측정의 문제가 기하학의 시작점에, 연금술이 화학의 시작점에 있었던 것처럼, 증기기관은 열역학의 시작점에, 항공기는 항공역학의 시삭점에 있었다. 가령 방사선(Hubner 1973, 134 참조) 또는 재료공학(Rapp 1973, 117 참조)에서, 부분적으로 이론은 실무적 경험이 있은 후 시간이 상당히 지난 다음 나타났다. 과학 없이 현대 기술을 생각할 수 없는 것처럼, 기술 없이는 현대 과학을 생각할 수 없다. 기술의 과학화와 병행하게 자연과학은 기술화된다. 갈릴레이G. Galilei에 의해 망원경이 발명된 이후, 우주의 구조와 역학에 관한 우리의 이미지는 특히 자연과정을 관찰하고 측정하고 실험적으로 조종하는 기술적 도구들에 의존한다. 컴퓨터만이 대량의 데이터를 (기상학에서와 같이) 활용하고 매우 복잡한 상호작용의 개발 프로세스를 평가할 수 있다. 심지어 컴퓨터공학에 의한 과학의 혁명은 "경험적 분석명제"라는 완전히 새로운 유형의 진술을 만들어 내기에 이르렀다. 이 명제는 경험적 가정들에서 논리적으로 파생될 수 있는 명제이지만 그 유효성은 더 이상 인간의 이성으로 이해될 수 없고, 오히려 컴퓨터를 통해서만 계산될 수 있다.

자연과학과 기술의 또 다른 밀접한 관계는 르네상스 이후 증가하는 자연과학의 **실험적** 특성을 토대로 성립한다. 과학은 더 이상 자연적 특성, 구조, 진행과정을 관조적으로 바라보고 묘사하는 데 한정되지 않고 자연에 적극적으로 영향을 끼친다. 실험이, "기술적 사용을 위한 첫 단계"(Gehlen 1957, 12)라고 하더라도, 자연적 경과의 초기조건을 인간에게 있어 조작할 수 있는 것으로 입증하기 때문에, 실험과 기술적 적용은 서로 다르다. 기술적 적용에서 결과는 알려져 있지만, 실험에서 결과는 산출되어야만 한다. 기술적 적용은 원칙적으로 실천적 목표를, 실험은 원칙적으로 인식적 목표를 추구하지만, 인식적 목표는 기술적 적용에도 사용될 것이다. 실험에서 자연 과정은 (예를 들어 방해세력을 제거함으로써) 대략적으로 이상적 조건에 예속되는 반면에, 기술적 적용은 대부분 정상적 조건에서 수행된다.

현대의 실험적 자연과학은, '기술적' 요소들을 포함하고 있기에, '기술의 인식적 관심'에 의해 유도되는가? 자연과학과 연관한 "기술의 인식적 관심" (Habermas 1968)이라는 테제가 이와 관련된 과학자들의 행동을 유도하는 동기에 대한 테제로 이해된다면, 그다지 그럴듯하지 않다. 기초연구에서 가능한 기술적 적용은 공공성과 연구정책을 정당화하라는 압박에서만 종종 추진될 수 있다. 오늘날 분자생물학의 많은 분야에서와 같이, 과학적 인식이 직접 기술적으로 전환되는 곳에서도, 개별 연구자의 경우 다채로운 인식적 관심이 전면에 나타난다(Rumpf 1973, 103 참조). 과학적 지식의 **기능**에 대한 테제로도 이해되는 위의 테제는 부분적으로만 정당화되는 것 같다. 가령 전자 저장고리와 같은 돈이 많이 드는 기초연구의 많은 분야에서 기술적 적용은 보이지 않는다. 기술의 인식적 관심이라는 테제는, 이 관심이 국가의 주무관청, 경영기업, 독립재단과 같은 연구장려 기관의 의사결정과 연관된다면, 더 타당하다. 하지만 여기에서 기술의 인식적 관심은 인식대상의 선택만을 결정한다. 거기에서 얻어진 결과들의 진실성, 지적 존중, 교육적 가치는 기술의 인식적 관심에 의해 제한되지 않는다(Albert 1972, 76). "통제를 위한 지식"과 "인격형성을 위한 지식"은 정반대가 아니다(Scheler 1926, 205).

5장
인간과 기술

플라톤의 『프로타고라스』(320c-323a)의 신화이야기에서 프로메테우스와 에피메테우스는 가사의 존재들에게 능력을 부여하는 임무를 받는다. 그런데 멍청한 에피메테우스가 이미 동물들에게 능력을 다 써 버렸기에 인간을 위해서는 아무것도 남아 있지 않았다. 인간은 "벌거숭이고 신발이 없고, 담요도 없고 무기도 없다". 이때 영리한 프로메테우스가 헤파이스토스와 아테나에게서 "불을 포함한 발명의 재주가 있는 손재주", 즉 기술을 훔쳐 사람들에게 준다(Platon 1974, 203).

인간은 동물과는 달리 무기, 보호장치, 감각기관을 갖춘 자연적 장치의 부족함을 보완하기 위해 기술을 필요로 한다. (상응하게 그는 동물과는 달리 선천적 행동프로그램을 지닌 자연장치의 부족함을 보완하기 위해 문화를 필요로 한다.) 사냥과 자기방어를 위한 선천적 단열기능과 적절한 무기가 없고 포유류의 예리한 시력과 다른 감각능력이 없기에, 사실상 인간은 헤르더J. G. Herder와 갈렌A. Gehlen의 인류학에서 설명했던 "결핍된 존재"일 것이고(Gehlen 1940, 83), 실용적 기술 지능이 아니라면 "과잉된 존재"도 아닐 것이다(Waldenfels 1990, 143). 인간은, 본능에서의 해방이 자신의 행동과 욕구를 유연하게 조절할 수 있는 기회를 제공하지 않았다면, 대체로 적대적인 사연과의 투쟁에서 자신의 지위를 유지할 수 없었을 것이다. 이러한 유연성은 인간에게 오늘날까지 "자연의 주인이자 소유자"(Descartes 1637, 100)라는 특권을 보장했다. 게다가 인간은 "거미줄을 만드는 거미처럼 자신의 움직임을 고도로 조직적으로 조정할 수 있는"(Bischof 1985, 512 이하 참조) 본능의 역량 없이 지내야만 한다. 그 대신에 그는 매우 다양한 목적을 위해 매우 다양한 거미줄[그물망]을 생성할 수 있다. 세계에 대한 인간의 개방적 태도, 습득능력, 예견과 목표지향적 태도 능력, 한번 결심한 행동계획을 추구하는 데 있어서의 지구력 덕분에 주위세계는 자신의 목적설정에 따라 형성될 수 있다.

기술은 사람들이 이러한 기술을 효과적으로 갖출 수 있는 전제들을 만든다. 겔렌에 따르면, 기술은 (1) 도구, (2) 물리적 힘의 적용을 떠맡는 작업기계와 동력기계, (3) 추가적 제어작업과 조정작업을 떠맡는 자동화라는 세 가지의 모든 개발 단계에서 본질적으로 사람들을 자신의 불충분한 자연장비로부터 독립적으로 만드는 세 가지 기능, 즉 인간의 기관대체, 기관완화, 기관강화·기관능가라는 기능을 수행한다(Gehlen 1957, 12, Gehlen 1961, 93 이하 참조). 칼은 인간에게 없는 발톱을 대체하고 자동차는 이동을 쉽게 만들고 망치는 움켜쥔 주먹의 효과를 증가시킨다. 예외 없이 유기적 기능은 무기적 기능으로 대체되거나 강화된다. 기술은 효율성과 신뢰성의 측면에서 보자면 유기적 기능보다 뛰어나지만, "진화적 상태"의 측면에서 보자면 유기적 기능보다 뒤쳐진다. 이점에서 기술 개념을 **기계적으로** 작동하는 기기와 통례적으로 연관시키는 결합은 정당하다. 너무 복잡한 기기임에도 불구하고 기술 기기는 자신에 의해 대체, 강화 혹은 능가된 인간 기능보다는 더 낮은 수준의 복잡성으로 예외 없이 분류된다.

겔렌이 주장하는 기술 수단의 기능과 인간 기관의 기능과의 유사성은 물론 현대 기술의 핵심 영역에만 해당된다. 초음파의 사용과 전자방사선의 전체 스펙트럼의 사용은 인간의 기관이 접근가능한 범위를 훨씬 넘어서기에 여기서 단순히 기관완화와 기관능가에 대해 말하는 것은 오해의 소지가 있을 수 있다. 오히려 기술은 완전히 새로운 특성의 의사(擬似)-기관을 제공한다. 게다가 기술은 대개 유기적이고 생리학적 요구를 충족시킬 뿐만 아니라 사회문화적으로 정의된 요구를 충족시키는 데 쓰이며 이는 오늘날뿐만이 아니다. 이집트 피라미드와 그리스 사원의 건설을 위한 대규모 기술은 요즘 시대의 표징인 첨단기술과 같은 의미로 '불필요'했다. 처음부터 기술은 예배나 다른 문화적으로 정의된 목적뿐만 아니라 생명과 생존을 보장하기 위해 사용되었던 것 같다(Ortega y Gasset 1949, 27 이하 참조).

기술 기기와 인간 기관의 작용방식 사이의 유사점도 좁게 제한된다. 1877년에른스트 캅E. Kapp이 이러한 유사성을 인간의 "기관투영"(Organprojektion)으로서의 기술 개념을 통해 주장했다(Sachsse 1976 a, 138 이하 참조). 더욱이 펌프와 심장, 전보와 신경전도와 같이 기술적 메커니즘과 유기적 메커니즘 사이의 유사점이 간과될 수는 없다. 그러나 진화론적 유산에 속박된 인간의 유기체와는 달리, 기술은 자연적 진화에서 결코 걸어가지 않았거나, 다시 포기되거나, 선택적으로만 형성된 길을 자유롭게 갈 수 있다. 기술은 인간에게 잠자리의 비행기술, 박쥐의 방향감각, 올빼미의 야간투시, 철새의 항해술과 같은 능력을 이용할 수 있게 한다. 수백만 년 동안 진화해온 자연계의 완벽함을 대부분 달성하지 못하더라도 말이다.

인간만이 기술과 기술들을 사용하는가? 이것을 사람들은, 정원용 새가 감상적이고 화려한 지붕 있는 장소를 만들기 위해 이끼, 과실, 딱정벌레, 꽃과 홍합껍질을 균형 있고 장식적으로 배열한 '교미둥지'를 주시한다면, 의심하고 싶을 것이다(von Frisch의 그림 1974, 244). 물론 결정적 질문은 이러한 놀라운 기술이 로고스를 지니고 있느냐, 라는 것이다. 규칙적일 뿐만 아니라 규칙에 따르는 태도, 목적에 맞는 태도뿐만 아니라 목적지향적 태도가 중요하지 않는가? 인간에게 그 소유가 있다고 여기는 '기술'이 동물에게도 있다고 생각할 수 있기 위해서는 우리는 먼저 동물에게 이러한 기술에 대한 지식과 그 목적에 대한 지식이 있을 수 있다고 생각할 수 있어야 한다. 하지만 이점은, 학습된 행동요소의 특정한 유연성과 특정한 관심에도 불구하고 동물이 '기술'을 적용할 때 본능의 결정이 명백히 지배하는 한, 의심스럽다(von Frisch 1974, 252 이하 참조). 가령 둥지를 짓는 것과 같이 많은 동물들이 '기술들'을 사용하는 경우, 이것이 상황에 대한 인지적 이해와 기술의 의식적 사용이라고 말할 수는 없다. 길게 뻗은 자전거 주차장의 지붕버팀목에 둥지를 트는 지빠귀는, 매우 비슷해 보이는 지붕버팀목을 구별할 수 없기에, 60미터 거리에서 총 15번 둥지를 짓기 시작한다. 하지만 이 새는 한 지점에서만 완전한 둥지를 만들어낸다(von Frisch 1974, 153 이하 참조). 그런데 볼프강 쾰러W. Köhler가 조사한 침팬지와 같은 유인원의 경우 의식적 목적지향성에 대해 의심의 여지가 거의 없다. 천장에 매달려있는 바나나를 얻기 위해 상자를 위로 쌓아올리는 것은 완전한 인간적 의미에서 '발명'이다. 게다가 유인원은 도구

사용에서 현재 주어진 목적뿐만 아니라 상상된 미래의 목적도 달성 할 수 있는 것처럼 보인다. 때때로 코트디부아르의 침팬지는 돌로만 깰 수 있는 딱딱한 껍질을 가진 견과류가 있는 지역에로 수 킬로에 이르는 여정을 떠난다. 그런데 견과류가 있는 곳에 돌은 존재하지 않는다. 이 침팬지는 실제로 적절한 돌을 집에서 가지고 온다(Bischof 1985, 541 참조). 이와 같이 상황에 따른 특정한 행동이자 본능적 행동조정으로 축소될 수 없는 행동은 의식적인 미래연관적 의도를 통하지 않고서는 해석되기 어렵다. 침팬지가 가져가는 돌은, 손도끼와 망치가 인간에게 있어 도구인 것과 같은 의미에서, 침팬지에게 있어 '도구'이다.

물론 이 경우에 유인원은 자신의 도구를 스스로 만들지는 않는다. 하지만 가령 갈대를 연결하는 것과 같이 도구의 생산과 제조를 위한 단초를 침팬지는 알고 있다(Köhler 1963, 91 참조). 그러므로 인간의 도구 사용과 동물의 도구 사용을 구별하는 것은 더도 덜도 아닌 도구를 제조와 가공을 통해 생산하는 능력일 것이다. 호모 사피엔스는 유일한 '도구를 제작하는 동물'이 아닌, 도구의 생산을 위해 도구를 만든 유일한 동물일 것이다. 인간적 도구사용의 특색은 새로운 품질이나 미래의 사용에 대한 지적 예상이 아닌, 생산의 간접적 경로에 대한 양적 연장, 즉 나중에 사용해야만 보상받는 도구의 완성에서 필요한 노력을 예상하는 능력에 있었다. 이 경우 '지연된 보상유예'를 심리적으로 견딜 수 있기 위해서는, 소모된 노력에 대한 보상을 나중에라도 받을 것이라는 기대확실성이 충분히 커야 한다. 이러한 생각이 맞는다면, 기술개발의 비밀은 다름 아닌 경제의 비밀, 즉 투자를 통해 나중에 더 많이 획득할 수 있기 위해서 "성공을 위한 방법의 연장"이자 자원의 투자적 사용일 것이다(Sachsse 1978, 69 참조).

6장

자연지배로서의 기술

인간이 자기 자신을 과학과 기술의 도움으로써 "자연의 주인이자 소유자"

로 만들어야 한다, 라는 근대 초반에 나타난 데카르트의 요구에서 자연의 고유한 가치내용을 염두에 두지 않고 자원의 단기적 착취를 위해 자연을 생태적 황폐화로 이르게 하는 탐욕스럽고 폭력적 형태의 자연지배의 핵심이 오늘날 자주 보인다. 하지만 많은 비판을 받은 데카르트의 이 격언은 처음부터 기존의 기술 자체의 본질만을 기본적으로 서술한다. 기술의 본질적 목적성은 자연이 (다른 인간과 그 자신도) 스스로 받아들이지 않는 상태와 과정으로 강요하는 지배를 목표로 한다.

엄밀히 말하면 기술의 자연지배는 다음의 세 가지 구성요소 또는 단계를 포함한다. (1) 관찰과 이론의 대상으로서의 자연의 객관화, (2) 인과원리의 도움을 통한 자연현상들의 설명, (3) 의도된 기술적 개입을 통한 자연의 능동적 사용이 그것이다. 객관화는 자연에 대한 정서적, 식별적, 모방적 접근방식을 자연에 대한 설명의 주관적 이해와 검증가능성이 보장되는 객관적이고 합리적 방향으로 대체하게 한다. 인과적 침투는 자연 대상의 구체적 개성을 배제하고 일반적 작동원리로 돌아가게 한다. 마지막으로 기술적 사용은 자연을 대상뿐만 아니라 사물로 만든다. 자연은 도구화되고 적어도 기술적 개입기간 동안은 단순한 수단이 된다.

자연지배의 개념은 '생태위기' 이후로 양가적이 아니었다. 왜냐하면 과학과 기술은 세 가지의 각 단계에서 자연에서 무언가를 제거하여 자연을 더 결핍되게 만들고 어떤 용도로든 사용할 수 있는 재료로 단순화시키는 것 같기 때문이다. 그러나 널리 그리고 깊이 뿌리박힌 이러한 인상은 오해에 기인한다. 자연에 대한 과학적이고 기술적 접근은 가능한 많은 것 중에 하나일 뿐이며 정서적이고 미적 접근을 배제하지 않는다. 게다가 객관화와 인과적 설명은 자연을 완전히 성스럽고 신성불가침적인 것으로 생각하는 자연에 대한 경이롭고 정령숭배적 이해와 거의 결합할 수 없다. 그러나 그러한 이해는 적어도 이미 기독교 유일신론이 자연을 탈신격화시킨 서양에서는 거의 지지되지 않는다. 베버M. Weber의 과학에 의한 "세계의 탈주술화" 개념은 자연의 "마법"이 대체로 더 이상 마술적이고 신화적으로 이해되지 않고 상징적이고 미학적으로 이해되는 시대에는 더 이상 적용되지 않는다. 내 창 앞에 있는 것[나무]이 목질로 만들어졌다는 지식은, 나무가 인간이 형성할 수 있는 생각,

가령 오래된 공원의 마법으로 되돌아간다는 지식과 마찬가지로, 인간 체형과 비슷한 나무의 외형적 특성과 "너로 명증되는 것"을 "마법화할 수 없다". 자연물은, 인간인 내가 그것의 내적 구조, 행동방식, 기원에 대해 더 많이 알고 있기 때문에, 더 결핍되는 것이 아니라 오히려 그 반대이다. 자연에 대한 지식이 그 자체로 볼 때 그리고 기술적 적용과는 무관하게 무언가를 파괴한다는 것은 기껏해야 오류와 환상일 뿐이다.

그러나 이러한 지식의 기술적 전환, 즉 자연의 기술적 개입은 그자체로 폭력적이거나 파괴적이지 않다. 프랑크푸르트학파가 극단으로 몰아간 지배와 폭력의 연관성은 (호르크하이머Horkheimer/아도르노Adorno 1944 참조) 기술의 역사적인 우연적 형태보다 그 본질에 덜 영향을 끼친다. 산업 기술과 기계화된 농업이 부담해야만 하는 자연파괴의 원인은 자연을 지배한다는 사실이 아닌 그 지배의 방법에 있다. 기계화된 천편일률에 대한 반대모델은 결코 어떤 기술로도 손대지 않은 황야가 아닌 18세기 후반 영국식 정원의 외견상 자연발생적으로 자란 자연스러움(뵈메Böhme 1989, 87 참조)과 다양하고 소규모로 나뉜 종이 풍부한 19세기의 농업이다. 이 두 가지는 인간의 척도에 따른 자연-기술이 의도적으로 설계한 고도로 인공적인 생산물이다. 자연이 기술에 의해 수단이 된다는 사실은 자연의 존엄성에 관한 어떠한 것도 박탈하지 않는다. 인간의 존엄성과 다른 사람들을 자신의 목적을 위한 수단으로 취급하는 것이 금지된다면, 모든 업무관계와 서비스관계는 인간 존엄성에 위배될 것이다. 인간의 존엄성을 배제하는 것은 인간을 단지 **단순한** 수단으로 만드는 것이다(칸트 1785, 428 참조). 이와 유사하게 사람들이 자연을 억압하고 그 생명의 숨결을 끊고 근본적으로 정복하고 파괴할 경우, 자연지배는 자연의 존엄성에 대한 존중과 결합할 수 없다.

자연에 관한 인간의 통치권을 고수함에도 불구하고 파괴적이고 무자비한 기술에 대한 반대모델은 때때로 자연과의 "동맹"(Bloch 1959, 778), "협력" 혹은 "파트너쉽"(Sachsse 1976 b)이라는 기술에 관한 사상에서 보인다. 그런데 언뜻 보기에 매력적으로 보이는 이 모델은 근본적 반대들에 내맡겨져 있다. 첫째, 인간외적 자연은 인간과 "동맹"을 맺거나 "협력"될 수 있는 고유한 목표와 목적을 가진 주체가 아니다. 인간과 인간외적 자연의 관계는 근본적으로 불균형적이다. 인간은 체계적이고 계획적 방식으로 자연을 연구하고 지배한다. 자연이 인간을 지배한다면 이점은 단지 은유적이고 비유적 의미로만 그렇다. 둘째, 가상적 자연주체의 목표와 목적은 인간과의 교류를 목표로 삼는 것과 거의 관련이 없을 것이다. 문제가 있는 신학적 가정이 없다면, 우리도 우리의 도덕적이고 미적 개념에서 벗어나 있는 우리와의 교류라는 자연의 잠재적 목적을 따라야 할 이유는 없을 것이다.

자연이 자립적 주체라는 매우 추측적 가정이 없다면, 블로흐Bloch(1959, 782)가 헤겔Hegel과 마르크스Marx에서 암시되는 주체를 재수용하는 자연에 대한 기술적 지배의 "교활함"에 대한 비판도 무의미하다. 왜냐하면 "간계"는 인격을 갖춘 존재 혹은 적어도 의식을 가질 수 있는 존재와 관련해서만 정의되고, 이 존재와 연관되어 비판을 받을 가치가 있기 때문이다. 미끼를 달거나 덫을 놓거나 여타의 "기만적" 행동들에 대한 도덕적 비판은 예상되는 행동이 믿을 만하여 문제가 되는 주체인 개별 동물과 관련하여 의미가 있지만(Taylor 1986, 179 이하 참조), 허위의 자연주체와는 거의 관련이 없다. 마취의 발명은, 사람들을 괴롭히는 것을 선호하는 자연을 속이기 때문에, 불쾌한 것이란 말인가? 하지만 블로흐의 명예회복을 위해, 그에게 자연은 처음부터 주체가 아닌, 오히려 자연은 오직 진보하는 기술적 형성과 변형 자체의 역사적 과정을 통해서만 처음으로 주체가 된다는 점이 추가되어야 한다. "자연이 주체가 될 수 있는 진정한 가능성의 성향이 존재한다. 이러한 성향을 붙잡음으로써 자연은 우리의 이익을 위해 자신 안의 최고의 잠재성을 전달하기 위해서만 극복할 수 있는 파우스트의 불의 관계에 들어가게 된다."(Bloch 1959, 810) 자연은 인간 주체에 의해 수용되고 완성될 때에만 주체가 되며 자기객관화의 매개체가 된다. 그러나 이 과정에서 자연이 이전에 인간-자연-중개의 과정에서 가질 수 있었던 목표와 경향은 이 과정의 방향과 척도로 전혀 고려되지 않는다. 오히려 자연이 개발되고 완전하게 되어야 할 "최고의 잠재성"이 겨냥하는 것은 인간의 기준에 따라 인간에 의해 결정된다. 자연은 인간의 '파트너'보다는 기껏해야 그의 교육자인 인간이 평가하는 성향의 교화를 통해서만 인간과 같은 완전성에 도달해야 하는 문하생이다.

그런데 자연지배가 그 자체로 폭력을 의미하는 것이 아니라면, 적어도 인간과 자연의 일종의 소외를 의미하지는 않는가? 자연과의 직접적 접촉, 자연과 교류에서의 친밀성은 자연이 기술적 사용의 대상이 되기 때문에 없어져야 하지 않는가?

일면에서는 특별히 한스 작세H. Sachsse가 보여주었듯이(1984, 22이하), 자연지배는 자연에로의 접근이다. 오늘날 대부분의 사람들은 작동방식을 이해하지 못한 채 수많은 기술 기기들을 다룬다 하더라도, 그 기기들에 기초가 되는 자연적 과정에 대한 이해는 그 어느 때보다 널리 퍼져있다. 그런데 사실은 기술과 문명 시스템의 복잡성이 증가하면서 기술 문맹이 상대적으로 증가한다. 과학적 이해는 기술에 점점 뒤쳐진다. 그런데 이점은 절대적으로 감소하지 않고 증가한다.

하지만 어떤 것을 안다(wissen)는 것은 이 앎의 대상을 [경험하여] 아는 것(kennen)과는 다른 것이다. 사람들은 어떤 사람을 [경험적으로] 몰라도 그 사람에 대한 모든 것을 알 수 있다. 사람들은 그에 대해 많이 알지 못해도 그 사람을 [경험하여] 알 수 있다. 이점은 자연에도 적용된다. 기술이 우리를 자연에서 소외시킨다는 테제는 자연에 대한 앎(Wissen)에 적합하지 않을지라도, 자연과의 [경험적] **앎(교류, Bekanntschaft)**에 적용되는 것처럼 보인다. 이에 대해서는 두 가지 이유가 있다. 첫째, 기술은 자연과의 인지적 대립을 완화하는 정도로 자연과의 실제적 대립으로부터 우리를 보호하는 경향이 있다. 기술전문가들이 '객체의 술책'과 자연의 저항에 대해 이론적이고 실제적으로 더 성공적으로 대처할수록, 완성된 기술의 사용자는 자연에게서 더 많은 것을 피하게 된다. (반면에, 현대사회가 자연의 힘과 운명의 흥망성쇠로부터 스스로를 보호하기 위해 기술적 예방 수단을 강구하면 할수록, 자연과 진정으로 만나는 모험은 더욱 매혹적이다.) 두 번째 이유는 단순한 실체손실이다. 기술의 평준화적용으로 인하여 [경험적으로] 알 가치가 있는 자연은 잔여물에만 존재한다. 자연을 알고자 하는 사람들을 위해 오늘날 대도시의 잔해더미나 낡은 작은 정원은 역설적으로 토지가 정리된 수 킬로미터가 넘는 단종재배 농지를 제공한다. 자연은 동물원처럼 자연보호구역에 갇혀 있다. 체험할 어떤 것이 있는 곳에는 이미 무엇을 경험해야 하는지 우리에게 알려주는 표지판이 있다. 아이러니하게도 자연에서 인간의 자기객관화의 완성, 즉 자연이 인간 자신을 위해 "인간이 되어"가는 "자연의 인간화"(Marx 1844, 538)의 완성과 함께 소외도 절정에 도달한다. 인간이 화해하기를 원하는 것은 화해를 수행하는 과정에서 붕괴된다.

마르크스에게 있어 한편으로 인간에 대한 자연의 동화와 생산력으로서의 기술에 대한 지나친 희망, 다른 한편으로 자연지배에 대한 낭만적 불신이라는 이러한 변증법의 양면은 조화되지 않은 채 대립된다. 자본주의는 생산력을 충분히 "일으키지" 못한다고 비난받지만, "사적 재산과 돈의 지배하에 자연에서 획득된 관조"도 "진정한 경멸, 자연의 실질적 타락"으로 채찍질을 당한다. 마르크스는 "물속의 물고기, 공중의 새, 지구상의 식물처럼, 모든 피조물은 재산이 되었다. 하지만 피조물은 또한 자유로워야 한다", 라는 점을 참을 수 없다고 여겼던 토마스 뮌처Thomas Müntzer를 떠올린다(Marx 1843, 375, Schmied-Kowarzik 1984, 77).

자연과 소외되지 않은 교류의 부정적 측면은 물론 인간이 자연과 일반적으로 겪는 커다란 수고이다. 기술의 소외 작용에 대한 불만은 본질적으로 농부가 아닌 도시민에게서 발생한다. 농부들은 중노동을 경감하기 위해 어느 정도의 기술에 기반을 두는 "자연으로부터 소외"를 즐겨 받아들인다. 낙원에서 추방된 이후 노동으로부터 해방이라는 낙원적 상태를 복원할 수 있는 유일한 가능성은 기술을 계속 발전시키고 이를 완성하는 것이다.

완성된 기술에 대한 꿈은 가장 웅장하게는 보들레르Baudelaire의 「파리의 꿈」(Rêve parisien)에 있는 인공낙원에서(Jauß 1990, 224 이하 참조), 가장 최근에는 마르쿠제H. Marcuse의 철학에서(Marcuse 1967, 57 참조) 많은 사람에 의해 꿈꿔왔다. 극한까지 가속화된 자연지배의 이상향은 근대 초반 프란시스 베이컨F. Bacon의 철학에서 중심적 역할을 한다. 자연의 비밀을 해독하여 낙원의 부와 권력을 손쉽게 얻을 수 있다는 르네상스의 "파우스트적" 모티브는 베이컨의 다음의 급진적 공식으로 표현된다. "아는 것이 힘이다." 앎은 관조적 자기목적이 아닌, 자연의 기술적 변화인 "좋은 마법"(Giovanni Pico della Mirandola)을 제공한다. 모든 앎은 "실용적으로 유용한 적용"(Bacon 1603, 35)과 연관되어야 하지만, 연구는 실용적 유용성이 아닌 "명확성과 인식"을 목표로 삼아야 하며, 이는 "성과의 다발"로 이어져야 한다(Bacon 1620, 51).

학문과 기술의 공통의 목표는 인간을 위한 통치이자 인간의 지배인데, 이는 아담이 식물과 동물에 그들의 이름을 부여함으로써 그들을 손쉽게 통제하는 힘을 결정했던 낙원 같은 상태를 회복시키는 것이다(Bacon 1603, 43).

이런 방식으로 기술은 역사적인 형이상학적 의미를 얻는다. 종교와 마찬가지로 기술은 낙원에서의 추방을 되돌리는 것을 목표로 한다. 마치 종교재판관처럼 "매우 엄격한 신문"을 통해 자연의 비밀을 캐내어 사용하는 학문을 탐낼 정도로 교활하게 베이컨은 인간 타락의 도덕적 부담과 실제 부담을 분리한다. 인간 타락의 도덕적 죄책감은 되돌릴 수 없다. 하지만 사람이 비지땀을 흘리며 빵을 먹도록 영원히 강요하는 것은 없다. 베이컨에게 있어 자연에 대한 근원적 권리를 복원하는 수단으로서의 기술의 정당성은 한편으로는 인간이 타락하기 전에 이미 선포된 지구를 복종시키라는 신성한 명령에서 생기는 것이며, 다른 한편으로는 "자연의 법칙들에 복종"(Bacon 1620, 96)하고 이 법칙들을 계속해서 존중함으로써만 신이 창조한 자연을 지배할 수 있다는 사실에서 생기는 것이다.

내용의 측면에서, 베이컨은 그의 소설 『새로운 아틀란티스』(*Nova Atlantis*)에서 그의 기술적 유토피아를 채웠다. 특히 "원인과 움직임에 대한 인식뿐만 아니라 자연에 숨겨진 힘에 대한 인식, 가능한 모든 것의 한계까지의 인간 지배의 확장에 대한 인식"을 목적으로 하는 학자공동체인 솔로몬의 집의 개념에서 그러하다(Bacon 1624, 205). 솔로몬의 집의 실험실에서 만들어진 기술 발명품들의 목록은 해수담수화와 망원경에서부터 플라스틱, 인공 향료, (유전공학적으로) "식물을 어떤 한 종에서 어떤 다른 종으로의" 변환에 이르기까지 다양하다(Bacon 1624, 207 이하 참조).

그런데 베이컨의 기술낙관주의는 결정적이고 문제가 되는 단계로 더 나아간다. 그는 기술이 자연에 대한 인간의 주권을 되찾기 위한 수단을 제공할 뿐만 아니라, 기술의 유용성에 대한 명증성이 그것을 적용하는 방법에 대한 각각의 더 많은 반성을 남겨둘 것이라고 기대한다. "인류가 신에 의해 의도된 자연에 대한 지배권을 얻도록 하라. 그것은 하나님이 의도한 것이다. … 올바른 적용을 위해 건전한 이성과 종교가 보살필 것이다."(Bacon 1620, 97) 기술은 적용과 용량 자체를 조절하는 자체조절 시스템으로 미화된다. 따라서 베이컨은 그 이후로 널리 퍼진 '기술 만능주의'로 왜곡된 의식형태를 예상한다. 즉 기술적 수단의 진보는 자체적으로 볼 때 이미 진보를 위해 충분하며 진보의 잠재적 장애물은 기술적 수단으로 제거될 수 있다는 맹목적 신뢰가 그것이다.

7장
기술적 진보는 정녕 진보인가?

오늘날 그 누구도 기술-낙관적 가정의 허위를 납득시킬 필요는 없다. 모든 기술적 진보가 당연히 인류의 진보도 아니고, 기술로 인해 발생하거나 공통으로 발생하는 모든 어려움에 대해 이전과 같이 그렇게 진척시킬 수 있도록 허용하는 "기술적 해결"이 준비된 것도 아니다. 플라톤의 프로메테우스와 에피메테우스에 관한 신화에서 프로메테우스는 사람들에게 제우스에서 훔친 불을 사람들에게 주지만, 모든 활약에도 불구하고 제우스에게 공동생활의 도덕적 규범인 정치술을 빼앗을 시간은 없었다. 그 후에 사람들은, 제우스가 그들을 불쌍히 여기고 "도덕적 수치심과 정의감"을 부여함으로써 그들을 자멸로부터 보호할 때까지, 서로를 죽인다(Protagoras 322c, Platon 1974, 204).

기술적 진보가 항상 그리고 반드시 진보를 의미하는 것은 아니다, 라는 사실은 그럼에도 불구하고 약간 역설적으로 보이는 상투어이다. 왜냐하면, 한편으로 기술적 진보는 일반적으로 진보의 원형 자체와 같은 것이기 때문이다. 설정된 목표는 새로운 기술을 통해 더 완전하고, 더 빠르고, 더 안정적이고, 더 저렴하게 달성되거나, 명확하게 정의되고 비교적 일정하며 쉽게 입증될 수 있는 다른 기준에 따라 더 잘 달성된다. 다른 한편 언어적 제약이 영향을 미칠 수 있을 것이다. (진화 또는 발전이라는 개념들과 유사하게) '진보'라는 개념을 변화에 적용시키는 사람은 변화가 추구하는 목표나 기반으로 삼는 기준에 대한 긍정적 평가를 이미 피력한다. 침입절도나 전화도청의 기술의 완성을 사람들은 '진보'라고 하길 원하지 않을 것이다. 반어적으로 말하거나 실제로 그때마다의 절도와 도청의 목적에 동의한다고 드러내지 않는 한 말이다.

‘진보’라는 개념은 이중적 칭호이다. 항상 특정 목표와 연관되거나 특정 척도와 관련되는 한에서 어떤 것이 진보가 된다. 따라서 경제적, 사회적, 문화적, 도덕적 그리고 여타의 진보들이 반드시 일치하는 것은 아니다. 그러나 진보와 퇴보의 다채로움에서 기술적 진보는 특별한 지위를 가진다. 기술적 진보는 항상 수단에만 관련되기 때문에, 기술적 진보는 다른 유형의 진보가 아니라, 삶, 건강, 안전, 자유, 복지, 환경의 질, 도덕성, 정의 또는 좋은 취향 같은 다른 가치가 실현되는 효율성의 증가일 뿐이다.

이점에서 기술적 자연지배의 가능성의 증가가 인간의 진보와도 연결되어야 한다, 라는 기술적 낙관주의자들의 희망은 처음부터 희망사항에 불과한 특징을 가지고 있었다. 충격적인 역사적 결과를 고려할 때, 사실상 정통 마르크스주의와 테야르 드 샤르댕Teilhard de Chardin의 진화적 역사형이상학과 같이 의도적으로 경험적 반증을 회피하는 독단적 역사철학만이 기술적 진보와 사회적, 문화적, 도덕적 진보가 필연적으로 서로 결합되어 있다는 테제를 견지할 수 있다. 현대 첨단기술에 따른 전쟁의 비인도성은 이전의 인간 대 인간의 학살전쟁에 어떤 면에서도 뒤지지 않는다. 부유한 선진공업국에서 외국인과 소수 민족과의 사회적 교류의 형태가 이전 세기보다 현저히 문명화되었다. 동시에 점점 더 많은 사람들이 범죄 공격과 다른 형태의 사회적으로 해로운 행동으로 인해 위태롭다고 느낀다. 경제적 생산성에 대한 기술적 진보가 다음과 같은 객관적 삶의 질의 중요한 요소들에 미치는 결정적 영향은 이론의 여지가 없다. 급격히 늘어난 예측수명, 높은 건강수준, 전염병에 대한 보호, 자연의 변화와 변천으로부터의 증가하는 독립성으로 인한 자유의 증대가 그것이다. 그러나 산업화된 세계를 풍요롭게 만들었던 바로 그 기술적 개선이 세계의 다른 지역을 가난하게 만들었다. 진실은 그 어느 때보다 오늘날 더 많은 사람들이 굶주리고 가치 없는 생활조건의 삶을 선고받는다는 점이다.

기술은 작은 재난을 방지하고 큰 재난을 가속화하는 약물이다. 기술은 매우 많은 문제를 해결함으로써 조만간에 모든 문제를 해결할 것이라는 믿음으로 우리를 달래준다. (의학에서도 비슷한 것을 관찰할 수 있다. 의학이 발전할 때마다 운명적인 것을 그 자체로 인식하고 견디어 내는 마음가짐이 감소한다. 제어되지 않은 자연적 제약의 침입지점으로서의 출생, 노년, 죽음은 점점 더 충격으로 경험된다.) 물론 기술에 대한 신뢰는 단지 희망적 관측만이 아니다. 많은 영역에서 기술은 다른 영역의 문제뿐만 아니라 그 자신의 문제도 해결하는 데 인상 깊게 성공한다. 복구과학기술("대응기술")을 통해서나 위험의 원인을 대체하여 자체적으로 생성된 손상과 위험을 방지, 제거 혹은 최소한 감소함으로써 그러하다. 그러나 인구증가의 통제, 미래세대를 위한 자원보존, 화석연료의 연소로 인한 기후변화의 방지, 증대하고 있는 인류에게 식량, 물, 위생, 알맞은 생계 제공이라는 세계적으로 큰 도전은 완성된 기술의 사용이 근본적 행동변화를 대체할 수 없다는 것을 오해의 여지가 없이 분명히 보여준다. 미래의 전세계적 문제에 대한 기술적 해결책은 기술에 없다. 화석연료의 연소로 인해 나타나는 기후변화를 일으키는 온실가스의 배출은 기술적 수단을 통해 방지될 수 없다. 피임기술의 발달이 그 기술이 실행된다고 보장하지는 않는다. 가장 빈곤한 곳에서는 '녹색 혁명'은 일어나지 않는다. 우리와 가까운 곳에서도 비슷한 것이 적용된다. 기술적 안전예방책과 기술적 환경보호는 교통도로와 같이 감정이 앞서는 지역에서는 안전과 환경의 질을 단지 제한적으로만 향상시켰다. 그러나 기술적 의료지원은 예측수명을 늘릴 수 있고 어쩌면 '돌봄 비상사태'를 완화시킬 수 있다.

8장
기술에 대한 책임

기술에 대한 책임이라는 말은 미사어구와 의례적 변명으로 변질될 위험이 있다. 오늘날 한스 요나스H. Jonas의 『책임의 원칙』(1979)을 인용하면서 산업체의 기념일을 축하하는 연사는 없다. 그러나 동시에 기업내부의 로비스트들은 더 구속적 환경법과 높은 연료가격에 맞서 성공적으로 싸우고 있다. 특히 사회학자들 사이에서 책임의 가치를 하락시키는 주문, 즉 "값싼 도덕적 부글거림"(Guggenberger 1987, 14)에 대한 만연된 회의론은 완전히 정당화된다.

물론 이로써 기술에 대한 책임의 문제가 불필요하다는 것은 아니다. 기술의 계획, 현실화, 적용을 항상 어떤 방식으로든 제어할 수 있는 가능성이 존재하는 한, 그에 대한 책임도 존재한다. 기술에 대한 책임의 거부는 오직 기술의 추진력이 목표로 하는 개발, 현실화, 적용에 영향을 미칠 어떤 여지도 남기지 않는 기술 결정론(technologischer Determinismus)을 기초로 해서만 가능하다. 기술 결정론이 옳다면, 설계자, 기획자, 관리자와 과학기술정책가가 방향이나 속도의 측면에서 기술혁신의 과정에 영향을 미칠 수 있다는 생각은 착각일 것이다. 사실상 그들은 그들의 결정에 따라 처음부터 고정적이고 절대적으로 불가피한 개발을 합법적으로 수행한다.

기술개발의 추진력에 대한 증거는 부족하지 않다. 가령 무관한 여러 발명가들에 의해 수많은 기술적 발명들이 동시적으로 이루어졌다. 전기모터를 발명했던 일은 5개국의 5명의 사람들에 의해 주장되었다. 윤전식 인쇄, 타자기, 재봉틀에도 동일하게 적용된다(Stork 1977, 25 참조). 기술의 개발규모에 따라, 하나의 성과가 그 다음 성과를 이끄는 "자율적 유도"는 심지어 가속화되는 것처럼 보인다(Lenk 1984, 90 참조). 이점은, 한번 성공한 개발라인에 대한 다른 기술, 경제, 생활영역의 여러 기존의 의존성을 고려하고 연구와 개발에서 추가개발과 후속개발을 통해 투자비용의 회수를 강제하는 선행조치가 증대한다는 점을 고려할 때, 놀라운 일이 아니다. 철학적으로 엄밀하게 보자면 '외부 상황에 의한 압력'이 존재하지 않으며 원칙적으로 누구에게나 이미 시작된 발전을 언제나 중단할 수 있는 자유가 있다고 하더라도, 개발과 적응의 높은 비용에서 한번 성공한 방법을 속행해야 한다는 엄청난 경제적, 정치적 압박이 있다. 가장 엄청난 것은 가령 군비경쟁과 같은 경쟁의 조건에서 기술개발의 추진력이다. 적대적 상대방이 가능한 기술 혁신을 처음으로 도입할 단순한 가능성은, 상대측이 실제로 기술 개발을 생각하지 않을 때에도, 기술 개발로 이어질 수 있고 상대방의 가능한 발전을 예상함으로써 '추적'을 강요받을 수 있다.

그러나 특정 기술을 개발하라는 '압력'이 각 행위자에 대한 실존적 제재조치와 연결될 때, 즉 그가 문자 그대로 다른 선택의 여지가 없을 때, 우리는 기술 결정론의 엄격한 의미에서 기술의 추진력에 대해 말할 수 있다. 가령 '제2차 세계대전에서 일본의 도전'과 같은 국제적 경쟁에 대한 자주 언급되는 암시는 의심스러운 기술개발에 대한 국가의 요구를 정당화하기 위해 충분하지 않다. 이러한 "결정론"은 스스로 만든 것이다(참조, Ropohl 1985, 231 참조). 가령 핵관련 증식로기술이나 재처리기술과 같은 논란이 되는 기술 개발을 계속하거나 요구할 '압력'이 있어야 한다는 것은, 이러한 개발의 비효율성이 명백해지자마자 다른 나라들이 이러한 생산기술을 간단히 포기할 수 있고 '압력'이 적용되지 않는다는 것만큼이나 인정되기 어렵다. 특정 영역에서 마술사의 견습생처럼 통제와 교정을 회피하는 기술의 자가진행이 있을 수 있다 하더라도, 일반적인 기술 결정론은 그럴듯해 보이지 않는다. 기술 결정론의 가설에서 시작하는 것 또한 실용적이고 심리적 관점에서 의심스러워 보인다. 왜냐하면 기술 결정론은 의사결정권자와 책임자를 단순히 꼭두각시로 취급하는 자립적 권력을 지닌 기술'의' 실체화보다 책임의 자기면제라는 널리 유포된 경향을 더 수용하기 때문이다(Schelsky 1961, 21 이하 참조).

기술에 대한 책임의 문제에는 인과적 귀책의 문제(누가 그리 했는가?), 책임전가의 문제(누구에게 책임이 있는가?), 실패할 경우 해명의 의무 또는 보상의 의무에 대한 문제(누가 피해에 대한 책임을 져야하는가?)가 중요하지 않다. 오히려 기술에 대한 책임의 문제에는 예측 가능한 유해하거나 위험한 기술은 방지되지만, 예측적이거나 잠재적으로 복지를 향상시키는 기술이 필요하다는 점에 작위와 무작위가 기여할 의무가 어느 정도 있거나 있어야 하는가가 중요하다. 이 질문은 책임의 주체, 책임의 도달범위, 그리고 결정적으로 책임의 내용에 대한 질문이라는 세 가지 하위질문을 포괄한다.

기술에 대한 책임과 연관하여 가장 어려운 질문 중 하나는, 어떻게 기술개발을 위해 행동하고 행동하지 않을 책임이 이와 연관된 다양한 개인적이고 집단적 행위자(과학자, 발명가, 설계자, 금융가, 사용자 등)에게 할당되는가, 라는 물음이다. 이 질문에 대해 단순하고 누구나 만족스러운 대답이 있는지는 의심스럽다. 그러나 사람들은 대체적으로 책임할당에 대한 동일한 기준이 다른 생활영역과 마찬가지로 기술의 영역에도 적용된다고 결론을 낼 수 있을 것이다. 여기에는 모든 행위자가 자신의 행위와 무작위의 결과에 대해 도덕적으로 책임이 있음을 포함한다. 행위자의 이러한 도덕적 책임은 (1) 그의 행위와 무작위의 결과가 지식의 객관적 상태에 따라 예측될 수 있고, (2) 그가 그러한 결과를 피하거나 예방할 수 있고, (3) 그가 행동이나 무작위에 대한 책임을 떠맡을 것이라고 기대할 수 있는 만큼 나타난다. 누구도 예측할 수 없거나, 피할 수 없고, 피하기 위해서는 영웅적 노력이 필요로 하는 행동이나 무작위의 결과에 대한 도덕적 책임을 부담할 수 없다. 요구할 만한 것은 예측 가능한 손해나 위험의 무게에 따라 다르다. 회사의 명령으로 제품을 개발하는 엔지니어가 그 제품이 상당한 피해를 야기할 확률이 높다는 것을 예측했다면, 그는 (비록 이것이 그의 경력에 악영향을 미칠지라도) 의심할 여지없이 제품에 대한 공동작업을 거부할 도덕적 의무가 있을 뿐만 아니라, 핵심 주무 관청이 생산전략의 변경에 영향을 끼치도록 하고, 대중에게 경고하며, 지원을 동원할 도덕적 의무가 있다. 책임이 사회적으로 정의된 역할에 의해 내용적 측면에서 입증되지 않고 그 동기에 안전조치가 취해지지 않고 전체시스템의 작용범위가 제한되었을 때 책임에 대한 할당과 인수의 전체시스템이 작동하지 않다 하더라도, 이익과 손해, 기회와 위험이 상당한 비중의 위험에 직면할 경우, 도덕적 책임은 항상 관습적이거나 계약상 규정된 역할의무보다 더 나아가야 한다(Lenk 1987, 140 f. 참조). 특히 기존의 '도덕적 분업'의 시스템이 새로운 도전을 감당하지 못한다면, 더욱 그러하다. 관습적으로 아무도 책임감을 느끼지 않는 과제에 대해 책임감을 느끼는 것은 긴급하게 필요한 방향전환의 계기가 될 수 있다.

모든 회사가 오로지 자신의 성과에 대해서만 책임을 지고, 모든 국가가 오로지 자신의 주민에 대해서만 책임을 지고, 현재가 단지 현재에 대해서만 책임을 지는 관습적 책임분배 시스템은 기술개발과 그 적용에서 공간적이고 시간적으로 의도하지 않은 부차적 영향의 중요성이 의도된 주된 영향을 빈번히 초과하고 부차적 영향이 대부분 원인자의 주요 책임영역의 밖에서 발생하는 세계에서 더더욱 의심스러워졌다. 관습적 기준에 따라 책임감을 느낄 필요가 없는 사람들에게 영향을 미치는 공간적이고 시간적 '외적 효과'는 너무도 쉽게 의식에서 배제된다. 가령 무기시스템의 개발과 생산에서 이러한 무기가 폐기된 후 제3세계의 세력가의 손에 들어간다는 사실에서 발생하는 위험은 종종 고려되지 않는다.

기술에 대해 책임을 진다는 것은 내용적 측면에서 다음을 의미한다. 즉 이것은 어떤 완벽한 것을 창조하는 것이 아니라, 생산기술의 개발과 진보에 앞서 사람·사회·환경에 관한 가능한 한 포괄적이면서도 대안적 입장과 가치관점에서 나타나는 사정과 평가가 선행되어야 하는 것을 의미한다. 기술윤리는 의심스러운 기술개발에 대한 푸념이 그 본질이 되어서는 안 되고, 오히려 핵심적 요소로서 기술의 막다른 골목을 미리 경고하는 다분야의 "기술의 종합평가"에까지 깊이 파고 들어가야 한다. 기술의 검증을 위해 비용이 많이 투자되어서 개발의 지속적 추구를 위해 편견들이 만들어지기 전에 말이다.

기술의 결과에 대한 평가에서는 확실히 발생하는 이익과 손해의 규모를 비교하는 것이 중요한 것이 아니라, 오히려 일반적으로 기회와 위험에 대한 다소 불확실한 평가가 중요하다. 기술의 대상의 위험은 좁은 의미의 기술적 위험(기술적 구성요소의 실패)으로 축소되어서는 안 되고, 오히려 인간과 기계의 "사회-기술의 시스템"(Ropohl 1979, 180 이하 참조)이 가져오는 전체적 위험을 포괄해야 한다. 결정적 요소는 기술적 수단시스템의 안전이 아니라, 인적 수단시스템 전체의 안전이다. 자동차의 위험은 자동차가 너무 나쁘다는 것이 아니라, 오히려 너무 잘 작동하여 운전자를 부적절하게 운전하도록 부추긴다는 것이다(Kaufmann 1973, 61 참조). 재난의 가능성을 지닌 과학기술의 위험의 본질은 과학기술이 기술적으로 실패할 것이라는 데 있지 않고, 오히려 과학기술이 너무 성공적이어서 이를 통해 장기적으로 경계를 위한 준비를 마비시키는 데 있다.

기술시스템의 남용의 위험을 평가할 경우, 기술자가 자신의 도덕적 신념에 반하여 기술 작업을 계속 수행하려는 유혹에 약하다는 점을 간과해서는 안 된다. 이와 같은 기술적 도전은 종종 너무 감정적으로 부담이 되어, 더 나은 통찰에도 불구하고 해결하려는 노력이 중단되지 않는다. 원래 준비했던 독일에 대한 원자폭탄의 투하가 더 이상 고려되지 않았음에도 불구하고, 로스앨러모스*에서 원자폭탄의 개발은 1945년 5월 독일의 항복 후에도 계속되었다. 연루된 과학자들을 위해 폭탄 개발을 합법화한 원래 이유와는 달리, 폭탄이 없는 것으로 알려진 국가에 폭탄은 사용되었다. 독립된 수단은 자신의 목적을 달성했다.

더 나아가 기술혁신의 직·간접적 기회와 위험에 대한 평가는 관습적 방법을 통해 추정할 수 있고 평가할 수 있는 변수에 국한되어서는 안 된다. 오히려 그러한 평가는 사망 또는 소득손실과 같은 명확한 방식으로 정량화되거나 비교할 수 없는 '유연한' 가치도 동시에 포함해야 한다. 이러한 유연한 가치에는 특히 도시와 경관의 미적 질과 같은 '내재적 가치'와 보호가치가 있는 자연요소의 보존과 같은, 사용관심사와는 무관하면서도 종종 강렬한 선호로 나타나는 '존재 가치'가 속한다(Pommerehne 1987, 178 참조). '유연한' 가치는 기술의 위험들이 높은 손상가능성과 낮은 발생개연성으로 유발될 것이라는 두려움도 포함한다. 두려움이 통계적으로 작은 위험에 대한 오해에 기인한다고 하더라도, 두려움이 단순히 '히스테리인 것'으로서 중요하지 않게 배제될 수는 없다.

원자력에너지의 방사성 폐기물이나 화학산업의 맹독성의 잔류물과 같은 현대 기술로 인해 발생하는 수많은 위험들은 먼 미래로 확장되고 예상할 수 없는 일련의 세대들을 위협한다. 이와 같은 장기간의 후속비용을 평가할 때, 경제학에서 널리 유포된 '시간할인' 방식을 비판 없이 차용해서는 안 된다. 이 방식에 따르면 먼 미래에 발생한 손실은 상응하는 현재의 손실보다 더 낮게 평가되어 결과적으로 장기적 위험이 체계적으로 과소평가된다. 오히려 미래에 발생할 수 있는 피해에 대한 할인이 어느 정도까지 정당화되는지는 각각의 특수한 사례에서 입증되어야 한다(Birnbacher 1988, 90 참조).

책임 있는 기술개발에 대한 질문은 기회와 위험을 포괄하는 사정과 평가를 통해 부분적으로만 답변된다. 위험추정과 위험평가의 불확실성을 고려하여 —특히 미개척분야의 과학기술의 경우— 구체적 결정이 이루어지기 위해서는 추가 기준들이 필요하다. 최근 몇 년간의 기술적 윤리적 논의를 살펴보면, 특히 "공포의 발견술"(Heuristik der Furcht)(Jonas 1979, 63)과 기술개발의 가역성(Reversibilität) 원칙(Collingridge 1980, 31)이라는 두 가지 기준이

---

*역주. 미국 뉴멕시코주 중북부의 도시(다음백과)

중심에 있었다. "공포의 발견술"은 재난가능성을 지닌 위험을 피할 수 있는 기회보다 위험을 더 중시하고, 낮은 손상가능성을 지닌 기술을 우수하다고 보고, 개관할 수 없는 위험이 발생할 경우 기술적 개입을 완전히 포기한다는 것을 의미한다. 이러한 기준을 정당화하기 위해 거의 의심스럽지 않은 다음의 사실들이 언급될 수 있다. 먼저 어떤 기술도 100% 안전하지 않다는 사실이다. 예를 들어 매우 복합적이고 고도로 네트워크화된 현대 기술시스템의 경보시스템이 더 이상 투명하지 않고 의심스러운 경우 경고신호는 신뢰되지 않는다(Perrow 1987, 55). 그 다음, 적어도 특정 수준의 번영에 도달한 후, 기술의 커다란 위험을 감수해야 한다는 느낌은 위험한 기술 시스템의 포기보다는 오히려 어쩔 수 없는 선택으로 받아들여진다는 사실이다. 마지막으로 대중과 정치에서의 특정 위험의 혐오는 엔지니어의 기술적 낙관주의에 반하는 균형추로서 이미 실용적 이유들로 인해 필수불가결한 것으로 되었다는 사실이다.

가역성의 기준은 기술개발을 계획하여 기술개발이 예측하지 못했던 오류의 원인과 위험의 원인이 발견될 경우 중대한 경제적, 사회적 결과 없이 중단, 취소, 수정될 수 있도록 요구하는 것이다. 오류는 전체시스템의 위기 없이 발견, 분리, 수정될 수 있어야 한다(Guggenberger 1987, 23 참조). 그러나 무엇보다도 사회는 100%만 작동하거나 곧바로 재앙으로 이르게 하는 '무결점 기술'에 관여해서는 안 된다.

■ 인용된 문헌

Albert. H. 1972, Wissenschaft, Technologie und Politik, in: *Konstruktion und Kritik. Aufsätze zur Philosophie des kritischen Rationalismus*, Hamburg.

Bachmann. I. 1964, *Gedichte, Erzählungen, Hörspiel, Essays*, München.

Bacon, F. 1984, *Valerius Terminus. Von der Interpretation der Natur* (zuerst 1603), Franz Trager (편), Würzburg.

_______. 1971, *Neues Organ der Wissenschaften* (zuerst 1620), A. T. Brück (편), Darmstadt.

_______. 1960, *Neu-Atlantis* (zuerst 1624), in: *Der utopische Staat*, K. Heinisch (편), Reinbek bei Hamburg.

Birnbacher, D. 1988, *Verantwortung für zukünftige Generationen*, Stuttgart.

Bischof, N. l985, *Das Rätsel Ödipus. Die biologischen Wurzeln des Urkonfliktes von Intimität und Autonomie*, München/Zürich.

Bloch, E. 1965, *Die Angst des Ingenieurs* (zuerst 1929), in: *Literarische Aufsäze*, Gesamtausgabe Bd. 9, Frankfurt/M.

_______. 1959, *Das Prinzip Hoffnung*, Frankfurt/M.

Böhme, G. 1989, *Für eine ökologische Naturästhetik*, Frankfurt/M.

Büchel, W. 1981, *Die Macht des Fortschritts. Plädoyer für Technik und Wissenschaft*, München.

Collingridge, D. 1980, *The social control of technology*, London/New York.

Descartes, R. 1960, *Discours de la methode/Über die Methode* (zuerst 1637), Hamburg.

Dessauer, F. 1956, *Streit um die Technik*, Frankfurt/M.

______ ²1970, *Kooperative Wirtschaft*, Frankfurt/M.

Duddeck. H. 1987, Probleme der Technikfolgenabschätzung aus der Sicht der Ingenieurwissenschaften, in: *Techniktheorie — Technikforschung — Technikgestaltung*, K. Lompe (편), Opladen.

Fourastié, J. 1954, *Die große Hoffnung des Zwanzigsten Jahrhunderts*, Köln.

Freyer, H. 1955, *Theorie des gegenwärtigen Zeitalters*, Stuttgart.

________. 1960, *Über das Dominantwerden technischer Kategorien in der Lebenswelt der industriellen Gesellschaft*, Wiesbaden.

Frisch. K. von 1974, *Tiere als Baumeister*, Frankfurt/Berlin/Wien.

Gehlen, A. 1974, *Der Mensch. Seine Natur und seine Stellung in der Welt* (zuerst 1940), Frankfurt/M.

________. 1957, *Die Seele im technischen Zeitalter. Sozialpsychologische Probleme in der industriellen Gesellschaft*, Hamburg.

________. 1961, Die Technik in der Sichtweise der Anthropologie, in: *Anthropologische Forschung*, Reinbek bei Hamburg.

Guggenberger, B. 1987, *Das Menschenrecht auf Irrtum. Anleitung zur Unvollkommenheit*, München.

Habermas, J. 1968, Erkenntnis und lnteresse, in: *Technik und Wissenschaft als "ldeologie"*, Frankfurt/M.

Heidegger, M. 1954, Die Frage nach der Technik, in: *Vorträge und Aufsätze I*, Pfullingen

Horkheimer, M./Adorno, Th. W. 1969, *Dialektik der Aufklärung* (zuerst 1944), Frankfurt/M.

Hübner, K. 1973, Philosophische Fragen der Technik, in: *Techne, Technik, Technologie*, H. Lenk/S. Moser (편), Pullach.

Jauß, H. R. 1990, Kunst als Anti-Natur. Zur ästhetischen Wende nach 1789, in: *Die Trennung von Natur und Geist*, R. Bubner/B. Gladigow/W. Haug (편), München.

Jonas, H. 1979, *Das Prinzip Verantwortung. Versuch einer Ethik für die technische Zivilisation*, Frankfurt/M.

Kant, I. 1903/1911, *Grundlegung zur Metaphysik der Sitten* (zuerst 1785), in: *Schriften. Akademie-Ausgabe*, Bd. 4, Berlin.

Kaufmann, F.-X. ^{2}1973, *Sicherheit als soziologisches und sozialpolitisches Problem*, Stuttgart.

Klages, L. 1980, *Mensch und Erde. Ein Denkanstoß* (zuerst 1913), Bonn.

Köhler, W. 1963, *Intelligenzprüfungen an Menschenaffen*, Berlin.

Leiss, W. 1972, *The domination of nature*, New York.

Lem, S. 1981, *Summa technologiae*, Frankfurt/M.

Lenk, H. 1984, Zum Verarttwortungsproblem in Wissenschaft und Technik, in: *Ethik der Wissenschaften? Philosophische Fragen*, E. Ströker (편), München/Paderborn.

_______. 1987, Über Verantwortungsbegriffe und das Verantwortungsproblem in der Technik, in: *Technik und Ethik*, H. Lenk/G. Ropohl (편), Stuttgart.

_______ /Moser, S. (편) 1973, *Techne, Technik, Technologie*, Pullach.

_______ /Ropohl, G. (편) 1987, *Technik und Ethik*, Stuttgart.

Marcuse, H. 1967, *Der eindimensionale Mensch. Studien zur Ideologie der fortgeschrittenen Industriegesellschaft*, Neuwied/Berlin.

Marx, K. 1956, *Zur Judenfrage* (zuerst 1843), in: *Werke (MEW)*, K. Marx/F. Engels, Bd. 1, Berlin.

______. 1985, *Ökonomisch-philosophische Manuskripte* (zuerst 1844), in: *Werke (MEW)*, K. Marx/F. Engels, Bd. 40, Berlin.

Ogburn, W. F. 1969, Die Technik als Umwelt, in: *Kultur und sozialer Wandel. Ausgewahlte Schriften.* Neuwied/Berlin.

Ortega y Gasset, J. 1949, Betrachtungen über die Technik, in: *Betrachtungen über die Technik/Der lntellektuelle und der Andere*, Stuttgart.

Perrow, Ch. 1987, *Normale Katastrophen. Die unvermeidbaren Risiken der Großtechnik*, Frankfurt/M.

Platon 1974, *Samtliche Werke. Jubiläums-Ausgabe*, Bd. 1, Zürich.

Pommerehne, W. W. 1987, *Präferenzen für öffentliche Güter*, Tübingen.

Rapp, F. 1973, Technik und Naturwissenschaften − Eine methodologische Untersuchung, in: *Techne, Technik, Technologie*, H. Lenk/S. Moser (편), Pullach.

______. 1981, Die Technik als Fortsetzung der Evolution?, in: Ders., N*aturverständnis und Naturbeherrschung. Philosophiegeschichtliche Entwicklung und gegenwärtiger Kontext*, München.

Ropohl, G. 1979, *Eine Systemtheorie der Technik. Zur Grundlegung der allgemeinen Technologie*, München/Wien.

______. 1985, *Die unvollkommene Technik*, Frankfurt/M.

Rumpf, H. 1973, Gedanken zur Wissenschaftstheorie der Technikwissenschaften, in: *Techne, Technik, Technologie*, H. Lenk/S. Moser (편), Pullach.

Sachsse, H. (편) 1976 a, *Technik und Gesellschaft*, Bd. 3, Pullach.

______. 1976 b, Der Mensch als Partner der Natur, in: *Überleben und Ethik. Die Notwendigkeit, bescheiden zu werden*, G.-K. Kaltenbrunner (편), Freiburg.

______. 1978, *Anthropologie der Technik. Ein Beitrag zur Stellung des Menschen in der Welt*, Braunschweig.

______. 1984, *Ökologische Philosophie. Natur − Technik − Gesellschaft*, Darmstadt.

Scheler, M. ²1960, Erkenntnis und Arbeit, in: *Die Wissensformen und die Gesellschaft (1926)* (= Ges. Werke, Bd. 8), Bern.

Schelsky, H. 1961, *Der Mensch in der wissenschaftlichen Zivilisation*, Köln/Opladen.

Schmied-Kowarzik, W. 1984, *Das dialektische Verlältnis des Menschen zur Natur. Philosophiegeschichtliche Studien zur Naturproblematik bei Karl Marx*, Freiburg/München.

Spengler, O. 1923, *Der Untergang des Abendlandes. Umrisse einer Morphologie der Weltgeschichte*, München.

Stork, H. 1977, *Einführung in die Philosophie der Technik*, Darmstadt.

Taylor, P. W. 1986, *Respect for nature. A theory of environmental ethics*, Princeton (N. J.)

Waldenfels, B. 1990, Reichweite der Technik, in: *Der Stachel des Fremden*, Frankfurt/M.

Weber, M. 1956, *Wirtschaft und Gesellschaft. Grundriß der verstehenden Soziologie*, Tübingen.

Wünschmann, A. 1980, *Unbewußt dagegen. Zur Psychologie der Kernenergie-Korttroverse*, Stuttgart.

5부 _ 의식

- H. 하슈타트

들어가는 말

모든 철학은 동시에 의식철학(Bewusstseinsphilosophie)의 한 형태이다. 왜냐하면 일정 수준의 인간 의식성(Bewusstheit)에서 일상적 자명함 자체에 대한 반성적 질문인 철학이 가능하기 때문이다. 그런데 근대 철학이 시작한 때에야 철학자들은 기본적 의식성과 비교하여 특별한 가정을 포함하고 있는 의식 개념을 관심의 중심에 둔다. 따라서 근대 특유의 의식철학은 의식주제에 관한 다양한 측면을 다 길어내지 못한다. 특히 '의식'은 그 의미가 결코 좁게 한정되지 않는 표현이다. 처음부터 이 논의를 근대 의식철학에 제한하지 않기 위해, 의식주제의 다양성이 적어도 도입부에서 일상언어 문장의 도움으로 예시되어야 한다.

1. "그는 심각한 사고 후 의식을 잃었다."
2. "당신의 발언으로 해서 저지른 잘못을 의식해라."
3. "나는 어제 이 시간쯤에 무엇을 했는지를 의식하려고 한다."

4. “동료인 뮐러의 의견은 잘못된 의식으로 물들어 있다.”
5. “내가 아는 사람은 지그프리트만큼 자의식이 강하지 않다.”
6. “이러한 말로 패트리시아는 아주 의식적/의도적으로 친구를 모욕하려 했다.”
7. “마리아는 결코 무위도식하지 않고 자신의 삶을 매우 의식적으로 설계한다.”

이러한 7개의 문장은 의식이라는 주제의 다양성에 관한 소소한 인상을 준다. ‘의식’은, 첫 번째 문장이 지닌 의학적 핵심의미를 제외하면, 특히 그 자체로 간단하게 설명될 수 없는 개념으로 파악되며, 관련된 철학적 이론적 맥락을 항상 고려해야 한다. 예를 들면 두 번째 문장에서 의식의 요구는 양심 개념과 밀접하게 연결된 의식 개념의 오랜 전통을 유지하는 윤리적 핵심의미를 지니며, 이는 사람에게 자신의 행동의 결과를 직시하도록 요청한다. 이 경우에는 의식이 없는 사람이 요청을 통해 의식을 되찾는 것이 중요한 것이 아니라 특정 행동에 대한 반성이 요구된다는 점이 중요하다.[1] 근대 이전의 철학 전통에서는 이러한 양심 중심의 의식 개념이 지배적이었지만, 이러한 의식 개념은 근대 철학의 의식 개념에 의해 밀려나게 되었다(오늘날의 재결합에 대해서는 6장 “의식과 윤리”를 참조하라). 데카르트는[2] 의식을 양심과 분리하고 윤리적 핵심의미를 포기함으로써 새롭게 의식을 주제화시킨 증인이 된다. 데카르트적 의미에서 ‘의식’은 근대 철학과 그 인식론의 중심 개념이 된다(1장 “데카르트와 의식철학”과 2장 “경험론적 인식론과 칸트에서의 의식” 참조). 개인**심리학**은 우리 시대에 이르기까지의 데카르트의 전통에서 의식심

---

* 나[하슈테트]는 마르텐스[L. Martens]에게 이 논문의 이전 초안에 대한 꼼꼼한 비판과 개선을 위한 상세한 제안에 대해 진심으로 고마움을 표한다.

1) 라틴어 용어 conscientia와 라틴어와 관련된 표현(예를 들어 영어의 conscience)은 여전히 좁은 의미에서의 의식과 양심이라는 이중적 의미를 포함한다. 『철학 역사 사전』(*Historisches Wörterbuch der Philosophie*)의 “의식” 항목(Sp. 889)을 참조하라.

2) 저자에 관해 특별한 정보가 제공되지 않는 경우, 정보는 항상 “인용된 문헌”에서 있는 저작들과 관련된다. 본문에서의 쪽수표시는 마지막에 언급된 저자의 작품 혹은 참고문헌 목록에서 유일하게 소개된 저작을 지시한다.

리학으로 이해된다. 왜냐하면 무의식적 정신 현상은 개념적으로 배제되기 때문이다(의식심리학의 비판을 위해 3장 "정신분석과 행동주의: 의식의 중심적 지위에 대한 심리학적 두 반론" 참조).

현대 철학적 논의에서 의식 개념은 위의 일곱 문장에서 식별되는 모든 측면에서 동일한 관심을 받지는 않지만 특히 다음의 두 가지 관점에서 논의된다.

한편으로 현대 철학의 가능성에 대한 반성에서 의식철학의 시대는 끝났고 이제 언어분석적 전환 이후 언어론적 패러다임이 주도하고 있다고 자주 언급된다. 패러다임에 대한 언급은[3] 의식철학이 취할 수 있는 다양한 형태를 손쉽게 모호하게 한다. 이점은 의식철학 아래에 데카르트와 그를 따르는 전통뿐만 아니라 하이데거와 아도르노도 마찬가지로 편입되어 있다는 점에서 분명하다. 이와 같은 의식철학의 일반적 개념과는 대조적으로 주로 데카르트 전통에서는 의식철학이 역사적으로 특정한 것을 나타낸다고 주장된다. 20세기 저자들에게조차도 의식철학의 개념을 무차별적으로 사용하는 것은 이러한 특성을 흐리게 하기에 피해야 한다. 특히 비트겐슈타인을 계승하면서 언어분석적 전환을 옹호했던 사람들은 실상은 데카르트와 그의 경험론적 추종자임을 염두에 두고 있었던 것이며 결코 새로운 저자들이 아니었다(4장 "의식주제에 대한 언어분석적 재구성과 현상학적 재구성" 참조).

다른 한편으로 정신 현상과 자연과학적으로 조사 가능한 신체과정 사이의 관계를 묻는 심신문제에 대한 현재의 논의에서 의식은 많은 사람들에게 자연과학적 신체과학의 진보에 반대하는 최후의 보루로서 간주된다. (이러한 논쟁 자체에서 정신의 정의는 논란의 여지가 있기 때문에, '정신 현상'이란 용어는 이러한 논의에서는 제대로 설명되지 않는다. '정신 현상'이란 용어는 그 개념의 범위에서 대략 '정신'과 '영혼'이라는 전통적 개념에 해당한다.) 예를 들어 신체와의 연관이 여전히 인정되는 감정과는 달리, 의식의 자기체험에로

---

3) 쿤T. S. Kuhn의 영감을 받아 패러다임 개념을 매우 일반적으로 사용하는 일이 관행이 되었다. 따라서 쿤 자신은 개발된 과학에서 제한된 의미의 패러다임만을 언급한다는 점을 기억해야 한다. 예를 들어 쿤에게 있어 뉴턴에서 아인슈타인에로의 변화는 물리학의 패러다임 변화를 나타낸다.

의 접근은 객관적 자연과학에 있어 원칙적으로 차단되어 있는 것으로 간주된다. 그 때문에 데카르트의 문제해결에 대한 비판 이후 '의식'은 종종 심신해결의 적절성에 대한 결정적 기준으로 양식화된다(5장 "신경과학에로의 유물론적 정향" 참조).

현실적 논의의 이러한 배경에서 앞으로의 논의는 먼저 데카르트와 그의 후계자들의 의식철학의 전통에 주목하고, 동시에 심신문제도 의식철학의 전통에로 거슬러 올라간다. 여기서 의식 개념의 역사적 발전은 논의의 서두에서 상대적으로 큰 공간을 차지하는데, 이 논의에서 의식 개념이 오늘날 그 의미의 정점을 통과했으며 상대적으로 좁게 정의된 의미에서만 중요하게 남아있음이 명료해질 것이다.

1장
데카르트와 의식철학

데카르트의 저작인 『방법서설』(*Discours de la Methode*, 1637)과 특히 『제일철학에 대한 성찰』(*Meditationes de prima philosophia*, 1641)은 근대 의식철학을 정초한 저술로 볼 수 있다. 여섯 성찰들에서 데카르트는 교회 권위에 대한 수사적 헌신에도 불구하고 전승된 스콜라철학과 아리스토텔레스에 기인한 철학의 자명성을 제거하는 '모든 것을 파괴하는 자'(Alleszertrümmerer)임을 먼저 증명한다. 전통철학의 어떠한 내용도 그의 의심의 프로젝트에서 벗어나거나 엄밀한 검사 없이 남아있어서는 안 된다. 여섯 성찰의 마지막에서 신의 존재를 포함한 많은 형이상학적 내용들이 논증적으로 구제된다 할지라도, 데카르트의 접근 방식은 근본적으로 혁명적이다. 다시 말해 의심의 프로젝트는, 더 이상 전통이 아니라 개인의 의식이 정당화의 원천이 되기 때문에, 시선과 정당성의 방향을 뒤집는다. 그래서 데카르트는 지금까지 자명했던 일상적 삶을 단계별로 방법적으로 살펴보고 주장이 확실한 것으로 간주될 수 있는지를 확인한다. 거의 숨 막힐 듯하면서도 문체적으로 빛나는 필치로 쓰인 데카르트트의 의심의 프로젝트는 모든 전승된 자명성들이 의심될 수 있다는 결과에 이른다. 왜냐하면 개인의 의식을 속이는 악의적 존재의 가능성이 원칙적으로 예상될 수 있기 때문이다. 따라서 우리는 예를 들어 신과 외부세계가 존재하는지, 그리고 우리의 감각이 우리를 속이지는 않는지의 여부를 결코 확신할 수 없다.

의식철학의 새로운 시작은, 물론 데카르트도 고대철학과 중세 스콜라철학의 내용을 지니며 그것의 풍부한 전통의 기초에서 유래하지만, 그토록 민첩하게 작용하는 의심의 프로젝트에서 비롯한다.[4] 데카르트는 흔들리지 않은 인식의 토대를 찾아가면서 이른바 코기토(Cogito)에서 직접적인 확실성과 마주한다. 왜냐하면 속이는 존재의 조건에서도 여하튼 속임을 당하는 주체는 확실히 지속하기 때문이다. 데카르트에게는 의심과 생각의 과정에서 주체가 이러한 의심의 담지자로 존재한다는 확신이 있었다. 개별적 생각의 내용이 의심의 범위에서 불확실하게 될지 모르지만, 의심의 주관적 과정은 확실한 것으로 유지되며, 따라서 의심하고 생각하는 자의 존재도 데카르트에게 확실한 것으로 유지된다. 『방법서설』에서 데카르트는 이러한 연관관계를 유명한 정식인 "나는 생각한다. 그러므로 나는 존재한다"(cogito, ergo sum)에 연결한다. 이 정식에서도 데카르트적 시선의 전회는 나타난다. 즉 신이나 자연 또는 위계화된 중세사회의 삶이 아니라 주체의 자기경험이 인식의 토대를 형성한다. 데카르트는 처음에 의심스러웠던 내용을 논증의 다음 단계에서 넘겨받아 주관적 사고의 확실성을 통해 점차적으로 그 내용을 다시 정당화한다. 따라서 데카르트의 방법적 회의는 구태의연하고 '낡은' 내용을 가장 혁명적인 방식으로 정당화한다.

데카르트의 프로젝트에서 유래하는 모든 매력과 무관하게, "나는 생각한다. 그러므로 나는 존재한다"라는 추론에 대한 타당성은 데카르트 이후의 철학에서 많은 논쟁을 불러 일으켰다. 거기서 이 명제의 어떠한 측면도 논증적

---

4) 예를 들어 데카르트에게 있어 중세의 영향에 대한 논의는 스펙트R. Specht를 참조하라. 아우구스티누스가 데카르트의 선구자로 간주될 수 있는지에 대한 여부는 크뤼거G. Krüger, 그리고 오엘러K. Oehler의 『고대 의식문제의 역사의 탐구를 위하여』(*Zur Erforschung als der Geschichte des Bewusstseinsproblems in der Antike*)를 참조하라.

검사를 상처 없이 견뎌내지 못했다. 홉스T. Hobbes에게 생각의 특별한 지위는 명백하지 않으며, 그는 반어적으로 "나는 생각한다"(Cogito)에 "나는 산책한다"(Ambulo)를 견주어본다. 데카르트가 1인칭의 관점에서부터 존재를 설명하는 것에 이의를 제기한 칸트의 반박은 특히 효과적이었다. 단순한 사유와 개념의 도움만으로는 자아도 신도 존재한다고 주장될 수 없다. 이를 위해서는 오히려 경험을 확인하는 것이 필요하다. 현대의 저자들은 이미 자아의 지위를 의심하는데, 생각의 담지체로서의 자아는 근거가 없는 것으로 여겨지고(니체F. Nietzsche), 또한 "나는 생각한다. 그러므로 나는 존재한다"라는 추정적 제1인식의 기초가 되는 언어적 전제조건에 대한 고려가 요청된다(비트겐슈타인L. Wittgenstein).[5)]

하지만 "나는 생각한다. 그러므로 나는 존재한다"의 논증적 추론에 대한 앞서 제기된 모든 반박은 데카르트의 새로운 시작이 지닌 역사적인 잠재적 영향력과 의미에 관해 어떠한 점도 바꾸지 않는다. 의식이라는 주제에서는 특히 어떻게 데카르트가 그의 코기토를 개념화했는지가 중요하다. 왜냐하면 라틴어 또는 불어 개념의 독일어 번역인 '의식' 개념은 결코 데카르트에서 처음으로 등장하는 것이 아니기 때문이다. 예를 들어 데카르트의 라틴어 개념인 코기타티오(cogitatio, 생각함)에서 정신과 영혼 또는 지성과 의지 사이의 전통적인 차이는 사라져서 생각과 의식은 사실상 동일시된다. 새롭게 구분되고 확장된 코기타티오 개념을 구성하는 모든 정신적 현상은 데카르트에게 있어 직접적으로 의식되는 것으로 간주된다. 자기의 정신적 삶을 속이는 것은 불가능하다. 그것은 주관적 자기 자신에게 환히 드러난다.

데카르트의 구상은 물질세계와 정신세계의 전통적 차별화를 포기하고 두 실체에로의 구분만을 허용하는 것이다. 세계는 사유실체(res cogitans)와 연장실체(res extensa)로 구성되어 있다. 연장실체는 이제 막 성립한 수학적 자연

5) 각 비판이 있는 구절들은 다음과 같다. 데카르트의 『성찰』에 들어 있는 홉스의 "데카르트의 성찰에 대한 세 번째 이의제기"(Dritte Einwände gegen die Meditationen des Descartes), 155-176쪽 (특히 "ambulo"에 관해서는 156); 칸트의 『순수이성비판』에 있는 "순수이성의 오류추리에 대하여"(A 341/B 399 이하); 니체의 『선악의 저편』(*Jenseits von Gut und Böse*), Ⅰ, 16쪽; 비트겐슈타인의 『철학적 탐구』(*Philosophische Untersuchungen*)(4장 "의식주제에 대한 언어분석적 재구성과 현상학적 재구성" 참조).

과학과 관련하여 규정된다. 데카르트 스스로 해석기하학을 매우 효율적으로 개발하여 선분의 기하학적 크기를 수로 표시할 수 있도록 만들었다. 이러한 배경에서 연장의 특성은 데카르트에게 있어 물질을 정의하는 특성이 된다. 반면에 사유실체는 어떤 연장을 갖는 것이 아니라 형체가 없는 것으로 간주된다. 하지만 사유하는 실체란 무엇인가? 데카르트는 스스로 이렇게 답한다. "의심하고, 이해하며, 긍정하고, 부정하며, 의욕하고, 의욕하지 않으며, 상상하고, 감각하는 것이다."(제2성찰, 제8문단) 데카르트는 사유하는 것에 정신, 영혼, 지성, 이성과 같은 것들이 포함된다고 명시적으로 강조한다(제2성찰, 제6문단). 특히, 예를 들어 플라톤Platon의 『파이드로스』(*Phaidros*)와 아리스토텔레스Aristoteles의 『영혼에 관하여』(*De Anima*)에서와 같이 전통적으로 신체를 살아있게 하는 원리로 여겨지는 영혼의 부분은 데카르트의 개념에 따르면 신체기계가 그 자체로 살아있기에 덜 중요하다. 이점은, 데카르트가 영혼이 신체를 떠날 때 인간이 죽는 것이 아니라 신체기계가 더 이상 '기능하지' 않기에 머물 곳을 잃게 된 영혼이 불가피하게 신체를 떠나야만 한다고 강조할 때, 매우 분명해진다. 오래된 전통에서 이는 다르게 이해된다. 즉 영혼이 신체를 떠나기에 인간은 죽는다. 이러한 맥락은 데카르트가 기획한 생물학과 의학에 아주 중대한 결과를 가져온다. 생명체는 생명 없는 연장실체와 동일한 원리에 따라 검사되어야 하기에, 생물학과 의학은 기계론적 자연학의 일부로 간주된다. 플라톤, 아리스토텔레스, 자연을 다루는 중세적 태도와는 달리, 데카르트에게 있어 생명의 원리는 존재의 어떠한 고유한 영역도 형성하지 않고 생명 없는 돌처럼 물질에 속한다. 그러므로 데카르트에게 있어 인간의 신체와 같은 동물이 한낱 기계에 불과하다는 점이 또한 분명하다.

단지 사유실체만이 기계론적 자연학과 자연과학의 영역에서 배제된다. 데카르트에게 있어 사유실체는 과학적 관찰의 대상이 될 수 없지만, 성찰의 도움으로 각각의 주체와 자아에 직접적으로 의식된다. 인간의 신체는 인간이 아닌 물질처럼 자연과학의 대상이지만, 주체에 대한 객관적이고 과학적인 인식은 존재하지 않는다. 오히려 주관적 성찰이 인간의 의식에 대한 유일한 인식원천이다. 또한 이점은 절대국가와 전승된 전통에 반대하는 방향에서 새로이 획득된 근대적 개체성과 주관성에 대한 이해를 반영한다. 또한 이점은 개인의 양심결정의 문제에 대해 혁신을 강조한다는 점과 관련된다. 동시에 이를 통해 우리의 정신적 삶에 대한 이미지가 구축되고, 그 결과를 우리는 오늘날까지 개념적으로 해결하려고 노력하고 있다. 의식과 정신적 삶 자체가 동일시되고 개인이 의식의 모든 내용에 직접적 성찰의 방식으로 접근가능하다는 주장에서 주체는 역사 없이 완성되고 항상 자신과 동일하며 무엇보다도 의식을 수단으로 그 자체로 완전히 투명하다는 것이 암시된다. 게다가 주체에 대한 데카르트적 정향은 주관성에 대한 관심을 요구한다. 그러나 자기인식과 심리학에서는 의식을 통해 선택된 자아에 대한 접근이 세분화되지 않고 희미하게 남아있다. 예를 들어 데카르트의 출생 직전에 출판된 몽테뉴의 『수상록』(*Essais*, 1580)에서 정점에 이르렀던 지혜의 전통과는 대조적으로, 내면의 정신적 삶은 사회적 관계의 일부로서 세부적으로 분석되거나 고려되지 않고, 일반적으로 세계의 사건을 재현하는 내적 공간으로만 간주된다. 이점은 주관적 의식을 중심에 두는 철학자에게서는 주관적 의식에 대해 거의 배울 것이 없다는 역설을 보여준다. 데카르트는 연장실체에 대한 반대개념으로서, 그리고 인식론적 이유에서 사유실체에 관심이 있는 것처럼 보이지만 개인의식 자체에는 관심을 가지지 않는다. 이점은 또한 데카르트적 자아가 결코 전기(傳記)적이거나 개개인의 자아가 아닌 일반적 인식론의 체계적 자아라는 사실과 관련된다.

이미 서두에 강조했듯이, 의식 개념에 대한 관심은 주로 의식현상 자체에 대한 관심에서 처음 비롯되는 것이 아니라 이론으로 가득 찬 맥락에서 주로 발생한다는 것이 이와 연관하여 분명해진다. 따라서 의식의 체계적 의미는 의식현상의 실제 분석에 대한 관심에 비례하지 않는다. 의식철학의 창시자인 데카르트에게 의식주제의 진정한 의미는 인식의 정초와 이제 태동하기 시작하는 근대 자연과학의 정당화라는 이중적 관심에 있다. 데카르트는 의식분석을 통해 이러한 목표에 도달한다. 왜냐하면 "나는 생각한다. 그러므로 나는 존재한다"에서 인식의 첫 번째 확실성이 발견될 수 있고, 이를 바탕으로 하여 새로운 자연과학의 확실성도 정초되기 때문이다. 데카르트는 『성찰』에서 "나는 생각한다. 그러므로 나는 존재한다"로부터 동시에 물질적 외부세계에 대한 인식이 확실함을 보여주려고 시도한다. 이에 대한 데카르트의 논증은 오늘날 더 이상 구체적으로 설득력이 없다. 그러나 여전히 흥미로운 것은 신 존재증명에 대한 그의 추론방식과 명석 판명한("clare et distincte") 인식의 진리표준이다. 이것은 주관적 의식 속에서 동시에 객관적 의식 작용과 의식 내용을 신과 물질적 외부 세계에 대한 인식의 기초로 이해할 수 있게 한다. 동시에 명료성과 확실성의 기준에 따라 특히 수학과 이와 함께 수학적 방법으로 다루어진 자연과학이 정당화되고 한낱 감각으로 감지되는 자연관찰과는 달리 우대된다. 따라서 인식의 주관화와 수학화는 데카르트의 사상에 함께 속한다.

따라서 데카르트의 논증방식은 예전에도 중요했었고 오늘날에도 여전히 의식철학의 특성을 정의하는 것으로 간주될 수 있는 적어도 다음의 4개의 주제군을 매듭짓는다.

1. 인식에 대한 정당성과 근거에 대한 인식론적 물음은 의식의 개인심리적 현상과 연관된다.
2. 주관과 객관의 대조에서 인식하는 심급(審級)은 내적 세계로, 인식되는 것은 외적 세계로 엄격하게 서로 구분된다.
3. 자아, 자기경험, 다면적 정신에 대한 분석은 의식의 관점에서 평준화된다. 이러한 평준화는 특히 데카르트 이전의 정신적 삶의 분석인 아리스토텔레스의 "영혼론"이 대표로 언급되는 2000년의 역사와는 대조적으로 두드러진다.
4. 의식(사유실체)과 물질(연장실체)의 이원론적 할당은 해결되지 않은 채 남아있는 관련문제, 즉 어떻게 이원론적으로 분리된 것이 개인과 세계 자체에서 함께 모일 수 있는가, 라는 문제와 함께 근대의 심신문제로 이어진다.

의식철학의 개념을 가능한 한 명확하게 사용하기 위해, 이러한 4개의 주제군에 관한 개념을 정의하는 것이 여기서 제안된다. (1) 의식에 정향한 어떠한 인식론도 옹호하지 않는 철학적 관점과 (2) 주관과 객관을 서로 대립시키지 않으며 (3) 의식을 정신의 일부로만 이해하고 (4) 심신문제를 데카르트적인 주제에서 해체하거나 배제하는 것은, 4개의 주제군에 따라 이해한다면 포괄적인 의미의 의식철학으로서 이해될 수 없다. 하지만 위의 언급은, 비교 지점을 정확하게 식별한 후 유사점이 발견되는 경우, 각 주제영역에서 개별적 연속성을 배제하지는 않는다.

그러므로 인식론, 의식심리학, 심신문제는 데카르트의 구상이 이후의 의식철학을 형성시키는 커다란 주제영역이다. 그러나 처음에는 심신문제에 대한 데카르트 자신의 이원론적 해결책은 논란의 여지가 많은 논쟁을 불러일으켰다. 이미 데카르트 생전에 다음 4개의 문장으로 재구성되어지는 그의 해답은 일관성이 없다고 비판받았다.

1. 인간의 신체는 연장된다(즉 물질적인 것이다).
2. 인간의 정신은 연장되지 않는다(즉 비물질적인 것이다).
3. 비물질적인 정신과 물질적인 신체는 상호작용한다.
4. 물질적인 것과 비물질적인 것은 물질적 세계의 폐쇄성과 완전성으로 인하여 상호작용할 수 없다.

이 네 문장의 불일치는 오늘날까지 해결되지 않은 심신문제로 이어진다. 적어도 정신과 신체의 경우 물질적인 것과 비물질적인 것이 상호작용하는 것으로 생각될 수 있기에, 데카르트 스스로 자신의 이원론적 상호작용론에서 실제로 위의 4번째 명제를 포기하였다. 데카르트에게 있어 어떻게 이러한 상호작용이 생각될 수 있는지는 오늘날 다소 재미있어 보이는 송과선(Zirbeldrüse)에 대한 진술로 이어졌다. 데카르트에게 있어 송과선은 이미 동시대의 해부학에서 알려진 뇌의 작은 부분이자 영혼의 거처이다. 정신과 신체의 이러한 '접촉점'에서 사유실체의 힘이 신체에 작용하고 연장실체의 힘이 정신에서 작용하기 때문에, 정신과 신체의 상호작용이 가능해진다. 어떻게 송과선에서 정신과 신체 사이의 인과적 상호작용에 대한 그러한 '기적'이 가능할 수 있는지는 이미 대부분의 동시대 데카르트의 독자들을 놀라게 했다.

데카르트의 설득력 없는 해결방안은 그의 계승에서 오늘날까지 심신문제를 현실적 문제로 만드는 활발한 토론으로 이어졌다. 심신문제의 해결책은 일관된 입장을 취하기 위해 앞서 언급한 4개 문장 중에서 어떤 문장을 포기하는지에 따라 특징지어질 수 있다.

- 이원론적 병행론(Parallelismus)은 데카르트의 이원론적 상호작용론처럼 처음 두 문장의 정당성에서 시작하지만, 4번째 주장을 고수하기 위해 그 대신 3번째 주장을 포기한다. 정신과 신체는 서로 영향을 미칠 수 없는 병행형태로 해석된다. 기회원인론자들(Occasionnalisten)은 정신과 물질 사이의 '틈'을 뛰어넘어야 하는 모든 '기회'에 대해 신을 주장함으로써, 데카르트의 직접적인 계승에서 병행론에로의 발전을 이끌었다. 따라서 기회원인론자들은 병행론에로의 발전 과정에서 흥미로운 역사적 증거를 보여주었다. 그것의 첫 번째 주요저자는 라이프니츠 Leibniz이다.
- 부수현상론(Epiphänomenalismus)도 마찬가지로 출발이 되는 1번째와 2번째 문장을 받아들인다. 반면에 3번째와 4번째 문장은 정신과 육체 사이에 일방적 인과관계만 있을 수 있도록 수정된다. 다시 말해서 육체는 인과적으로 정신에 영향을 끼치지만 그 반대는 불가능하다. 강조에 따라 부수현상론은 이원론적이거나 일원적이다. 정신과 육체가 근본적으로 상이한 것으로 간주되고 상호작용의 인과적 주장의 문제만 피하면 된다는 점에서 부수현상론은 이원론적이다. 또는 단순한 유물론의 급진성에 동조하지 않고 육체에 대한 정신의 인과적 의존성이 강조된다면 부수현상론은 일원론적 경향을 지닌다.
- 측면이원론(Aspektdualismus)은 처음 두 문장을 수정하고 동시에 세 번째 문장을 포기한다. 정신과 육체는 그 자체가 육체적으로나 정신적으로도 생각하지 않는 하나의 현실의 측면으로 간주된다.
- 드물게 나타나는 범심론(렌쉬 B. Rensch를 참조)은 육체세계도 궁극적으로 물리적-물질적인 것이 아닌 오히려 정신적인 것으로 간주되는 일원론적 입장이다.
- 유물론은 정신의 비물질성에 대한 두 번째 주장을 포기한다. 비물질성에 대한 주장이 삭제되기 때문에, 어떻게 정신과 육체가 상호작용할 수

있는지에 대한 연결 문제가 자체적으로 해결된다. 특히 토마스 홉스가 기획한 유물론적 해결책은 17세기에는 대체로 불합리한 것으로 여겨지고 비로소 현재에 이르러서야 발전된 신경과학의 기초에서 인정받게 된다.

이원론적 상호작용론, 이원론적 병행론, 부수현상론, 측면이원론, 범심론과 유물론은 지난 수세기 동안 데카르트 계승에서 나타난 심신문제의 주요 해결책들이다. 대체로 20세기까지 병행적 이원론이 심신문제의 해결에 대한 철학자들의 대다수 의견으로 남아 있다. 이원론적 상호작용론과 부수현상론과는 대조적으로, 병행적 이원론에서 정신과 육체의 상호작용에 대한 곤란한 주장은 피할 수 있으며, 역학적 물리학의 새로운 인과적 설명은 물질적 육체세계로 제한될 수 있다. 유물론적 입장은 적어도 19세기까지 생물학 분야의 기초가 부족하여 어려움을 겪었을 뿐만 아니라 모든 독특한 인간적인 것과 모든 신적인 것을 부정한다는 비난의 낙인에도 시달렸다. 생리학과 생체 연구만이 유물론의 부흥을 가능케 했고, 이점은 생명 없는 육체와 정신 사이의 데카르트적 틈을 좁혔다.

2장
경험론적 인식론과 칸트에서의 의식

데카르트의 의식철학적 인식론은 특히 영국 전통에서 로크J. Locke, 버클리G. Berkeley, 흄D. Hume에게서, 그리고 독일에서 칸트I. Kant에게서 수용되고 논의된다. 이제 우리는 이 저자들을 차례로 다루면서 인식론 영역에서의 그들의 논의를 본보기로 삼아 데카르트의 의식철학이 이미 의식철학 자체의 전통 안에서 계속해서 비판받았다는 점을 명확히 할 것이다.

로크는 전통을 진리의 원천으로 여기는 스콜라철학에 기인한 철학관에 대한 데카르트의 비판과 새로운 자연과학과 수학에 대한 데카르트의 지향점을 공유한다. 하지만 데카르트와 일치하는 관점을 마무리하면서 로크는 본질적인 측면에서 데카르트의 비판자가 된다. 데카르트에게 근본적 의심의 프로젝트와 인식론적 관점은 신, 영혼, 세계에 대한 진술들을 포함한 새로운 형이상학의 시작에 불과했다. 로크는 명시적 인식론을 추구하면서도 데카르트에서 여전히 관련이 있는 다른 주제(이를테면 심신문제)를 분명히 포기한 최초의 근대 철학자이다. 로크는 제일철학의 형이상학적 진술에 몰두하려고 하지 않고 인간 인식의 원천, 확실성과 유효범위를 명확히 하려 한다. 그가 정치적 저술과 동시에 저술했던 인식론적 주저의 제목은 『인간지성론』(*An Essay concerning Human Understanding*, 1690)이다. 정치학과 인식론은 모든 사실적 차이에도 불구하고 17세기의 영국에서 외부적으로만 연결되는 것이 아니다. 오히려 정치학과 인식론은 이 두 영역 모두에서 개별 주체가 정당성의 담지자가 된다는 점에서 공동의 기반을 가진다. 초개인적 봉건제 또는 아리스토텔레스적 중세의 우주모델은 더 이상 개인을 분류시킬 수 없으며, 주관적 의식이 인식을 구성하는 것처럼 개인의 자유로운 계약이 지배의 정당성을 구성한다.

로크 스스로 철학적 인식론자로서의 자신의 과제를 다음과 같이 설명한다. "정신적으로 위대한 많은 여타의 대가들을 포함하여 위대한 호이겐스Huygens나 비교할 수 없이 뛰어난 뉴턴Newton 같은 대가를 배출한 시대에 우리가 건축부지를 조금이라도 청소하고 인식의 길을 가로막고 있는 파편들의 일부를 치우는 조수로 일하려는 것은 야망으로 간주될 것임에 틀림없다."[6] 자신의 과제에 대한 이 겸손한 설명은 근대 자연과학에서 참된 인식활동이 이루어진다는 점을 보여주기 위한 것이다. 이와 달리 철학적 인식론은 단지 자연과학적 인식을 명확히 하고 정당화할 뿐이다. 그러한 독립적 인식론의 필요성은 종교분열과 시민전쟁 이후뿐만 아니라 신대륙의 발견과 과학의 발생 이후에도 전통적 확실성을 상실한 당시에 특히 컸을 것이다. 그러므로 의식철학적 인식론은 17세기 이후 (부분적으로 우리 시대에 이르기까지) 철학 일반의 기초분과가 된다. 인식의 가능성이 명확해진 후에야 비로소 철학의 다른 분과

6) 로크, 『인간지성론』, 11. 앞으로 논의되는 철학적 인식론의 특성에 대한 일반적 평가에 대해서는 로티R. Rorty, 『자연의 거울』(*Der Spiegel der Natur*), 제3절 참조.

가 작동될 수 있다. 다른 모든 차이점에도 불구하고 데카르트, 경험론적 인식론자와 칸트는 이러한 신념을 공유하고 있다.

장문의 『인간지성론』에서 인식론적 과제에 대한 로크 자신의 해결책은 줄곧 장황한 것으로 여겨져 왔다. 그러나 이러한 장황성은 데카르트의 숨 막히는 새로운 시작에는 전혀 없었던 균형적이며 이런 점에서 중용적 판단의 뒷면일 뿐이라는 점을 잊지 말아야 한다. 로크는 본질적으로 생득관념의 이론을 데카르트에 대한 비판(또한 이미 데카르트가 비판한 중세 전통에 대한 비판)의 결정적 지점으로 삼는다. 이 지점에서 로크의 "관념"(idea) 개념은 모든 의식적 사고내용을 의미한다는 것이 먼저 강조되어야 한다. 데카르트와 로크뿐만 아니라 버클리와 흄에게도 관념은 주관적 지각의 대상이다. 다시 말해서 세계는 관념을 통한 매개에서 지각된다. 따라서 의식적 사고내용으로서의 관념은 인식을 획득할 때 세계와 인식 사이에 놓인 제3의 것이다. 하지만 이러한 일반적 표식을 벗어나면 관념의 개념은 불명확하고 모호한 것으로 악명이 높다. 왜냐하면 관념의 기능은 세계에 대한 단순한 반영과 지성과의 결합을 위한 주관적 물질 사이에서 동요하기 때문이다.

관념 개념을 지닌 경험론적 인식론은, 인간 인식의 모든 관념들이 직접적으로 의식된 것으로서 파악되는 한에서, 의식철학적이므로 이 지점에서 로크와 같은 저자는 자연스럽게 데카르트의 관점을 취한다. 그러나 데카르트에 대한 비판에서 로크는 어떻게 의식적 사고내용으로서의 관념이 생겨나는지에 관한 물음을 다룬다. 로크는 생득성의 명제가 필연적이지도 않고 정당하지도 않다는 것을 증명하고자 했고, 이는 인간이 태어날 때 그 인식능력을 "백지상태"(tabula rasa)로 이해한다면 가능한 일이었다. 각각의 사고내용은 경험을 통해 점차적으로 습득되며 서로 결합된다. 어떻게 이러한 일이 세부적으로 가능한지를 로크는 단순히 강령이 아니라 상세히 보여주려고 시도했고, 그래서 그는 경험을 통해 그 구조를 설명하기 위해 각각의 중심개념을 단계별로 살펴본다. 그의 인식론은 "백지상태"라는 개념 때문에 단순한 수동적 반영이론의 의미로 오해되어서는 안 된다. 로크는 생득적 관념에 대한 학설을 비판하고 모든 인식의 원천이 경험으로부터 비롯된다는 점을 강조하기 위해 이러한 표현을 선택한 것이다. 바로 이러한 사정이 로크의 이론에서 '경험론적'이라는 표현을 정당화한다. 그럼에도 불구하고 로크는 모든 인식을 곧장 경험으로 소급시키려고 시도하지 않는다. 오히려 그는 지성의 연관활동성을 끝까지 인정했다. 따라서 로크에게 있어 인식은 단순히 감각적 지각이 아니라, 관념적 연관의 지각이다. 그러므로 로크에게도 인식이라는 것은 단순한 지각 그 이상이다.

하지만 로크의 경험론적 인식론은 주요한 관념적 개념과 의식을 유지하면서 인식의 조건에 대한 질문에 새롭게 답하려는 논의와 부딪힌다. 버클리의 시도는 매우 주목할 만하다. 로크는 외부세계에 대한 주관적('2차') 성질과 객관적('1차') 성질을 구별하기 위해 이른바 제1성질과 제2성질을 구별하려고 시도한다. 예를 들어 나무의 단단함과는 달리 불의 따뜻함은 불의 제2성질이다. 이와 달리 버클리는 제1성질을 주관적 성질로 설명하는 것을 주저하지 않는다. 이를 통해 의식철학적 인식론의 결과가, 데카르트와 로크에 의해 시작된 것처럼, 극단적으로 변모한다. 다시 말해서 우리가 주관적 의식과 그 관념에서 시작하여 개념적으로 주관과 객관을 분리하면, 어떻게 우리는 세계로 다시 돌아오는가에 대한 의문이 생긴다. 데카르트가 신 증명을 우회하여 돌아올 수 있는 길과 외부세계의 실재성을 확보하는 동안, 신이 더 이상 논증될 수 없다면 주관-객관의 문제가 긴박하게 제기된다. 결국 버클리도 역시 제1성질과 제2성질을 구별하려는 로크의 내재적 시도를 거부한 후, 신에게서 도움이 되는 피난처를 찾을 수밖에 없다. 의식의 내용만이 실재라고 할 수 있고 의식의 내용이 관계하는 세계("존재는 지각이다")는 실재라고 할 수 없다면, 외부세계를 논증적으로 주장하는 어려움은 극복할 수 없게 된다. 추가적으로 소위 타자의 문제("다른 마음의 문제")가 제기된다. 다시 말해서 어떻게 나는 세계에 나 이외의 다른 주관이 존재한다는 것을 확신할 수 있는가? "나는 생각한다"의 확실성과 자신의 관념에 대한 인식론적 접근에서 다른 주관들은 외부 세계만큼 체계적으로 멀리 떨어져 있다. 무엇보다도 버클리 자신이 외부세계와 다른 주관을 절대적으로 실재하는 것으로 여기기에, 적어도 이점에서 그가 주관적 이상주의자라고 불리는 것은 부당하다. 그러나 이와 관련한 그의 고찰과 신에 대한 언급은, 외부세계로의 복귀가 결여된 채 있기에, 의식철학의 곤경에 맞서는 어떠한 논증적 설득력도 발전시킬 수 없다.

버클리의 인식론이 무의식적으로 회의적 결과를 초래한 반면에, 흄은 의식철학적 인식론의 곤경을 의식적으로 숙고했다. 흄은 『인간본성에 관한 논고』(*A* Treatise of Human Nature, 1739)의 1부에서, 어떻게 인과성과 동일성과 같은 우리에게 중요한 범주가 개별 이념에서 구성될 수 있는가, 라는 물음에 몰두한다. ―그는 나중에 그 결과를 요약하고 수정하여 『인간지성에 관한 탐구』(An Enquiry concerning Human Understanding, 1748)로 출판한다.― 그의 대답은 부정적이다. 습관적 이념의 결합을 넘어선 세계 자체의 진정한 인과성은 일련의 이념의 우연적 연결 이상인 자아의 동일성만큼 받아들여질 수 없다. 일반적으로 말하자면 의식의 내용을 구성하는 심급은 없다. 외부세계와 타자의 실재성의 문제 외에도 이와 함께 의식철학적 인식론의 또 다른 근본적 문제가 거론된다. 경험 체계는 의식내용과 관념을 중심 범주로 삼는 구상에서는 적절하게 파악될 수 없다. 우리는 이러한 배경에서 바로 흄을 의식철학을 극복하는 새로운 단초에 접근하지 않은 채 의식철학의 부조리한 결과를 보여주어 그 신뢰성을 약화시키는 의식철학의 첫 번째 비판자로 읽을 수 있다. 이러한 배경에서 영국철학은 데카르트 전통의 의식철학으로부터의 이반에서 도피처를 찾지 않고 관념적 체계철학의 의식철학의 내적 변화에서 도피처를 찾았던 독일철학과는 전혀 다른 확장을 추구했다. 또한 수많은 정신 현상을 인정하는 실제 경험적 심리학에 최초의 자극을 준 흄의 작업이 독일에서는 아무런 성과도 없었다.

이점이 칸트가 독일에서 데카르트 이후의 철학에서 주요 저자가 된 이유이다. 칸트가 독일적 강단형이상학이 집어넣은 "교조적인 잠"에서 흄에 의해 깨어난 것은 사실이다.[7)] 흄의 논증적 예리함과 그의 선행자들의 인식론에 대한 회의적 해체에 비하면, 칸트의 인식논증은 고대 형이상학과 흄의 회의론 사이의 중도의 실현으로 이해되거나 '게으른 절충'으로 이해된다. 어쨌든 의식 개념은 칸트의 초월적(transzendental) 인식론에서 그 본질에 따라 중심 위치를 유지하고 관념론적 체계철학에서 의식철학적 새로운 단초를 준비한다.

세계와 주체 사이의 중간 상태가 설명되지 않는 경험론적 관념론에 비해

---

7) 칸트, 『형이상학 서설』(*Prolegomena*), 6쪽.

서, 칸트의 초월주의(Transzendentalismus)는 처음으로 인식객체의 구성을 주관적 의식에 명확히 할당한다는 장점을 지닌다. 데카르트와 그의 추종자들처럼 칸트도 주체를 전기적으로나 개별적으로 이해하는 것이 아니라 원칙적으로 모든 인간에게 동일하다고 생각되는 체계적 심급으로 이해한다. 칸트는 스스로 "사고방식의 변혁"을 주장하며, 이런 맥락에서 『순수이성비판』(Kritik der reinen Vernunft, 1781/1787)의 서문에서 천문학의 코페르니쿠스적 전회를 회상한다. 지구가 태양을 중심으로 회전하고 그 반대가 아닌 것처럼, 실제로 우리 인식은 대상에 따르지 않고 오히려 대상은 우리의 개념으로 구성된다. "지금까지 사람들은 우리의 모든 인식이 대상에 따라야 한다고 가정했다. 그러나 이러한 전제 아래서 … 모든 시도는 수포로 돌아갔다. 그러므로 대상들이 우리의 인식을 따라야 한다고 가정하여 우리가 형이상학의 과제를 더 잘 수행할 수 없는지를 한번 시도해보자."(B XVI) 그가 초월적이라고 간주하는 선험적 종합판단을 통해 칸트는 수학의 분석적이고 선험적(a priori) 판단과 경험적이고 후험적(a posteriori) 개별판단이 존재할 뿐만 아니라 모든 경험에 선행하는 구성적 인식도 존재한다는 것을 증명하려고 시도한다. 분석적인 것과 반대되는 종합적인 것은 개념의 범위가 판단을 통해 확장된다는 것을 의미한다. 예를 들어 "독신자들은 결혼하지 않는다"라는 문장이 분석명제라면, "50살이 넘은 독신자들은 고독하다"라는 문장은 후험적 종합명제의 예를 보여준다. 칸트에게 있어 선험적 종합판단은 모든 경험에 선행하면서도 비로소 경험을 가능하게 하기에 초월적이다. 하지만 전통적 형이상학에 대한 칸트의 비판에서 선험적 종합판단의 효력범위는 경험의 영역으로 제한되므로 신, 자유, 불멸에 대한 이론적 진술은 불가능하다. 경험론과 합리론 사이의 칸트의 정제된 입장은 초월적인 선험적 종합판단이 모든 경험에 선행하지만 동시에 경험에 대한 이차적 관계를 필요로 한다는 점에 의해 분명해진다. 하지만 선험적 종합판단의 가능성에 대한 칸트의 방대한 논증과 해명은 여기에서 설명될 수 없다. 실질적으로 칸트가 그러한 판단의 가능성과 그 초월적 성격을 보여주는 데 성공했는가는 많은 저자들에 의해 부인된다.[8)]

8) 예를 들어 스트로슨P. F. Strawson의 논의를 참조하라.

칸트에게 인식은 개념과 직관의 상호작용에서만 가능하다. 순수오성개념(“범주”)은 (그 자체로 “맹목적인”) 직관을 구성하지만, 직관 없이 개념은 “공허하다”. 칸트는 이러한 견해로 동시에 흄의 회의적 결과와 합리론적 강단형 이상학의 독단론을 피하고자 한다. 무엇보다도 칸트는 자신의 논증과정에서 자아-정체성에 관한 흄의 회의적 해체에 의해 급격히 제기되는 경험의 단일성의 문제를 해결하려고 노력한다. 의식의 단일성이 흄의 개별적 관념의 다수성에로 해체되는 것은 처음부터 의식을 자기의식으로 설명함으로써 칸트에 의해 무효로 된다. 칸트는 『순수이성비판』 재판의 16절에서 “통각의 근원적이며 종합적 통일”에 대해 말한다. 그는 “**나는 생각한다**는 것은 나의 모든 표상에 수반**할 수**밖에 없다”(B 132)라고 주장한다. 이러한 “자아”는 —그리고 이것이 칸트와 데카르트의 차이점이다— 경험의 체험적 대상이 아니라 준-논리적으로(quasi-logisch) “나는 생각한다”이다. 외부세계와 마찬가지로 개별적 자아는 경험의 영역에 속하며 초월적 “나는 생각한다”와 혼동되어서는 안 된다. 따라서 칸트에게 자아의 선험적 심리학은 선험적 물리학만큼이나 불가능하다. “나는 생각한다”는 경험의 필수조건이지만, 그 자체가 개념 이전에 인식될 수 있는 것도 아니다.

인식은 개념과 직관의 연관에서만 가능하기 때문에, 칸트에게 신 존재증명(특히 신 개념에서 그 존재가 도출되는 존재론적 증명) 뿐만 아니라 데카르트의 “나는 생각한다. 그러므로 나는 존재한다”도 논증적 결론이라고 하기에는 결함이 있다. 칸트는 『순수이성비판』의 “순수이성의 변증적 추리”에 있는 “순수이성의 오류추리”장에서 존재에 대한 서술은 개념을 통해서가 아니라 종합적으로만 허용된다는 것을 보여주고자 한다. 그러므로 자아의 존재는 직관과 경험 없이 사유의 개념에서 도출되지 않는다. 유사한 동기로 칸트는 역으로 외부세계의 실재성을 증명하려고 한다. 왜냐하면 세계 없이 코기토 또한 가능하지 않을 것이기 때문이다.

요약하면 칸트는 여전히 데카르트적 의식 개념으로 작업한다고 말할 수 있다. 특히 그는 데카르트의 선험주의에 대한 비판에도 불구하고 인식의 토대가 되는 개념이자 경험적 현상이라는 의식 개념의 이중적 성격을 유지하고 있다. 그러나 내용상으로는 경험이 상당히 높이 평가되고 순수 코기토의 의미는 제한된다. 데카르트와 경험론적 인식론에서의 거울 같은 의식, 즉 관념을 통해 세계를 단지 재현하는 의식과는 대조적으로, 자기의식으로서의 해석은 원칙상 복잡한 의식의 구조화와 발전을 허용한다.[9]

칸트는 자신의 계승자들에게 의식철학의 근본적 변형으로 이어지는 문제를 남겼다. 칸트는 개념과 직관에게 동등한 권리를 부여하려는 시도에서 현상과 물자체를 구별한다. 그는 코페르니쿠스적 전회로써 경험의 주관성을 객관성으로 돌리려 한다. 이를 증명하기 위해 칸트는 『순수이성비판』에서 실로 가장 복잡한 부분인 "순수 지성개념의 초월적 연역"을 서술한다. 그가 실제로 주관성의 객관성을 입증하는 데 성공했는지의 여부는 여기서는 결정하지 않고 놔둘 것이다(대부분의 해석자들은 이를 의심한다). 칸트의 계승자들은 특히 물자체의 구상에 비판의 초점을 맞추고 있다. 왜냐하면 주관성에 기반한 객관적 현상의 배후에 있는 물자체는 일관성 없는 혼합물(Zwitter)처럼 보이기 때문이다. 칸트가 실제로 우리는 단지 현상에 대해서만 말할 수 있다고 주장한다면, 그는 현상의 배후에 있는 물자체의 개념을 표현할 수도 없다. 하지만 그가 객관적 도대로서의 물자체를 경험에 종속시키고자 한다면 물자체에서 초월적 잉여의 객관성이 포착된다는 뜻인데, 이는 주관적 현상을 넘어서는 것이며 본래 칸트가 분명히 부정하는 것이다.

독일관념론에서 칸트의 계승자들인 피히테Fichte, 셸링Schelling, 헤겔Hegel은 칸트의 물자체라는 한계 개념을 자신들의 철학의 내적 체계로 되돌리려는 방식으로 이 문제를 다룬다. 이점은 데카르트에서 칸트에 이르기까지 철학의 다른 부분에 선행했던 인식을 가능케 하는 조건의 확신이 철학의 기초가 되는 것을 포기해야 한다는 결과로 이어진다. 헤겔은 수영(인식)을 실제 실행이 아닌 허공에서 헤엄치는 연습(형식인식론)을 통해 배운다고 하는 철학에 대해 조소한다. 따라서 독일관념론과 함께 의식철학적 인식론은 데카르트 이후 유지해온 중심적 지위를 다시 잃어버린다. 이것은 또한 독일관념론자들에게

---

9) 칸트 이후 20세기에 후설E. Husserl이 『데카르트적 성찰』(*Cartesianische Meditationen*)에서 칸트가 비판한 데카르트와 연결하려고 시도했다는 점이 강조되어야 한다. 그에 따르면 심신이원론과 신 존재증명이 없이 코기토는 순수 현상학의 출발점을 형성해야 한다.

서만 관심의 중심에 있었던 주체의 자기의식으로서의 의식 개념의 역할을 근본적으로 변화시킨다. 특히 헤겔이 의식 주제의 변형을 위해 쓴 주저는 『정신현상학』(*Phänomenologie des Geistes*, 1806)이다.[10] 데카르트와 헤겔의 차이는 너무나 커서 사람들은 더 이상 두 저자를 같은 의미의 의식철학자로 불려서는 안 된다. 데카르트의 의식철학의 중요한 특성은 더 이상 헤겔과 관련이 없다. 특히 '논리적' 의식과 개인심리적 의식의 결합은 칸트의 비판 이후 폐기되었다. 헤겔은 심신문제에도 관심이 없다. 왜냐하면 헤겔의 구상에는 인식의 외부, 예를 들어 신체를 위한 어떠한 체계적 공간도 있을 수 없기 때문이다. 그러나 데카르트와의 중요한 연속성으로서 주관-객관-도식은 그대로 유지된다. 그럼에도 불구하고 헤겔에서 의식의 주관은 정체적 무역사성을 상실한다. 『정신현상학』은 근원적 직접성에서 절대정신으로 '나아가는' 일상적 의식의 형성사로 읽을 수 있다. 의식은 세계를 수동적으로 반영하는 '기관'에서 세계를 구성하는 능력으로 바뀐다. 물론 헤겔이 칸트의 비판에 따라 더 이상 의식, 자기의식, 정신, 오성, 이성 등의 개념을 원칙적으로 개인심리적 개념으로 사용하지 않는다는 점이 강조되어야 한다. 의식철학에서 개인심리학과 '논리학'의 근원적 결합은 지양된다. 헤겔에게 의식의 주제는 개인심리적 의식의 주제화와 의식의 '논리학'으로 분리된다. 헤겔과 그의 계승자들은 심리적 의식 개념이 아니라 철학적 의식 개념을 사용한다. 그러한 특정한 철학적 의식 개념이 도대체 가능한가의 여부는 철학 자체에서 논쟁의 문제로 남아있다. 헤겔의 전통은 데카르트의 강령과 인식론 및 의식심리학이 차지하는 중심적 지위와 거의 공통점이 없으므로 데카르트와 헤겔에 관한 간단한 주석만이 남을 수밖에 없다.[11]

---

10) 상세한 내용은 테일러Ch. Taylor가 쓴 『헤겔』 책의 『정신현상학』에 관한 2부를 참조하라.

11) 헤겔의 여러 계승자들 중 일부에게 —특히 마르크스와 물화 개념을 루카치와의 논쟁에서 중심적으로 사용한 비판이론가들에게— 헤겔의 철학적 의식 개념이 '은밀하게' 다시 경험적으로 풍부해졌다는 점은 주목할 만하다. 이 경우에 의식 개념과 함께 경험적으로 그리고 '논리적으로' 동시에 작동하는 강령이 가능한지에 대한 비판적 물음이 방법론적으로 제기된다. 이 맥락에서 논의되어야 할 측면들이 여기서 단번에 드러내어질 수는 없다. 하지만 나는 데카르트를 염두에 두고 의식 철학의 개념을 규정했기 때문에, 예를 들어 비판할 수 있다는 의미에서 의식철학적인 호르크하이머Horkheimer와 아도르노Adorno의 비판이론에 대한 하버마스Habermas의 표준적 비난이 도대체 정당한가의 여부는 의심스러워 보인다(예를 들어 하버마스, 『의사소통이론』(*Theorie des kommunikativen Handelns*), Ⅰ, 518쪽 참조). 따라서 나는 "의식"이라는 주제의

3장

정신분석과 행동주의: 의식의 중심적 지위에 대한 심리학적 두 반론

헤겔 이후의 철학에서 의식은 더 이상 중심 주제가 아니다.[12] 의식은 부차적 주제가 되거나 아래에서 논의되는 바와 같이 언어분석이나 현상학을 통해 변형된다. 특히 심리학적 의식과 철학적 의식을 강령에 따라 분리하지만, 그럼에도 불구하고 심리학적으로 여겨지는 의식 개념을 고수하려는 헤겔의 칸트 이후의 시도는 유보된다. 특히 논리학에서 순수 개념적-논리적 분석을 위해 인식론의 물음을 심리학적 요소와 개념에서 해방시키려는 프레게Frege나 러셀Ressel 같은 저자가 철학에서 중요하다. '심리주의'(Psychologismus)는 철학적 인식론에서 논리학과 심리학의 무성찰적 혼합을 의미하는 수치스런 단어가 된다. 심리주의에 대한 비판은 또한 인식론 내부와 철학 전반에서 의식 개념과 함께 많은 것이 더 이상 작수될 수 없다는 결과를 가져온다.

20세기의 심리학 연구에서 철학적 의식 개념에 대한 철학의 무력화와 함께 의식에게 인간의 심리에 관한 중심적 지위가 부여된다. 의식에 대한 이러한 심리학적 공격에서 프로이드의 정신분석학과 행동주의가 가장 큰 영향력을 발휘할 수 있었다. 프로이트가 무의식 개념을 통해 인간의 정신적 삶에 대한 의식의 의미를 결정적으로 제한하는 반면에, 행동주의는 의식 개념을 완전히 포기하기를 원한다. 이러한 이중의 공격으로 인해 20세기의 의식 개념은 심리학을 규정하는 범주라고 의심을 받았다.

프로이트의 구상은 특히 광범위한 영향으로 의식과 정신 현상의 동일화를 믿을 수 없게 만들었다. "하지만 (코페르니쿠스와 다윈 이후에) 세 번째이자

이 논문에서 호르크하이머와 아도르노의 비판이론을 서술할 여지를 두지 않았다. 나 스스로도 이것에 주목하는 것이 무척 중요하다는 것을 알긴 하지만 말이다.

12) 예를 들어 슈내델바흐H. Schnädelbach는 헤겔 이후의 독일 철학을 표현하기 위해 중심 키워드로 "역사", "학문", "이해", "삶", "가치", "존재" 그리고 마지막으로 "인간"을 선택한다.

가장 민감한 모욕을 인간의 과대망상은 오늘날의 심리학 연구에 의해 경험해야만 한다. 이 심리학 연구는 자아가 자신의 집에서조차도 주인이 아니며 오히려 자신의 정신생활에서 무의식적으로 일어나는 일에 대한 보잘것없는 정보에 의존하고 있다는 것을 증명하고자 한다."[13] 결정적인 것이 무의식에서 일어나고 심리치료의 형태를 통해 기껏해야 의식될 수 있다면, 정말 중요한 것은 인간의 의식에서 일어나지 않는다는 느낌이 든다. 그럼에도 불구하고 프로이트에게 있어 무의식에 대한 이론은 궁극적으로 의식화와 의식적 변화 가능성을 목표로 하는 방식으로 이해될 수 있다. 이러한 이해를 "원초아(Es, 이드)가 자아가 되어야 한다"라는 그의 격언이 나타낸다. 심리치료의 도움으로 무의식을 의식하게 만들 수 있다. 또한 프로이트에게는 무의식에 의식과 유사한 의미 있는 구조를 부여하는 경향이 있다. 바로 의식 개념에 대한 그의 제한에서 프로이트 스스로 의식주제에 묶여있다. 이렇게 보자면 그의 정신분석학은 의식 개념에 대한 전면적 공격이 아닌 중요한 보충인 셈이다. 그러나 프로이트의 영향사에는 이성적 의식과 무의식적 본능의 '발휘'를 대립시키는 생철학(Lebensphilosophie)과의 유사점이 있다. 생철학에 반대하는 프로이트를 합리적으로 읽든 프로이트의 비합리적 해석이 적절하게 보여야 하는지에 관계없이, 의식 주제의 경우 결과는 비슷하다. 일반적으로 인간의 정신적 삶에 있어 의식의 중심적 지위는 심리학에서 정당화될 수 없다.

강력한 영향력을 지닌 정신분석학과 비교할 때 행동주의는 의식 개념에 대한 비판에서 본질적으로 더 극단적이다. 1920년대부터 현재까지 행동주의는 학술적 심리학에서 특히 방법론적 연구강령으로서 지배적 의미를 지니고 있다. 이점은 주로 자기성찰의 방법으로 작동되며 우선적으로 의식과 의식의 내용과 관련이 있는 심리학에 반박하면서 행동주의를 창시한 왓슨J. B. Watson의 경우에 특히 명백하다. 주관주의적인 것으로서 거부된 자기성찰적 심리학은 행동을 출발점으로 삼는 객관적 심리학으로 대체되어야 한다. 방법학적 행동주의에 따르면 행동의 비-개인적 성격은 심리학의 객관성이 달성될 수 있다는 확신을 제공한다. 의식에서 행동으로 심리학의 주요내용이 변

13) 프로이트, 「18. 강의」, 『정신분석학 입문을 위한 강의들』, 294쪽 이하.

화하는 것은 소위 말하는 자연과학적 절차를 심리학에도 적용할 수 있는 기반을 마련하기 위해 그러한 것이다. 하지만 이미 왓슨에게 행동주의가 그러한 방법론적 고려에 만족하지 않고 더 나아가 형이상학적 행동주의에로의 경향을 발전시킨다는 점이 관찰된다. 따라서 의식은 학문적 심리학의 분야에서 방법론적으로 추방되어야 할 뿐만 아니라 의식과 내적 정신 현상이 전혀 존재하지 않는다는 주장이 제기되고 있다. 방법론적 방향과 형이상학적 방향 사이의 이러한 동요를 왓슨 이후의 다른 행동주의의 저자들 역시 유지한다.[14)]

방법론적 행동주의와 형이상학적 행동주의는 심리학의 분야에서 생겨난다는 공통점이 있다. 따라서 이 두 행동주의들은 학문적 행동주의의 형태로 특징지어져야 한다. 왜냐하면 형이상학적 행동주의조차도 실질적 연구에서 세계관적으로 과장된 출발점만을 취하기 때문이다. 이 두 행동주의들과 구별되는 논리적 행동주의라고도 불리는 철학적 행동주의는 의식의 비현실성을 주장하는 것이 아니라 의식과 정신의 개념을 논리적으로 분석하는 것'만'을 요구한다.[15)] 예를 들어 "나는 아프다"와 같은 심리학적 진술은 헴펠C. G. Hempel에게는 행동에 관한 진술로 번역될 수 있다. 진술의 의미가 검증될 수 있는 조건에 있다는 검증 원칙에 따르면, 행동에 관한 심리학적 진술과 행동에 관한 물리학적 진술은 동일한 검증 조건을 가지고 있기 때문에 동일한 의미를 지닌다. 이러한 유형의 번역의 도움으로 심리학은 물리학적으로 해석된 통일과학의 일부가 되어야 한다.

행동주의에 대한 몇 가지 표준적 이의제기들은 다음과 같다. (1) 행동표현이 없는 의식내용이 존재한다. (2) 반대로, 예를 들어 배우로 인식되지 않게끔 완벽하게 연기하는 배우의 경우, 예상되는 의식내용과 일치하지 않는 행동이 존재한다. (3) 행동주의 분석은 근본적으로 정신상태의 시점을 놓친다. 예를 들어 감정이나 고통의 경우, 의식과 그 내용 자체는 이러한 감정과 고통

14) 입문적으로 특히 스키너B. F. Skinner를 살펴보고 샌더스C. Sanders의 관점을 참조하라.

15) 논리적 행동주의는 빈 학파의 논리적 경험론에서의 통일과학(Einheitwissenschaft)이라는 강령과 관련된다. 빈 학파의 관점에서 볼 때 행동주의의 정확성은 심리학을 통일과학의 일부로서 이해할 수 있게 한다.

의 시점이지, 감정과 고통의 뒤늦은 행동표현이 아니다. (4) 행동주의 분석은, 행동 레퍼토리가 우리의 의식적 삶보다 덜 세분화되기 때문에, 환원적 경향을 지닌다. 정신의 영역에서 우리는 행동의 영역에서는 예를 들어 가을날과 관련된 우울함과 같이 어떠한 것과도 관련이 없는 측면을 구별할 수 있다. (5) 행동주의 분석을 비순환적으로 실행하는 것은 불가능하다. 왜냐하면 행동이 특수화(Spezifikation)되는 경우 비행동적으로 특징지어진 의식현상과 항상 관련되기 때문이다.

따라서 전반적으로 행동주의는 매력적이지 않은 프로그램으로서 분류될 수 있다. 그러나 이러한 비판에서 개별 사례에서 행동주의에 입각해서 진행되고 이를 좋은 방법론적 이유로써 정당화하는 연구전략은 배제되어야 한다. 그러한 방법론적 행동주의의 정당화는 원칙적으로 배제될 수 없고 배제되어서도 안 된다는 것이 아니라, 행동주의를 유일한 학문적 심리학으로 입증하려 하고 심지어 형이상학적으로 행동과 정신적인 것을 동일시하려는 절대화일 뿐이다. 행동주의는 의식의 실재성을 부인하는 데 성공하지는 못했지만, 적어도 방법론적 행동주의는 단순한 자기성찰적 의식심리학과 함께 행동지향적 심리학을 확립하는 데 성공했다. 따라서 심리학에서 의식 개념의 중심적 지위는 행동주의에 대한 모든 반대에도 불구하고 전복되었다. 왜냐하면 정신분석학과 행동주의에 의한 이중의 공격 이후, 의식 개념은 심리학에서 예전의 중심적 지위를 되찾을 수 없었기 때문이다.

4장
의식주제에 대한 언어분석적 재구성과 현상학적 재구성

의식 개념이 심리학에서 덜 중요하게 되거나 완전히 무시되는 반면에, 20세기 철학에서는 예전 접근법에 대한 해석적이고 체계적인 작업 외에도 의식주제를 다루는 두 가지 새로운 접근법이 존재한다. 이러한 새로운 접근법은 데카르트 또는 헤겔의 계승에서 의식에 대해 이야기하려는 예전 시도를 더 이상 설득력있는 것으로 간주하지 않는 사람들로부터 특히 관심을 끌고 있다. 비트겐슈타인과 하이데거는 의식에 관한 논의를 새로운 기초 위에 세우고 스스로를 예전 의식 철학의 비판가로서 여기는 두 저자이다. 비트겐슈타인과 그로부터 유래된 전통에서 1인칭의 문장이 의식의 자리에로 옮겨간 반면에, 하이데거는 의식 개념을 실존하는 현존재 분석의 관점에서 새롭게 정의한다. 따라서 의식 **주제**는 비트겐슈타인과 하이데거에게 있어 의식 **개념** 자체를 포기하는 방식으로 재구성된다.

비트겐슈타인에게 있어 데카르트에서 출발하여 영국 경험론을 거쳐 빈 학파에 이르기까지 경험론적 인식론과 관념 개념을 동반한 영향력이 막강한 의식철학이 그의 비판의 표적이 된다. 대조적으로 하이데거는 고대에서 헤겔과 니체에 이르는 지금까지의 철학사 전체를 새로운 기반에 세우고 이를 극복하려고 시도한다. 여기서 다양한 변형을 지닌 근대 의식철학은 비판받아야 하는 서양철학의 형태들 중 하나일 뿐이다. 비트겐슈타인과 하이데거는, 서로의 저서를 고려하지 않았지만, 철학을 재정립하려고 노력한다. 비트겐슈타인의 관점에서 보자면 하이데거는 그가 주장하는 것보다는 덜 급진적이다. 왜냐하면 하이데거 자신이 의식 개념을 포기하지만 특정한 형태로 의식철학의 주제에 묶어 있기 때문이다. 반대로 철학에 대한 비트겐슈타인의 새로운 접근방식은 전통적 주제를 축소한 것으로 보이기에 그에게 의식철학에서의 급진적 이탈이 존재할 수 있지만, 이는 예전 문제수준을 놓치는 것이다. 의식주제의 윤리적 관련성을 위해 아래(6장 “의식과 윤리”)에서 하이데거의 현상학적 재구성은 간략히 논의되지만, 비트겐슈타인과 언어분석적 재구성은 바로 다음의 고찰의 중심에 있다.

데카르트적 전통에 대한 비트겐슈타인의 주요 반대는 이 전통이 주관적 의식의 언어적, 사회적 구조를 무시했다는 점이다. 이후의 저자들은 비트겐슈타인의 새로운 접근방식을 강령에 따라 언어분석적 전환(“linguistic turn, 언어적 전환”)의 일부로 해석했다. 언어적 전환은 기본적으로 더 이상 의식과 외부세계의 사물이 직접적으로 언급될 수 없고, 오히려 의식과 사물에 관한 우리의 발언이 명시적으로 주제가 된다는 것을 의미한다. 따라서 의식과 사물에 대한 접근은 사물에 대한 언어방식을 통해 추구된다. 언어분석적 전환 이후, 철학적 쟁점에 관한 논쟁은 언어방식에 대한 불일치로 간주된다.

1967년 로티R. Rorty가 출판한 선집은 언어적 전환의 강령에 따르는 철학자의 자기이해를 살펴보기 위해 특히 중요하다. 언어적 전환의 메타철학적 특성이 정확히 무엇으로 구성되는지에 대한 질문이 궁극적으로 해명되지 않더라도, 이 책은 특히 독일에서 의식철학과 구별되는 언어분석적 패러다임의 공식화를 위한 강령서로 받아들여졌다. 그런데 선집을 상세히 살펴보면, 개별 기고자의 자체 평가는 훨씬 더 겸손하고 다원적이라는 점을 알 수 있다. 강령에 따른 자기확신은 거의 독점적으로 로티의 서론에세이에만 국한된다. 이점은 "언어적 전환"이라는 용어의 사용이 추정되는 독일에서의 수용보다도 영국적 맥락에서 훨씬 더 주저된다는 점을 보여주는 것일 테다.

강령에 따르면 언어분석에 적용된 철학은 결코 단순한 언어철학이 되길 원하지 않는다. 언어분석적 철학과 언어철학의 이러한 차이는 독일의 논쟁에서 항상 너무 가볍게 무시된다. 언어철학은 언어를 명백한 연구대상으로 삼는 철학의 하위 영역이다. 이러한 의미에서 영국의 언어분석은 언어철학이 되기를 원하지 않는다. 왜냐하면 언어철학과는 달리 언어학적 철학의 언어분석에서 언어연구는 그 자체가 목적이 아니라 철학적 연구의 수단으로 간주되기 때문이다. 그 주장에 따르면, 언어분석은 결코 철학적 문제를 언어문제로 환원하지 않는다. 왜냐하면 원칙적으로 모든 철학적 문제는 언어분석이라는 매개물을 통해 다루어져야 하기 때문이다.

예를 들어 의식 주제에 관한 행동주의적 해명과 같은 순수 학문 지향적 구조를 철학에서 비판하기 위해 비트겐슈타인은 『철학적 탐구』의 124절에서 다음과 같이 표현한다. "철학은 언어의 실제 사용을 어떤 방식으로도 침해해서는 안 된다. 그러므로 철학은 그 사용을 결국 단지 기술할 수 있을 뿐이다. 왜냐하면 철학은 그것을 근거지를 수 없기 때문이다. 철학은 모든 것을 그것이 있는 그대로 놓아둔다." 비트겐슈타인 전통에서 이러한 메타원칙은 부분적으로 언어를 사용하는 방법들 사이의 충분한 구별이 저절로 모든 철학적 수수께끼("퍼즐")를 해결한다는 공상적 견해로 이어졌다. 따라서 우리의 언어적 개념으로만 표현되는 본원적 문제는 거부되었다. 문제 자체의 해결을 위해 언어분석적 심리치료에 근거하여 나타나는 개념의 등급을 유지하는 이러한 언어분석은 전통 철학의 문제수준에 미달하고 설득력이 없다. 오히려 언어적 전환을 단지 문제 자체에 대한 방법적으로 입증된 접근방식으로 이해하는 언어분석만이 의미 있는 것으로 간주되어야 한다. 언어적 설명과 "우리의 언어 수단을 통한 우리의 오성에 걸린 마법과의 투쟁"(『철학적 탐구』의 109절)은 그 자체가 목적이 아니라 문제를 다루기 위한 하나의 수단이다.

의식철학에 대한 언어분석적 비판은 —올바로 이해한다면— 1인칭 문장의 분석을 위해 의식 주제를 재구성할 수 있도록 한다. 비트겐슈타인의 『철학적 탐구』에서 소위 사적언어논의(Privatsprachenargument)가 이러한 재구성을 위해 특히 효과적일 수 있었다. 비트겐슈타인 자신이 작은 절들로 나누어져 있는 『철학적 탐구』에서 "사적언어논의"라는 용어를 사용한 것이 아니라, 그의 해석자들이 243절에서 315절까지의 표제로 선정했다. 비트겐슈타인에게 있어 사적언어라는 주제에 대한 관심은 사적언어의 가능성이 많은 철학적 견해들에 포함되어 있다는 데에서 비롯된다. 이점은 특히 의식내용들에 관한 직접적인 자기성찰적 확실성을 주장하는 의식철학적 견해에서 유효하다. 데카르트에서의 코기토와 경험론적 인식론에서의 관념의 확실성은 비트겐슈타인의 관점에서 보자면 사적언어를 기반으로 한다. 신체세계를 의문시하는 극단적 프로젝트에서 모든 사회적 연결성 역시 적어도 방법적으로 지양되기 때문에, 단지 자아만이 자신의 의식내용과 함께 남아있게 된다. 하지만 자아는 어떻게 자기 자신에게만 접근가능하고 이해되는 사적언어와는 다르게 자신의 의식내용을 명명해야 하는가? 왜냐하면 다른 사람의 언어 세계는 의심의 프로젝트의 이 단계에서 존재하는 것으로 가정될 수 없기 때문이다. 빈 학파의 논리적 경험론과 전기 비트겐슈타인의 『논리 철학 논고』에서 중요시되었던 경험론적 관념과 이에 뒤따르는 감각자료에 대해서도 마찬가지라고 말할 수 있다.

비트겐슈타인이 암묵적 사적언어의 불가능성을 보여주면서 동시에 사적언어에 기반하는 이론은 믿을 수 없게 된다. 비트겐슈타인은 『철학적 탐구』에서 의미의 사용이론인 언어놀이 개념의 도입과 언어와 생활방식의 연관에 관한 간결한 발언을 통해 사적언어논의를 준비했다. 그렇게 함으로써 그는 언어와 사회적 행동을 서로 연관시키는 언어 개념을 기획한다. 사적언어 자체에 관한 구절에서 비트겐슈타인은 귀류법(reductio ad absurdum)을 적용한다. 그는 귀류법을 통해 결과를 불합리한 것으로 지적함으로써 사적언어적 최초 명제를 믿을 수 없는 것으로 드러낸다. 그러므로 이것은 어떤 엄밀한 증명의 문제가 아닌 타당성을 목표로 하는 문제이다. 비트겐슈타인에게 있어 사적언어는 기본적으로 불가능하다. 왜냐하면 이 언어는 항상 공적언어의 일부(예를 들어 문법)를 가정해야 하거나 "나는 생각한다"와 같은 개념도 형성할 수 없기 때문이다. 사적언어의 화자는 자신의 말을 하나의 의미와 연관시키는 데 결코 성공할 수 없을 것이다. 왜냐하면 개별적 단어나 문장의 의미는 항상 공적언어의 규칙구조를 전제하기 때문이다. "한 사람만 어떤 규칙을 오직 한 번 따랐을 수는 없다. … 하나의 문장을 이해한다는 것은 하나의 언어를 이해한다는 것을 의미한다. 하나의 언어를 이해한다는 것은 하나의 기술에 능통하다는 것을 의미한다."(『철학적 탐구』의 199절) 언어기술의 숙달은 또한 말하기의 심층사회화를 필요로 하기에 이러한 관점에서 어떠한 사람도 사적으로 홀로 말할 수 없다(이러한 논점에서 미드Mead의 상징적 상호작용론과 비트겐슈타인과의 유사성을 참조하라).

사적언어논쟁은 언어의 사적성격 대신에 언어의 공공성을 강조하며 이미 『철학적 탐구』의 서문에 설명되는 변형된 언어 개념뿐만 아니라 감각의 사적성격이라는 명제와의 논쟁도 포함한다. 왜냐하면 사적언어의 모델에서는 오직 화자 자신만이 자신의 통증과 같은 것을 알고 있기 때문이다. 그런데 통증이라는 예는 의식의 내용과 관련하여 일반화되었다고 생각될 수 있다. 왜냐하면 비트겐슈타인은 언뜻 보기에 자신의 주장을 위해 가장 불리하게 보임에도 불구하고 감각을 사례로 선택하기 때문이다. 그 이유는 감각이 외견상 '가장 사적'이기 때문이다. 감각의 사적성격에 대한 그의 비판에서 비트겐슈타인은 반복적으로 오해되어 마치 형이상학 행동주의자와 같이 감각의 사적 소유를 부정한다고 생각되었다. 이러한 해석은, 비트겐슈타인이 예를 들어 『철학적 탐구』의 248절에서 감각의 사적 소유를 자명하다고 설명하기에, 잘못된 것이다. 비트겐슈타인에게는 단지 인식론적 사적성격, 즉 감각만으로 '소유자'를 확신할 수 있는지의 여부만이 중요하다. 데카르트의 의식철학에 부합하는 후속 문제, 즉 "어떻게 코기토와 이념을 기반으로 하여 외부세계와 타인의 의식내용을 확실한 것으로 받아들일 수 있는가"라는 문제는 이미 위에서 설명되었다. 비트겐슈타인의 새로운 접근방식을 통해 이러한 인식론적 문제는 사라진다. 왜냐하면 코기토는 이미 사회적 외부세계의 실재성을 이미 포함한 사회적, 언어적 구조에로 소급될 수 있기 때문이다. 이와 함께 비트겐슈타인에게 감각에 대한 언어적 명명은 순전히 외부적 방식으로 사회적으로 구성될 뿐만 아니라, 감각 자체도 사회적 형태로 이해되어야 한다. 언어공동체 내에서만 우리는 우리의 내적 정신의 경험을 이해하고 파악할 수 있는 방법을 배운다. 이 지점에서 비트겐슈타인은 의식철학의 사적성격에 대한 그의 비판에서 매우 멀리 나아가 경험 자체를 부정하거나 모든 사회적 구조에 앞선 고통의 자연적 원인을 부정한다는 의혹에 자신을 노출시킨다. 그리고 실제로 비트겐슈타인의 입장은 사적언어의 유아론을 피하기 위해 실재성 자체가 사라진 언어분석학적 이상주의가 이제 임박하다는 위험을 내포하고 있다. 실재성에 관한 언어적 구조의 두 가지 관점과 실재성 그 자체의 가정이 어떻게 결합될 수 있을지에 대한 근본적 문제와 무관하게, 비트겐슈타인의 새로운 접근방식은 주목할 가치가 있다. 비트겐슈타인의 관점에 따르면, 의식내용들에 대한 접근은 외부세계에 대한 접근과 마찬가지로 언어적으로 구성된다. 이미 칸트가 의식내용들을 외부세계와 마찬가지로 원칙적으로 동일한 단계로 설립한 이후, 비트겐슈타인은 칸트의 이러한 숙고를 언어적 구조라는 주장을 통해서 보충한다.

비트겐슈타인의 언어적 전환은 일상언어학파의 철학에서 최고점에 도달했다.[16] 일상언어학파의 기본 강령을 통해 이들 철학자들은 다양한 문제들을 해결한다. 그들은 의식의 내용이 1인칭 문장으로 표현된다는 점을 밝혀낸다. 따라서 그들은 이러한 일상언어의 문장을 의식 분석을 위한 방법론적 출발점으로 삼는다. 그들은 일상언어의 문장을 학문적 문장과 이원론적으로 대조한다. 동시에 일상언어적·의식지향적 언어방식과 학문적·인과적 언어방식은 두

16) 훌륭한 개요서술에 대해서는 사비니E. von Savigny를 살펴보고 라일G. Ryle과 오스틴J. L. Austin의 강령을 참조하라.

가지 다른 '논리'를 따르고 이는 불가피하다고 가정된다. 이로 인해 비판가들은 이러한 입장을 새로운 이원론 혹은 언어이원론으로 분류했다. 영국의 토론 맥락에서 이원론은 데카르트 전통과 동일시되고 심지어 단어로서도 평가절하의 울림을 가지고 있기 때문에, 이 명칭은 항상 이러한 입장을 대표하는 사람들이 결코 받아들이지 않았던 낯선 명칭으로 남아있다. 그러나 이 명칭이 일반화되었기에, 이 개념이 여기서 사용된다. 상이한 언어논리라는 근본명제를 언어이원론자들은 현실성에 관한 모든 진술이 학문적 진술로 환원되기를 바라는 배타적인 과학만능주의적 입장에 반대하여 설정한다. 동시에 과학만능주의적 견해를 지닌 인식론적 실재론과 이에 상응하는 진리이론은 거부된다. 개별적 자기특성화에서 언어이원론은 이원론 없는 이원성을 목표로 한다.[17)]

가장 잘 알려진 언어이원론은 라일G. Ryle의 『마음의 개념』에서 발견된다. 행동주의자인 라일은 데카르트가 가정한 대로 의식과 정신 현상이 신체와 같은 의미로 존재하지 않는다는 것을 보여주려 한다. 예를 들어 의도와 같은 정신 현상은 라일에게 일종의 내부 극장에서 일어나는 사건이 아니라 행동의 성향이다. 성향으로 이해될 수 있는 소금의 수용성이 특정 상황에서 물에 용해되는 것처럼, 의도도 역시 적절한 조건에서 의도한 것을 수행하려는 성향으로 이해될 수 있다. 라일은 정신 현상이 정확한 개별 분석 이후 그 행동관계에서 쉽게 이해될 수 있도록 정신 현상에서 신비한 것을 제거하고 싶어 한다.

추가로 라일의 행동주의적 입장은 범주오류의 개념이 작동하는 중심적 역할 때문에라도 언어이원론이다. 범주오류는 서로 다른 논리적 유형의 표현을 서로 연결하는 문장, 예를 들어 "소수의 사람들은 녹색이다"라는 문장에 들어있다. 이러한 연결은 그러한 문장을 틀린 것이 아닌 무의미한 것으로 만든다. 유비적 기준과 연관하여 라일은 옥스퍼드 대학은 대학의 개별 건물과 같

17) 맥케이D. M. Mackay의 「우리 자신과 우리의 뇌: 이원론 없는 이원성」(Ourselves and our Brains: Duality without Dualism)라는 논문제목을 살펴보고 랜데스만C. Landesman의 언어이원론에 대한 서술을 참조하라.

은 방식으로 존재하지 않는다는 것을 보여준다. 사람들이 모든 단과대학을 순회하면서 본 후 “도대체 어디에 옥스퍼드 대학이 있는가”라고 질문한다면, 이 질문은 전형적 범주오류를 내포한다. 라일의 경우 사람들이 일상언어를 적절하게 분석한다면 범주오류는 피할 수 있다. 이러한 강령은 그의 책의 나머지 구조를 명확하게 만든다. 다시 말해서 라일은 일상언어를 통해 의식을 포함한 개인의 정신 능력을 분석한다. 정신의 현상에 대해 적절하게 말하기 위해서는 정신적 실체와 의식에 대한 가정이 전혀 필요하지 않다는 점이 자세히 설명되어야 한다.

일상언어로 이해되고 라일에 의해 행동주의적으로 해석된 정신능력에 대한 분석은 신체에 관한 과학적 인과분석과 언어이원론적으로 대조된다. 헴펠의 경우와는 달리, 행동주의는 인과적 통일과학의 가능성이나 심리학의 이러한 통일과학에의 편입에 도움이 되지 못한다. 오히려 라일의 경우 정신능력의 분석은 범주적으로 다른 종류이며, 따라서 성향 개념의 도움으로 분석된 정신의 전체복합체는 인과적 과학 영역에서 언어이원론적으로 분리된다. 라일에서 언어이원론의 특징은 성향으로 분석된 정신 영역이 인체과학으로 이해되는 자연과학과 구분된다는 점에 있다.

라일과 특히 비트겐슈타인을 계승하는 수많은 다른 저자들이 지지하는 언어이원론은 구체적 연구결과를 고려하기 전에 항상 자연과학적 의식 연구에 대해 언급하는 것은 어떠한 개념적 의미도 없다고 주장하는 선험적 입장이다. 언어이원론은 유행하는 연구관행과 많은 신경생물학자의 개념적 방조에 맞서는 중요한 비판가능성을 제공한다. 의식현상을 조사한다고 생각하지만 실제로는 뇌의 잠재력에 대한 진술만을 하는 신경생물학자의 감칠맛이 나는 많은 약속은 언어이원론의 도움으로 올바른 의미로 다듬어질 수 있다. 그럼에도 불구하고 순수 언어이원론은 의식과 뇌의 관계 규정을 위한 적절한 해법이 아니다. 특히 언어놀이를 따로 떼어 분류하는 것은 심리학자와 신경생물학자가 의미 있게 협력하고 동일한 주제에 관해 연구할 수 있는 것을 불필요하게 배제한다. 언어이원론의 선험주의는 우리가 뇌 검사를 통해서는 우리 의식 자체에 관해 아무것도 배울 수 없다는 것을 영원히 주장해도 된다고 생각한다.

5장

신경과학에로의 유물론적 정향

기계 물리학에만 기반한 유물론이 신빙성이 없어 보였던 홉스 시대와는 달리, 오늘날 자연과학적 토대는 뇌 과정이 생물학적 토대의 신경과학에서 연구되고 정신 현상이 컴퓨터과학에서 물질적으로 재현될 수 있는 방식으로 계속 발전되었다.[18] 따라서 현재 일반적으로 정신 현상과 특히 의식이 뇌의 과정 및/또는 컴퓨터프로그램에 의해 설명될 수 있는가에 대해 논의가 있다. 그러한 설명가능성에 대한 중요한 반박들 중 하나가 단순한 객관적 설명과 대조되는 감정 자체의 차원으로 해석되는 질적 의식이다. 그러므로 의식은 현재의 이원론자에 의해 (혹은 유물론에 반하는 회의론자에 의해) 신경과학과 컴퓨터과학적 설명의 우세에 대항하는 중요한 보루로 간주된다.

정신 현상이 뇌 과정을 기반으로 하여 설명될 수 있다고 주장하는 소위 정신과 뇌의 동일론은 철학적으로 특히 주목할 만하다. 동일론자에게 의식은 여기에서도 예외가 아니다. 1956년 동일론을 설명하는 첫 번째 논문들 중 하나에서 플레이스U. T. Place는 의식과 뇌 상태의 동일성을 명시적이고 구체적으로 주장한다. 「의식은 뇌의 과정인가?」라는 논문의 저자는 의도적으로 의식을 선택한다. 왜냐하면 플레이스는 다른 정신 상태의 경우, 라일과 동일하게, 성향 개념의 형태로 된(즉 "행동 성향에 관한") 행동주의적 분석은 기본적으로 올바르다고 생각하기 때문이다. 동일론은 행동주의적 어려움을 의식 개념으로써 해결하기 위한 (잔여-)이론으로 플레이스에 의해 처음 소개되었다. 왜냐하면 행동주의자에게는 의식 개념에서 특별한 어려움이 발생되기 때문이다. 그 이유는 의식이 다른 정신상태보다 더 강력하기에 의식과 행동의

---

18) 컴퓨터과학은 컴퓨터가 의식을 가지는지 혹은 가질 수 있는지의 여부를 묻는 자체 논쟁을 불러 일으켰다. 이 질문은 인공 지능이 가능한지에 대한 보다 더 일반적 질문의 일부이다. 하지만 이 논쟁은 이 논문에서는 고려되지 않는다. 왜냐하면 이 논쟁은 의식의 철학적 또는 심리학적 설명보다는 컴퓨터와 그 발전가능성에 대한 평가와 더 관련이 있기 때문이다. 그러나 신경과학의 철학적 결과를 찾기 위한 본 논문에서의 나의 숙고는 부분적으로 컴퓨터과학에로 전이될 수 있다.

관계가 지속적으로 증명되기 어렵기 때문이다. 더 독단적 행동주의의 어려움을 극복하고자 도입한 성향 개념은 적용되기 위해 의식에서 매우 (과도하게-)남용되어야 한다. 왜냐하면 의식과 그 내용을 원칙적으로 어떤 행동에 관한 성향으로 파악하는 일이 특별히 성과를 가지오지 않기 때문이다. 예를 들어 처음부터 행동과 관련된 의도와는 달리, 의식과 행동의 관계는 자명하지 않다. 반면에 동일론에서의 의식 개념은 특별한 문제를 갖고 있는 것 같지 않다. 뇌 자체에서 정신 현상의 국지화(Lokalisierung)가 의미 있는 것으로 간주되는 경우, 성향 분석과는 달리 의도는 고통과 같은 (다른) 의식 상태와 원칙적으로 구분되지 않는다.

플레이스는 '의식은 뇌의 과정이다'라는 주장에서 논리적 근거로 반박될 수 없는 의미 있는 과학적 가설을 찾아낸다(42). 상대적으로 빈약한 이 공식에서 플레이스와 다른 동일론자들은 절대적으로 옳을 수 있었다. 왜냐하면 '의식은 뇌의 과정이다'라는 문장의 의미에 대한 비판적 항변은 비신체적 의식을 주장하는 이원론에의 일상언어적 습관에 기반하기 때문이다. 그렇다면 이원론자는 언어관습을 위반한다는 주장보다 이 문장에 대한 더 많은 항변을 실제로 제기하는가? 하지만 언어관습은 변화될 수 있고, 추정컨대 '의식은 뇌의 과정이다'라는 문장을 언어적 오류라고 받아들이는 사람들이 점점 더 줄어드는 시기가 이미 도래했다. 따라서 이러한 시기에서 동일론자를 따르는 것은 해가 되지 않는다. 동일론은 의식 안에서 어떤 독자적 실체라는 의미에서의 완전히 다른 것을 보는 이원론을 배제한다. 그렇지만 이러한 빈약한 의미에서의 동일론에서부터 상대적으로 적은 것들이 뒤따라 나오고, 특히 질적 문제를 구성하는 질문, 즉 의식에 관한 질적으로 결정적 요소가 뇌 검사의 도움으로 파악될 수 있는지의 여부에 대한 질문에 아무 말도 하지 않는다는 점이 강조되어야 한다.

그 때문에 내 생각에 동일론이 거의 대답하지 않는 참으로 흥미로운 후속 질문은, 우리가 '의식은 뇌의 과정이다'라는 발언에서 의식에 관해 무엇을 배울 수 있느냐, 라는 질문이다. 이 지점에서 우리는 다음과 같이 답변해야만 한다. '매우 적다.' 왜냐하면 '의식은 뇌의 과정이다'라는 문장은 비신체적 의식을 지향하는 특정 표상을 원칙적으로 거부하기 때문이다. 부활이라는 기독교의 교리와는 주의 깊게 구별되어야 하는 불멸에 관한 신학적 논쟁에서 의식의 신체성에 관한 논쟁은 물론 중요한 의미를 지니지만, 의식의 신체성을 원칙적으로 주장하는 것은 의식과 그 내용 자체에 대해 사실상 아무 것도 말하지 않는다.

따라서 동일론자는 자신의 빈약한 초기주장 또한 넘어선다. 하지만 여기서 동일론의 수많은 후속 작업과 마찬가지로 플레이스에서 어떻게 동일론의 주장이 계속 진척되는지가 종종 불명확하다.[19] 플레이스의 논문에서의 두 개의 인용문이 여기서 증거로 충분할 것이다.

> "만약 우리가 주체의 성찰적 관찰을 뇌 과정과의 상관관계를 참조하여 설명할 수 있다면, 우리는 의식을 특정한 뇌의 활동이라고 여길 수 있다."(42)
>
> "나는 '인지 진술'이 행동에 대한 진술로 분석되는 방식으로 감정과 심상에 대한 진술이 뇌 과정에 대한 진술로 환원가능하거나 분석가능하다고 주장하지 않는다. 의식에 대한 진술이 뇌 과정에 대한 진술이라고 말하는 것은 명백히 거짓이다."(43)

초기 파이어아벤트P. Feyerabend와 초기 로티처럼 제거가능주의적 물질주의(der eliminative Materialismus)를[20] 대표하는 저자들은 뇌 상태와 의식의 동일성을 주장하면서도 (화용론적 근거들과는 다른 근거들로 인해) 정신적 어휘를 대체하지 못하고 자꾸 망설이는 것이 모순된다고 올바르게 지적한다. 그러므로 정신과 뇌의 동일론에서 다음과 같은 주요문제가 앞선 플레이스의 두 인용문과의 연속선상에서 오늘날까지 남아있다. 정신과 뇌의 개념적 동일화를 주장하거나 정신적 어휘의 대체를 요구하지 않으면서, 얼마나 강력히 신경과학적 설명을 주장할 수 있는가? 지난 수십 년 동안 영국에서 수백편의 논문들이 생산해낸 풍성한 논문토론에서 동일론의 발전을 더욱 발전시키려

---

19) 보르스트C. V. Borst의 모음집은 특히 광범위한 논쟁의 시작에 대한 좋은 통찰을 제공하는 반면, 비에리P. Bieri가 독일어로 출판한 탁월한 모음집은 안타깝게도 동일론을 적절하게 표현하지 않는다.

20) 제거가능주의적 물질주의는 인간의 정신이 실제로 악마보다 더 존재하지 않는다는 과학지향적 관점을 취한다. 따라서 정신에 관한 언어방식은 우리가 지각하는 탁자와 그 원자 사이의 관계와 유사하게 기껏해야 실용적 간편함 때문에 유지될 수 있다.

는 시도가 있었다. 제거가능주의적 물질주의, 기능주의(Funktionalismus)[21], 비환원주의적 물질주의(der nichtreduktive Materialismus)와[22] 같은 동일론을 계승하는 입장들은 동일론을 통해 제기된 문제에 관해 계속해서 연구하고 있다. 그렇지만 해결이 잘 될 수 있는지의 여부는 1950년대 논쟁이 시작되었을 때보다도 오늘날 훨씬 더 수상쩍게 여겨진다.[23]

뇌 상태의 도움으로 의식이라는 수수께끼를 풀어야 한다는 동일론자의 근본적 요구는 어떤 양상을 보이는가? 이 질문을 해명하기 위해, 어느 정도까지 오늘날 인간의 의식이 신경심리학적으로 설명될 수 있는지를 연구한 워스R. Werth의 연구가 도움이 된다. 워스는 의식 현상을 자연과학적으로 파악할 수 있다고 반복적으로 단언한다(예를 들어 142). 동시에 그는 의식에 관한 철학적 연구에 반대한다. 왜냐하면 이러한 철학적 연구에서 그 존재를 증명할 수 없거나 그 의미가 불분명한 소위 형이상학적 실체가 가정되기 때문이다(13 이하). 그러나 워스는 이미 서문에서 의식 개념을 사용하는 비-자연과학적 방법에 대한 논의를 포기하길 원한다고 말했기 때문에, 그의 입장은 동어반복에로 귀결되는 것 같다. '의식은 자연과학적 토대에서 자연과학적으로 연구될 수 있다.' 그래서 의식에 관한 자연과학적 연구의 범위에 대한 핵심 질문이 바로 제외된다. 이점은 예를 들어 워스가 명시적이지는 않지만 이미 두 장의 제목으로 표현한 자연과학자와의 대화에서도 일반적 변화로 이야기된다. 그는 자신의 책의 네 번째 장에서 의식을 자연과학적 용량으로 이야기하는 반면에, 다섯 번째 장에서 의식의 신경생물학적 토대에 몰두한다. 오늘날 누구도 의식의 신경생물학적 토대를 연구하는 일이 합리적이라는 것을 부

---

21) 기능주의에 관해 상이한 견해를 지닌 퍼트남H. Putnam과 데닛D. C. Dennett을 살펴보라. 기능주의적 동일론자로서 이러한 두 입장 사이에서 유동적인 과도기적 입장을 표하는 윌슨E. Wilson을 참조하라. 기능주의는 기본적으로 컴퓨터과학을 기반으로 하여 뇌에 관한 관심을 포기하거나 완화하길 시도한다. 정신 상태는 컴퓨터의 소프트웨어와 비견되고 하드웨어로서의 뇌와 구별될 수 있는 기능적 상태로 이해된다.

22) 데이비슨D. Davidson의 "무법칙적 일원론"을 살펴보라. 많은 저자들은 물질주의의 단점을 피하면서 물질주의의 장점이 일관되게 비-환원적 물질주의의 입장에로 진입될 수 있는지를 숙고한다.

23) 앞선 단락들에서 언급한 정신 분석적 철학의 입장에 대한 깊이 있는 서술과 비판을 위해서는 나[하슈테트]의 "정신 분석적 철학에서 정신-신체-문제. 내재적 비판"(Das Geist-Körper-Problem in der analytischen Philosophie des Geistes. Eine immanente Kritik)이라는 B부분을 살펴보라.

정하지 않을 것이다. 논쟁은 오히려 의식 자체에 대한 자연과학적 연구 시도에 관한 것이다. 먼저 워스는 신경생물학적 관점에서는 단순히 의식을 추적하는 것이 중요하지 않다고 올바르게 지적한다(5). 의식이라는 문제적 개념에 대한 일상언어적 범주화는 추측컨대 유지될 수 없을 것이다. 일상언어적으로 의식이라 불리는 것은, 신경생물학적 내용과 연관되기 위해, 먼저 실험심리학에서 '세부적으로 연구되어야' 할 것이다. 동시에 이러한 조작절차에서는 지식의 획득보다 지식의 손실이 더 많이 기록된다고 가정되어야 한다. 예를 들어 획득된 것은 의식적이거나 무의식적 시각의 연구에서 밝혀지는 의식의 근본적이고 일반적 기능이 실험적으로 인식되고 공식화될 수 있다는 것과 관련될 것이다. 손실된 것은 통상 일반적 기능의 법칙보다 적어도 개별 인간들인 우리에게 더 흥미를 느끼게 하는 의식의 구체적 내용의 제거에서 발생할 것이다. 그러므로 의식 현상은 연구되기 전에 먼저 자연과학적으로 크게 변경되고 조작되어야 한다. 조작된 의식 형태에 대한 자연과학적 연구는 소위 정신질환에 관한 설명이나 인간의 학습과 인간의 행동변화에 관한 설명에서 중요시되는 맥락을 파악하는 데 원칙상 도움이 될 수 있을 것이다.

그밖에 조작이 필요하다는 사실은 자연과학적 연구가 의식 현상을 실제로 연구하는가, 라는 근본적 질문으로 이어진다. 이미 제시된 언어이원론의 대답은, 자연과학은 뇌에 관해 진술할 수 있을 뿐 어떠한 경우에도 의식에 관해 진술할 수 없기 때문에, 명백히 더 이상 그렇지 않다는 것이다. 카리어M. Carier와 미텔스트라스J. Mittelstrass는, 언어이원론의 소위 일상언어분석과 선험주의를 공유하지 않다 하더라도, "화용론적"(295) 이원론을 대표하는 최근 저서에서 이러한 언어이원론의 전통에 있다. 그 대신 이들은 실제 연구관행을 지향한다. 일곱 번째 장에서 카리어와 미텔스트라스는 특히 의식 주제에 대해서 의식 개념으로 작동하는 일상심리학이 개별과학인 인식심리학에로 환원될 수 없다는 것을 밝혀낸다. 이 책의 중요성은 실제 연구활동을 고려한다는 점에 있다. "우리의 관심사는 일차적으로 연구 상황에 대한 더 많은 존경심을 얻고 우리가 (절반쯤) 아는 것에만 국한하여 철학적 결과를 탐구하는 데 있다. 이러한 방식으로 뻔뻔한 선험적 구조와 허구적이고 비현실적 신경심리학에 의해 많이 사라져버린 냉정성이 더 많이 신체-영혼-논쟁에 도입되어야 한다."(295) 사람들이 정신에 관한 분석철학에서 특히 화성인, 유리용기안의 뇌, 불에 타지 않는 탄소섬유의 영원한 불에 줄기차게 관심을 보이는 동일론에 대한 논쟁을 추적했을 경우, 사람들은 이 두 저자에게 동의할 수 있을 것이다. 카리어와 미텔스트라스는 정신주의를[24] 확립하려고 시도한다. "물리 법칙의 위반이 아닌 그것의 부족한 완전성이 논쟁의 여지가 있다."(173) 이점에서 정신주의는 의식은 뇌의 과정이라는 동일론의 빈약한 해석과 결합할 수 있다. 사람들이 카리어와 미텔스트라스의 명시적 이원론의 주장을 축소하고 이 대신 빈약한 동일성 주장을 도입할 때, 카리어와 미텔스트라스의 정신주의는 —내 생각에— 올바른 입장에 가까워진다. 이 입장은 다음과 같은 슬로건으로 요약될 수 있다. '뇌를 토대로 하는 의식에 대한 자연과학적 연구는 가능하지만, 근본적 이유로 인해 많은 것을 실제로 가져오지는 못한다.'

따라서 설명의 한계는, 예를 들어 네이글T. Nagel이 「박쥐가 된다는 것은 어떤 것일까?」라는 논문에서 주장하는 대로, 특별히 의식의 질적 차원에 원칙적으로 기반하지 않는다. 그런데 특질(Qualia)-논쟁에 관해 집중하는 것은 예전 데카르트적 의식철학의 유물인 것처럼 보인다. 사실 특질-논쟁의 가치는 이미 비트겐슈타인이 다음과 같이 확정한 자명성에 국한된다. 이 특질은 사람에게 감각이 있든 없든 차이를 만든다. 하지만 데카르트가 주장한 고유한 의식 경험에로의 특권적 통로가 존재하지 않기 때문에, 지식이나 설명가능성에 관한 물음에서 질적 소유 자체는 어떤 **원칙적** 결과도 가지지 못한다. 그러므로 신경과학의 제한된 범위는 기본적으로 특질-논쟁에 의해 정당화될 수 없고, 훨씬 더 일반적으로 의식에 관한 언어놀이의 다양성에 기반한다. 반면에 이 다양성은 신경과학적 언어놀이를 통해서는 가능한 한 보잘 것 없는 대가로도 대체될 수 있다.

그러므로 의식에 관한 자연과학적 연구는 가령 질병을 설명하거나 배움에

24) 정신주의는 정신의 실제 물질성 혹은 비-물질성에 대한 어떠한 언급도 하지 않으려고 하지만 인간의 정신이 정신의 언어놀이의 도움으로만 설명되고 이해될 수 있다는 입장을 고수하는 입장이다. 따라서 '정신주의'는 원칙적으로 신체-영혼-문제에 관한 유물론적 해결책뿐만 아니라 이원론적 해결책과도 결합될 수 있다.

도움이 되는 경우 원칙적으로 가능하고 의미가 있다. 근본적으로 의식에 중요한 다른 모든 측면을 자연과학적으로 연구하는 것도 생각될 수 있다. 왜냐하면 원칙상 의식의 모든 내용에 대한 뇌 상태도 확인될 수 있기 때문이다. 그렇지만 의식에 관한 자연과학적 설명은 의식 주제와 그 설명에 관한 미세한 공진에 대해서는 실제로 거의 기여하지 못한다. 그러므로 의식을 다루는 자연과학이 의식을 연구하는 기존의 연구형태를 배제하는 것도 도움이 되지 못한다. 그렇지 않더라도 결국 의식 현상에 대한 설명은 결정적으로 중요하지 않다. 왜냐하면 자기성찰, 자기의식, 자기비판의 실행은 의식에 관한 자연과학적 고찰을 통해 전혀 획득되지 않기 때문이다. 더욱이 해당 능력들은 원칙상 자연과학적 연구에 부합함으로 이 연구가 근본적 이반을 유발할 필요도 없다. 그럼에도 불구하고 의식을 다루는 것이 원칙적으로 가능한 자연과학을 일방적으로 지향하는 것은 위험하다.[25)]

6장

의식과 윤리

데카르트는 근대 철학의 시작에서 기본적으로 의식과 모든 정신의 상태를 동일시했다. 자신이나 다른 사람의 신체기계에서 나타나는 사건과는 달리 사유실체의 내부 공간에서 나타나는 사건은 직접적이고 의심할 여지없이 의식적이기에, 데카르트에게 있어 의식은 자동적으로 모든 정신의 상태에 상응한다. 하지만 영향사적 측면에서 특히 프로이트의 무의식 개념은 정신 상태와 의식의 긴밀한 결합을 더 이상 인정하지 않게 된다. 왜냐하면 모든 정신 상태

25) 마지막 단락에서 일반적으로만 약술되었지만 (비-환원적) 물질주의와 (자연)과학적 회의론의 노선을 동시에 추구하는 데 의미가 있는 관점에 대한 자세한 설명을 위해서는 나[하슈테트]의 "정신에 관한 분석철학의 과학주의에 대한 외부 비판과 본래적 해결책의 준비"(Externe Kritik des Szientismus der analytischen Philosophie des Geistes und Vorbereitung einer eigenen Lösung)라는 C부분과 "정신-신체-문제의 본래적 해결책의 시도"(Versuch einer eigenen Lösung des Geist-Körper-Problems)라는 D부분을 살펴보라.

가 반드시 의식적인 것은 아니기 때문이다. 우리의 정신생활은 너무 복잡해서 모든 측면을 동시에 의식할 수 없다. 그러므로 의식은 다른 정신의 상태와 잠재적으로 결합된 상태, 소위 말해서 제2의 정신의 상태로 가급적 이해되어, 의식 개념과 일반적 정신 개념의 분리가 불가피하다.[26] 이에 연관하여『자기의식과 자기규정』에서 발견되는 투겐트하트[E. Tugendhat]의 의식에 관한 정의가 도움이 된다. "우리는 이 존재가 직접적인 앎을 가지고 있는 그러한 상태를 의식이라고 부른다."(13) '의식'이라는 명칭은 존재의 현재 상태와 그러한 직접적 앎을 지니고 특정한 정신 상태를 자각하는 존재의 능력을 모두 일컫는다.

전반적으로 의식 개념의 의미는 데카르트에서 시작한 근대 의식철학에서 과대평가되었다. 한편으로 의식 개념 등은 언어분석의 재구성 이후에 더 이상 철학의 근본 개념으로서 영향력을 지니지 않는다. 다른 한편으로 의식 개념에서 신체-영혼-문제에 관한 유물론적 해법에 맞서는 마지막 보루가 발견될 수 있다는 것은 사실이 아니다. 그렇다 하더라도 전반적으로 의식은 사람들이 유물론적 환원만으로는 제거할 수 없는 중요한 정신 현상으로 남아있다. 그럼에도 불구하고 의식 개념이 지니는 오늘날의 철학적 중요성은 사소한 것으로 간주되어야 한다. 의식 주제를 위해 1인칭의 문장을 다루는 언어분석의 재구성은 의식을 올바르게 판별하려고 시도한다. 그러나 이러한 재구성 이후 의식 주제는 더 이상 중심적 의미를 가지지 못한다.

전반적으로 의식 개념에 남아있는 중요성은 정신과 의식의 동일화를 거부

---

26) 의식과 정신성과의 분리는, 모든 정신 상태가 의식적이지 않는다면, 어떻게 정신성이 정의될 수 있는지에 관한 질문으로 이어진다. 정신성을 지향성(즉 방향성)을 통해 정의하는 브렌타노[F. Brentano]에 의해 도입된(그리고 설[J. R. Searle]에 의해 새롭게 논의된) 수정제안도 유지될 수 없다. 왜냐하면 비-지향적 정신성의 명백한 사례들(예를 들어 신경과민)이 분명히 존재하기 때문이다. 지금까지 나는 (비트겐슈타인의『철학적 탐구』의 65절 이하의 의미에서의) 가족유사적 설명보다 더 많은 것을 설득력 있게 제공할 수 있는 정신 상태에 대한 어떠한 규정시도도 알지 못한다. 이러한 가족유사적 설명의 맥락에서 그중에서도 의식 개념이 여전히 중요하다. 그래서 대부분의 정신 상태는, 의식적이지 않다 하더라도, 의식될 수 있다는 것이 특징이다. 하지만 그밖에 의식 개념의 중심적 비중에 의해 오히려 차단되었던 다양한 정신 현상이 강조되어야 한다. 따라서 사상, 의견, 동기, 소원, 기대, 의도, 흥미, 기억, 동경, 상상, 불안·기쁨·분노와 같은 감정, 유쾌·우울과 같은 기분, 아픔·쾌감·혐오·메스꺼움과 같은 감각이 동등하게 정신 현상으로서 간주되어야 한다(이 목록을 비에리[P. Bieri]의『정신에 관한 분석철학』(*Analytische Philosophie des Geistes*)의 2쪽에서 살펴보라).

하고 의식 주제의 중요성이 감소한 이후에도 오늘날 여전히 윤리적 성찰이 가능하다는 점에 있다. 따라서 데카르트가 포기한 근대 이전 의식 개념의 윤리적 핵심 의미는 새로운 중요성을 획득한다. **원칙적으로 의식적 정신 상태만이 성찰될 수 있고 사람에 의해 의도적으로 변경될 수 있다.** 그렇기 때문에 자율적이며 (자기)변화할 수 있는 능력을 가진 존재라는 우리의 자기이해가 의식 개념과 결부된다. 이러한 자기이해는 의식과정의 근본적 물질성에 영향을 받지 않는다. "인간의 올바른 자기이해와 상황이해에 관한 소크라테스적 물음은 인간이 자신의 뇌에 관한 과학적 지식을 가지고 있다고 해서 답하거나 쉽게 답할 수 있는 것이 아니다. … 우리가 우리 자신을 **지향하길** 원한다면, 우리가 우리 자신을 **마음대로 하길** 원하더라도, 우리는 다른 수단을 필요로 한다."(카리어와 미텔스트라스, 280, 290)

하이데거가 윤리적 성찰 자체에 관심이 없다고 하더라도, 하지만 의식 주제에 관한 그의 현상학적 재구성은 윤리학과 의식의 관계와 연관될 수 있다. 하이데거는 『존재와 시간』에서 의식 개념보다 더 근본적으로 개시되는 개념적 통로를 선택한다. 데카르트가 바랐던 것과는 달리, 하이데거에게 있어 의식의 "나는 생각한다"라는 것은 결코 근본적이지 않고, 오히려 의식의 주체는 존재론적으로 파생된 성격을 지닌다. 데카르트에 대한 비판에서 하이데거는 지적 직관에 관한 데카르트의 선호를 언급하며 수학을 존재에로의 존재론적 기본 통로로 양식화한 데카르트의 시도를 비판한다(21절, 95 이하). 이와 함께 하이데거에 따르면 데카르트는 존재자에 대한 소위 가장 엄밀한 존재적 **인식**이 존재에로의 가능한 통로라는 잘못된 생각을 확고히 한다(21절, 100). 이러한 잘못된 생각과는 달리 하이데거는 세계**인식**이 어떠한 경우에도 현존재와의 만남을 보장하지 않는다는 견해를 내세운다. 외부 세계와 타자의 정신적인 것의 실재성을 증명하는 문제와 결부된 데카르트의 의식철학의 근본적으로 잘못된 단초는 하이데거에게 "철학의 스캔들"이라고 말하게끔 한다. "'철학의 스캔들'은 이러한 증명이 지금까지 제시되지 못하고 있다는 점이 아닌 오히려 **그러한 증명이 계속해서 기대되고 시도된다**는 점에 있다. 이런 기대, 의도, 요구는 **자신**과 관계없이 '외부에' 있는 '세계'가 전재(前在)한다는 사실로서 증명되어야 하는 **그것[현존재]**의 존재론적으로 미흡한 설정에서 발생한다. … 올바로 이해된 현존재는 그러한 증명에 반대한다. 왜냐하면 후속 증명은 현존재에게 맨 먼저 자신의 존재에서 그때마다 이미 **있는** 것[즉 현존재 자신]을 증명하는 일이 필요하다고 대변하기 때문이다."(43절, 205)

존재의 의미에 관한 존재론적 물음과 현존재의 역사성의 부각은 『존재와 시간』에서 하이데거의 새로운 단초의 주요 주제를 형성한다. 하이데거에게 있어 현존재 개념은 항상 인간의 현존재를 위한 용어인 반면, 존재 개념은 정확히 현존재를 포함하는 보다 더 포괄적 개념이다. 반면에 데카르트는 실체 개념에 집중함으로써 존재를 단지 전재성으로만 이해하기에, 존재나 실존하는 현존재 모두 적절하게 시야에 들어올 수 없게 된다(21절, 98). 그러므로 인간적 현존재의 규정을 위해 실존 개념이 중심이 되며, 이런 방식으로 실존 개념이 의식 개념을 대체한다. 여기서 하이데거의 실존론적 분석은, 헤겔의 의식 분석과 마찬가지로, 경험적이고 심리학적인 것을 의미하지 않는다. 이 점은 또한 하이데거가 인간의 실존을 상세하게 규정하기 위해 사용하는 염려와 불안이라는 중심 개념에도 적용된다. 선구적 결단성으로 불안을 겪어야 하는 실존적 현존재는 자신의 역사적 유한성에 의해 특징지어진다.

투겐트하트는 하이데거의 진술을 자기 자신과 관계를 맺는 이론의 진술로 해석한다(164 이하). 따라서 현존재 분석론은 인간의 의식적 자기결정을 목표로 한다. 정신 상태가 자연스럽게 의식적 자기결정과 연관되더라도, 이 해석에서 의식 개념은 심리학적 사태를 덜 표시한다. 하지만 중요한 점은 고유한 현존재를 위해 '올바르고 좋은 삶'을 성찰하고 숙고하여 선택하는 정제된 태도가 요구된다는 점이다. 삶의 다양한 기획투사를 고려할 때 '의식적'이라는 표현은 고유한 삶의 가능성들을 인정하면서 하나의 가능성을 스스로 결정하는 태도를 말한다. 따라서 의식적 존재는 데카르트가 정확히 의식 개념에서 제거했던 의식 개념의 윤리적 부분을 다시 의미한다. 사람들이 하이데거의 존재론적 시도를 체계적으로 따르지 않더라도, 하이데거와 연관한 실존의 의식적 극복은 의식 주체를 새롭게 강조할 수 있다.

따라서 환원적 유물론에 대한 반대 개념은 자기경험의 질적 차원을 갖는 심리적 현상으로서의 의식에 있지 않다. 오히려 과학지향적 유물론 자체는 어떠한 경우에도 자명할 수 없는 주체의 활동을 이미 반영하고 있다는 점이

하이데거의 관점에서 보다 더 근원적이다. 우리가 우리의 의식과 우리 자신 자체를 유물론적으로 이해한다면, 우리는 이미 우리의 존재에 대한 구체적 해석을 결정한 것이다. 하지만 이러한 결정은 강제적으로도 과학적 수단으로도 정당화될 수 없다. 실제로 과학지향적 유물론은, 다른 원천에서도 경험가능한 우리의 유한성을 확실하게 증명하지 않는 한, 우리의 존재를 극복하는 데 거의 기여하지 않는다. 그러므로 우리는 우리의 전체 존재의 관점에서 어떠한 자기해석과 자기결정을 우리 자신에게 주길 바라는지를 의식하고 합리적으로 결정해야 한다.

■ 인용된 문헌

Austin, J. L. 1975, Ein Plädoyer für Eentschuldigungen, in: Ders., *Wort and bedeutung. Philosophische Aufsätze*, München.

Berkeley, G. 1980, *Prinzipien der menschlichen Erkenntnis*, F. Ueberweg (독역), A. Klemmt (편), Hamburg.

Bieri, P. (편) 1981, *Analytische Philosophie des Geistes*, Königstein/Ts.

Borst, C. V. (편) 1971, *The mind-Brain Identity Theory*, London.

Brentano, F. 1974, *Psychologie vom empirischen Standpunkt*, O. Kraus (편), 3 Bde., Hamburg.

Carrier, M./Mittelstraß, J. 1989, *Geist, Gehirn, Verhalten. Das Leib-Seele-Problem und die Philosophie der Psychologie*, Berlin/New York.

Davidson, D. 1970, Mentale Ereigniss, in: *Analytische Philosophie des Geists*, P. Bieri (편), Königstein/Ts.

Dennett, D. C. 1978, Intentionale Systeme, in: *Analytische Philosophie des Geists*, P. Beiri (편), Königstein/Ts.

Descartes, R. 1954. *Von der Methode*, A. Buchenau (독역), L. Gäbe (편), Hamburg.

__________. 1954, *Meditationen über die Grundlagen der Philosophie mit den sämtilichen Einwänden und Erwiderungen*, A. Buchenau (독역/편), Hamburg.

Feyerabend, P. 1963, Mentale Ereignisse und das Gehirn, in: *Analytische Philosophie des Geists*, P. Beiri (편), Königstein/Ts.

Freud, S. 1940, *Vorlesungen zur Einführung in die Psychoanalyse*, in: Ders., *Gesammelte Werk*, Bd. 11, London.

Habermas, J. 1981, *Theorie des kommunikativen Handlens*, 2 Bde., Frankfurt/M.

Hastedt, H. 1988, *Das Leib-Seele-Problem. Zwischen Naturwissenschft des Geistes und Kultureller Eindimensionalität*, Frankfurt/M.

Hegel, G. W. F. 1952, *Phänomenologie des Geistes,* J, Hoffmeister (편), Hamburg.

Heidegger, M. 1972, *Sein und Zeit*, Frankfurt/M.

Hempel, C. G. 1980, The Logical Analysis of Psychology, in: *Reading in Philosophy of Psychology*, N. Block (편), Bd. 1, Cambrige.

Hobbes, Th. 1959, *Vom Menschen. Vom Bürger*, G. Gawlick (편), Hamburg.

Hume, D. 1973, *Ein Traktat über die menschliche Natur*, R, Brandt (편), Hamburg.

________. 1973, *Eine untersuchung über den menschlichen Verstand*, R. Richter (편), Hamburg.

Husserl, E. 1950, *Cartesianische Meditionen. Eine Einleitung in die Phänomenologie*, in: Ders., *Cartesianische Meditationen und Pariser Vorträge*, S. Strasser (편), Haag.

Kant, I. 1956, *Kritik der reinen Vernunft*, R. Schmidt (편), Hamburg.

______. 1976, *Prolegomena zu einer jeden künftigen Metaphysik die als Wissenscaft wird auftreten können*, K. Voränder (편), Hamburg.

Krüger, G. 1962, *Die Herkunft des philosophischen Selbstbewußtseins*, Darmstadt.

Kuhn, T. S. 1978, *Die Struktur wissenschaftlicher Revolutionen*, Frankfurt/M.

Landesman, C. 1965, The New Dualism in the philosophy of Mind, in: *The Review of Metaphysics 17*.

Leibniz, G. W. 1958, *Metaphysische Abhandlung*, H. Herring (편), Hamburg.

Locke, J. 1981, *Versuch über den menschlichen Verstand*, Hamburg.

MacKay, D. M. 1982, Ourselves and our Brains: Duality without Dualism, in: *Psychoneuroendocrinology 7*.

Mead, G. H. 1973, *Geist, Identität und Gesellschaft, Aus der Sicht des Sozialbehaviorismus*, Frankfurt/M.

Montaigne, M. de 1908-1911, *Essays,* in: Ders., *Gesammelte Schriften*, O. Flake u. W. Weigand (편), Bd. 1-6, München/Leipzig.

Nagel. T. 1981, Wie ist es, eine Fledermaus zu sein?, in: *Analytische Philosophie des Geistes*, P. Beiri (편), Königstein/Ts.

Nietzsche. F. 1886, *Jenseits von Gut und Böse*, in: Ders., *Werke in drei Bänden*, K. Schlechta (편), Bd. 2, München.

Oehler, K. 1962, *Die Lehre vom noetischen und dianoetischen Denken bei Platon und Aristoteles, Ein Beitrag zur Erforschung der Geschichte des Bewußtseinsproblems in der Antike*, München.

Place, U. T. 1971, Is Consciousness a Train Process?, in: *The Mind-Brain Identity*

Theory, C. V. Borst (편), London.

Putnam, H. 1981, Die Natur mentaler Zustände, in: *Analytische Philosophie des Geists*, P. Bieri (편), Königstein/Ts.

Rensch, B. 1968, *Biophilosophie auf erkenntnistheoretischer Grundlage. Panpsychistischer Identismus*, Stuttgart.

Ritter, J. (편) 1971, Bewußtsein, in: *Historisches Wörterbuch der Philosophie*, Bd. 1, Sp. 888-896, Darmstadt.

Rorty, R. 1981, Leib-Seele-Identität, Privatheit und Kategorien, in: *Analytische Philosophie des Geists*, P. Beiri (편), Königstein/Ts.

_______. 1981, *Der Spiegel der Natur, Eine Kritik der Philosophie*, Frankfurt/M.

_______ (편) 1967, *The Linguistic Turn, Recent Essays in Philosophical Method*, Chicago/London.

Ryle, G. 1969, *Der Begriff des Geistes*, Stuttgart.

Sanders, C. 1978, *Die behavioristische Revolution in der Psychologie*, Salzburg.

Savigny, E. v. 174, *Die Philosophie der normalen Sprache, Eine kritische Einführung in die 'ordinary language philosophy'*, Frankfurt/M.

Schnädelbach, H. 1983, *Philosophie in Deutschland 1831-1933*, Frankfurt/M.

Searle, J. R. 1987, *Intentionalität. Eine Abhandlung zur Philosophie des Geistes*, Frankfurt/M.

______ 1984, *Geist, Hirn und Wissenschaft. Die Reith Lectures 1984*, Frankfurt/M.

Skinner, B. F. 1971, *Jenseits von Freiheit und Würde*, Reinbek bei Hamburg.

Specht, R. 1966, *Commercium mentis et corporis, Über Kausalvorstellungen im Cartesianismus*, Stuttgart-Bad Cannstatt.

Stawson, P. F. 1966, *Die Grenzen des Sinns, Ein Kommentar zu Kants Kritik der reinen Vernunft*, Königstein/Ts.

Taylor, Ch. 1978, *Hegel*, Frankfurt/M.

Tugendhat, E. 1979, *Selbstbewußtsein und Selbstbestimmung. Sprachanalytische Interpretationen*, Frankfurt/M.

Watson, J. B. 1925, *Behaviorismus*, C. F. Graumann (편), Köln.

Werth, R. 1983, *Bewußtsein. Psychologische, neurobiologische und wissenschaftstheoretische Aspekte*, Berlin/Heidelberg/New York/Tokyo.

Wilson, E. 1979, *The Mental as Physical*, London/Boston/Henley.

Wittgenstein, L. 1984, *Tractatus Logico Philosophicus*, in: Ders., *Werkausgabe*, Bd. 1, Frankfurt/M.

___________. 1984, *Philosophische Untersuchungen*, in: Ders., *Werkausgabe*, Bd. 1, Frankfurt/M.

6부 _ 철학적인 연구 방법들과 탐구프로그램들

- K. 부흐텔

1장 과제 설정

만일 우리가 "도대체 무엇을 위해 철학하는가?"하는 예비적 물음을 해결한 다음 최선의 의지를 가지고 어떤 특수한 철학 문제에 착수하려 하자마자, 우리는 다음과 같은 놀라운 경험을 하게 된다. 즉 어떤 특정한 저자의 수고롭게 고안해낸 용어, 독창적인 현상 기술, 설득력 있는 논의 전개 등 이 모든 것들은, 우리가 어떤 두 번째 철학자에 관심을 돌려 같은 주제에 대한 그의 대답을 이해하려고 노력하고자 할 때, 흔히 별 도움이 되지 않는다는 것이다. 우리는 완전히 새로운 문제 앞에 서 있다는 인상을 받게 되고 다시금 한 발자국 한 발자국 두 번째 저자의 용어 및 논의 특징을 공부해야 한다. 이것은 간혹 우리가 다시 아는 것에 맞닥뜨리기까지 몇 번이고 되풀이 될 수 있다.

논증의 연쇄, 대화의 진행, 비슷한 철학적 출발 문제에 대한 해결책 제시 등을 전개하는 여러 가지 방식이 있다. 철학적 문제 제기에 대한 대답을 시도하는 데에 적용되는 그런 연구 방식들을 여러 가지 조류의 '철학의 방법' 혹은 서로 다른 '철학함의 길'로 간주할 수 있겠다.

물론 이런 의미에서 성과와 방법 사이에는 깊은 연관 관계가 있다. 연구 방식을 잘못 선택한 사람은 불완전하고 쓸모없는 성과에 도달했다고 놀라서는 안 된다. 그렇지만 대화자들의 관심과 목표에 있어서의 최소 공감대로부터 출발한다면 방법적 공통성의 최소한 역시 확정될 수 있을 것이다. 아래에서 다룰 것은 그 근본 구조에 최소 공감대가 놓여 있기 때문에 우리가 뒤따라갈 수 있는 바로 그런 철학적 방법들이다. 이와는 반대로 다른 사람의 접근이 불가능한 직접적인 신비적 직관, 개인적 느낌, 천재들에게만 허용된 짐작 등은 우리가 생각하는 철학적 연구 방식들의 기본 토대가 아니다.

연구 방식의 특정한 구조를 목표로 삼는 지금까지의 고찰은 정적이요 공시적(共時的, synchronisch)이다. 이것은 어딘가 순간적 사진 촬영과 같다. 철학적 대화는 늘 역사 안에서 벌어지고 이와 동시에 물음들은 몇 세기에 걸친 문제 전개로 기술되기 때문에 이 공시적 측면은 통시적(通時的, diachronisch) 측면을 통해 보완되어야 한다. 연구 방식들과 철학 구상들이 역사적 전개 안에서의 자신들의 문제와의 대결에서 어떻게 변화해 왔는가 하는 물음은 탐구프로그램에 대한 논의로 이어진다. 우리는 탐구프로그램을 우선 개별 연구자, 특히 거장들, 연구 그룹 혹은 이론들이 모두 그 기본 조건들을 방향 짓고 유지해 온, 역사 안에서 흘러온 연구 방식들의 구체적인 전개로 이해한다.

따라서 우리의 고찰은 두 가지 근본적인 과제 설정에로 이어진다.

(1) **방법적인 근본 개념**. 여러 다른 철학자들에게서 나타나고 명백하게 서

술할 수 있는 연구 방식들이 있는가? 어떤 것이 이 연구 방식들의 방법적 근본 전제인가? 여러 다른 연구 방식들 사이에 어떤 연관성이 있는가? 근본 구상들(Konzepte)의 차이를 극복하고자 하는 '통합적 방법'이 있는가? 모든 것이 제각각 떠드는 것(이른바 공약불가능성, Inkommensurabilität)으로 끝나고 마는가? 아니면 서로 다른 입장들의 상호 비판과 근접을 위한 의미 있는 단초들이 있는가?

(2) **철학적 탐구프로그램**. 어떤 것이 의미 있는 탐구프로그램인가? 이 탐구프로그램은 어느 정도로 방법론적 논증적으로 특징지을 수 있는가? 탐구프로그램은 어느 정도 비합리적 조건에 의존하는가? 탐구프로그램의 철학적 논의는 언어학, 진화론 혹은 물리학과 같은 개별학문들의 성과와 어떤 관계에 있는가? 철학은 여기에서 어느 정도로 학문간 협업적 중재의 기능을 떠맡는가?

이 두 가지 근본적 과제 설정은 다음과 같은 사실을 보여준다. 곧 우리는 여기에서 교육의 과정에서 선생과 학생에게 문제가 되는 교수법적 전략의 의미에서의 연구 방식들을 다루는 것은 아니다(여기에 대해서는 이 책의 7부에서 9부를 볼 것).

2장
방법적인 근본 구상들

만일 우리가 의사소통 과정으로서의 철학이라는 이념으로부터 출발한다면, 우리는 철학하는 자가 우선 이해되지 않는 현상들을 발견하고 이것들을 자신의 이해 지평 안으로 포함시키고자 한다는 것을 전제한다. 예를 들어서 도덕의 전제가 되는 자유의 현상이 오늘날의 물리주의적, 진화론적, 심층심리학적 인식의 관점에서 곤란해질 수 있다. 그렇다면 다음과 같은 물음들이 제기된다. 자유라는 현상이 어떻게 이해될 수 있는가? 우리는 그것을 학문적(과학적) 자료를 통해 기만으로 폭로하고는 설명을 끝낼 수 있는가? 아니면 이 현상을 확인할 수 있는 근거가 있는가? 대답은 아주 다른 여러 가지로 내려질 수 있다. 예컨대 우리는 이해되지 않는 것을 우리의 체험 세계의 익숙한 것의 지평으로 편입시키려고 시도할 것이다. 이것이 성공하면 우리는 이 현상을 '이해한' 것이다. 반면에 다른 사람들은 '설명'을 시도한다. 다시 말해서 그들은 학문(과학)의 합법칙성으로부터 출발해서 논리적 도출을 통해 이 현상의 편입을 수행한다. 설명과 아주 유사한 것으로 '해명'(Explikation)이 있다. 우리는 해명을 한 개념을 언어의 합법칙성과 의미에서 도출하는 것, 혹은 알려져 있고 이미 분석된 개념군들로(예컨대 이상언어로) 환원하는 것으로 이해한다.

이런 의미에서 '설명'(Erklären)과 '이해'(Verstehen)의 양자택일은 철학을 근본적인 두 가지 구상으로 분류하는 실마리가 될 수 있다. 그것은 '분석적 방법'과 '해석학적 방법'이라는 분류이다. 학문적인 것뿐만 아니라 우리에게 익숙한 것도 아주 다른 의미를 가질 수 있기 때문에 연구가 진행됨에 따라 방법적 근본 구상들 간의 더나간 차별화가 나온다.

1절__ 분석적 방법들

분석적 단초 안에서 우리는 자연과학적-논리적 방법이나 언어학적 방법을 지향한다. 첫 번째의 것은 과학론적 구상으로 이어지고, 두 번째의 것은 언어분석적 구상으로 이어진다.

1) 과학론적 구상

(1) 우리는 일단 과학론(Wissenschaftstheorie)을 기존 과학들의 '메타이론'(Metatheorie)으로 이해한다. 다시 말해서 과학론에서는 하나의 과학을 과학으로 만드는 것이 기술된다. 즉 개별적 과학의 전제, 개념, 진술, 규칙 체계, 이론, 논증 형태, 목표, 한계 등이 분석된다. 그러나 다른 한편으로 철학 분과로서의 과학론은 '규범적'(normativ)이기도 하다. 이것은 획득된 특징들이 과학성의 규범으로 간주된다는 것을 뜻한다. 학자들의 활동은 이 규범들을 가지고 잰다. 그런 한에 있어서 과학론은 과학성의 일반 이론이다.

분석철학의 과학론적 개념은 두 가지 전제 위에 세워진다.

— 첫째로 철학적 진술들은 일반적 과학성의 척도에 예속되어야 한다.
— 둘째로 철학적 논증의 방법들은 자연과학적 설명 방법과 그 논리에 밀접하게 연결되어야 한다.

이제 어떤 것이 과학론적 방향의 연구 방법을 정의하는 철학적으로 유의미한 기준들인가? 토대가 되는 설명 개념이 이미 이 규정 안에 들어 있기 때문에 우리는 이 설명 개념에 대한 해명으로 시작한다.

(2) 자연과학 및 방법에 초점을 맞춘 철학에서 본질적인 논증 형태는 결국 '설명'이다. 이 개념을 보다 정확하게 이해할 수 있도록 우리는 왜를 묻는 물음(Warum-Frage)에 대한 두 가지 서로 다른 대답을 고찰해보자.

"왜 달이 지구 주위를 도는가? 중력이 작용하니까." 여기에서 물어지는 것은 달의 운동을 불러오는 근거(**causa efficiens**)이다. 다른 예를 보자. "왜 눈에 콘택트렌즈를 끼는가? 잘 보려고." 여기에서 물어지는 것은 목적이나 목표라는 의미의 근거(causa finalis)이다. '설명'은 아래에서 전문 용어로 이해되고 오로지 첫 번째 예의 경우에만 적용된다. 설명이라는 것을 우리는 다음과 같은 종류의 도식으로 이해한다(헴펠-오펜하임 도식).

— 우리는 어떤 합법칙성을 알고 있다.
— 우리는 어떤 단칭 사태(부수 조건)를 발견한다.
— 우리는 이 두 개의 전제로부터 논리적으로 하나의 결론을 끌어낸다. 도출이 올바르면 결론은 '설명되었다'.

예: 왜 달은 지구 주위를 도는가?
— 해당되는 법칙들의 열거: 중력의 법칙, 구심력의 크기에 대한 법칙 등.
— 부수 조건의 제시: 지구 및 달 질량의 크기, 지구와 달의 거리, 달의 속도 등.
— 법칙과 부수 조건으로부터 달의 운동이라는 사건을 논리적으로 끌어낸다.

(3) 이 설명 도식으로부터 세 가지 결정적인 **방법적 전제**를 읽어낼 수 있다.

첫째로 연구 영역은 법칙을 통해 특징지어질 수 있어야 한다. 합법칙성에서 파악되는 일반적인 것은 고전적인 중력의 법칙에서처럼 엄격히 인과적-

결정론적이어야 하는 것은 아니며 통계적으로도 기술될 수 있다. 이때 법칙 개념은 일반적 의미의 규칙 체계로 대체된다(헴펠-오펜하임 도식의 확장).

둘째로 법칙이나 규칙 체계는 경험적으로 미리 주어진 조건에 적용된다. 따라서 이것들은 감각적 경험 안에서 적용 가능성을 가져야 한다. 이 **경험 연관**이 가장 중요한데 그 까닭은 이로써 일반적인 철학적 문제 제기에 적용할 때, 의미 기준을 둘러싼 논의에서 드러나는 강한 제한이 생겨나기 때문이다.

셋째로 일반적인 것과 특수한 것 사이의 연관 관계는 엄격한 **형식 논리학**을 통해 규정된다. 하나의 설명에는 늘 논리적 연역이 들어 있다. 이에 대한 전제는 일상언어에 대한 분석과 그 밑바닥에 놓여 있는 형식적 이상언어(Idealsprache)를 통한 대체이다. 언어의 형식화는 내용적 이론 전개의 본질적 요소이다. 논리학이 따라서 사고의 정전(正典, Kanon)이 된다.

일반적인 것에서의 합법칙성과 규칙성, 경험 연관, 언어적 형식화와 형식 논리학의 적용이 과학론적 구상의 합리성 개념을 규정한다.

(4) 이 사유 도식을 철학에로 옮겨 놓으면 많은 난점들이 생긴다. 우선 설명이 항상 전체 이론 안에서 일어난다는 것을 주목해야 한다. 설명 도식을 받아들이는 것은 포괄적인 이론의 구성을 전제한다. 한 진술이 이 이론에 속하는지의 여부는 다시금 의미 기준을 통해 밝혀져야 한다.

이 과학론적 구상을 가장 근본적으로 대변하는 '논리적 경험주의' 혹은 '신실증주의'(Neopositivismus)는[1] 여러 가지 의미 기준들을 제안한다. 이 기준들은 앞에 놓인 철학 문장이 유의미한지 혹은 무의미한지를 결정한다. 고전적 형이상학의 대부분의 진술들이 이 기준을 충족시키지 못하기 때문에, 무의미한 문장들은 '형이상학적' 문장들이라 불리고 논의의 대상에서 제외된다('형이상학이라는 의혹').

경험적 의미 기준의 두 가지 예

— 완전한 원리적 검증가능성의 기준

1) 대표자는 슐릭M. Schlick과 카르납R. Carnap.

하나의 진술은, 일련의 모순이 없는 관찰 문장들로부터 논리적으로 도출될 수 있으며 동어반복이 아니고 확정된 단어 의미들로부터만 해명되는 것이 아닌 경우에, 정확히 그 경우에 경험적으로 유의미하다.

— 경험주의적 언어 구성의 기준

하나의 진술은, 경험적 언어로 번역될 수 있으며 동어반복도 아니고 단어의 의미들로부터만 도출되는 것이 아닌 경우에, 정확히 그 경우에 경험적으로 유의미하다. 경험주의적 언어는 이론적 언어이외에 특히 대응 규칙이라는 수단을 통해 이론 복합체의 경험 가능한 실재와의 연관을 만들어내는 관찰 언어를 포함해야 한다(카르납의 '두 단계 이론').

전칭명제인 법칙들은 검증 가능하지 않기 때문에 신실증주의는 귀납의 가능성에 특별한 무게를 둔다. 이때 귀납을 우리는 특수한 것으로부터 일반적인 것을 추리하는 것뿐만 아니라 무한히 많은 알려진 사례들로부터 아직 관찰되지 않은 사례를 추리하는 것으로도 이해한다. 이 과정에서 확률에 근접하는 상대적 빈도가 결정적 역할을 한다.

충분히 확실한 귀납의 가능성에 대한 의심 때문에 검증가능성의 기준은 **비판적 합리주의**에서[2] 새로운 기준으로 대체된다.

— 반증가능성의 기준

분석적이지 않은 진술 A는 non-A(A의 부정)가 연역될 수 있는 진술들이 생각될 수 있는 경우에, 정확히 그 경우에 경험적으로 유의미하다. 이때 우리는 어떤 조건 아래에서 A가 거짓인지 안다. 이렇게 해서 우리는 이 진술의 면책특권을 회수한다. 즉 이 진술에 대해 비판이 가능하다. 비판적 합리주의의 결정적 측면은 모든 주장이 비판에 열려 있다는 점이다. 실재에 대해서 무엇인가를 말하는 그 어떤 진술도 최종적이라고 받아들여져서는 안 된다. 모든 진술은 끊임없는 비판의 시도를 견뎌야 한다. 모든 지식은 임시적이요 따라서 원칙적으로 가설의 성격을 지닌다.

의미 기준으로 이 기준을 충족시키지 못하는 모든 문장들을 제거하려는 실증주의와는 다르게 포퍼는 의미 기준을 경계지움의 기준(Abgrenzungskriterium)

2) 대표자는 포퍼K. Popper와 알버트H. Albert.

으로 파악한다. 그는 형이상학적 진술들이 기능을 가질 수 있지만 엄밀한 학문으로부터는 퇴출되어야 한다고 생각한다.

(5) 전칭명제와 귀납에 대한 서로 다른 평가로 인해 연구 방법에 있어서 낡은 실증주의의 의미로 대중-학문적 기술들과는 확연히 구별되는 차이점이 생겨난다.

— 소박한 실증주의적 해석의 연구 방법

여기에서는 하나의 완성된 실재로부터 출발한다. 이 실재에서 개별 관찰들이 나온다. 이 관찰들은 귀납적으로 확장되고 가설들로 취급된다. 논리적 추론과 그 이상의 관찰이 어떤 모순에도 도달하지 않는 경우에 이 가설들을 법칙이라고 부른다. 법칙은 실재의 일반적 구조를 반영한다. 법칙들 전체가 그 정의들과 추론들로 과학적 이론 혹은 철학적 이론을 표현한다.

— 신실증주의의 연구 방법

실재는 그 안에서 관찰들이 만들어지고 이론적 요소들과 결합되는, 언어적-논리적으로 매개된 모델을 통해 기술된다. 이론적 요소들은 형식적 연산(Kalkül)의 자기 완결적 체계로 파악된다. 따라서 이론적 언어는 자유롭게 설계되고 아직 해석되지 않고 있다. 이론적 언어는 혼자만의 힘으로 연산으로서 일반적 기준들을 충족시켜야 한다. 대응 규칙을 통해 얻어진 해석은 강한 귀납적 일반화의 색채를 띤 과학의 본래적 내용을 제공해 준다.

— 비판적 합리주의의 연구 방법

여기에서는 실재는 처음부터 하나의 연산 모델 안으로 편입되는 것이 아니라 추후적으로 비로소 정의된다. 처음에는 창의적이고 반증 가능하며, 대담하지만 모순이 없는 가설들이 있다. 논리적 추론들과 도출된 관찰 명제들은 관찰에 입각해서 그리고 또 연구자 공동체의 일반적인 결정에 근거해서 검토되고 비판된다. 이 과정을 견뎌내면 그 밑바닥에 놓여 있는 가설들이 수용될 수 있다. 이 가설들은 (원칙적으로 수정 가능한) 실재를 정의한다. 제거해야 할 모순이 일어나지 않으면 특정한 가설들은 변경되어야 한다.

이 단초의 의미는 그것이 이 단초를 따르는 사람들이 자신들의 입장을 제시하도록 만드는 조건들을 명백히 제시한다는 데에 있다. 이로써 그들은 앎은 항상 이성을 통해 증명되거나 명증성을 통해 확실하게 된다는 수 천 년에 걸친 생각과는 거리를 둔다.

(6) 일반적인 것과 경험 연관을 해석하는 데에 있어서 과학론적 구상 안에서 엄청난 견해차가 있다면, 그 밑바닥에 놓여 있는 논리학과 관련해서는 의견의 일치를 보인다. 여기에서 문제가 되는 것은 보다 좁은 의미의 논리학, 곧 **형식** 논리학이다. 예전에 논리학은 그 발전을 위해서 개념 이론과 판단 이론을 필요로 하는 삼단논법에서 절정을 이루었다. 오늘날에는 진술 논리학, 술어 논리학, 집합 논리학이 그 자리를 차지한다. 이런 것들에는 그 밑바닥에 핵심 논리(Kernlogik) 혹은 최소 논리(Minimallogik)가 깔려 있는데, 이것을 우리는 실증적 귀결 논리(Konsequenzenlogik)라고 표현할 수 있겠다. 따라서 이 실증적 귀결 논리는 동일률과 모순률 같은 기초적 법칙들을 포함한다. 우리는 일반적으로 이것을 일반적으로 허용되는 규칙들 총체로, 다시 말하자면 도출가능한 표현들의 본래 집합을 확장하지 않고도 생각될 수 있는 모든 연산에 덧붙여질 수 있는 규칙들 총체로 파악한다.

철학적 논리학이라는 의미의 대안 논리학들(변증법적 논리학, 해석학적 논리학)이 모든 엄격한 과학론자들에 의해 거부되는 반면에 '다치'(多値, mehrwertig) 논리학이라는 의미의 대안 논리학들을 옹호하는 목소리도 있다. 그러나 이 논리학들은 아마도 예컨대 양자 논리학(Quantenlogik)처럼 특정한 실재 영역에서만 적용될 수 있으며, 위에서 말한 최소 논리를 메타논리(Metalogik)로서 전제하는 것들일 것이다.

2) 언어분석적 구상

(1) 과학론에서는 단어들과 문장들의 의미가 이상언어적이고 논리적인 환원을 통해 명확해지는 반면에, 보다 좁은 의미의 언어분석은 그런 환원을 거부한다. 이 거부를 불러일으키는 특히 두 가지 근거가 있다. 첫 번째 비난은 과학론에서 실행되는 '진술 문장에로의 제한'에로 향한다. 이에 따르면 언어는 무엇보다도 그 도움으로 사실이 모사되고 사태가 기술되는 정보 전달의 도구이다. 언어는 본질적으로 두 범주, 그러니까 대상들과 속성들(혹은 더 일반적으로 관계들)에 제한된다. 그러나 이때 언어의 다양성이 상실된다. 언어 행위 이론(Austin 1972)이나 언어 게임 이론(Wittgenstein 1960, 특히 1-24장)

은 우리 언어의 기능이 얼마나 다채로운지를 보여준다. 예컨대 약속할 때에 이루어지는 수행발화적(performativ) 행위들은 정보를 전달하는 행위가 아니요 언어를 통해 어떤 새로운 것을 만들어내는 한에 있어서 구성적(konstitutiv)이다.

두 번째이자 원칙적인 비판은 '일상언어의 소급불가능성'(Unhintergehbarkeit der Alltagssprache)에로 향한다. 과학론에서 해명, 형식화 및 논리적 도출이 이루어지는 경우 이것은 본래적인 과학론적 행위의 보조 수단이요 전단계이다. 언어적 형식은 언어를 통해 말해지는 것과 아무 상관이 없어 보인다. 그러나 이때 우리는 이상언어가 개발되고 일상언어를 대체하는 방식에 나중에 객관적으로 기술되는 사실들로 나타나는 구조들이 감춰져 있다는 것을 잊고 있다. 언어적 분석은 중성적 행위로서 그 내용과 분리되지 않는다. 왜냐하면 언어를 통해서 실재의 질서 도식들이 비로소 각인되기 때문이다.

(2) 언어분석가들의 언어관은 여러 선구자들을 그 증인으로 끌어올 수 있다. 그들의 언어관은 예컨대 훔볼트Wilhelm von Humboldt의 언어 해석과 닮아 있다. 훔볼트에 따르면 언어는 항상 고유한 경험 세계에로의 정신적인 형상화를 뜻한다. 이 근원적 자발성의 원칙을 그는 내적 언어 형식이라고 부른다. 이 형식(eidos)은 동시에 각인하는 힘(energeia)이다. 이 힘을 통해 모든 의식된 존재가 형상화 되고 자신의 본질을 갖게 된다. 주어진 것의 직접성은 언어를 통해 의식된 소유물로 된다. 현대의 논의에서 훠르프Lee Whorf는 언어적 상대성 원칙으로 이 생각을 받아들이고 더욱 발전시킨다. 이 원칙은 어떤 개인도 자연을 완전히 중립적으로 기술할 수 없다고 말한다. 우리가 거기에로 태어났고 그 안에서 교육받은 문법들과 질서 도식들이 서로 다르기 때문에 우리는 의식되지 않은 채로 함께 주어진 구조 형식들을 통해 상이한 관찰을 하게 되며 차이 나는 평가를 내리게 된다. 시간이나 물질과 같은 핵심 개념들조차 일반적 의미 내용을 지니는 것이 아니요 인도게르만어족의 언어 구조에 의해 각인되어 있으며 예컨대 호피-인디언들의 경우와는 완전히 다르게 규정된다.

(3) 언어분석적 방법에 가장 큰 영향을 미친 것은 비트겐슈타인의 성찰들이다. 그는 자신의 후기 철학에서 논리적 경험주의 대표자들에 있어서 흔히

그랬던 것처럼 언어의 배후에 순수하며 영원히 유효한 논리적 질서를 찾는 의도에 대해 명백히 반대한다. 단어의 의미들도 과학적 해명을 통해 불변의 구체적 대상에 상응할 정확한 의미 핵심에 입각해 해석될 수 없다. 그는 사적 언어 및 그것을 통해 의미에 대한 우리의 이해가 근거 지어져야 하는 모든 사적 경험을 거부한다. 그래서 예컨대 비트겐슈타인은 심리학자들에 의해 흔히 내성(內省, Introspektion)이라고 불리는 것, 즉 자기의 내적 상태를 볼 수 있다고 하는 모든 개인의 능력을 비판한다. 언어, 경험, 지식은 오히려 항상 공적 의사소통의 과정 안에서 기능해야 한다. 그에 속하는 기능 단위들 혹은 '언어 게임들' 안에서 단어들, 문장들 및 다른 언어적 표현들이 그 특유의 의미, 삶의 형식(Lebensform)를 통해 규정된 획득한다. 따라서 언어는 정보를 전달하는 도구로 그치는 것이 아니라 우리의 사유와 행위 일반의 일반적이고 늘 존재하는 매체이다.

(4) 이런 언어관으로부터 철학적 활동과 관련한 광범위한 귀결이 이끌어져 나온다. 가장 근본적인 것은 비트겐슈타인의 다음과 같은 표현에 담겨 있다.

"철학의 성과는 지성이 언어의 한계에까지 내달려서 구해오는 어떤 넌센스와 종양을 발견하는 일이다."(『철학적 탐구』(*Philosophische Untersuchungen*), 119절)

"물론 우리가 추구하는 명료함은 '완전한' 명료함이다. 그러나 이것이 뜻하는 것은 철학적 문제들이 '완전히' 사라져야 한다는 것뿐이다."(『철학적 탐구』, 133절)

우리가 이런 진술을 진지하게 받아들이면 철학은 언어분석에서 해소된다. 우리는 이것을 언어 분석의 '치유적 해석'이라고 부른다. 이에 따르면 철학의 모든 성과들과 문제들이 넌센스로서 "완전히 사라져야한다면", 이것은 결국 모든 철학의 종언을 뜻한다. 그렇기 때문에 우리는 '분석철학'을 가능하게 만들 덜 근본적인 해석을 하려고 노력한다. 철학은 언어적 오류를 제거하는 일과 동일시되지 않는다. 철학은 전적으로 자신의 내용을 지니며, 물론 이 내용은 언어적으로 분석되어야 한다. 예컨대 정신(Geist) 개념은, 만일 우리가 정신적 행위에 대한 논의에서 종종 저지르는 범주 오류를 제거한다면, 언어 분석을 통해 그 본래적인 의미에서 더 잘 파악될 수 있다. 그런 '범주 오류'(G.

Ryle)나 '언어 게임 혼동'(Wittgenstein)은 우리가 정신적 행위를 육체적 과정처럼 말하는 경우에 일어난다. 앞에서 이미 언급한 내성은 그런 경우에 물질적 사물을 본다는 유비로 기술된다. 그러나 내적 동반 과정은 이차적 의미를 가질 뿐이다. 그 결과는 부조리한 실체화와 모순 가득한 형이상학적 정신 이론이다. 분석을 통해 정신 개념은 제거되어야 하는 것이 아니라 명료하게 되어야 한다.

일상언어에로의 회귀는 언어분석에 대한 이 온건한 해석에서 세 단계로 수행된다.

맨 먼저 어떤 철학적 주제를 다루는 데에 있어서 의사소통을 가능하게 하기 위해서 그 개념들을 애매함이나 오해들로부터 깨끗하게 만들도록 시도한다(전단계로서의 언어분석).

그 다음으로는 철학적 언명을 일반적인 언어 범주와 언어 규범이라는 척도에 비추어 검토한다. 있을 수 있는 잘못된 문제 제기는 제거되고, 진술들은 일상언어적 구조들에 맞춰지지만 사유 과정들 역시 언어구조에 비추어 정교화되고 깊어진다(철학적 언어분석).

끝으로 언어분석적 교정과 철학적 비판 자체 사이의 불일치가 반성되고 제거된다. 왜냐하면 문제 의식과 실제적인 언어 능력은 서로 서로 자극을 주기 때문이다. 이렇게 철학적 활동은 언어 규범에 창조적으로 영향을 미치며 그저 사실적 언어 행태에만 내맡겨지지 않는다(언어분석 안에서의 철학적 반성).

3) 분석 개념에 비추어 본 철학의 본질

(1) 분석가들의 견해에 따르면 새로운 연구 방법을 통해서 철학 내부에서 혁명이 수행되었다. 변혁은 개선된 연구 방법들에만 적용되는 것이 아니라 무엇보다도 특히 철학의 내용에도 적용된다. 아리스토텔레스가 철학을 '진리에 관한 학문'이라고 부를 때 그는 철학을 진리에의 최종적 통찰을 이론적 관점에서 뿐만 아니라 실천적 관점에서도 찾을 수 있는 심급(審級, Instanz)으로 규정한 것이다. 철학에 대한 이 고상한 견해는 회의론자들이 원칙적으로 반대함으로써 도전하고 개별과학들의 학자들이 개별과학들의 성과에 주

의를 환기시키면서 철학자들의 서투른 비전문성(Dilettantismus)을 비판해 왔음에도 불구하고 이천년이 넘는 기간 동안 표준이 되어 왔다. 진리들이 투명한 질서와 궁극적 형태로 나타내질 수 있는 위대한 체계들을 구축해낼 수 있다는 신뢰는 점점 상실되었다. 그러나 역사적으로 변화하는 요소들로 선험적으로 기초 지우려는 시도들과 특히 개별 문제들에 대한 철학적 반성들은 계속 남아 있다. 니체나 하이데거 같은 근본적 비판가들에게 있어서조차, 그것이 구체적 삶에의 새로운 관계라는 형태로든지 존재의 깊이에 대한 추측의 형태로든지, 우리는 내용적 잔여를 발견한다. 더 이상 절대적이지 않지만 상대적인 진리들, 유한성과 역사성은 계속 철학 사상을 규정하고 있다. 지난 시절 체계들의 내용적 필연성은 시대의 필연적 계기에 따라 철학적으로 기술할 수 있는 실재가 표현되어 있는 역사의 필연성으로 전이되었다.

(2) 그런데 분석가들이 보기에는 철학은 최종 진리들의 체계도 아니요 투명한 역사적 필연성 안에서 전개되는 개별적 생활 세계의 현상들을 기술한 결과도 아니다. 그렇다면 철학이란 무엇인가?

철학은 항상 구체적 삶의 조건으로부터 출발한다. 이 삶의 조건 안에서 우리는 완결된 실재를 체험한다. 이 완결된 실재는 대체로 받아들여지기는 하지만 몇 번이고 되풀이해서 문제들을 제기하기도 하고 그 전제들을 의심스럽게 보이게 만들기도 한다. 우리는 다음과 같은 사실을 깨닫게 된다. 즉 우리는 원래 명백한 결정 과정 안에서 이성을 통해 우리의 의견에 도달한 것이 아니라, 이 의견을 부모와 학교라는 심급으로부터, 개인적 본보기들로부터, 전승된 문화와의 우연한 만남을 통해 받아들였다. 우리는 소박하게 받아들여진 생활 세계 안에서 살고 있다. 그런데 이 생활 세계는 문제가 없지 않으며 모순이 없지 않다. 예를 들어서 모든 현대 교육은 인격의 자유로운 전개를 말한다. 그러나 거친 현실은 되풀이해서 순응하고 타협하고 외교적으로 행동하고 물러설 것을 요구한다. 수많은 그런 모순들이 우리를 철학적 문제 설정에로 이끈다(첫 번째 종류의 철학적 문제 설정). 그러나 그런 삶의 형식은 개인적 사안이 아니요 더 큰 공동체와 관계를 맺는 규범들을 통해 각인된 것이다. 이 규범들과 공동성이 일반적 평가 척도를 규정한다. 즉 이것들이 이성을 정의한다. 이때 본질적인 구성 요소들은 윤리적 및 종교적 확신, 더 나아가 논리의 규칙 및 언어의 규칙이다. 이제 분석철학은 우선 이 공동성을 부각시키고 그 다음에는 구체적 경험들과 그 문제 설정에 적용하며 이 문제들의 분석에서 개인적 오해, 오류 추리를 제거한다는 과제를 설정한다. 이 치유적 기제들이 '두 번째 종류의 철학적 문제 설정'이다. 이렇게 해서 우리는 철학의 과제가 철학을 제거하는 데에 있다는 역설에 도달한다. 그러나 이 본질 규정은 우리가 두 철학 개념(첫 번째 종류와 두 번째 종류)을 구별하지 않는 한에서만 역설적이다.

(3) 분석적 관점에서의 철학의 본질은 특히 '분석적 종교철학'의 예에서 뚜렷하게 보인다. 고전적 종교철학은 항상 종교적 확신을 근거 짓거나 문제 삼아야 한다는 생각으로부터 출발했다. 고전적 종교철학의 역사적 기원은 점점 더 설득력을 잃어가던 기독교적 생활 형태들에 대한 계몽적 비판에 놓여 있다. 포이에르바하, 마르크스 등의 종교 비판에 대항해서 정당화의 시도들이 전개되었는데, 이것은 특히 현상학 내부에서 수행되었다.[3] 부정적 방향과 긍정적 방향의 이 두 노력은 모두 우리가 믿는 자들의 기초적 삶의 형식들과 믿지 않는 자들의 그것을 이성에 의해서, 따라서 순전히 철학적으로 결정할 수 있다는 잘못된 생각으로부터 출발한다. 이것이 가능하지 않다는 사실은 한편으로는 특히 이른바 '신 존재 증명'에서 드러났고 다른 한편으로는 '학문적 논박들'에서 드러난 논증의 파탄에서 귀결된다. 왜냐하면 신앙의 세계 혹은 불신앙의 세계의 첫 번째 구성은 자율적인 철학적 이성이 적용되기 전에 이루어지기 때문이다. 그렇기 때문에 분석적 종교철학은 신앙 혹은 불신앙의 사실(Faktum)로부터 출발해서 그 분석을 통해 그 내용들이 추론에 의한 것이요 책임질 수 있는 것인지를 해명하려고 시도한다. 그래서 분석적 종교철학은 우선 다음과 같이 묻는다.

— 종교적 언어는 어떻게 기능하는가?
— 종교적 언어의 논리는 어떤 것인가?
— 종교적 언어의 구조들은 상호주관적으로(intersubjektiv) 이해되는가?
— 진술들은 그 자체로 올바른가?

---

3) 쉘러M. Scheler, 오토F. Otto, 헤센J. Hessen.

— 어떤 중심 개념이 전체 시각의 규범이 되는가?

— 중심 개념으로부터의 추론이 이해됨직 하고 모순이 없는가?

이런 형식적 분석은 내용상의 귀결을 갖는다. 형식적 분석은 개인적 혼동, 정당화 될 수없는 이데올로기들, 의도된 왜곡을 폭로한다. 물론 형식적 분석은 어떤 분명한 최종적인 긍정적 대답도 내놓을 수 없다. 왜냐하면 그 자체로 올바르고 책임질 수 있는 다수의 삶의 형식들을 이성적으로 생각할 수 있기 때문이다. 그런데 바로 이런 통찰이 종교적 관용으로 이어진다. 다른 한편으로 여러 가능성이 있음에도 불구하고 하나의 삶의 형식이 필연적으로 받아들여져야 한다는 의식도 생겨난다. 그래야 아무 입장도 없는 상대주의라는 잘못된 관용을 피할 수 있게 된다.4)

(4) 철학에 대한 분석적 본질 규정은 '개별과학들의 철학에 대한 관계' 일반에 영향을 끼친다. 논리적 분석은 논리학자에게, 언어 분석은 언어학자에게, 사실 분석은 각각의 개별과학 학자에게 맡길 수 있다. 그렇다면 철학적 분석가에게는 무엇이 남는가?

그렇기 때문에 실증주의에서는 철학이 순수한 해명의 행위가 된다. 슐릭M. Schlick은 다음과 같이 기술한다.

> "모든 학문은 … 인식의 체계, 다시 말해서 참된 경험명제들의 체계이다. 학문들의 전체는, 일상생활의 진술들을 포함해서, 인식의 체계이다. 체계 바깥에 '철학적 진리'라는 또 다른 영역이란 없다. 철학은 명제들의 체계가 아니요 학문이 아니다. 그렇다면 이제 철학은 무엇인가? … 우리는 지금 철학 안에서 인식의 체계 대신에 '행위'의 체계를 보고 있다. 바로 이 때문에 현대에 있어서의 커다란 전환이 긍정적으로 평가되는 것이다. 철학은 그를 통해 진술의 '의미'가 확정되거나 발견되는 활동이다. 명제들은 철학을 통해 해명되고 개별과학들을 통해 검증된다."5)

4) 이에 대한 자세한 서술은 다음을 보라. K. Wuchterl, *Analyse und Kritik der religiösen Vernunft*, Bern/Stuttgart 1989.

5) M. Schlick, Die Wende der Philosophie, in: *Erkenntnis 1*, 1930/31, 7쪽 이하.

우리는 비슷한 해석을 언어분석적 구상에서도 발견한다. 말해질 수 있는 모든 것은 오해들이 제거된 일상언어로 표현될 수 있다. 언어의 표현이 도대체 무엇을 의미하는지는 언어학이 대답할 수 있다. 이렇게 철학은 결국 일상언어의 규범을 기술하고 분석하는 언어학자의 활동과 동일시된다. 철학적 문제들은 일반적 언어이론의 과제로 된다. 카츠J. J. Katz는 다음과 같이 주장한다.

> "우선은 언어 이론으로 하여금 자연 언어들이 동일한 형태를 지닌다는 것을 체계적으로 기술하는 것을 가능케 하기 위해 언어학자들에 의해 설계된 이론적 구성들이 어떤 철학적 문제들의 해결을 위한 조건들, 이 문제들의 본질에 놓여 있는 것도 충족시킨다는 것. 이 테제를 옹호하는 데에 성공한다면 언어학은 철학에 대해 마치 과학론이 언어학적 방법론과 이론 형성에 대해 그러한 것처럼 부수적 연관성을 가지는 데에 그치지 않고 동일한 방식으로 직접적으로 연관되어 철학적 이론 자체가 된다."[6]

(5) 우리는 종교철학을 예로 삼아서 덜 급진적인 분석철학은 구체적 삶의 세계로부터 출발한다는 것을 보았다. 만일 우리가 이 전제들에서 엄격하게 과학적이고 언어 연관적인 방법들로부터 풀려난다면, 아주 새로운 시각이 열리게 된다. 삶의 세계의 일반적 전제들과 모든 개별적 인식들의 전체와의 연관성에 대한 반성은 정신과학적 방법들, 곧 현상학적 방법과 변증법적 방법을 낳는다. 이것이 우리가 앞으로 다룰 과제이다.

2절__ 해석학적 방법들

지금까지 엄격한 학문적 법칙성과 언어적 규칙성에 대한 숙고가 모든 철학적 고찰의 출발점이었다면 이제 이미 항상 어떻게든 주어지고 이해되는 생활 세계에 대한 반성이 이 역할을 넘겨받는다. 우리는 이미 하나의 의미 지평

---

6) J. J. Katz, Die philosophische Relevanz der Sprachtheorie, in: *Linguistik und Philosophie*, G. Grewendorf/G. Meggle, Frankfurt/M. 1974, 353쪽 이하.

안에서 움직이고 있고 우리에게 문제로 나타나는 특정한 현상들을 '이해하려고', 다시 말해 우리에게 지금까지 친숙한 것으로 편입시키려고 애쓴다. 우리는 어떤 것을 우리에게 이미 알려져 있는 것에 비추어 해석하기 때문에 이 진행 방식을 넓은 의미의 해석학적 방법이라고 요약한다. 왜냐하면 해석학은 해석의 기술이기 때문이다.

이 기본 단초 안에서 여러 다른 강조점이 주어질 수 있다. 정신 연관성, 순환성, 역사성 안에서의 이해의 구조가 전면에 서 있으면, 우리는 그것을 (정신과학적) 철학적 **해석학**(혹은 좁은 의미의 해석학적 방법)이라고 부른다. 의미의 구성과 주어진 것의 원천에 대한 반성이 보다 더 문제인 경우에는 **현상학**이라 부르고, 마지막으로 이해의 과정이 전체에 비추어 해석되면 **변증법**이라고 부른다.

1) 철학적 해석학의 연구 방법(좁은 의미의 해석학적 방법)

(1) 철학적 해석학의 진행 방식을 이해하기 위해서는 우선 순수 해석 기술 및 번역 기술로서의 해석학(Hermeneutik)을 설명하는 것이 목적에 부합한다. 이것은 역사적으로 성서 해석으로부터 발전되었다. 성서 해석에 있어서 무엇보다도 다음 세 가지가 중요하다.

— 저자는 실제로 무엇을 말했는가? 다시 말해서 텍스트의 원래 상태가 어떤 것인가?

— 저자는 본인에 의해 말해진 것으로 본래 무엇을 의도했는가? 예컨대 세계 창조를 기술하는 데에 있어서 세계 생성의 학문적 이론을 스케치 하려는 것인가, 아니면 다만 구속(救贖, Heilgeschehen)의 배경을 말하려는 것인가?

— 생각된 것은 해석자에 대해 어떤 역할을 하는가? 신앙 선포로서 모든 계시 내용은 진리 주장을 제기하고 동시에 말해진 것과의 실존적 연관성을 표현한다.

이러한 질문 도식은 해석이 필수적인 다른 영역에로도 전이될 수 있을 것이다.

예술의 해석

— 고찰 대상인 예술 작품의 원래 상태는 어떤 것인가?
— 예술가는 이 작품으로 어떤 정신적 내용과 이념을 표현하고자 했는가?
— 이 내용들이 해석자에 대해 유의미하고 신뢰할 만한가? 다시 말해서 우리는 이 내용들을 일종의 미학적 진리 내용과 연관시킬 수 있는가?

역사의 해석

— 그 역사적 사건은 실제로 어떻게 전개되었는가?
— 인간들에 의해 수행된 역사적 행위에서 명백히 의도된 것은 무엇인가?
— 그 행위들은 이성적이었는가? 다시 말해서 그 행위들은 오늘날의 관점에서 각각의 상황을 바라보았을 때 적절했는가?

이 세 가지 경우(성서 해석, 예술 해석, 역사 해석) 모두에서 주어진 기호로부터 문자나 행위에 표출된 정신적인 것이 추론된다. 이런 의미에서 딜타이W. Dilthey는 해석학을 정신과학의 토대로 정의한다.

> "우리는 외부로부터 감각적으로 주어진 기호로부터 내적인 것을 인식하는 과정을 '이해'라고 부른다. … 이 이해는 어린 아이의 웅얼거림을 파악하는 것으로부터 햄릿이나 이성 비판을 이해하는 것에 이르기까지 다양하다. 돌, 대리석, 음악적으로 형상화된 선율로부터, 몸짓, 단어, 저술로부터, 행위, 경제 질서, 헌법으로부터 똑같은 인간 정신이 우리에게 말을 걸며 해석을 요구한다. … 지속적으로 고정된 삶의 표명에 대한 그런 기술적 이해를 우리는 해석학이라고 부른다. … 이해는 정신과학이 계속 작동하는 데에 대해 기초가 되는 절차이다."[7]

(2) **철학적** 해석학은 해석 과정 자체를 고찰한다. 철학적 해석학은 기호를 의미의 표현으로 파악한다. 이해는 "어떤 사유하는 정신이 자신에게 의미 있는 형식으로 말을 거는 다른 정신에게 대답하는"[8] 과정이 된다. 위의 세 가

---

7) W. Dilthey, *Gesammelte Schriften*, Bd. 5, Stuttgart 1957, 317쪽.
8) E. Betti, *Allgemeine Auslegungslehre als Methodik der Geisteswissenschaften*, Tübingen

지 해석학적 물음은 철학적 근본 물음이 된다.

— 정신의 표출의 원래 형태는 어떤 것인가?

— 표출의 본래적 의미는 무엇인가?

— 의미는 철학적 해석자의 지평에서 진리와 어떤 관계에 있는가?

이 물음들에 대해 대답하는 데에 있어서는 해석자의 배경 지식이 가장 중요하다. 따라서 모든 이해 과정은 익숙한 것을 정의하는 어떤 '선이해'(Vorverständnis)를 전제한다. 이 선이해가 해석자의 이해 지평을 형성한다. 이와 동시에 해석자는 해석되는 자 역시 자신의 이해 지평을 가졌다는 사실을 의식해야 한다. 해석되는 자의 이해 지평은 일반적으로 완전히 재구성될 수 없다. 따라서 이해 작용은 두 지평의 부분적 융합(H. G. Gadamer), 즉 기본 조건들의 유의미성을 해석되는 자의 완결된 의미 구조(Sinngefüge)로 편입시키는 데에 있다.

해석자는 자신이 이해하려고 애쓰는 연관에 대해 중요한 것을 이미 알고 있어야 하기 때문에 엄밀히 따지자면 순환적 사고 구조인 셈이다. 이것을 '해석학적 순환'이라고 부른다. 사람들은 이 순환이 논리적 오류가 아니라는 것을 정당화 하려고 시도하는데, 이때 동원된 논증들이 항상 매우 설득력 있는 것은 아니다. 예컨대 사람들은 이해가 과정으로서의 성격을 갖기 때문에 형식논리학으로 포착될 수 없다는 점을 강조하기도 한다. 왜냐하면 이미 이해는 끊임없는 자기 교정 안에서 작동되기 때문이다. 즉 선이해, 지평 융합, 이해, 표출들의 어긋남, 교정된 선이해, 교정된 융합, 교정된 이해 등등이 그렇다.

따라서 해석학적 연구 방법의 가장 중요한 요소들은 다음과 같다.

— 한 삶의 형식의 익숙한 것과의 연결. 이것은 특정한 문제 설정에 있어서 각각의 서로 다른 선이해를 준비한다.

— 의미의 원천으로서의 정신 원칙의 전제. 이때 원칙은 여러 가지로 해석된다. 예를 들자면 인격, 초월론적 주관성, 지향성, 혹은 삶의 원칙.

— 순환적 지평 융합의 수행. 이것은 사태 인식과 자기 인식에 기여한다. 왜냐하면 낯선 의미는 항상 자신의 현실 처리와 연관되고 비로소 이

1967, 60쪽.

연관에서 자신의 철학적 유관성(Relevanz)을 획득하기 때문이다.

(3) 설명과 이해를 대립시키는 것은 논쟁의 여지가 없는 것이 아니다. 여러 과학론자들은 **정신**과학적 탐구 과정에 **자연**과학적인 합법칙성이 아닌 다른 것이 그 밑바닥에 놓여 있다는 것을 의심한다. 예컨대 휘브너K. Hübner는 이해란 각각의 탐구 영역의 규칙 연관성과의 특별한 익숙함 이외에 다른 것이 아니라고 확신한다. 그러나 본래적인 탐구 활동은 여기에서도 딜타이가 주장하듯 개별적인 것이 아니라 일반적인 것과 관계를 맺는다. 역사가 역시 합법칙적인 혹은 최소한 규칙적인 연관성을 추구한다. 물론 인간 행위와 의미 표방이 규정되어 있지 않다는 것 때문에 이른바 정확한 과학들의 경우보다는 훨씬 자주 불규칙성이 등장한다. 휘브너에 따르면 순환성 역시 말할 수 없다고 한다. 우리는 해결 가능성을 시도해 보고 그런 다음에 앞에 놓인 자료에 근거해 교정함으로써 다른 학문들과 아주 꼭 같이 가설적으로 진행한다. 따라서 차이라고는 순전히 양적일 뿐이다. 그러나 학문의 **구조**는 항상 동일하다.

(4) 모든 해석학은 기호 이론을 전제한다. 왜냐하면 정신의 표출이나 지평 융합을 말하는 것은 기호가 이성적으로 해석될 때에만 의미를 갖기 때문이다. 기호의 이론을 '기호론'(Semiotik)이라고 부른다. 특히 크고 광범위한 영향을 미친 것은 기호를 세 개의 관계로 해석하는 기호론이다.[9] 이에 따르면 모든 기호는 세 가지 연관을 나타낸다.

— 수단 연관: 물질적인 어떤 것으로서의 기호.

— 대상 연관: 대상이나 사건을 가리키는 것으로서의 기호.

— 해석자 연관: 해석자의 인격에서 접근할 수 있는 정신 세계, 형식, 사고 법칙의 요소로서의 기호

해석학의 진행 절차는 그런 이론에서 기호론적으로 해석된다. 예컨대 끊임없이 교정하는 융합 지평의 과정은 해석자와 수단 연관 사이의 반복적 동일시로 이해된다.

철학적 해석학은 기호론을 단순히 전제할 뿐만 아니라 동시에 기호론을 근거지우려고 시도한다. 그래서 철학적 해석학은 정신성을 언어 능력으로 변

9) 퍼스C. S. Peirce, 뷜러K. Bühler, 벤제M. Bense.

형시키고 그렇게 해서 현대철학의 일반적 '언어적 전환'(linguistic turn)에 가담한다. 가다머에 따르면 인간 정신이 언어성에서 표현되는 자발성이 동시에 존재를, 더 정확하게는 역사적 존재를 구성한다. 그래서 존재는 언어이고, 언어는 발생(Geschehen)이다. 따라서 우리는 역사이고, 우리는 대화이다.

현상학도 의미 구성의 문제를 제기하며, 그럼으로써 기호론의 본질에 대한 문제를 제기한다. 우리는 일반적으로 마치 형식 논리학이 학문이론에서 담당하고 있는 것과 비슷한 역할을 기호론[10]이 해석학에서 수행하고 있다고 말할 수 있겠다. 기호론과 형식 논리학은 각각 도구로 사용되지만 동시에 우리가 정당화 하려고 부단히 노력하는 정전(正典, Kanon)의 역할을 수행한다.

2) 현상학적 방법

(1) 철학자들이 무능해서 이천오백 년에 걸친 역사에서 반박의 여지가 없는 철학적 진리를 찾아내지 못한다는 '철학의 스캔들'은 몇 번이고 되풀이해서 철학의 '궁극적 정초'(定礎)를 찾도록 유혹해 왔다. 이 중요한 시도들 가운데 마지막 것이 현상학자들에게서 나온다. 특히 에드문트 후설Edmund Husserl에 있어서 이 맥락에서 방법적 문제가 전면으로 부상했으며 특유의 연구 방법이 개발되었다. 이 후설의 연구 방법은 셸러M. Scheler, 라이나하A. Reinach, 잉가르덴R. Ingarden, 팬더A. Pfänder, 콘라드-마르티우스H. Conrad-Martius 등에 의해 탁월하게 응용되었으며, 하이데거M. Heidegger와 사르트르J. P. Sartre 같은 철학자들에게 결정적인 영향을 끼쳤고, 심리학, 의학, 교육학 등과 같이 철학이 아닌 영역에서도 영향을 주었다.

철학의 자율적 정초는 과학과 전통에 조회해서는 안 되고 이런 것들에 앞서야 한다. 그렇기 때문에 사태 자체에 확실한 출발점을 필요로 한다. 이렇게 해서 현상학의 구호 "사태 자체로!"(Zu den Sachen selbst!)가 나왔다. 더 이상 의심할 수 없고 다른 모든 것들이 거기로 환원되어야 할 최종적인 것은 '현상'이다. 모든 의미 있는 철학은 이 현상 기반에 관계해야 하고, 명증한 연

---

10) U. Eco, *Einführung in die Semiotik*, München 1972; E. Walther, *Allgemeine Zeichenlehre. Einführung in die Grundlagen der Semiotik*, Stuttgart 1974 참조.

구 방법을 이 현상 기반 위에 구축해야 하며, 그럼으로써 학문(현상학도 마찬가지인데)의 안전한 길을 걸어가야 한다.

(2) 현상학자들이 말하는 이 '사태 자체'란 무엇인가? 방 안에 있는 책상을 바라본다고 해보자. 여기에서의 '사태 자체', 우리의 의식에 원래 주어진 현상은 무엇인가? 처음에는 모든 것이 문제가 없어 보인다. 감각 기관을 통해 특정한 속성을 드러내고 실제로 사용할 수 있는 하나의 대상이 우리에게 전달된다. 그런데 누군가 자신의 물리학 지식을 기억해내고는, 이것은 '본래' 분자들과 원자들의 일정한 조합으로서 일정한 작용을 일으키는데 특히 전자기파를 방출한다는 것 등등을 주장할 수 있을 것이다. 이제 '사태 자체'는 무엇인가? 그 자체로 존재하는 감각적 지각의 상관물(Korrelat)인가 아니면 물리적 대상인가? 감각적 지각의 상관물도 아니고 물리적 대상도 아니다. 우선 분명한 것은 우리가 '책상'을 '사념하는'(meinen) 경우에 우리는 어떤 원자들의 조합을 말하는 것이 아니라 우리가 식사하고 무언가를 써 내려갈 때 사용하는 일정한 형태의 대상을 염두에 두고 있다는 사실이다. '사태'는 물리학에서 이론적 구성물로 대체된다. 그러나 감각적 지각과 상관물에로의 회귀도 충분하지 않다. 왜냐하면 우리의 감각적 지각에서 처음에는 책상의 특정 각도만 주어지는데 거기에는 뒷면이 전혀 없기 때문이다. 그럼에도 불구하고 우리는 원근법적으로 전달된 감각적 지각의 총합 그 이상인 뒷면이 있는 전체를 사념하거나 '지향한다'. 우리는 많은 각도(Perspektive)와 음영(陰影, Abschattung)을 전체로 통일시켜 사고한다. 따라서 하나의 책상을 사고하는 데에 있어서 감각적 지각보다 훨씬 많은 것이 놓여 있는 것이다. 다시 말해서 거기에는 본질적으로 책상에 속하며 그것을 통해 비로소 '전체 사태'가 초월적인 것으로서 주어지는 수없이 많은 의식의 종합이 포함되어 있다. 대상의 '실재'(Existenz)가 본래적인 '사태 자체'에서 함께 생각되지 않는다는 것도 결정적이다. 우리는 이것을 우리의 꿈의 내용에서 인식한다. 고립된 순간적인 꿈 체험을 실제 체험과 구별하는 것은 완전히 불가능하다. 개별적 의식 내용은 그 실재나 초월성의 어떤 표지(Indizien)도 포함하지 않는다. 후자의 것은 체험 비교(예컨대 꿈에서 깨어나서)를 통해서 비로소 그리고 복잡한 이차적 의식 작용들로부터 생겨난다. 이것 역시 현상학이 설명할 수 있어야 한다.

이 의식의 작용들을 순수하게 분석하고 기술할 수 있으려면 우선 이른바 '환원'(Reduktion)으로 모든 불확실한 전제들을 제거해야 한다. 우리는 '판단중지' 혹은 '에포케'(Epoché)를 한다. 물리학적 지식은 잊혀진다. 원자들 및 그 협력 작업에 대한 모든 진술은 보류된다. 물리학의 현상 기반이 제거될 때에야 비로소 우리는 다시 그 주제들에 되돌아올 수 있다. 모든 우리의 앎이 당연히 우리의 감각적 지각에서 나온다는 테제 역시 우선은 옆으로 밀쳐지고 직접적 의식 내용으로만 한정된다. 현상학자는 일련의 판단중지들을 다음과 같이 구분한다.

— 전통과 권위는 검토되지 않고 인정되어서는 안 된다.
— 가설들, 소위 논박의 여지가 없는 과학들의 결과들, 논리학의 결과들 역시 우선은 배제되어야 한다.
— 다른 사람들로부터 점검될 수 없고 추체험 될 수 없는 개인적 경험들은 문제 삼아져야만 한다.
— 객관적 존재에 관계하는 모든 규정은 현상학에 의해 의식 작용으로부터 끌어내지기 전에는 확실한 것으로 간주되어서는 안 된다.
— 달리 있을 수도 있으며 자신 안에 필연성을 지니고 있지 않은 어떤 사유된 것 및 경험된 것도 찾고자 하는 출발점 현상의 토대로 적합하지 않다.

'현상학적 잔여', 곧 환원을 거친 뒤에도 남아 있는 것은 필연적으로 사태에 속하기 때문에 '본질'(eidos)라고 불린다. 자연적 세계 관찰에서는 과학, 전통, 개인적 경험, 우연적인 것, 실존적인 것이 의미 있는 역할을 한다. 소박한 세계 고찰로부터 순수한 본질을 바라보는 것에로의 이행을 '형상적 환원'(eidetische Reduktion)이라고 부른다. 우리가 이 기초적 현상들, 바로 '사태 자체'를 직관적으로 파악할 수 있기 때문에 '본질직관'(Wesensschau)이라고 부른다. 이에 따라 우리는 공간-시간적 대상들 이외에 관념적인 주어진 것들(Gegebenheiten)도 직관적으로 파악할 수 있다. 예를 들어서 모든 색이 연장되어 있다는 것을 직접적으로 떠오르게 하는 것은 '본질 사실'(Wesenstatsache)이다. 따라서 직관 개념은 대상-시간-형식('형식적 아 프리오리', 칸트 참조)에 뿐만 아니라 아프리오리한 개념 내용 및 개념 맥락의 인식('실질적 아프리오리', 후설, 셸러 참조)에도 관계한다.

현상학적 분석들은 일련의 흥미로운 통찰들을 노출시킨다. 그래서 예컨대 모든 지향적 작용('노에시스')에는 대상적인 것('노에마')이 함께 사념된다는 것이 분명해진다. 수를 세는 작용이 수를 구성하는 것처럼 지향적 사념이 자신이 관계를 맺고 있는 지향적 내용을 만들어낸다. 이를 통해 심리학과의 대결에서 새로운 인식이 얻어진다. 그래서 논리학이 사고의 본성으로부터 나온다는 주장 같은 경우는 노에시스와 노에마를 혼동한 데에서 기인한다. 논리학은 우리 사고 작용의 사실들이 아니라 사고 작용에서 노에마적으로 사념된 것의 합법칙성을 다룬다.

(3) 현상학자들의 탐구는 두 가지 목표를 갖고 있다. 먼저 '토대'(Fundament)가 놓인다. 우리는 소박하게 주어진 것 배후에서 절대적 명증성에서 최후 정초(Letztbegründung)에 적합한 요소들을 찾는다. 그러나 이 본질 사실들은 그 자신 때문에 합쳐지고 단순히 주어진 것으로 구성되는 것이 아니라 우리를 둘러싸고 있는 실재를 일상생활에서, 학문, 전통 및 개인적 체험 세계에서 이해되게끔 만들어야 한다. 더 나아가 현상학에는 그 본질에 비추어 보류했던 것의 '재구성'(Rekonstruktion) 혹은 복구가 속해 있다. 현상학은 다음과 같이 묻는다. 우리가 세계를 체험하는 것이 어떻게 가능한가? 예컨대 물리학이나 논리학의 밑바닥에 놓여 있는 본질 법칙들은 어떤 것인가? 어떤 의식 작용들이 일상생활, 전통 및 역사의 경험에 끼어들어 있는가? 그래서 특히 현상학의 첫 번째 에포케를 특징짓는 다음과 같은 도식이 얻어진다('형상적 현상학').

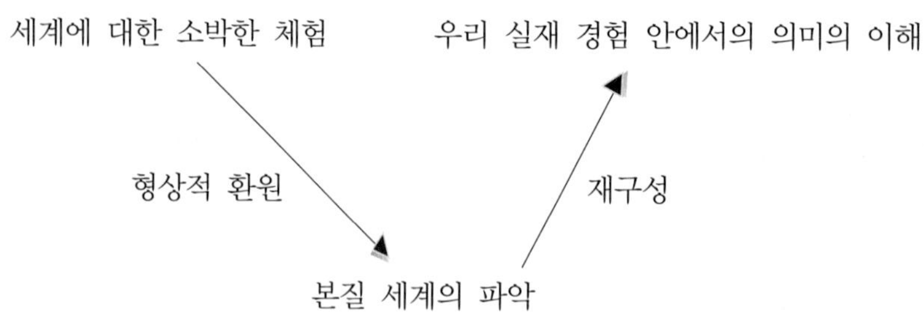

(4) 본질 세계에의 호소는 일련의 불투명성을 포함하고 있고, 이 불투명성이 현상학으로 하여금 여러 다른 후속 전개를 하게끔 했다. 후설의 후기 탐구에서 의식 작용들은 점점 더 강하게 일반적 주관과 관계를 맺어서 점차 '초월론적(transzendentale) 현상학'이 전개된다. 이 현상학은 형상적 환원에 초월론적 환원을 더 연결시킨다. 이때 모든 의미 부여는 명백하게 초월론적 자아의 작용으로 파악된다. 두 가지 환원의 협력 작업이 비로소 완전한 현상학적 환원을 이룬다.

후설의 형상적 현상학자로부터의 전회(轉回)를 가리키는 관념론에로의 후퇴는 다만 임시 단계였을 뿐이었다. 왜냐하면 상호주관성(Intersubjektivität), 사회성, 역사성과 같은 중요한 문제들은 순수 현상학에서도 또 다른 현상학에서도 만족스럽게 해결되지 않았기 때문이다. 만일 후설에 따라 모든 의미가 주관성으로부터 구성된다면, 하이데거가 존재에 대한 숙고를 바로 이 주관성의 존재에 집중시킨 것은 옳다. 그는 자신의 '실존적 현상학'에서 '사태 자체'를 더 이상 본질 사실들 혹은 자신의 존재 방식에 있어서 불투명한 주관의 작용들에 관계시키지 않고, '실존 범주'(Existenzialien), 곧 구체적-역사적인 인간 실존의 기본 형식들에 관계시킨다. 그렇게 해서 현상학으로부터 '기초존재론'(Fundamentalontologie)이 발전되어 나온다. 이 기초존재론은 존재의 의미를 묻고, '세계내존재'(In-der-Welt-Sein), 불안, 염려(Sorge), 던져져 있음(Geworfenheit), 역사성, 시간성의 분석으로 이어진다.

(5) 실존철학 내부에서의 이후의 탐구들이 드러낸 구속받지 않으려는 태도로 인해 최후 정초, 확실한 이성 통찰, 의미 연관성들의 최종적 명증성을 목표로 삼았던 현상학적 단초의 본래적 의도는 완전히 시야에서 사라졌다. '현상학적 운동' 내부에서의 이 자기 해체에 외부로부터의 원칙적 반대가 덧붙여졌다.

— '비판적 합리주의' 진영으로부터 '뮌히하우젠 트릴레마'[11]가 나온다. 최후 정초는 원칙적으로 불가능하다. 왜냐하면 무한후퇴에 빠지든지 논리적 순환을 의미하거나 혹은 독단적으로 자의적 지점에서 과정을 중

11) 한스 알버트Hans Albert.

단하기 때문이다.

— 그것으로 인해 언어의 의미들이 확고한 지향대상으로 만들어졌던 자기 확실성이 '언어분석가들'에 의해 파괴되었다. 비트겐슈타인에 따르면 모든 단어는 각각의 구체적인 언어 사용으로부터 그 의미를 얻으며 그런 까닭에 어떤 확고한 본질에로 환원될 수 없다.[12]

— 끝으로 '비판 이론'은 사회와 역사의 역할을 지적한다. 사회와 역사 안에서 의식 작용들은 무의식적인 것의 힘을 통해 그리고 이데올로기들의 효과를 통해 위조되며, 자신으로부터 어떤 재구성도 할 수 없다. 현상학적 단초는 할 수 없었던 '심층 문법'(Tiefengrammatik)과 '이데올로기 비판'없이는 어떤 '왜곡되지 않은 의사소통'도 가능하지 않을 것이다.

3) 변증법적 방법

(1) '변증법'(Dialektik)이라는 개념은 철학에서 아주 자주 사용된다. 그런데 이때 이 개념은 다의적이요, 종종 불투명하고, 그래서 번번이 논란의 대상이 된다. 여기에서 우리는 철학의 연구 방법을 서술하고 있기 때문에 변증법의 방법적 측면에로 제한할 수 있겠다. 그렇지만 바로 이 변증법에서는 방법적인 것을 내용적인 것으로부터 완전히 떼어내기가 불가능하다. 변증법은 흔히 방법으로 이해되지만 내용적으로 전개된다. 가장 커다란 영향을 끼치고 있는 헤겔의 변증법에서 두 관점은 서로 밀접하게 결합되어 있다. 그러므로 우리는 내용적 측면에 대해서도 말해야 할 것이며, 그래야 방법으로서의 변증법을 내용으로서의 변증법으로부터 더 잘 구별해낼 수 있을 것이다. 아래에서 우리는 다음 세 가지 주제를 다룬다.

— 헤겔 이전 시대의 변증법적 방법.

— 특정한 관념론 이론이나 유물론 이론과 무관한 일반 철학적인 연구 방법으로서의 변증법적 방법.

— 방법적인 것과 내용적인 것이 얽혀 있는 헤겔 변증법.

(2) '디알렉티케 테크네'(dialektike techne) 혹은 '디알렉티케 에피스테메'

---

12) '가족 유사성'에로의 환원.

(dialektike episteme)는 그리스적 전통과 그에 뒤이은 몇 세기에 걸쳐 긍정적 의미와 부정적 의미를 갖는다. 긍정적으로는 이것은 모순들을 제거하고 전체를 파악하는 확신의 기술이다. 중세에는 오늘날 우리의 논리학의 자리에 변증법이 서 있었다. 부정적으로는 변증법은 자기 자신을 위해 혹은 유용성을 잰 결과로부터 모순을 전개시키는 일이다(쟁론술, 소피스테스 술). 칸트에 있어서는 초월론적 변증론으로서 가상의 비판이 된다.

변증법적 사고의 방법적 측면은 소위 '대화 모델'(Gesprächsmodell)에서 가장 분명하게 나타내질 수 있다. 서로 엇갈리지 않는 의미 있는 대화는 항상 어떤 일반적으로 관심을 끄는 주제가 일정한 방식으로 전개될 때 성립한다. 그런데 이때 의미 있는 대화는 동시에 대화 상대방의 모순을 불러일으킨다. 대화가 논란이 되는 입장들 가운데 하나를 전달하고 이것이 비판을 통해 또 다른 입장을 찾아 나서게 만든다면, 대화 전개는 변증법적으로 된다. 그러나 모든 대화는 결국 종료된다. 이것은 물음이 명백하게 대답되었기 때문일 수 있다. 또한 단지 두 대화 진영을 충족시키는 하나의 사실적 합의만 형성되었을 수도 있다. 그러나 변증법의 의미에서의 대화란 오직 중단이 임시적일 경우에만 성립한다. 이때 우리는 숙고들이 계속될 수 있고 또 계속되어야 하며 이를 통해 진리에 더욱 다가가게 되리라는 확신을 갖는다. 그러나 우리는 진리에 다가갈 수 있을 따름이다. 우리가 진리를 전적으로 파헤치려면 생각할 수 있는 모든 관점들, 반대들, 전망들, 사태들을 포괄해야 한다. 이것은 실제로 이루어질 수 없으며 그렇기 때문에 진리는 항상 도달할 수 없는 것으로 나타내진다.

플라톤은 이런 생각을 문자로 씌어진 것을 문제 삼는 『제7서한』에서 암시한다. 그는 존재를 드러내는 데에 있어서의 언어의 취약성을 말한다. 플라톤의 대화들 역시 이런 의미로 '로고스에로의 상승의 길'이지만, 어떻게 해도 목표에 도달할 수는 없는 길로 해석될 수 있다.

(3) 이런 고찰에 따라서 다음과 같은 요소들이 있는 경우에 우리는 변증법적 연구 방법이라고 부를 수 있을 것이다.

— 현실적으로 모순들이 발견되며, 이 모순들은 흔히 세계가 끊임없는 운동과 변화 속에서 파악된다는 사실로부터 도출된다.

— 모순들은 대화와 반성을 통해서 지양될 수 있다. 이때 '지양한다'(aufheben)는 것은 다음과 같은 세 가지를 뜻한다. 원래 놓여 있는 것을 부정하는 것(**negatio**), 입장과 반대 입장으로부터 일부를 보존하는 것(**conservatio**), 더 높은 인식 지평으로 올라가는 것(**elevatio**).

— 인식 과정은 결코 완결될 수 없다. 왜냐하면 인식 과정은 전체에로 편입되어야만 하기 때문이다. 총체성(Totalität)에 대한 앎은 개별 인식을 진리의 계기로 이해하는 것을 가능케 한다. 이때 진리에는 오로지 점차 가까워지는 점근선적(漸近線的, asymptotisch)으로만 도달할 수 있다.

이 방법이 주로 적용되는 철학에 있어서는 일련의 주목할 만한 귀결들이 생겨난다. 철학은 결국 '영원한 비판'(perennierende Kritik)이다. 그 어떤 것도 궁극적이지 않고, 그 어떤 것도 최종 진리일 수 없다. 게다가 모순은 결함으로 나타나지 않는다. 오히려 존재는 운동과 변화 가운데에서, 하나와 여럿, 존재와 무, 본질과 현상, 정신과 자연, 이념과 실재, 역사성과 영원성 등등 사이의 끊임없는 긴장 속에서 나타난다. 변증법에서는 이런 극성(極性, Polarität)들이 본질적인 것으로 간주되며 경직된 해석 도식의 일면성에 의해 제거되지 않는다.

(4) 사람들은 번번이 '모순의 긍정적 기능 —차이의 통합— 전체에의 편입'이라는 삼중성을 필연적 논리학이라는 의미에서 순수한 방법으로 재해석하려고 시도해 왔다. 이를 위해서는 모든 당면한 변증법적 논증에서 적합한지 부적격인지를 결정하도록 하는 규칙 체계가 필수적일 것이다. 이런 방향으로의 여러 시도들에도 불구하고(특히 G. 귄터와 G. 클라우스) 형식 논리학과 경쟁할 수 있을 설득력 있는 '변증법 논리학'(dialektische Logik)은 오늘날까지 아직 없다. 대안 논리학을 말하는 모든 반대 주장들(헤겔, 아도르노)은 선언에 그치고 그런 논리학이 어떤 모습이어야 하는지에 대한 어떤 구체적 언급도 포함하고 있지 않다. 변증법은 항상 기술적(記述的, deskriptiv) 요소를 포함하며 이때 함께 역동적 내용들에 관계한다. 변증법은 자신의 시선을 극성들에 집중시키고 전체에 대한 앎을 요구한다. 이를 통해서 변증법의 진술들은 논리적으로나 논증적으로 정당화되는 것과는 아주 다른 것이 된다.

(5) 이 방법과 내용의 강한 결합은 헤겔 변증법에서 아주 분명하게 볼 수 있다. 그는 변증법을 관념론적 단초의 막다른 골목에서 빠져 나오려는 의도

로 전개시킨다. 이 관념론적 단초에서는 사유된 일반자가 매개되지 않고 경험된 구체적인 것 곁에 서 있다. 관념론 이전의 시대에는 인식은 대체로 완결된 세계 안에서의 반영 과정으로 해석되었다. 칸트의 '코페르니쿠스적 전회'로 새로운 생각, 곧 주관의 작용으로 세계가 구성된다는 생각이 자리 잡는다. 전에는 세계에 관계를 맺지 않는 주관이 마주 서 있었다면 지금은 자율적 주관(autonomes Subjekt)이다. 여기는 초월론적 주관이고, 저기는 도달할 수 없는 물자체(Ding an sich)의 세계이다. 헤겔은 여기에 다리를 놓으려고 시도한다. 이런 목적에서 그는 사변적 변증법을 만들어낸다. 세계 자체는 정신적이다. 다시 말해서 세계는 자신의 형식이다. 그리고 정신은 본래적 실재이다. "진리는 전체이다. 그러나 전체는 자신의 전개를 통해 완성되는 존재일 뿐이다."(Hegel 1952, 21) 변증법은 절대적 세계 정신이 현상하는 형식이 되었다.

되풀이해서 반대로 주장되기도 하지만 헤겔 변증법은 그의 관념론과 상관없이 사용될 수 있는 일반적 철학 방법이 아니다(Sarlemijn 1971). 왜냐하면 헤겔은 관념론의 동기에서(특히 절대적 세계 정신과 연관하여) 변증법적 과정에서 오직 관념론과 유사한 시변을 통해서만 정당화될 수 있는 내적 필연성을 전제하기 때문이다. 그의 사상은 생각할 수 있는 모든 현상에 관계한다. 그것이 정신적인 종류이든, 자연적인 종류이든, 문화적 종류이든 역사적 종류이든, 개인적인 것이든 혹은 공적인 것이든 상관없다. 각각의 현상에 대한 사유는 헤겔을 항상 사유된 것의 부정에로 이끌고(테제와 안티테제), 이것은 다시금 부정의 부정으로 이어진다(진테제). 이때 그는 모든 개별적 단계를 필연적 귀결로서 그 전 단계로부터 이끌어낼 수 있다고 생각한다.

— 존재, 무, 생성.
— 성질, 분량, 척도.
— 예술, 종교, 철학.
— 즉자 존재, 대자 존재, 즉자 및 대자 존재.
— 주인, 노예, 자기의식.
— 법, 도덕, 인륜.
— 무기적인 것, 유기적인 것, 정신적인 것.
— 가족, 시민 사회, 국가.

— 원시 기독교, 중세, 종교개혁.

헤겔에 있어서 이 배열 순서는 시간적이거나 순전히 기술하는 데에 있어서의 우연에 불과한 것이 아니다. 그는 각 단계는 그 다음 단계를 '변증법적 필연성으로' 생겨나게 한다고 확신한다. 어디든지 이성이 있다. 즉 존재자는 정신이 실현하는 과정의 결과이다. 그렇기 때문에 그는 다음과 같이 쓸 수 있었다. "이성적인 것은 현실적이요, 현실적인 것은 이성적이다."(Hegel 1970, 24)

헤겔에 있어서의 필연성의 사변적 근원은 그 후계자들을 찾게 된다. 스스로 이해되는 변증법이라는 구실 아래 계속해서 순수한 이데올로기가 정당성을 구하는 내적 필연성을 말한다. 절대적 세계정신은 물질적 강제(가령 사회가 가져오는)를 통해 대체되거나 익명의 역사의 힘으로 변형된다. 방법적인 것은 점점 더 휘발되어 버린다. 엄밀한 이성 통찰의 요구가 맹목적 교의(教義, Doktrin)에 대한 신뢰가 되었다. 특히 마르크스 이론에서 변증법은 흔히 그때그때 대변되는 철학과 동일시된다. 그래서 바크라제K. S. Bakradse는 아주 공개적으로 다음과 같이 고백한다. "진실로 변증법적 논리는 올바른 사유의 형식과 법칙의 이론이 아니요 … 변증법적 유물론은 마르크스 -레닌주의 당의 세계관이다."[13] 그러나 정통과 거리를 두는 네오마르크스주의 사상가들에 있어서 조차 변증법은 역사적-사회적으로 조건지어진 모순적 현상들과의 대결 이상의 것이 아니다. 그런데 이때 문제의 해결은 논리나 방법을 통해서가 아니라 전체 전개에 대한 직관적 앎에 조회해서 이루어진다.

3장
통합적 연구 방법

분석론자들과 해석학자들 사이의 대결은 시간이 흐르면서 여러 관점들이 동시에 고려되는 새로운 연구 방식으로 이어졌다. 특히 두 가지의 통합 구상

13) J. Kuczymske/W. Steinitz, *Über formale Logik und Dialektik*, Berlin 1952, 12쪽.

이 중요하다.

— 체계이론 및 모델이론적 연구 방법: 여기에서는 과학론적 단초들이 더욱 발전하지만 동시에 해석학의 관심도 고려된다. 다시 말하자면 의미, 의미 구성, 전체도 주제로 다룬다.

— 구성주의적 담론 방법과 대화 방법: 이 방법들은 언어분석적 요소와 해석학적 요소를 합친다. 일반적인 논증 분석에서 유의미한 발화의 재구성이 이루어지며, 여기서 철학은 대화 과정으로 구성된다.

1절__ 체계이론 및 모델이론적 방법

(1) 물리학적이고 생물학적인 진화이론에서 오늘날 가장 많이 논의되는 문제들 가운데 하나는 무기물과 유기물의 복합체의 서열에서 새로운 현상들을 설명하는 것에 관계한다. 이 목적을 실현하기 위해 진화이론가들은 인공두뇌학적(사이버네틱) 방법들(규칙 순환, 피드백, 균형 고찰, 정보 처리)을 수용함으로써 '체계이론'(Systemtheorie)을 개발해냈다. 예컨대 모든 생명체는 생물학적 전체 체계의 복합적인 기능가능한 요소로 설명된다. 그러나 복합성의 새로운 단계들도 체계이론적 개념들로부터 도출된다. 새로운 체계 속성들이 우선은 불연속성으로 나타나고 계속되는 진화 과정에 어렵사리 편입될 수밖에 없기 때문에 콘라드 로렌츠Konrad Lorenz는 '발광'(發光, Fulguration), 새로운 것이 번개가 번쩍하듯 나타남을 말한다. 그렇지만 복합체 물의 속성들이 수소와 산소의 합법칙성으로부터 설명될 수 있는 것처럼 체계이론가들의 견해에 의하면 보다 더 복잡한 생명 현상들 역시 기초적 체계 요소들의 협력 작업으로 이해될 수 있다. 몇몇 곳에서는 이런 환원이 성공을 거두었다. 그러나 다른 현상들에 있어서는 효과적인 편입이라는 목표로부터 아직 멀리 떨어져 있는 것으로 보인다.[14)]

---

14) 이에 대립되는 포퍼의 창발성 이론을 참조할 것. 포퍼에 따르면 진화는 창조적이며 환원을 통해서 설명될 수 없는 본질적으로 새로운 것을 되풀이해서 만들어낸다. 여기에서 중요한 것은 환원과 대립되는 "위에서부터 아래에로의 야기"(Verursachung) 혹은 "구조적 야기"이다(K. Popper/J. C. Eccles, *Das Ich und sein Gehirn*, München/Zürich 1982, 44쪽).

(2) 사이버네틱 및 물리학적-생물학적 체계이론의 형성(Bertalanffy)과 나란히 철학자들과 특히 사회학자들은 '철학적' 체계이론을 구축하려고 노력했다. 그래서 주로 사회학적으로 논의하는 철학자들 내부에서 새로운 연구 방법이 생겨났다. 특히 루만N. Luhmann은 고전적인 철학적 문제들을 체계이론적 관점에서 새롭게 해석했다. 여기에서 우선 주관(Subjekt)의 헤게모니는 해체된다. 독일 관념론 이래로 그리고 최근에는 철학적 해석학과 현상학을 통해 모든 의미 개념, 모든 이해 작용과 정신적 현상은 주관에 입각해서 해석되었다. 주관은 모든 가능한 지식들이 거기로 돌려지는 정의될 수 없는 근본 개념이었다. 반면에 루만에 있어서는 주관은 체계 의존적인 크기로 간주된다. 주관은 다름 아닌 의미를 사용하는 체계이다. 의미는 다시금 체계 안에서의 특유의 전략으로 정의된다. 의미 형성은 결국 복합성의 감소에로 종결된다. 예컨대 하나의 유기체는 질서를 구축함으로써 자신의 주위 세계의 복합성을 감소시키거나 의미를 구성한다. 그래서 세계는 선별을 통해서 체계로 만들어지는 것이지, 하나의 부분인 주관에 의해 산출되는 것이 아니다. 따라서 체계와 세계 사이에는 동근원성이 존립한다. 사회 역시 같은 방식으로 해석된다. 사회학은 사회적 체계들의 이론으로서 구상되어야 하며, 이런 사회학은 계급투쟁의 원리나 이와 유사한 체계외적인 기준들을 포기할 수 있다. 담론조차 체계이론적 개념으로 재구성되어야 한다. 이 주장은 비판 이론(Kritische Theorie)의 거센 반대를 불러일으켰다(Luhmann 1973. Habermas/Luhmann 1971 참조).

(3) 체계이론적 고찰들은 흔히 '모델이론'(Modelltheorie)의 형태로 개진된다. 스타코비악H. Stachowiak은 이 '일반적 모델이론'을 여러 저술들에서 논의하고 아주 세부적으로 전개시켰다. 그에 따르면 모든 세계와의 만남, 모든 일상적 지식, 모든 학문적 인식, 모든 철학적 진리는 '모델'이라는 매개물의 도움을 받아야만 가능하다. 모델 사유는 지식과 인식이 존재론적 최종 진술이라고 보고 실재를 실제 그대로 기술한다고 자부하는 낡은 객관성 도식을 몰아낸다. 모델 사유에서 실재는 항상 '~과(와)의 관계에서' 사유된다. 다시 말하자면 시각과 해석 방식의 다양성이 보편형이상학에 희생되지 않는다(Stachowiak 1973 참조).

스타코비악은 세 가지 특징을 통해 모델 개념을 정교화 한다.

— 모델들은 항성 어떤 것을 모사한다. 모델들은 어떤 것의 모델들이다.
— 모델들은 축소하는 부분 조각들이다. 왜냐하면 모델들은 관계가 있다고 간주되는 속성만 고려하기 때문이다.
— 모델-원본-배열은 항상 삼중적 상대성을 갖는다. 주관에 대해 상대적이고, 시간에 대해 상대적이며 바라보는 목적에 대해 상대적이다(실용론적 징표).

목적의 선택에 따라 아주 다른 모델이 나온다. 만일 두 이기주의자가 있고 둘 만의 힘으로 살아가야 한다면 그 두 사람은 '두 사람-외부 세계-모델' 안에서 합리적으로 행위할 수 있다. 일반적인 '게임 이론'에서는 'n명의 사람-외부 세계-모델' 안에서 태도의 합리성을 문제 삼는다. 여기에서는 이기적 행위가 파국을 불러 온다. 즉 집단적 합리성이 필요한 것이다. 일반 모델이론은 개별적 모델 유형들을 근거지우고, 그 기능적 복합성을 기술하며 인식 가능한 모델을 구성하는 것을 과제로 한다. 모델이론은 지향적 작용들을 포함함으로써 철학적으로 의미 있게 된다. 이렇게 해서 의사소통의 통일체 안에서 경세적 노동 조건, 사회적 요구, 소비적 관심, 이익 추구 등이 분석될 수 있다. 이 극도로 복잡한 체계에서 수학적이며 인공두뇌학적인 체계이론은 필수적인 보조 수단이라는 것이 드러난다. 그렇지만 정교함을 향한 모든 노력에도 불구하고 실제적 문제 설정과의 연관은 여전히 과제로 남아 있다. 스타코비악은 자신의 모델이론을 동시에 '신실용주의'라고 부른다. 왜냐하면 모델이론이 그 자신을 위해 설계된 것이 아니라 우리 시대의 문제들을 소화하기 위한 도구이기 때문이다. 이렇게 모델이론은 스테그뮐러W. Stegmüller와 렝크H. Lenk 같은 철학자들, 수많은 구성주의자들과 언어분석론자들에 의해 수행된 현대철학에서의 실용주의적 전환 안에서 하나의 인상 깊은 형태를 보여준다.

2절__ 구성주의적 담론 방법과 대화 방법

(1) 체계이론에서는 수학화할 수 있는 모델 개념을 사용함으로써 해석학과 과학론의 종합을 이뤄내려고 애쓰는 반면에 '구성주의'(Konstruktivismus)에서는 이 매개를 '일반적 논증분석'이 떠맡는다. 구성주의는 자신의 출발점을

로렌쩬Paul Lorenzen의 이른바 '에어랑엔 학파'에서 찾는다. 캄바텔Kambartel, 캄라Kamlah, 로렌쯔Lorenz, 미텔스트라쓰Mittelstraß 등이 이 학파의 상상을 더욱 발전시키고 변화를 가하였다. 그런데 이 원래 의미의 구성주의 이외에 일반적인 담론 방법 및 대화 방법이 형성된다. 이 방법은 구성주의처럼 가르치고 배우는 상황으로부터 출발하지만 중점을 구성주의와는 다른 곳에 둔다. 부분적으로는 저 합의 형성 과정의 조건들이 반성되고(아펠Apel의 초월론적 담론 이론 및 초월론적 화용론), 또 부분적으로는 그런 합의 형성이 현대 사회에서 실현 가능한지가 논의되는가 하면(하버마스), 또 구성주의적 방법을 철학 전체와 일치하는 일반적인 문제지향적 의사소통 과정으로 변형시키기도 한다(E. 마르텐스). 이 모든 경우들에 있어서 실용주의적 전환의 의미에서의 이론과 실천의 통일이 강조된다. 전면에 서 있는 것은 일상생활에서 이미 암시적으로 실현된 실천 이성을 재구성하고 개념적으로 확정하는 일이다. 규범적 기반이 없이 방법적 엄밀성을 따랐던 '비판적 합리주의'의 오류, 거꾸로 방법적 기반 없이 규범적 엄밀성을 설교한 '비판 이론'의 잘못은 회피되어야 하고 규범들이 이성적이고 방법적으로 정당화된 이론으로 대체되어야 한다.

(2) 구성주의의 본래적 의도는 특히 수학의 토대 문제 안에서 '최후정초의 실용주의적 형태'를 겨냥한다. 예컨대 로렌쩬이 기하학을 근거 지으려고 시도하는 경우 그는 형식주의의 의미에서 여러 종류의 기하학이 정의하고 있는 공리의 체계들을 열거하는 것으로 만족하지 않고 모든 종류의 기하학에 공통적이요 생활 세계에 닻을 내린 토대를 찾는다. 그래서 그는 그 기본 개념이 인간의 행위에 의해 구체화될 수 있는 '원형 기하학'(Protogeometrie)을 기술할 수 있다고 생각한다. 이 원형 기하학의 이념화가 유클리드 기하학의 토대를 낳고, 유클리드 기하학은 다시 나머지 기하학들의 전제가 된다.

비슷한 방식으로 로렌쩬은 통용되는 논리학 이론들에 대한 '원형 논리학'(Protologik)을 찾아 나선다. 그는 그것을 모든 계산적인 종류의 행위들의 밑바닥에 놓여 있는 규칙들에서 찾는다. 여기로부터 '대화적 논리학'(dialogische Logik)이 생겨난다. 대화적 논리학에서 모든 주장은 그것이 받아지려면 효과적으로 방어되어야 한다. 그런데 이때 이 근거지음(Grundlegung)에서 실제적 규칙 행위들이 유일하게 가능한 것들이라는 것이 중요한 것이 아니다. 오히려 그런 '실제적 논리학'(effektive Logik)은 우리에 의해 행해지는 계산 행위들에 덧붙여져서 생각될 수 있고 또 그렇게 생각되어야 하는, 일반적으로 허용되는 규칙들을 포함한다. 이렇게 논리학은 그 근거지음을 구조화된 이념 세계로부터가 아니라 생활 세계 실천으로부터 경험한다.

이 두 예에서 이미 주어진 생활 세계 안에서 선학문적 행위에의 회귀가 어떤 원칙적 의미를 갖는지가 분명해진다. 이 회귀는 대체로 가르치고 배우는 상황의 형태로 나타난다. 이 상황에서 어떤 행위들이 표현되고 실용 언어를 통해 기술된다. 두 가지, 표현과 개념 사용은 대화에 참여하는 사람들의 합의 속에서 확인되어야 한다. 의사소통이 되면 재구성의 첫 단계가 성공한 것이다. 여기에 다음 단계들이 이어진다. 학문 언어의 완전한 재구성이 이루어진다. 이 재구성은 철학적 언어분석의 요소들을 준비해 준다. 철학적 말하기(Sprechen)의 재구성을 통해서 철학의 진술들은 부분적으로는 치유적으로 제거되고, 또 부분적으로는 그 내적 필연성과 합리성 안에서 훤히 드러난다.

(3) 모든 구성주의적 연구 방법들에서 우리는 '실용주의적 전환'을 진지하게 받아들이려고 노력한다. 재구성과 반성은 그 자신을 위해서 발생하는 것이 아니라 구체적 사실 문제를 위해 일어난다. 이때 전면에 서 있는 것은 행위의 정당화, 즉 특히 '당위 명제의 정당화'이다(Martens 1979, 42). 이 정당화 과정은 분석적 요소들뿐만 아니라 구성적 요소도 포함한다. 분석적인 것은 다음의 것에 관계한다.

— 언어 사용(분명하고 명백한 개념들).
— 각각의 의사소통 공동체에 현존하는 관심들.

그런 다음 본래적인 근거지음이 네 단계로 이루어진다.

— 이용할 수 있는 수단과 설정된 목적의 관계에 대한 연구.
— 부수 효과에 대한 점검과 실현 가능성에 대한 검토(경험적 학문들을 끌어들여서).
— 도덕 원칙의 인정.
— 관심이 일치하지 않을 경우에는 도덕 원칙을 지향하는 타협을 추구.

도덕 원칙은 대체로 '통주관성원칙'(Transsubjektivitätsprinzip)으로 등장한다. 이 원칙에 따라 자기의 이해가 다른 사람들의 이해와 조정된다. 쉬벰머

Schwemmer는 이 조정이 방법적으로 어떻게 실현되어야 하는지를 더 자세하게 제시한다.

— 이해 다툼에 빠져든 규범들과 병존할 수 있는 상위 규범의 발견.

— 모순을 일으키는 규범들을 변경하는데, 새로운 규범들이 상위 규범의 하위 규범이 된다는 의미에서. "하나의 규범은 … 그것이 다른 상위 규범들과 병존할 수 있는 어떤 상위 규범의 하위 규범으로 밝혀지는 경우에 … 근거지어진 셈이다."(Schwemmer 1973, 172)

마르텐스가 보여주듯이 통주관성원칙과 전통적 도덕원칙 사이에는 밀접한 관련이 있다. 왜냐하면 구성주의적 도덕 원칙에서 전제된 선의(善意)는 인격의 자기 목적으로부터만, 즉 '정언명법'(kategorischer Imperativ)으로부터만 이해될 수 있기 때문이다. 물론 이때 칸트가 과잉 강조한 보편주의적 구성요소들은 '실존주의적 구성요소들'에 의해 보완되어야 한다. 그래서 마르텐스는 다음과 같은 결론에 도달한다. "따라서 당위 논리학(Sollens-Logik)은 보편주의적 도덕에서 근거지어지고, 보편주의적 도덕은 구체적 이웃 사랑에서 근거지어진다."(Martens 1979, 44) 그래서 구성주의에서는 선의가 실천 이성을 실현하는 필수적 전제가 된다. 이해를 화해시키는 데에 선의가 결여되어 있으면 이성은 끝난다.

(4) 아펠K.-O. Apel은 의미 있으며 이해관계를 중재하는 대화가 성공할 수 있는 조건들을 일반적으로 연구했으며 실용주의적 담론이론(Diskurstheorie)으로 확장했다(Apel 외 1980, 4.3.3). 아펠은 칸트의 초월철학적 단초를 받아들여서 한 공동체 내부에서 의사소통은 단순한 정보 교환이 아니라 동시에 각각의 의사소통 공동체의 실존 조건에 맞는 규정들이 실현되는 과정이라고 강조한다. 마치 공간과 시간이 이론적 인식 가능성의 필수 조건이듯이 이 윤리적 규정들이 실천적 의사소통 가능성의 아프리오리한 전제들이다.

방법적 도구로서의 담론의 의미는 이성적 상황 상담에서 의사소통적 이해관계 중재에 도달하는 능력을 발전시키는 것이다. 이 능력이 현재의 갈등 상황을 견딜 수 있게 해준다. 이것은 내용상 결국 의사소통 공동체 내부에서 윤리학을 철학적으로 근거짓는 데에로 이어진다. 이때 과학주의적 정당화는 문제 되지 않는다. 왜냐하면 아펠에 따르면 과학주의적 정당화는 세 가지 결함을 보이기 때문이다.

— 이성적 정당화 작업을 형식 논리적 연역과 동일시하는 것.

— 상호주관적 타당성을 가치중립적인 사실과 추론을 확정한다는 의미의 객관적 타당성과 동일시하는 것.

— 사실의 확정과 규범적 진술을 엄격히 분리하는 것.

아펠은 윤리학의 가능성, 그와 함께 의미 있는 의사소통의 가능성에 대한 초월론적 물음을 논증 일반을 가능케 하는 조건들에 대한 반성에로 환원시킨다. 인간이 서로 말을 한다는 사실은 이미 윤리적 승인을 전제한다. 모든 학문적 사유 과정이나 논리적 사유 과정, 또 모든 일상적 논의, 가치나 규범을 둘러싼 모든 대결은 그런 승인 위에 구축되며 따라서 벌써 승인된 선의의 선언이다. 논리적-언어적 권능 이외에 타당한 논증을 하는 우리의 능력은 '제한되지 않은 이상적 의사소통 공동체'라는 이념을 포괄한다. 이때 다음과 같은 요구를 던진다.

— 논증의 공개. 우리는 다른 사람의 생각을 듣고 또 그에 대해 대답하고자 한다.

— 논증의 정직성. 우리는 자기 자신이나 다른 사람을 속이려고 의도하지 않는다.

— 대화 상대방의 동등성. 다른 사람은 책임질 수 있고, 올바르며, 진리 능력이 있는 주관으로서 받아들여진다.

— 비판 면제(Immunisierung)의 금지. 던져진 문제와 관련해서 어떤 타부도 허용되어서는 안 된다.

— 담론에 있어서의 평등. 인종 차별이나 계급적 선입관의 거부. 다른 사람들을 침묵시키기 위한 억압적 수단에 대한 혐오.

비록 실제적 의사소통 공동체가 이 요구들을 여러 가지 이유로 충족시키지 못한다고 할지라도 이 이상적 조건들을 의식하는 것만으로도 담론을 개선하는 데에 도움이 된다. 하버마스 역시 이런 관점에서 '이상적 말하기 상황'(ideale Sprechsituation)을 반성한다. 그는 이상적 요소들을 해방적이고 '억압 없는 대화' 속에서 말하는 이의 성숙함의 토대라고 해석한다.

(5) 만일 우리가 구성주의적 담론과 대화를 본래적인 철학적 방법과 동일

시한다면 철학은 '문제 지향적 의사소통 과정'(마르텐스)으로 파악된다. 이런 의미의 철학은 최종 진리, 명증성, 선험성을 목표로 삼지 않고, 어떤 하나의 공동체에서 충돌 상태에 빠진 생각들과 관심들을 이성적이며 동시에 진리와 관계를 맺는 수단으로 화해시키려고 시도한다. 철학적 대화는 더 정확하게는 다음 세 가지 '대화 방법'으로 이루어진다(Martens 1979, 140-147).

— 자기 사유라는 격률 아래에 서 있는 열린 대화(소크라테스, 칸트).
— 이미 주어진 사유 과정들에 대한 추체험(Nachvollzug)(텍스트, 강연, 대화).
— 스스로 전개되고 추체험되는 사유 과정에 대한 검토.

이렇게 해서 여기에서도 철학은 또 다시 활동이 된다. 그러나 이와 동시에 철학은 언어 비판 안에서 해소되는 것이 아니라 모든 역사적 상황에서 새롭게 획득된 실재에 대한 경험을 기술한다.

4장

철학적인 탐구프로그램

철학적인 방향설정의 과정과 의사소통 과정은 늘 역사 속에서 수행된다. 특유의 사회적, 정치적, 역사적 상황들이 철학의 연구 방식에 영향을 끼치고 역사적 단계의 전개에 따라 변화시킨다. 경직된 방법 개념들 대신에 특정한 문제들을 제기함으로써 실현되는 발전들이 들어선다. 방법론적인 기본 방향설정에 따라 다음과 같은 세 가지 상이한 종류의 탐구프로그램이 있을 수 있겠다.

— 전통 지향적 철학에서는 해석학적 탐구프로그램
— 과학 지향적 철학에서는 분석적 탐구프로그램
— 끝으로 실천 지향적 철학에서는 실용주의적 탐구프로그램

1절__ 해석학적 탐구프로그램

(1) 철학적 탐구의 가장 커다란 시도의 하나는 그 사신의 역사로 되돌아가

는 것이다. 철학을 철학사의 기술과 동일시하는 시대가 몇 번이고 있었다. 이러한 방식은 원칙적인 태도로서는 아니지만 국부적인 탐구 기획으로서는 전적으로 정당화된다. 자신의 전통을 알고 이미 사유되었던 것을 애호 취미에서가 아니라 순수한 반복 속에서 새롭게 사유하는 것은 철학의 본질적 전제들에 속한다. 이렇게 자신의 전통을 의식하는 것은 어떤 학파 내부에서 수행되거나('헤겔학파', '하이데거학파'), 작은 동아리나 개인으로 진행되는 여러 탐구프로그램에서 성공을 거두고 있다. 탐구 목표의 종류와 범위에 따라 여러 형태로 구별될 수 있겠다.

— 개별 철학자들의 '전집' 간행

여기서는 한 저자의 주요 저술들, 때로는 마지막 원고지만 매우 널리 퍼진 텍스트들이 이른바 '전집'(gesammelte Werke)으로 엮인다. 완전성에 도달한 경우에 우리는 '전집'라고 부르며, 연대, 판수(版數) 구별, 탄생, 영향 등에 대한 상세한 분석을 단 경우에 '역사적-비판적 전집'이라고 부른다.

— '철학 백과사전' 혹은 '개론서'

이렇게 전체를 목표로 삼는 시도는 우리의 시대에, 특히 철학적 체계에 대한 신뢰가 설득력을 상실한 이래 드물어졌다. 왜냐하면 여기에서는 철학 사상이 그 내적 정초의 건축술에 따라 기술되는 동시에 빠짐없이 다루어져야 하기 때문이다.

— 훨씬 자주 등장하는 '문제 분석'

여기에서는 예컨대 시간과 같은 특정한 주제가 모든 가능한 관점에 따라 분석된다. 여러 시대에 걸친 여러 시간관, 이 시간관들 사이의 의존성과 모순성, 문화적 현상에 끼친 영향, 현대 자연과학을 통한 해석 및 이와 비슷한 고찰 등이 이런 탐구프로그램의 개별 요소들을 제공한다.

— '개념사적 분석'

이것들은 언어적 측면에 중점을 둔다. 예를 들어서 하이데거가 '진리'라는 단어를 희랍어 표현 aletheia의 도움을 빌어 '감춰져있지 않음'(Unverborgenheit)으로 해석하고 여기에 전체 진리 이론을 연결시키는 경우, 과거의 서로 다른 여러 문화적 단계에서 '진리'라는 단어를 아는 것은 매우 중요하다. 이때 어원과 일상적 언어 사용 뿐만 아니라 여러 가지 철학적 표현 방식도 중요한 역할을 한다. 변증법의 의미에서 모든 결정적인 개념들은 이 일반적 의미 맥락 및 각각의 시기에 대한 관계 안에서만 올바르게 이해될 수 있다.

— '사전'과 '참고문헌 목록'

이것들은 연구 및 방향 설정에 기초적인 보조 수단을 제공해 준다.

(2) 개념사적 연구와 개별 분석은 기술적(deskriptiv) 자료 수집으로 오해되어서는 안 된다. 이것들은 —'탐구프로그램'이라는 용어가 이미 말하고 있듯이— 항상 동시에 연구 성과들을 담고 있다. 이 성과들에서 낡은 선입관이 폭로되고, 철지난 규약들이 파기되고, 새로운 사유 모델이 선전된다. 현대 탐구프로그램에서 우리는 흔히 선험적(apriorisch) 사고로부터 떨어져 나와 일정한 의사소통 단위 안에서 규제적인 것(das Regulative)에로 향하는 경향을 보게 된다. 존재의 원리, 인식의 원리, 행위의 원리를 말하는 낡은 형이상학 체계는 더 이상 전면에 서 있지 않다. 오히려 사람들은 비판적으로 진행하며 저 존재론적 자기확실성을 해체한다. 물론 이 부정적 경향과 함께 부정하는 일에 고착되어서 과거의 것을 열거하는 것으로 만족할 위험은 더 커진다.

2절__ 분석적 탐구프로그램

(1) 엄격히 과학적 이성과 역사의 요구 사이의 대결은 최근 학문이해의 위기를 몰고 왔다. 과학론에 있어서는 역사적 숙고를 포함시키는 것은 지금까지 오로지 소위 발견의 맥락(Entdeckungskontext)에서만 의미가 있었다. 과학의 본래적인 체계에 있어서는, 정당화의 맥락(Begrüdungskontext)에서는 학문의 역사는 아무 역할도 하지 않는다. 그러나 모든 지식이 증명된 지식과 동일시되는 최후정초와 정당화에 대한 사유라는 과제로 인해 아주 새로운 상황이 벌어졌다. 우선 사람들은 증명 과정에서의 확실성을 확률에 소급함으로써 구해내려고 시도했다(카르납의 귀납 논리를 참조). 그래서 사람들은 최고 확률의 인식을 추구했다. 그러나 일정한 조건 아래 모든 이론은 영(0)이라는 확률을 갖는다는 놀라운 결과는 이 방향에서 인식 문제를 해결한다는 모든 희망을 파괴했다. 만일 모든 이론이 그 어느 것이나 꼭 마찬가지로 증명될 수 없다고 간주되어야만 한다고 할 때, 회의론자나 무정부주의적 비합리주의

자가 되는 유혹은 컸다.

그래서 곧 전체 '탐구의 논리'를 '탐구의 심리학'으로 교체하고자 하는 목소리가 커졌다. 토마스 쿤은 여러 가지 이론들을 '패러다임들'을 통해 설명하고 이 같은 통약불가능한(inkommensurabel) 태도 방식들을 주로 심리학적 기제들로 환원시켰다(Kuhn 1967). 과학적 변화는 유행 물결과 비교되었고, 과학적 혁명들은 대중 심리학의 사안이었다. 파이어아벤트P. Feyerabend는 "무엇이든 된다"(Anything goes)는 하나의 근본 명제만 아는 이론, 무정부주의적 인식 이론을 통해 과학론 자체를 죽였다(Feyerabend 1976).

이런 일방적으로 파괴적인 결과에 반대해서 라카토스I. Lakatos는 광범위한 탐구프로그램 이론을 개발했다. 이 탐구프로그램은 역사적 영향을 포함시키고 정당화의 관점을 포기함에도 불구하고 과학적 합리성을 말하는 것을 가능케 한다. 그의 개념은 개별 이론들이 경쟁을 벌이는 이론들에 대해 과학적이요 진보적이라는 자격을 얻을 수 있게 해준다.

(2) 전에는 논의가 개별 이론들의 과학성을 중심으로 삼아 이루어졌던 반면에 연구프로그램 이론에서는 항상 여러 이론들이 동시에 탐구된다. 이 이론들은 발생적 연관관계 안에 서 있으며 따라서 시간의 흐름에 따라 서로 분출되어 나오고, 그럼으로써 본보기가 되는 문제 해결책으로 이루어진 광범위한 '배경 지식'을 포괄한다. 여기에는 역사로부터 떨어져 나온 진술 체계뿐만 아니라 실천적으로 주어진 것과 얽혀진 학문도 놓여 있다. 이때 라카토스는 다음을 구별한다.

— 이론의 하드 코어(hard core). 이것은 어떤 핵심적인 이론적 가설들을 담고 있다. 이 가설들은 스테그뮐러에 따르면 많은 경우에 있어서 심지어 수학적 구조로도 기술될 수 있다고 한다.
— 이론의 보호대(protective belt). 이것은 보조 가설들로 이루어지며, 비판의 시도들만이 여기에 집중될 수 있다.

라카토스는 이 프로그램 안에서의 탐구를 다음과 같이 기술한다. "검토의 충격을 견뎌내고 질서지어지고 다시 질서지어지며, 심지어는 하드 코어를 지켜내기 위해 완전히 교체되어야 하는 것은 이 보조 가설의 보호대이다. 하나의 탐구프로그램은 이 모든 것이 진보적인 문제 지연(Problemverschiebung)

으로 이어질 때 성공적이요, 반면에 퇴행적인(degenerativ) 문제 지연으로 이어질 때 실패이다."(Lakatos 1974, 130) 여기에서 그는 진보적 문제 지연을 개별 이론들이 스스로 새로운 문제를 제기한다는 사실로 이해한다. 라카토스는 끊임없는 수정을 불러일으키는 경우에 퇴행적 문제 지연을 말한다.

3절__ 실용주의적 탐구프로그램

(1) 실용주의적 목표는 순수 역사적 관심이나 자연과학적 관심을 넘어선다. 실용주의적 목표는 인간의 전체 상황을 고려하려고 시도한다. 그렇기 때문에 실용주의적 연구프로그램은 중재적 경향과 학문간 협업적 경향을 지닌다. 중재를 지향하는 연구프로그램은 특히 '윤리적' 문제 제기에 몰두한다. 평화 연구의 문제, 환경 보전의 문제, 기술적이고 경제적인 강제의 세계에서 위협 받는 삶의 가능성의 문제 등이 개인적인 양심의 성찰의 자리를 대신한다. '지구적 윤리학'(globale Ethik)은 전체에 대한 책임을 요구하며 그럼으로써 늘 인격 발달 및 개인 영혼의 평화가 더 중요했던 전통적인 내면성의 윤리학을 밀어낸다. 그런 실용주의적 탐구프로그램의 세 가지 전제를 이 윤리적 의미에서 다음과 같이 표현할 수 있겠다.

— 인간의 미래도 책임 영역 안으로 끌어들이는 '미래 윤리학'(Fernethik)의 아이디어에로의 방향 설정(Birnbacher 1988).
— 자신의 민족적, 심지어 인종적 관심에만 몰두하는 것이 아니라 정언 명법(kategorischer Imperativ)을 구체적으로 지구의 전체 인류에 적용시키는 '지구적 윤리학'의 실현.
— 인간을 자연에 대해 고립적이고 자율적인 존재로 파악하는 것이 아니라 자신의 자연적 삶의 조건을 다시금 일반적으로 보존 가치가 있는 자연 질서의 요소로 보는 '자연 친화 윤리학'(naturbezogene Ethik)에 대한 새로운 이해.

(2) 새로운 이해에는 일정한 구체적인 공개적 행위들이 결합되기 때문에 윤리적 동기를 지닌 실용주의는 종종 동시에 '정치적' 경향을 띤다. 그러나 '철학적' 탐구프로그램은 어느 경우에도 그 전제들 자체를 인식 가능하게 만

들어야 하며 비판적 조정에 대해 열려 있어야 한다. 해방적 행동은 오직 보편적인 자기 이해의 테두리 안에서만 진전될 수 있다. 이것 또한 분석 대상이 되어야 한다.

(3) 실용주의적 탐구프로그램은 철학적 문제들에 제한되지 않고 이웃 영역도 그 목표로 삼는다. 따라서 전체의 변증법은 학문간 협업 구상이라는 새로운 형태로 나타난다. 다음의 예들은 그런 포괄적 관점의 몇몇 중점들을 보여준다.

— 우주론적 연구

상대성 이론 및 양자 이론에 대한 철학적 고찰에 덧붙여 최근에는 우주론적 문제 제기가 등장했다. 여기에서는 우주의 생성과 소멸에 대해 더 이상 사변적으로만 말하지 않고 새로운 자료가 드러내는 여러 가지 과학적 통찰들을 포괄한다. 아주 오래된 유물론 탐구프로그램은 차별화된 '에너지-물질-세계 이론'에 그 자리를 내준다. 이런 의미로 스테그뮐러W. Stegmüller는 "현대철학에서의 수렴적 경향들"을 말한다(Stegmüller 1975, XVI).

— 진화론적 연구

현대 물리학이 우주론에 대해 결정적인 기여를 했듯이 현대 생물학은 생명 형태의 문제들에 대한 대답들을 주도한다. 이것이 일반 인류학과 특히 인간의 자기 이해에 영향을 미친다. 이른바 '진화론적 인식론'에서는 의식적으로 생물학과 철학의 경계를 넘어선다. 진화적 기능이라는 생각이 낡은 기계론적이고 결정론적인 계산 가능성이라는 관념의 자리에 대신 들어선다. 물질의 자기조직화(Selbstorganisation) 이론에서 절정을 이루는 분자 생물학의 괄목할 만한 결과는 보다 새로운 체계이론적 구상의 토대를 제공해 준다. 환원주의와 '창발성'(포퍼)이나 '발현'(Fulguration, K. 로렌츠)에 대한 적정한 해석 사이의 다툼은 아주 오래된 정신-물질 딜레마의 최신 형태를 보여준다.[15)]

---

15) 이에 대한 철학적 논의로는 예컨대 다음을 보라. P. Koslowski/R. Spaemann/R. Löw (편), *Evolutionstheorie und menschliches Selbstverständnis*, Weinheim 1984; R. Riedl/F. M. Wuketits (편), *Die Evolutionäre Erkenntnistheorie. Bedingungen — Lösungen — Kontroversen*, Berlin/Hamburg 1987.

— 의생물학적 연구

유전자 연구의 주목을 끄는 결과들과 그것과 연관된 유전자 조작의 가능성은 지금까지 철학적 윤리 논의에서 완전히 생소한 문제들을 제기했다. 그렇기 때문에 '미래 윤리학'의 가능성의 문제에서 의학, 생물학, 법학과의 공동작업이 매우 중요하다. 여기에 현대 세계가 철학에 대한 기대를 나타내고 성찰적 규범에 근거해서 도움을 주기를 바라는 몇 안 되는 경우들 가운데 하나가 놓여 있다.

실용주의적 탐구프로그램은 그 보편성과 학문 협업성을 통해(Stachowiak 1986 참조) 일반적으로는 이성에 대한 공격이, 특수하게는 방법적 사고에 대한 공격이 유행이 되어버린 시대에 중요한 공헌을 한다. 이른바 포스트모던 논의에서 지금까지의 철학 활동의 방식들은 철지난 담화요 고물이 된 '거대 담론'으로 비방 받았다. 논증적 및 방법적 사고에 대한 의혹은 앞에 소개한 세 가지 구상 모두에 향해 있다. 과학론은 방법적 무정부주의로 뒤집히고(Welsch 1987에서 '가로지르는 이성'), 언어분석에 대해 비규범적 담론의 철학이 맞서 세워지고(Rorty 1981), 대화적-변증법적 사고는 냉소적 지껄임으로 변질되었다(Sloterdijk 1983). 그렇지만 방법적 자기 규율과 논증적 합리성이 없다면 철학은 기준도 없고 지평도 없이 '지성의 무덤'(Lyotard 1985)에 서 있게 될 것이다.

■ 인용된 문헌

Apel, K.-O. u.a. 1980, Die Konflikte unserer Zeit und das Erfordernis einer ethisch-politischen Grundorientierung, in: *Praktische Philosophie Ethik. Reader zum Funkkolleg*, Frankfurt/M.

Austin, J. L. 1972, *Zur Theorie der Sprechakte*, Stuttgart.

Betti. E. 1967, *Allgemeine Auslegungslehre als Methodik der Geisteswissenschaften*, Tübingen.

Birnbacher, D. 1988, *Verantwortung für zukünftige Generationen*, Stuttgart.

Dilthey, W. 1957, *Gesammelte Schriften*, Bd. 5, Stuttgart.

Eco, U. 1972, *Einführung in die Semiotik*, München.

Feyerabend, P. 1976, *Wider den Methodenzwang*, Frankfurt/M.

Habermas, J. 1976, Was heißt Universalpragmatik?, in: *Sprachpragmatik und Philosophie*, K.-O. Apel (편), Frankfurt/M.

Luhmann, N. 1971, *Theorie der Gesellschaft oder Sozialtechnologie*, Frankfurt/M.

Hegel, G. W. F. 1952, *Phänomenologie des Geistes (Vorrede)*, J. Hoffmeister (편), 6. Aufl., Hamburg.

______ 1970, *Grundlinien der Philosophie des Rechts*, Werkausgabe Bd. 7, Frankfurt/M.

Heidegger, M. 1927, *Sein und Zeit*, Halle.

Katz, J. J. 1974, Die philosophische Relevanz der Sprachtheorie, in: *Linguistik und Philosophie*, G. Grewendorf/G. Meggle, Frankfurt/M.

Koslowski, P./Spaemann, R./Löw, R. (편), 1984, *Evolutionstheorie und menschliches Selbstverständnis*, Weinheim.

Kuczymske, J./Steinitz, W. 1952, *Über formale Logik und Dialektik*, Berlin.

Kuhn, Th. S. 1967, *Die Struktur wissenschaftlicher Revolutionen*, Frankfurt/M.

Lakatos, I. 1974, Falsifikation und die Methodologie wissenschaftlicher Forschungsprogramme, in: *Kritik und Erkenntnisfortschritt*, I. Lakatos/A. Musgrave, Braunschweig.

Luhmann, N. 1973, *Zweckbegriff und Systemrationalität*, Frankfurt/M.

Martens, E. 1979, *Dialogisch-pragmatische Philosophiedidaktik*, Hannover.

Popper, K. R./Eccles, J. C. 1982, *Das Ich und sein Gehirn*, 2. Aufl., München/Zürich.

Riedl, R./Wuketits F. M. (편) 1987, *Die Evolutionäre Erkenntnistheorie. Bedingungen – Lösungen – Kontroversen*, Berlin/Hamburg.

Sarlemijn, A. 1971, *Hegelsche Dialektik*, Berlin/New York.

Schlick, M. 1930/31, Die Wende der Philosophie, in: *Erkenntnis* 1.

Schwemmer, O. 1973, Grundlagen einer normativen Ethik, in: *Zum normativen Fundament der Wissenschaft*, F. Kambartel/J. Mittelstraß, Frankfurt/M.

Stachowiak, H. 1973, *Allgemeine Modelltheorie*, Wien/New York.

Stegmüller, W. 1975, *Hauptströmungen der Gegenwartsphilosophie*, Bd. 2, Stuttgart.

Walther, E. 1974, *Allgemeine Zeichenlehre, Einführung in die Grundlagen der Semiotik*, Stuttgart.

Wittgenstein, L. 1960, *Philosophische Untersuchungen*, in: *Schriften von L. Wittgenstein*, Frankfurt/M.

Wuchterl, K. 1989, *Analyse und Kritik der religiösen Vernunft*, Bern/Stuttgart.

7부 _ 철학 교수법

- E. 마르텐스

1장
철학 교수법의 과제

1절__ 교수법의 필요성

교수법(Didaktik)은 1960년대 중반에서 1970년대 초반에 이르는 시기, 그러니까 사회자유주의적(sozialliberal) 시대 벽두에 급속한 붐을 맞았었다. 교육개혁위원회와 교과과정개편위원회는 학습의 목표, 내용, 방법, 수단 및 학교 수업을 새롭게 규정하느라 애썼고, 대학의 교수법 전공자, 학교 교과목에 정통한 교수법 학자, 교육학자를 위한 교수법 전공자에 대한 수요는 어디에서건 급격히 증가하였다. 이 새로운 경향은 두 가지 이유로 이미 오래 전에 사라졌다. 일차적으로 문학적, 정신과학적인 교양을 갖춘 인격이라는 신휴머니즘적 교육 이상은 공학적이고 기술적으로 각인된 생활 세계의 요구를 감당할 수도 없었고 공학적 기술적 진보가 도대체 사회의 어떤 계층에 봉사해야 하는가 하는 물음도 충분히 답변할 수 없었다. 기술 관료적 효율성과 사회적 연관성이라는 두 가지 기준이 항상 조화될 수는 없었다. '경제적 관심'과 '사회적 관심'이 교육정책의 개혁을 둘러싼 토론의 표제어였다. 그러는 사이에 교수법 상의 근본적인 문제들이 아직 해결되지 않았음에도 불구하고 경제적이고 정치, 사회적인 발달로 인해 교육개혁은 다시금 학교와 대학의 '통상적' 일상사에 밀려나고 말았다. 그렇지만 그 이후에도 교수법을 둘러싼 날카로운 문제의식은 보존되어 왔고 개혁 반대 세력이나 개혁에 피로해 하는 분위기에 맞서 꾸준히 요구되어 왔다. 왜냐하면 지식의 폭발은 특정한 우선순위를 정하지 않을 수 없게 만들었기 때문이다. 전문화가 더욱 진행되면서 개별적 지식의 연계가 요구되었다. '평화연구'(Fiedensforschung)나 '생태학'(Ökologie)과 같은 새로운 문제 영역은 새로운 학업 과정과 교과목을 필요로 했다. 결국 사회의 민주화는 앎의 가치뿐만 아니라 그 앎의 매개 방식 및 접근 방식이 독단적으로 고착화되는 것마저도 깨부수는 결과를 가져왔다.[1)]

2절__ 교수법의 실천과 이론

그런데 교수법의 과제가 도대체 무엇인지에 대해서는 교수법 전공자들 사이에서도 조차 의견의 일치를 보지 못하고 있다. '교수법'이 무엇인지의 기준에 대한 결정은 '철학'이 무엇인지의 경우와 마찬가지로 역사적으로 생겨난

---

1) P. Heintel, *Modellbildung in der Fachdidaktik. Eine philosophisch-wissenschaftstheoretische Untersuchung*, Klagenfurt 1978, 특히 22-35쪽 참조.

자기 이해를 건드리지 않고서는 내려지지 않을 것이다. 희랍어 **didaskein**('가르치다', 수동의 형태로는 '배우다')에서 나온 'Didaktik'이라는 단어는 라트케스W. Ratkes의 교육적 제안들에 대한 보고에서 1613년 처음으로 교육학적 용어로 사용되었다. 여기에서 'Didaktik'은 수업을 진행하는 방법을 가리키는 의미로 '가르치는 방식'(Lehrart)이나 '가르치는 기술'(Lehrkunst)로 번역되었다. 'Didaktik'이라는 용어는 1657년 코메니우스J. A. Comenius의 저서 『대교수학』(*Didactica Magna*)에서 처음으로 '방법'을 넘어서는 의미를 획득한다. 코메니우스는 이 책에서 신적이요 파악될 수 있는 세계 질서라는 자신의 질서 이론(Ordo-Lehre)으로부터 수업의 목표, 내용, 방법과 더 나아가서 학교 전체의 구조를 이끌어낸다. 오늘날의 토론에 이르기까지 'Didaktik'의 두 가지 의미가 맞서 있다. 그 하나는 이미 주어진 교과 과정과 교육 체계 안에서 이미 주어진 교과 내용을 전달하는 '방법'이라는 의미이다. 다른 하나는 목표, 선정, 내용 그리고 적합한 교육 체계에 대한 물음이라는 의미이다. 이 두 가지는 한편으로는 교육적 실천을 직접 지도하는 것에 대한 요구이고, 다른 한편으로는 이 실천의 주도적 가정들을 안전하게 하거나 혹은 비판하는 데에 대한 요구라는 서로 다른 요구들을 충족시킨다. 사실적으로 항상 존재하는 가정들이 쇠퇴해 간다는 것은 의심할 바 없이 성찰적이요 비판적인 철학의 자기 이해에 모순될 것이다. 따라서 검증되지 않은 가정들로부터 출발한다는 것은 철학 교수법으로서는 받아들일 수 없고 어떤 다른 교과 교수법에게도 바람직하지 않을 것이다. 그런 까닭에 아래에서 'Didaktik'이라는 단어는 넓은 의미로 이해되어야 할 것이다.

실천으로서의 교수법의 주도적 가정들에 대한 성찰도 아직 충분한 것은 아니다. 이 성찰은 일차적으로 실천으로서의 교수법에 **대한** 더 나은 앎에 기여할 수 있지만 실천적 교수법 **안에서** 더 나은 능력(Können)에 기여할 수는 없다. 즉 이 성찰은 더 나은 실천의 필요조건이지 충분조건이 아니다. 분명히 자신의 행동의 주도적 가정들에 대하여 사회적 정치적 조건들을 포함해서 한 번도 숙고해 보지 않은 사람은 (스스로의 행동을 동물 조련으로 보지 않는 한) 자신의 행동을 개선할 수 없다. 그렇지만 이 사람은 '소크라테스적 주지주의'가 가정하는 것 같은 추사고(追思考, Nachdenken)을 통해서만은 마찬가지로 개선할 수 없다. 필요한 것은 오히려 이론과 실천의 구체적 매개이다. 그런데 여기에서 우리는 다시 이론의 영역으로 들어가서 이 구체적 매개가 어떻게 일어나며 또 어떻게 일어나야 하는지 깊이 생각해야만 하며, 이때 예컨대 철학적 행위 이론(philosopische Handlungstheorie), 특히 학습심리이론(lernpsychologische Theorie), 집단동학이론(gruppendynamische Theorie), 상호작용이론(interaktionistische Theorie)을 고려해야 할 것이다.

그런데 이론과 실천의 구체적 매개에 있어서 가장 중요한 부분은 주어진 상황에서 어떻게 교육 및 학습 과정을 자극하고, 질서지우고, 개선할 수 있는가 하는 교수법적 능력의 단련이다.[2] 또 필요한 것은 일반 원리를 개별 사례에 적용할 줄 알고 거꾸로 특수한 사례들로부터 시작해서 일반 원리를 인식할 수 있는 판단력의 단련이다. 거기에다 이에 상응하는 태도나 행위의 단련도 필요하다. 교수법은 이론과 실천, 앎과 능력을 포괄한다. 이미 'Didaktik'이라는 단어에 '교육학', '의학', '신학' 혹은 '심리학'의 경우와 비슷하게 앎의 이론적 측면과 실천적 측면이 포함되어 있다. 그것은 희랍어 **episteme**가 그런 것과 같고 "그는 점잖게 행동할 줄 안다"(Er weiß sich zu benehmen)와 같은 독일어 표현에서 그런 것과 같다. 철학 교수법은 일종의 전문적 앎으로서 교수법적인 앎과 능력의 분리를 조장해서는 안 되고 이 두 가지를 서로 결합시키려고 시도해야 한다. 그래야만 철학 교수법은 '철학자'의 이중 의미에 부합될 수 있다. 즉 철학자는 한편으로는 —문학자에 대해서는 동일한 식으로 발할 수 있겠는데— 철학 학자(Philosophie-Wissenschafler)요, 다른 한편으로는 '지혜로운 자'이다. 후자의 개념은 특정한 삶의 방식이나 '철학적 실천'을 구현한다는 의미이다. 소크라테스, 칸트, 마르크스, 니이체, 키에르케고르, 비트겐슈타인 등이 대표적이라고 하겠다.

3절__ 철학 학습의 장

철학 교수법은 철학의 이론과 실천이 분리되는 것을 막아야 할 뿐만 아니

2) 다음을 참조하라. 위 Heintel의 책, 59-79쪽. W. Schulz, *Unterrichtsplanung*, München etc. 1980.

라 여러 철학 학습의 장이 조각조각 쪼개지는 것 역시 막아야 할 것이다. 만일 우리가 여러 철학 학습의 장을 성찰되지 않고 통제되지 않은 자연발생적 교수법 실천에 내맡기지 않으려 한다면, 실제로 하나의 고유한 교수법 이론이 필요할 것으로 보인다. 철학 학습의 전통적인 장은 대학의 '철학 세미나'이다. 철학 세미나의 학생들을 세 부류로 나눌 수 있을 것이다. 첫 번째 부류는 '순수' 철학 전공 학생들이다. 이들은 박사 과정, 마기스터 과정, 디플롬 과정에서 철학을 주전공 혹은 부전공으로 택한 경우이다. 두 번째 부류는 교사 양성 과정의 일환으로 철학을 중간 시험 과목으로 택한 학생들과 1차 국가시험(Erstes Staatsexamen)에서 철학을 '동반 학업'(Begleitstudium)의 일부로 택한 학생들이다.[3] 끝으로 세 번째 부류는 다른 학문을 전공하면서 '자유로운 철학 애호가'로서 철학을 수업 교과목으로 택한 학생들이다. 이 맨 마지막에 언급된 부류는 또 다른 철학 학습의 장과 연관되는데, 그것은 김나지움이다. 김나지움에서 철학을 가르치는 것은 로만 계열 나라들, 북유럽 나라들 그리고 오스트리아에서는 이미 오랜 전통이 되었다.[4] 과거 서독 지역에서는 문화부의 결정에 따라 김나지움 고급반의 개혁의 일환으로 1972년에야 비로소 철학 수업이 (다시) 도입되었다. 그 이후 철학은 개별 주에 따라 저마다 규정은 다르지만 정규 교과목, 아비투어 과목이 되었다. 첫 번째 부류 및 두 번째 부류보다 훨씬 많은 학생들을 상대로 철학을 가르치는 장이 이 네 번째 경우이다. 특히 김나지움의 저학년과 각종 학교에서의 철학 관련 수업이 그렇다. 그 예로서 '윤리'(바이에른주, 라인란드-팔츠주, 헤센주, 바덴-뷔르템베르크주, 자르란트주), '가치와 규범'(니더작센주), '철학'(슐레스비히-홀슈타인주)[5] 등을 들 수 있다. 이 과목들은 '종교'를 택하지 않은 학생들의 경우에는 벌써 5학년부터 선택 필수(Pflichtalternative)이다. 이 네 번째이자 훨씬 더 일반적인 학습의 장인 보편적 '수업 원칙'으로서의 철학은 흔히 융통성 없고 잘 맞지도 않는 교과 분류에 부닥치곤 한다. 1972년의 김나지움 고급반 개혁 이

---

3) 모든 주에서가 아니라 몇몇 주에서만 가능하다.

4) 유럽에서 철학 수업이 이루어지는 상황과 그 역사에 대해서는 Fey(1978) 및 학술지 Zeitschrift für Didaktik der Philosophie(ZDP)에 실린 글들에서 정보를 얻을 수 있다.

5) 내용은 철학 입문에 해당한다.

후에는 모든 교과목 및 과제 영역에서 철학적 물음이 "고려되어야만 한다"고 규정되어 있다. 다른 학문, 예컨대 사회학이나 정치학은 여기에 언급되어 있지 않다. 더 나아가 거의 모든 교과목의 교육 목표에 대한 기술을 보면 이미 저학년에서부터 그리고 학교의 종류를 가릴 것 없이 모든 학교에서 철학 없이는 달성될 수 없거나 직접적으로 철학의 성격을 지닌 요구들이 들어 있음을 알게 된다. 다섯 번째의 학습의 장은 더 넓은 범위의 사람들을 목표로 삼는다. 그것은 성인교육(Erwachsenenbildung)에서의 철학이다. 여기에 속하는 것으로서 평생교육기관(Volkshochschulen)의 교육, 대학이 법적 계약을 맺고 시행하는 비학문적 성인 교육, 몇몇 주에서 노동자와 회사원이 법적 요구권을 갖는 '교육 휴가'를 들 수 있다. 기관화된 교육 체계에 포함되지는 않지만 여섯 번째 학습의 장으로 '대중 매체'가 있다. 라디오 방송, 텔레비젼 방송, 학교 방송, 신문, 잡지 등이 그것이다. 이 학습의 장은 '감춰진 교육자'로서 학생, 청소년, 성인에게 교육적으로 큰 영향을 미친다. 지금까지 언급된 여섯 학습의 장은 결국 일곱 번째 학습의 장, 기관화 되지 않고 또 기관화 될 수도 없는 학습의 장인 '일상생활이라는 학교'와 관계를 맺는다. 누구나 자신의 가정, 교육, 직업과의 개인적이고도 사회적-정치적인 관계로부터 어떤 특정한 철학, 대체로 분명하지 않고 검증되지 않은 '생활 철학'을 받아들이거나 발전시킨다. 이 생활 철학은 다른 학습의 장들을 통해서도 영향을 받으며, 거꾸로 그 학습 기대, 관심, 선입견을 통해 다른 학습의 장들에 영향을 미치기도 한다. 실제적인 모든 이의 철학(Jedermannsphilosophie)에서는 전통적으로 제기되어 온 철학의 보편성 요구와 이 보편성의 가장 날카로운 적용사이의 긴장관계가 표현된다.

철학의 교수법적 실천 역시 성찰적 작업을 필요로 한다는 사실은 이미 위에서 언급한 학습의 장들로부터 도출될 수 있겠지만, 철학 자체의 교육과 매개로부터도 그러하다. 철학의 자기 서술은 특히 현대에 와서 '의미 위기'라는 병을 앓고 있다. 철학은 그 어느 때보다도 더욱 자신이 본래 무엇이고 무엇이어야 하는지를 둘러싸고 의견의 일치를 보지 못하고 있다. 그런 까닭에 전통적이고 학문적인 철학은 실제적이고 체험된 철학의 '의미 위기'에 그저 불만족스럽게만 반응할 수밖에 없다. 즉 부당한 요구를 하는 '삶의 보조'에 지나지 않는다고 방어하거나 (이와 동시에) 자신의 고유한 역사 속으로 도망치고 결국 대학이라는 기관의 학문 체계에 대한 순응하는 것이 바로 그것이다.

해명되어야 할 것으로 아직 남아 있는 것은 철학 교수법이 철학의 사안인지 아니면 교육학의 사안인지 하는 것이다. 철학 교수법은 우선 다른 교과 교수법과 마찬가지로 교육학의 부분 영역으로 파악될 수도 있을 것이다. 즉 어떤 주어진 앎의 내용은 일반적인 교수법 원리에 따라 특정한 학습 목적에 맞춰지고 수업 상의 훈련을 통해 전달된다. 그렇지만 이런 식의 파악은 도대체 철학은 무엇이고 교수법은 무엇인지, 무엇보다도 이 두 가지가 어떤 연관 관계를 맺는가 하는 것은 여전히 논쟁의 와중에 있다는 어려움을 불러일으킨다. 교수법은 가공되어야 할 재료와 상관없이 철학에 외적 도구로서 덧붙여지지 않는다. 어떻게 전달하느냐의 문제는 플라톤에게서 시작된 이래 오랫동안 철학의 문제였다. 철학 교수법은 명백히 교육학의 사안일 뿐만 아니라 철학의 사안이기도 하다. 철학 고유의 전통 및 자신의 전달 역시 문제 삼는 철학의 재귀성(Reflexivität) 뿐만 아니라 '이음줄 철학'(Bindestrich-Philosophie)[6]이라는 분류 원칙도 이 사실을 뒷받침 해준다. 모든 대상 영역과 마찬가지로 철학 교수법 역시 철학적 연구 영역이 될 수 있으며 교육과 연구에 있어서 상응하는 강도를 갖춘다면 철학의 분과 영역이 될 수 있다. 어떤 문제가 철학 교수법에 속하고 또 철학 교수법이 어떤 영역에 속하느냐 하는 것은 철학과 교육학의 학문 협업적(interdisziplinär) 공동 연구를 통해 조직될 수 있을 것이다.

4절__ 정황과 활동

철학자들은 오래 전부터 자신들의 학문 혹은 자신들의 가르침을 둘러싼 전달의 문제를 다루어 왔다. 이 문제는 플라톤으로부터 시작해서 칸트의 『1765-1767 겨울학기 강의 설강에 대한 보고』 및 그 당시 가르베Garve 등의

6) H. Lübbe, Wozu Philosophie? Aspekte einer ärgerlichen Frage, in: Ders., *Wozu Philosophie?*, Berlin/New York 1978, 135쪽 이하.

통속철학(Popularphilosophie)에 대한 반응으로 씌어진 주요 저서들 가운데 교수법과 방법론을 다루는 장들에 이르기까지 계속된다. 그렇지만 철학 교수법이 명백하게 언급되는 것은 19세기 초 프로이센에 김나지움이 설립되는 과정에서의 일이다. 그 시초가 되는 것은 헤겔이 1812년과 1822년에 철학 수업에 대해 쓴 두 편의 감정서와 1816년에 대학 교육에 대해 쓴 감정서이다. 특히 최근의 논의에서는 크게 두 가지 경향이 구별된다. 한편으로는 위대한 사상가들, 텍스트들, 주요 사조들, 근본 문제들, 핵심 개념들, 사유 방식들이라는 고유한 가치를 지닌 교육 대상으로서의 철학은 많든 적든 끊임없이 전통을 천착함으로써 양심의 단련[7], 정체성의 확립[8], 방향 설정[9] 혹은 존재 해명[10]에 기여할 수 있다고 전제한다. 몇몇 논문들, 교과서들 및 최근의 학습 지도안들에는 사유 훈련에 대한 희망이 덧붙여진다. 다른 또 하나의 경향은 문제 중심의 철학 활동, 학생 지향적 철학함을 옹호한다. 어차피 완결되지 않는 혹은 결코 완결될 수 없는 하나의 철학(die Philosophie)이 학생 수준에 맞춰 하향 조정되는 것이 아니라 학생들이 전통적 정황에 대한 대화의 도움을 받아 스스로 철학함(Philosophieren)의 활동을 하도록 자극되어야 한다.[11] 거칠게 요약한 두 가지 경향은 중고등학교에서 뿐만 아니라 —학업 규정이나 교과 과정표에서 볼 수 있듯이— 대학에서도 확인된다.[12] 분명히 각각의 교

---

7) H. Richert, *Die deutsche Bildungsarbeit und die höhere Schule. Ein Buch von deutscher Nationalerziehung*, Tübingen 1920.
   ________, *Weltanschauung, Ein Führer für Suchende*, Leipzig 1922.
   A. Liebert, *Die Philosophie in der Schule*, Berlin 1927.

8) W. D. Rehfus, *Didaktik der Philosophie*, Düsseldorf 1980.

9) Th. Ballauff, Philosophieunterricht in der höheren Schule, in: *Zeitschrift für philosophische Forschung*, 10. Jg., 1956, 411-422쪽.
   W. Oelmüller/R. Dölle (편), *Philosophische Arbeitsbücher*, Paderborn 1977 이후 계속.

10) K. Püllen, *Die Problematik des Philosophieunterrichts an höheren Schulen*, Düsseldorf 1958.
    J. Schmucker-Hartmann, *Grundzüge einer Didaktik*, Bonn 1980.

11) P. Heintel, Fachdidaktik Philosophie, in: ZDP 1/1979, 8-15쪽.
    P. Heintel/Th. Macho, Noch einmal: Konstitutive Philosophiedidaktik, in: ZDP 1/1983, 3-10쪽.
    E. Martens, *Dialogisch-pragmatische Philosophiedidaktik*, Hannover 1979.
    ________, *Einführung in die Didaktik der Philosophie*, Darmstadt 1983.

12) W. Detel/E. Martens/H. Schnädelbach, Grob-Synopse der Studienordnungen und -pläne

수법 개념은 그 근간이 되는 철학, 학습, 교수법의 여러 가지 개념들에 달려 있다. 그렇기 때문에 아래에서 철학과 교수법의 관계가 더 자세하게 해명되어야 할 것이다.

2장
철학과 교수법의 관계

1절__ 불필요하다

철학의 교수법은 불필요하게(überflüssig) 보일 수도 있고, 기껏해야 추후적인(nachträglich) 응용 기술로서 묵인되거나, 해로운(schädlich) 판매 기술로서 거부되기도 한다. 철학의 교수법은 여러 가지 이유로 불필요하게 보일 수 있다. 우선 우리는 모든 교수법을 단순히 '가르치는 기술', 혹은 '가르치는 기술에 대한 이론'으로 이해해서 불필요한 것으로 간주할 수 있을 것이다. 우리는 교사 혹은 교육자로 타고 나야 할 것이다. 왜냐하면 '교육자로서의 천부적 재능' 혹은 '정밀한 감각' 없이는 우리는 가르친다는 것(Lehren)도 배울 수 없을 것이기 때문이다. 이 재능을 둘러싼 논의에서 '교수법적 능력'을 고집하는 것은 확실히 그럴만하다. 그러나 여기에서 타고난 능력이 중요하다는 가정은 의심스럽다. 만일 우리가 '교수법적 능력'을 다른 사람과 관계를 맺고 학습과정이나 인식 과정을 구조화하는 데에 있어서 언어적으로 표현하는 능력으로 이해한다면, 이 능력 역시 일반적이지만 경험상 지금까지 전혀 확인될 수 없었던 성격 특성에 좌우된다고 할 수 있을 것이다. 그렇다면 '훌륭한 교사'는 내향적이기 보다는 외향적이어야 하고, 스스로 안으로 침잠하기 보다는 다른 사람과 세상을 향해야 할 것이다. 그러나 이런 특성들은 매우 불분명하며, 전적으로 주변 환경의 영향에 좌우된다. 교사 양성이라는 문제가 제기되

der Philosophischen Seminare an den Universitäten/Hochschulen der Bundesrepublik, in: ZDP 3/1980, 176-178쪽.

는 시점에 미래의 교사가 될 사람들은 실제로 특정한 '인품'을 지니고, 이 '인품'은 훈련, 경험, 반복, 숙달된 능숙함을 통해 '교사의 인품'으로 발전할 수는 있지만 꼭 그렇게 되는 것은 아니다.

재능을 둘러싼 논의는 두 번째 이유에서 다시 등장하는데 여기서 우리는 철학의 교수법을 불필요한 것으로 보고 거부할 수 있을 것이다. 없거나 부족한 교육적, 교수법적 재능뿐만 아니라 철학적 재능도 가르치고 배워서 만들어지지 않는다는 것이 바로 그것이다. 우리는 타고나 교육자일 뿐만 아니라 타고난 철학자일 것이요, 혹은 그렇지 않을 것이다. 재능을 둘러싼 논의에 따르면 최고의 철학자이자 교육자라 하더라도 자신의 학생이 철학의 능력이 없고 의지도 없을 경우 실패해야 할 것이다. 물론 여기에서 자신의 능력은 암묵리에 전제되어 있다. 이 논의에서 철학에 실천적 능력도 속한다는 것은 옳다. 여기에서 논란의 대상이 되는 것은 첫 번째 논의와 유사하게 배움이나 훈련과 상관없는 타고난 능력을 주장하는 일이다. 도대체 철학(Philosophie)이나 철학함(Philosophieren)이 어느 정도로 가르쳐질 수 있고 배울 수 있는가 하는 물음은 나중에 보다 자세히 다루어질 것이다. 어쨌든 우리는 불필요함을 말하는 두 번째 논의를 재능개념의 불충분함을 지적하는 것만으로도 이미 반박할 수 있을 것이다.

세 번째 논의에 따르면 모든 교수법, 특히 철학의 교수법은 불필요하다. 왜냐하면 철학을 공부하거나 배우는 데에 있어서 문제가 되는 것은 오로지 '사태 자체', 곧 '철학'이기 때문이다. 가르치는 사람이 탁월하게 알고 있고 배우는 사람이 해당 사안에 관심이 있으면 철학이 투명해져서, 그러니까 한편으로는 명료하게 이해되고 다른 한편으로는 아주 매력적이고 흥미롭게 되어 교수법은 이해를 돕는 수단, 동기 부여의 보조 수단에 지나지 않게 된다. 하지만 이 논의는 "본성상 먼저인 것"과 "우리에 대하여 먼저인 것" 사이의 전통적 구별[13], 존재의 질서(**ordo essendi**)와 인식의 질서(**ordo cognoscendi**) 사이의 구별, 혹은 대상으로서의 인식과 과정으로서의 인식 사이의 구별을 무시한다. 우리는 목표에 도달해서 흔히 그 목표에 도달하기까지의 도정(道程,

13) 아리스토텔레스, 『자연학』, A 1.

Weg)과 잘못된 도정(Irrweg)의 노고를 망각한다. 하지만 우리는 철학의 경우에 우리가 (한번이라도) 목표에 도달해 있는지 아니면 (항상) 도중에 있는지 알지 못한다. 또한 가르치는 사람이 당연히 그래야 하는 것처럼 보이듯 목표에 도달해 있는 것도 아니요 어쩌면 올바른 도정에 한번도 있은 적이 없었는지도 모른다. 잘 알고 있고 관심이 있다는 것도 철학을 가르치고 배우는 데에 있어서 필요조건이지 충분조건이 아니다. 교수법적인 전달 방식들이 탁월한 앎과 관심을 대체해서도 안 되고 대체할 수도 없다. 그러나 이런 사실로부터 교수법이 불필요하다는 결론이 도출되지는 않는다.

네 번째이자 마지막 논의에 따르면 철학은 곧 자기 자신의 교수법이다. 다른 학문의 경우에는 성공적으로 작업하자면 과제, 대상, 방법이 미리 해명되어 있어야 하지만 철학은 이 해명을 어떤 다른 심급(審級, Instanz)에 떠맡길 수 없다. 철학은 다른 모든 앎에 대한 앎일 뿐만 아니라 자기 자신에 대한 앎이기도 하다. 실제로 플라톤, 칸트 혹은 헤겔 같은 철학자들은 자기 자신을 반성적으로, 근본적으로 규정함으로써 철학의 목표, 내용, 방법에 대해 깊이 성찰했다. 이렇게 보면 철학은 '항상 벌써' 교수법적 성격을 갖는다. 그렇지만 철학이 유사-초월론적-교수법적 성격을 갖는다는 논의는 기술적(deskriptiv) 위상이 아니라 규범적(normativ) 위상을 지닌다. 당위로부터 존재가 이끌어져 나오지 않는다. 존재로부터 당위를 끌어내는 자연주의적 오류 추리에 빗대어서 말한다면 이것은 규범적 오류 추리가 될 것이다. 철학을 가르치고 배우는 모든 이가 목표, 내용의 선정, 방법의 규정, 구체적인 교육 방식을 충분할 정도로 성찰하는 것은 아니다. 또한 우리는 교수법을 그런 식의 성찰에로 환원시킬 수 없다. 그것은 기껏해야 '교수법-(메타)-이론'에 지나지 않을 것이다.

2절__ 추후적이거나 해롭다

우리는 교수법이 불필요하다는 논의에 대한 비판으로부터 철학과 교수법 사이의 관계에 대한 두 번째 규정을 이끌어낼 수 있는데, 이 규정에 따르면 교수법은 우리가 실제적인 학습 문제를 감안해야 하는 한에서 두 번째 단계에서 철학에 덧붙여질 수 있는 것이다. 교수법은 철학에 대해 그저 '추후적'

일 뿐이라고 한다. 철학의 중요성과 정당성은 철학함의 과정에 앞서서 이미 확고하다. 그저 외적 표현을 위해 약간의 가공이 필요할 따름이라고 한다. 예컨대 학습 심리학, 동기부여 심리학, 수사학, 수업 기술('요령 상자', Trickkiste), 의사소통 훈련, 태도 훈련 같은 것이 그것이다. 교수법적 연역 도식에 따르면 철학을 포함한 각각의 학문이 전문 지식을 제공하고, 일반 교수법이 전달 기술들을 제공하며, 전공 교과 교수법이 앎을 전공 수업에 적용한다. 우리가 교수법을 기술적 내용에로 환원시키지 않고 목표 설정 및 수업 내용의 선정에로 확장시킨다고 할지라도 이 관계 규정에 따르면 추후적인 전달에 머무르게 된다. 철학은 내재적 사태 논리에 따라 확고하며 오로지 추후적으로만 특정한 선정 기준이나 적용 기준의 대상이 된다.

세 번째 관계 규정이 말하듯이 교수법적 요구들은 철학에 있어서도 해로울(schädlich) 수 있다. 요령들은 뭔가 수상쩍을(faul) 수 있다. 예컨대 어떤 것을 단순화 하거나 그 내용을 위조할 수도 있다. 가르치는 사람은 소위 인간에 대한 사랑으로 배우는 사람의 수용 능력과 사고 능력을 고려하고 그의 실세적 관심과 실제저 의식 상태를 철학적으로 중요하고 올바른 것의 규범으로 받아들인다. 이른바 인간에 대한 사랑에서 나온 '교수법적 고려'[14]는 철학은 대부분의 사람에게 너무 어렵고 어쩌면 모든 사람에게 중요한 것도 아니라는 견해와 자주 짝을 이룬다. 기껏해야 우리는 '철학적 예비학', 전철학(Vor-Philosophie)을 제공할 수 있을 뿐이다. 그러나 여기에서의 인간에 대한 사랑은 근본적으로 생각할 때 인간에 대한 경멸일 것이다. 이것은 우리가 자칭 배우는 사람을 위한다면서도 배우는 사람을 진지하게 생각하지 않고 돕지 않는 셈이 된다. 이런 의미에서 교수법은 정말이지 철학에 해롭다. 그러나 다음과 같은 사항들이 해명되어야 할 것이다. 즉 철학이 대부분의 사람들에게 너무 어렵거나 이해되지 않기 때문에 교수법적 요구들이 철학에게 항상 해로운가, 또 이런 식의 주장에서 일상 철학적 선이해에 놓여 있는 배우는 사람의 규범과 전문 철학적(fachphilosophisch) 선이해에 놓여 있는 가르치는 사람의 규범이라는 두 가지 실제적 규범을 아무런 매개 없이 마주 세우고,

14) F. Kambartel, Thesen zur 'didaktischen Rücksichtnahme', in: ZDP 1/1979, 15-17쪽 참조.

대외적 철학(Exoterik)과 대내적 철학(Esoterik)이라는 두 측면을 뒤섞어 말하는 것은 아닌가 하는 것이 그것이다.

교수법이 철학에 대해 해롭고 단순히 외적인 상술이나 고약한 수사술이라는 비난은 플라톤이 기술하는 소크라테스와 소피스테스들 사이에 있었던 논쟁에게까지 거슬러 올라간다. 이와 관련해서 우리의 구체적이고 사회적인 상황과 관계 지어 가장 분명하게 논의한 이는 아도르노Theodor W. Adorno였다.[15)]

3절__ 구성적이다

지금까지 논의된 철학과 교수법의 관계에 대한 세 가지 규정을 요약하면 그 안에 다의적이요, 불분명하고, 심지어 모순적이기도 한 교수법 개념과 철학 개념이 들어 있다는 것을 알 수 있다. 교수법이 불필요하다는 논의에서 교수법은 한편으로는 천부적 재능 혹은 방법을 통해서 대체될 수 없는 타고난 실천적 능력으로 이해된다. 다른 한편으로 교수법은 이론적 앎 혹은 철학이 이미 수행하고 있는 목표, 내용, 방법에 대한 성찰로 이해된다. 실천으로서의 교수법과 이론으로서의 철학이 직접적으로 마주 세워져 있다. 그렇지만 교수법적 능력이 불변의 것으로서 주어지는 것도 아니요 철학이 성찰하는 사람의 활동으로서, 내적인 교수법적 계기로서 실제로 항상 수행되지도 않는다. 교수법적 실천은 철학의 비판을 필요로 하고 변경 가능하고, 교수법적 자기성찰로서의 철학적 자기반성은 실천에서 비로소 수행되어야 한다.

교수법이 철학에 대해서 기껏해야 추후적이라는 두 번째 논의에서 교수법은 방법에로 환원된다. 그러나 목표 및 내용의 선정에 대한 성찰이라는 확장된 교수법 역시 미리 주어지고 내재적인 철학적 목표 설정과 내용의 단순한 적용으로 여겨진다. 방법과 성찰이 실천적 능력과 어떤 관계에 있는가 하는 것은 첫 번째 논의에서와 마찬가지로 해명되지 않은 채로 남아 있다.

교수법이 해롭다는 논의에서도 철학과 교수법 그리고 교수법적 이론 혹은

---

15) Th. W. Adorno, *Negative Dialektik*, Frankfurt/M. 1966, 특히 49쪽 이하, 91쪽; Th. W. Adorno, Tabus über den Lehrerberuf, in: Ders., *Stichworte. Kritische Modelle 2*, Frankfurt/M. 1969.

성찰과 교수법적 실천이 각각 대립된다. 게다가 세 가지 논의는 모두 공통적으로 원형과 모상(模像)의 관계(Urbild-Abbild-Verhältnis)로부터 출발한다. 원형, '사태 자체' 혹은 '진리'로서의 철학은 교수법적 과정에서 모사의 대상이 된다. 이때 모상이 항상 원형의 뒷전에 머물러 있어야 한다는 것은 당연한 일이다. 그렇지만 밑바닥에 놓여 있는 철학 개념은 대상을 성찰하는 데에 있어서 성찰하는 주체에 대한 성찰을 약화시키고 논의의 분석에서 논의하는 자를 고려하지 않는다. 교수법이 단순한 모상 교수법(Abbilddidaktik)이 된다.

성찰하고 논의하는 주체를 통해 철학의 대상 차원 혹은 논의 차원은 성찰과 논의의 구체적 과정에 연결된다. 만일 우리가 교수법을 단순한 방법이나 미리 주어진 앎의 추후적인 적용에로 환원시키지 않고 독단화 하지 않으려 한다면, 이론적이고 실천적인 가르치고 배우는 과정으로서의 성찰과 논의를 우리는 교수법이라고 부를 수 있다. 비슷한 방식으로 미리 주어진 구조들의 완결된 앎으로서의 철학 역시 독단적이다. 왜냐하면 이 철학은 주관적 조건과 생성을 포함하지 않기 때문이다. 철학은 교수법적 과정에서 비로소 규정된다. '철학'과 '교수법'은 상호적인 규정 관계에 서 있고, 이 두 가지는 '철학 교수법'(Philosophiedidaktik)으로서 상호 구성적(konstitutiv)이다. 만일 우리가 철학의 주체 연관을 실제로 수행하고 철학에 추후적으로 혹은 심지어 조작해서 덧붙이지 않는다면, 그렇다면 그때에는 교수법은 철학에 대해 정말이지 불필요할 것이다.

철학의 구성적인 교수법적 계기를 구체적으로 실현하는 일은 이론적 차원과 실천적 차원에서 발생해야 한다. 한편으로 우리는 구성적 철학 교수법을 주장하는 논의를 더욱 정확하게 개진해야 하고, 다른 한편으로 교수법 이론과 교수법 실천의 관계를 만들어낼 수 있어야 한다. 첫째로, 가르치고 배우는 과정으로서의 철학 활동은 철학의 논증적 성격으로부터 근거지어질 수 있다. 일상적이고 개별학문적인 앎과 행위가 독단론적이거나 '실증주의'적인 것과는 달리 철학은 '주어진' 확고한 통찰, 개념 혹은 입장으로부터 출발하는 것이 아니라 궁극적인 앎은 아닐지라도 더 나은 앎에 도달하기 위해 바로 이런 것들을 비판적으로 검토한다. 이 더 나은 앎은 일방적인 설득이 아니라 상호적인 확신, 통찰적인 배움에 근거한다. 이 비판적-논증적 계기, 곧 (유럽) 철학의 근본 규범으로서의 소크라테스적 '근거대기'(Rechenschaftgeben)에 대해서는 철학의 상이한 조류들 가운데에서도 광범위한 동의가 이루어지고 있다.

둘째로 논의들뿐만 아니라 논의하는 사람들 역시 논의 과정에 속한다. 그것은 논의하는 사람들이 자신의 선입관들을 더 자세히 검토할 필요성을 느끼고 이것들을 검토할 준비가 되어 있다고 선언해야 하는 한 그렇다. 논의들을 검토한다는 것은 동시에 처음의 추론에서 뿐만 아니라 철학 활동의 모든 개별 단계에서도 논의하는 사람들을 검토한다는 것을 포함하기 때문에 우리는 주체의 측면을 순전히 철학의 외적 계기로 간주할 수 없다. 운동, 철학하는 주체의 동기화는 본질적으로 철학에 속한다. 그렇기 때문에 학생 연관성 혹은 피교육생 연관성은 고립된 교수법적, 방법적 문제로 다뤄지는 것이 아니라 철학 자체의 규정으로부터 이끌어져 나온다. 근거대기의 첫 번째 규정과 마찬가지로 주체 연관성(Subjektbezogenheit) 역시 공감할 수 있는 것으로 간주될 수 있고 최소한 논증적으로 표현될 수 있다. 왜냐하면 '주어진 것'의 철학 및 형이상학, 존재론, 학문이론 혹은 논리학의 특정 형태 역시 자신의 성찰의 주체 연관을 약화시킬 수는 있어도 송두리째 부인할 수는 없기 때문이다. 물론 주체 연관에 어떤 무게를 부여할 것인지, 또 어떻게 이 주체 연관을 구체적으로 수용해야 하고 또 수용할 수 있는지에 대해서는 여전히 논란이 일고 있다.

구성적이라고 주장하는 논의의 세 번째 근거는 학문의 역사로부터 얻어진다. 최근 들어 누구보다도 특히 쿤Th. S. Kuhn은 인식 과정의 대상들의 내재적 집합체로부터 출발하는 전통적이고 객관주의적인 학문이론에 맞서 인식 대상들의 역사적 성격을 강조한다.[16] 학문이론(Wissenschaftstheorie)은 쿤에게는 동시에 학문의 역사이다. '정상적인'(normal) 단계에서는 모든 분과나 연구 방향은 그 자체로 엄격하게 규정되거나 의식된 것은 아니지만 확고한 '패러다임', 그러니까 연구 집단 안에서 몸에 밴 기본 가정, 방법, 설명 모범 등의 집합체로부터 출발한다. 이 패러다임은 지도적 규범으로서 개별 연구 활

16) Th. S. Kuhn, *Die Struktur wissenschaftlicher Revolutionen*, 1. Aufl., 1967, 2. Aufl., Frankfurt/M. 1976.

동들을 규정하며 무엇이 연구의 대상이고 이 대상에 어떻게 접근해야 하는지에 대해 미리 선을 긋는다. 그러다가 '혁명적인'(revolutionär) 단계에서는 전체 연구 과정을 변혁하는 '패러다임 변경'이 일어난다. 학문은 전체 사회의 한 부분인 학문 공동체의 구체적인 문제 해결 과정으로 파악된다. 이런 학문관은 마르크스주의 철학 및 실용주의 철학의 전통에서도 발견된다. 이 견해에 따르면 다른 학문과 마찬가지로 철학 역시 공동으로 행위하는 주체들의 각각의 구체적 문제 상황에 규범적으로 연관된다. 그렇지만 자신들의 가정들에 대해서 근본적으로 근거를 댄다는 지속적 특징을 지닌다. 그런데 공동의 문제 해결 과정으로서의 철학사가 어느 정도로 구체적인 학습 집단에서도 각각의 공동의 문제 해결 과정으로서 실행되어야 하며 또 실행될 수 있는지는 아직 결론 나지 않았다.

구성을 주장하는 논의는 학문의 역사로서의 학문이론으로부터 철학으로 이행될 뿐만 아니라 네 번째로 철학 자체 안에서 '이성과 역사'의 긴장 관계로도 근거지어진다. 딜타이가 칸트의 무시간적 아프리오리 혹은 철학과 모든 인식의 주체를 역사적 주체로 해석한 이래로 쿤의 역사주의에 앞서 이미 역사주의 문제가 제기되었었다. 이성적이라고 간주되는 것의 개별적 형성뿐만 아니라 이성적이라는 것 자체도 하나의 역사적 과정 안에서 비로소 만들어져야 하고 정당화되어야 한다.[17] 근본적이요 논증적인 근거 대기로서의 철학이라는 전통적 패러다임 역시 더 이상 의심의 여지없이 스스로에 대한 타당성을 요구할 수 없고, 예컨대 중국 철학이나 인도 철학 같이 보다 더 명상적인 철학 활동에 맞서 스스로를 입증해 보여야 한다. '서양적' 사고와 '동양적' 사고가 처음에는 동등한 권리를 갖는 철학의 두 근본 형태로 마주 서 있다. 그런데 우리는(유럽인들?) 이 두 형태를 서로 비교함에 있어서 논증적 수단, 곧 '근거 대기'를 포기하기 어려웠다.

구성을 주장하는 네 가지 근거로부터 다음과 같은 근본적인 교수법적 격률들을 얻을 수 있다.

---

17) H. Schnädelbach, Über historistische Aufklärung, in: *Allgemeine Zeitschrift für Philosophie* 2/1979, 17-36쪽.

— 근거 대기의 특징으로부터 개념들, 입장들, 역사적 자료들 및 텍스트들을 하나의 논의 맥락 안으로 연결하라는 요구가 이끌어져 나온다.
— 주체 연관성으로부터 학생 연관 혹은 피교육자 연관, 철학적으로 논의하는 자의 연관성이 도출되어 나온다.
— 학문사적 논의로부터 철학 역시 역사적으로 형성된 것으로서 전달하고 구체적인 학습의 역사로 실행할 필요성이 생겨난다.
— 끝으로 역사적 문제 상황은 이성의 요구 및 그 개별적 유형들 역시 학습 과정에서 아무런 검토 없이 전제하지 말고 정서적 반발들을 대안적 사유나 철학함의 가능한 표지로서 심각하게 받아들이며 처음부터 '사이비 철학'(Pseudophilosophie)로 내치지 말 것을 요구한다.

구성을 주장하는 논의의 네 근거는 철학의(모든 학문의) 모상 교수법을 불가능하게 만든다. 어떤 미리 주어진 철학이 교수법적으로 다루어져야 하는 것이 아니라 무엇이 철학적으로 중요하고 올바른지가 구체적으로 가르치고 배우는 과정에서 비로소 결정되어야 한다. 이 과정이 어느 정도로 이미 존재하는 철학의 산물들을 지향하고 또 제거해야 하는지, 이 과정이 어느 정도로 기관의 조건, 학습 심리적 조건에 좌우되는지는 더 많은 숙고와 탐구를 필요로 한다. 어쨌거나 구성을 주장하는 논의는 실제적으로 가르치고 배우는 과정의 근본 규범을 제기한다. 무시간적이요 구체적인 주체로부터 떼어내진 철학은 그것 쪽에서 볼 때 무시간적으로 유효하지 않다. 그것은 오히려 소외된 학문으로서 소외된 삶의 관행이나 소외된 사회의 반영이다. 여기에서는 아도르노가 표현하듯이 교사와 교수가 "지식의 상인"으로 나타나고 "정신 역시 그런 합목적성을 통해 교환 가치로 환원된다."[18)]

4절__ 철학을 가르칠 수 있고 배울 수 있다는 것

실제로 가르쳐지고 있는 철학이 가르쳐질 수 없다고 주장하는 데에 있어

---

18) Th. W. Adorno, Tabus über den Lehrerberuf, in: Ders., *Stichworte. Kritische Modelle 2*, Frankfurt/M. 1969, 74쪽

서 종종 '철학'이나 '가르친다는 것'이 무엇으로 이해되는지가 분명치 않다. 이렇게 되면 구체적인 방법 문제에 대해서 어떤 이성적인 것도 제대로 말할 수 없게 된다. 우리는 철학 교수법에 대한 반대를 다섯 가지 관점으로 구별함으로써 이를 둘러싼 원칙적이고 구체적인 문제들을 해결할 수 있다. 대답을 시도하는 데에 있어서 플라톤을 끌어들임으로써 예를 제시하는 기능을 넘어서서 체계적 기능을 갖게 될 것이고 상이한 반대들을 제압하는 데에 도움이 될 것이다.

(1) 흔히 철학 교수법을 개념들, 논의들, 철학사적 사실들(그러니까 누가 무엇을 생각했는지 혹은 더 정확하게 말해서 누가 무엇을 말했는가 하는 것)에 대해 정보를 제공하고 가르치는 것으로 생각하는데, 그것은 우리가 이렇게 하는 것을 좋은 교수법이라고 여겨서가 아니라 이렇게 말고는 달리 할 수 없기 때문이라고 한다. 이와는 반대로 본래적인 철학 활동은 문제를 정확히 아는 전문가들 사이의 대화에서 이루어진다. 따라서 첫 번째 반대는 다음과 같은 것이다. 우리는 철학을 기껏해야 표면적으로만 전달할 수 있으며 차라리 이런 식으로 전달하지 않는 편이 더 낫다. 의심의 여지없이 철학에도 사실적 지식이 있다. 그것은 비단 시험을 치기 위해서 필요할 뿐만 아니라 이미 생각된 것을 인식하고 뒤따라가는 것이 스스로 사유하는 것을 용이하게 하거나 또 그렇게 할 수 있기 때문이다. 강의, 교과서, 철학사, 사전 등등은 필수적인 사실적 지식을 전달하며 교수법적 보조 수단으로 경멸되어서는 안 된다. 물론 철학을 가르치고 배우는 일이 이런 것으로 끝날 수는 없다. 하물며 우리는 철학을 단순한 학설의 집합이나 순전히 개념적 논증적으로 분석하는 일로 볼 수 없을 것이다. 소크라테스는 자신의 제자들을 우선은 프로디코스에게 보내고[19] 스스로도 분석적인 작업을 이해하려고 애쓰지만 그것은 오로지 '변증술'(Dialektik)을 준비하기 위한 것이었다.

(2) 두 번째 반대는 다음과 같다. 일반적인 것을 특수한 것에 적용하는 일, 개념을 개별적 사례에 적용하는 일, 행위의 준칙을 구체적 상황에 적용하거나 그 반대로 하는 것, 개별자에서 보편을 찾아내는 것, 이런 것은 단순한 정

19) 플라톤, 『테아이테토스』, 151b.

보를 통해 전달되거나 나타내지지 않는다. 개념들, 논의들, 행위의 준칙들을 다루자면 판단력이 필요하다. 이 판단력은 오로지 실행, 훈련을 통해서만 얻어질 수 있다. 그러나 이런 사실로 해서 철학을 가르치고 배우는 일이 한계에 부딪히는 것은 아니다. 오히려 이론적으로 가르치고 배우는 일이 실천적으로 가르치고 배우는 것만큼 확장되는 것이다. 플라톤의 『국가』 제7권에 나오는 철학자의 커리큘럼에 의하면 이론적 앎으로부터 실천적 능력에로의 이행은 오랜 세월을 필요로 하며 50살이 되어서야 끝나도록 되어 있다.

(3) 세 번째 반대로서 흔히 듣게 되는 것은 다음과 같다. 인지적 활동의 일환인 판단하기, 이해하기 혹은 통찰하기를 누구나 스스로 배워야만 한다. 이런 것은 다른 사람으로부터 전해 받을 수 있는 것이 아니요, 이런 점은 철학에서 뿐만 아니라 학습 일반에 있어서 그러하다. 그러나 이런 학습심리학적 사실이 철학의 학습(또한 학습 일반)에 대한 반대로서 타당하지 않다. 물론 자기 사유는 어느 누구로부터도 전해 받을 수 없지만 우리는 자기 사유를 하도록 준비시킬 수 있고 자극할 수 있다. 자기 사유가 (1) 정보를 주고받는 것을 불필요하게 만들지도 않고 (2) 훈련을 불필요하게 만드는 것도 아니다. 자기 사유는 우리가 플라톤의 『제7서한』에서 읽을 수 있는 것처럼 완전히 자발적인 행위, 비밀에 가득찬 행위가 아니다. "갑작스러운 통찰"이나 "교육 과정에서 성과를 얻는 순간"[20]은 철학에서도 준비 작업을 필요로 하며 가르치고 배우는 과정에 연계되어 있다.

(4) 네 번째 반대는 다음과 같다. 우리는 누구라도 스스로 및 자기의 전제에 대해서 근본적으로 근거를 대라고 또 그 근거에 상응해서 행위하라고 강요할 수 없다. 실제로 사고와 행위에 있어서의 철학적 실천은 자유로운 결단을 전제로 하고 주체성을 이론적으로나 실천적으로 일반적인 관점에 비추어 지양하려는(aufheben) 철저한 도덕적 긴장을 요구한다. 예컨대 『국가』 제1권에서 소피스트 트라시마코스 —'무모한' 자— 는 우리가 대화편들에서 익숙하게 보아온 다른 소크라테스 대화 상대자들과는 달리 소크라테스의 논박에 대해 극도로 강하게 맞선다. 『라케스』에서 크리티아스 역시 비슷하게 소크라

20) Friedrich Copei의 책 제목대로.

테스의 발가벗김에 대항하고 자기 인식에 저항하려고 시도한다. 철학 활동이 인지적 능력뿐만 아니라 도덕적 혹은 '성격적' 능력을 전제로 한다는 것은 사실이지만 네 번째 반대가 시사하는 것처럼 특별한 '철학적 재능'을 전제하는 것은 결코 아니다.

그런 종류의 인간학적 상수는 의심스럽다는 점을 논외로 하고, 이 상수는 철학 자체를 모든 일상생활에서 동떨어진, 비교적(秘教的, esoterisch) 사안으로 만들어버린다. 그러나 필수적인 '선의'의 이론이나 '진실성'의 이론이 어느 정도로 성공할 수 있는지를 정하기란 실로 어려운 일이다. 실존철학적 요청이 철학함의 근본 조건을 가리키고, 또 이 조건은 이론적 학설을 통해서는 충족될 수 없음을 가리킨다는 것은 옳다. 그럼에도 불구하고 이 근본 조건이 모든 교수법적 영향으로부터 벗어나는 것은 아니다. 실행과 훈련을 통해 가르침의 경우에서와 마찬가지로 여기서 문제가 되는 것은 실천적인 가르침과 배움이다. 여기에 사회심리학적, 집단동학적(gruppendynamisch), 심층심리학적 지식과 능력이 기여할 수 있을 것이다. 물론 취학전의 영향과 대학 교육 이외의 영향이 짧은 훈련 단계보다는 확실히 더 효과적이다. 전체적으로 보아서 네 번째 반대는 철학 교수법 역시 가르치는 사람과 배우는 사람의 실천적 능력을 요구하는데, 이 능력은 물론 '교육적인 천부적 재능'이나 특별한 '철학적 재능'으로 간주되어서는 안 된다는 사실을 분명하게 만든다.

(5) 철학이 가르쳐질 수 없다는 다섯 번째 주장은 절대자의 철학으로부터 나온다. 절대자, 철학의 최고점, '본래적 철학'은 오로지 그 스스로를 통해서만 통찰될 수 있는데, 그 까닭은 절대자는 그 스스로 안에 있기 때문이다. 이 반대는 직관적 통찰이 거론된다는 점에서 세 번째의 것과 닮아 있다. 만일 우리가 '절대자'에 대해서 말할 수 있다면, 비록 그것이 부정의 방법(**via negationis**)일지라도, 우리는 마찬가지로 가르칠 수도 있고 배울 수도 있다. 예컨대 플라톤에게 있어서 '이데아들'의 인식, '좋음의 이데아'에 대한 인식은 오랜 세월에 걸친 실천적 대화 훈련과 이론적 성찰의 문제여서 결코 어떤 방식으로도 전달할 수 없는 것이 아니다.[21)]

---

21) 플라톤의 변증술에 대해서는 다음을 참조. E. Martens, *Sich im Denken orientieren, Philosophische*

3장

학습의 네트워크

1절__ 목표, 내용

여기에 간단히 소개된 구성적 철학교수법 개념에 따르면 공동의 철학 활동의 목표, 내용 및 방법은 오로지 구체적이며 그 우연성에 있어서 결코 철저히 계획 세울 수는 없는 학습 집단들 각각의 계몽 과정에서만 정당화될 수 있다. 이 우연성은 바로 학교나 대학교에서 목표, 내용, 방법에 대한 분명한 개요에 담겨 있다. 연역적 도출은 일반 교수법, 철학, 사회적 요구, 학생과 교사의 실제적 관심 등의 독단적으로 정립된 전제들에서만 얻어질 수 있다. 물론 이 모든 측면들이 고려되어야 한다면 말이다.

『국가』에서의 플라톤의 동굴의 비유에 나타나는 계몽운동은 어떻게 사유의 진척 과정이 '내용'에 따라 구조화되는지를 보여주는 모델을 제공할 수 있을 것이다. 플라톤의 초기대화편들은 취약해진 목표 설정을 새로 근거 짓는 문제를 다룬다. 중기 대화편들, 예컨대 『테아이테토스』는 새로 근거 짓는 데에 요구되는 앎이 어떤 성격의 것인지를 묻는다. 마지막으로 후기 대화편들은 당시의 학문 논의와 논쟁을 벌이는데, 예컨대 『티마이오스』는 '원자 이론'을 대상으로 한다. 또 후기 대화편들은 인간의 정의로운 공동생활을 문제 삼는데, 『국가』와 『법률』이 특히 그렇다. 동굴의 비유에 적용하자면 다음과 같은 네 가지 내용 영역이 얻어진다.

— 혼란 상황 혹은 위기 상황에서의 사유의 전개과정에로의 입문(결박에서 풀려나기 시작함)

— 이론적이고 실천적인 근거 짓기와 정당화로서의 앎(동굴 밖으로의 상승사유에 대한 사유로서의 전환

— 학문적-기술적 생활세계에서의 학문. 학문들 혹은 교과목들의 인식 방

Anfangsschritte mit Kindern, Hannover 1990. 이 책에서 다른 참고 문헌도 알 수 있다.

식과 주도적 관심(동굴에서 나와서 좋음의 이데아를 파악)
— 동아리, 사회, 국가에서의 공동 생활(동굴 안으로 다시 하강, 실천철학, 실천하는 철학)

중심적 '목표'는 우리의 행위를 이끄는 근본 전제들에 대한 '근거 대기'라는 계몽 과정일 것이다. 그렇다고 여기에서 '이론' 철학의 의미가 평가 절하되어서는 안 될 것이다. 검증 가능한 행위 준칙이 실천 철학의 목표이기기는 하지만 이론 철학(인식론 등과 같은) 없이는 규정되지 않는다.

2절_ 방법, 매체

우리가 철학을 계몽 과정으로 이해한다면, 비록 독점은 아니더라도, 목표와 내용에 대한 방법의 우위가 인정된다. 철학 활동의 과정은 항상 어떤 일정한 목표나 내용에 연계되어 있다. 예컨대 대학의 수학 규정이나 교과 과정, 학교의 수업 시간표 같은 것이 그런 것이다. 대학이나 학교에서 미리 정해진 것이 아니라고 할지라도 각각의 학습 집단이나 개인들의 개별적인 학습도 결코 영(제로)에서 시작하는 것이 아니라 학습 장소나 학습 역사의 네트워크에 연결되어 있다. 철학의 전통이나 전문 학술적 논의 수준은 우선은 고등반 II의 학생이나 대학생에게 가급적 덜 소개한다. 반면에 비록 늘 의식되고 성찰되는 것은 아니지만 상이한 영역들(부모, 친구들, 여론 등)의 일상 언어로부터 그리고 개별 수업 과목들(혹은 학문들)의 언어로부터 일정한 견해들을 취한다. 그렇기 때문에 '상기'(想起)로서의 '소크라테스적 방법'이나 개별적인 학습 역사의 가공은 포괄적인 학습 역사에의 연계를 고려해야만 할 것이다.[22] 더 구체적으로 말하자면 (일상 언어상의, 교육 언어상의, 학술 언어상의) 선지식(Vorwissen)에 설명을 가하고, 구조화 시키고, 모순, 누락, 불분명함이 있는지 검토하고(의문 목록이나 문제 목록), 전통 혹은 해당 분과의 집

---

22) 헤크만은 쓸모있는 교수법적 도움을 제시한다. 그렇지만 무시간적이요 내용적으로 미리 형성된 이성이라는 그의 개념은 철학적 통찰의 학습 역사에 맞지 않는다. G. Heckmann, *Das sokratische Gespräch*, Hannover 1981.

단적 지식수준에 연관시키는 일이 바로 그것이다. 그렇다면 소크라테스적 혹은 대화적 방법은 열린 대화(설명), 전문가의 의견 듣기(텍스트들, 보고들, 강의들 등), 배운 것을 출발 당시 자신의 견해에 다시 연관시키기(전문가와의 대화 내용을 깨닫는 것)라는 삼박자(Dreierschritt)로 이루어진다고 하겠다. 테제, 안티테제, 쉰테제의 변증법이라고도 할 수 있을 이 삼박자에서 대외적(exoterisch) 철학과 대내적(esoterisch) 철학 사이의 긴장이 견지 된다.

아마도 우리는 이런 식의 방법 개념에 쉽사리 동의할 수 있을 것이요, 결국 모든 측면이 각각 제 권리를 누리게 된다. 그렇지만 상세히 들여다보면 우리가 '추체험'(Nachvollzug)의 측면을 더 수행해야 하는지 아니면 '자기사유'(Selbstdenken)의 측면을 더 수행해야 하는지의 중요한 문제가 있다. 그러나 만일 우리가 계몽과정으로서의 철학을 심각하게 생각한다면 '자기사유'가 특히 문제가 된다. 철학 전통이나 전문 학술의 요소들과 맥락들에서 얻어진 통찰들은 오직 목적을 위한 수단일 뿐이지 자기목적이 아니다. 모든 이는 스스로 통찰해야 하고 비판적으로 검토해야 한다. 다른 사람의 통찰을 의문 없이 받아들인다는 것은 반성적 학문이라는 일반적인 철학관에 모순 될 뿐만 아니라 자율성과 민주주의라는 사회적-정치적 목표와도 모순된다.

'추체험' 대 '자기사유'를 둘러싼 논쟁은 종종 철학적 혹은 사회적-정치적 차이들과 기관의 난점들(동질적이지 않은 대규모 집단에서 좋은 성적을 내야 한다는 압력을 받으면서 '열린 대화', '동등한 권리의 대화'를 한다는 것)의 표현이다. 뿐만 아니라 이 논쟁은 서로 다른 학습 역사의 표현이기도 한다. 어려서부터 묻기보다는 듣도록 훈련된 사람이나 이와는 대조를 이루는 것으로서 비판적으로 질문하기 보다는 단순히 수다를 떠는 데에 익숙하게 된 사람은 공동으로 묻고 대답하는 과정을 경험하거나 시도할 하등의 기회도 갖지 못한 사람들이다. 그 결과는 다른 이의 말을 듣기만 하고 배우는 자 및 가르치는 자로서 권위적 추체험을 실행할 뿐이든지, 아니면 편협한 자기사유에 빠져서 자신의 관심과 이해만 신뢰하든지 이다. 오로지 제때에 (철학에만 필요한 것이 아닌) 대화적 태도를 익히고 경험한 자만이 나중에 학생 혹은 교사로서 이 두 가지 독백적 왜곡을 줄일 수 있다. 그러므로 예컨대 리프맨 Matthew Lipman이 '어린이 철학 개발 연구소'(Institute for the Advancement of

Philosophy for Children, Upper Montclair/New Jersey)에서 발전시킨 대화적, 문제 지향적 기반 위의 '어린이 철학'이라는 아이디어와 실천은[23] 김나지움 고급반이나 성인교육이라는 다른 학습의 장에서도 계몽과정으로서의 철학의 중요한 전제 조건들이다.[24]

이때 동원된 수업 '매체' 역시 중요한 역할을 한다. 수업 매체가 이 과정을 촉진시킬 수도 있고 지연시킬 수도 있다.[25] 언어적 매체 이외에 시청각 매체도 동원될 수 있는지, 또 동원되어야 하는지는 지금까지 전혀 연구되지 않았다. 의심의 여지없이 우리는 현대적 매체, 특히 텔레비젼의 영향력을 고려해야 할 것이다. 담론적 사고(diskursives Denken)를 기르는 교육에 마주 서 있는 텔레비젼은 오히려 연상적이고 정서적인 표현을 길러준다고 할 것이다.[26]

3절__ 동기부여

동기부여의 문제라고 하면 사람들은 보통 어떤 특정한 학습물에로 관심을 몰아가야 할 학생들만 생각하는 경향이 있다. 이때 동기부여, 교사의 관심은

---

23) 이 주제와 관련된 다음의 특별호들을 보라.
ZDP 1/1984, *Kinderphilosophie*.
ZDP 1/1991, *Philosophieren mit Kindern*.
이 주제에 대한 개괄을 다음의 책이 제공한다. 이 책에 자세한 참고문헌 목록이 실려 있다. E. Martens, *Sich im Denken orientieren. Philosophische Anfangsschritte mit Kindern*, Hannover 1990.

24) 다음을 참조.
A. Kommer/A. K. D. Lorenzen u.a., *Philosophie als Thema in der universitären Erwachsnenbildung* (Didaktische Modelle Nr. 9 des Arbeitskreises universitäre Erwachsenenbildung), Hannover 1981.

25) A. K. D. Lorenzen, Schulbücher für den Philosophieunterricht, in: *Information Philosophie* 5/1983, 32-35쪽 참조 (계속, in: *Information Philosophie* 1/1984, 32-36쪽).

26) 학술지(Teaching Philosophy)는 이 주제의 특집호를 발행한 바 있다. Declining Literacy, Vol. 6, No.2/1983. '그림 같은 언어'(메타퍼)와 '이야기 서술'(W. Schapp, *In Geschichten verstrickt*, Hamburg 1953 참조)이 철학 및 철학 수업에서 '시청각·언어적 매체'에서의 고착과는 달리 무엇을 의미할 수 있는가는 물론 더 자세히 연구되어야 할 것이다. 다음의 책이 문제의 얼개를 보여준다. E. Nordhofen, Armut und Reichtum. Ein Vorschlag zur Spracherweiterung in didaktischer Absicht, in: ZDP 1/1981, 6-13쪽.
다음의 책도 참조하라. E. Martens, *Der Faden der Ariadne, Über kreatives Denken und Handeln*, Stuttgart 1991.

종종 검토되지 않은 전제로 남아 있다. 교사는 스스로를 분명하게 이해하든지 혹은 철학과에서 배우고 체험한 대로 통상 미리 주어진 시간표나 철학의 집행자 역할을 수행한다. 교사는 동기부여를 가다듬는 데에 있어서 자신의 고유한 학습 역사로부터 학생들과 공동으로 가르치고 배우는 역사를 더 잘 인지하고 "교사의 학습 운명이 필연적으로 학생의 학습 운명이 되는"[27] 것을 막을 수 있을 것이다. 물론 교사는 자기를 기만하지 않고는 자신의 학습 역사를 결코 완전히 괄호칠 수 없고 내용을 중성적으로 전달하는 데에 국한시킬 수 없다. 그러나 그는 맹목적인 학습 운명이 의식된 학습 운명이 되게끔 할 수 있다. 철학적 내용들이 항상 교수법적으로 각인 되어 있다는 경험은 상이한 학습 장소와 학습 역사가 갈라지는 지점에서 가장 잘 나타난다. 예컨대 고등학교 학생이 대학생이 되는 경우, 교직 과정 학생이 대학에서 학교나 성인교육 기관으로 옮겨가는 경우 등이 바로 그것이다. 이런 경험은 철학적 언명과 견해의 (논증적) 근거 지움 대신에 비 (인과적) 설명을 끼워넣고 오로지 가르치는 자의 검토되지 않은 전제를 (결코 완전히 종결되지 않지만) 자기해명하는 일에 착수하게 한다. 각각의 학습 역사를 다루는 것은 교사 양성의 한 부분이 되어야 하지만 여기에 필연적인 개방성 때문에 제도적 조건에 있어서는 금방 그 한계를 발견한다. 자신의 고유한, 대부분 암시적(implizit)인 '생철학'을 개념화 하고 교수법적 발생에서 드러내기란 어려운 일일 것이다. 반면에 학문적 철학의 명시적(explizit) 배움은 큰 어려움 없이 재구성될 수 있다. 우리는 그저 세미나 증명서와 자격증만 제출하기만 하면 된다.

물론 우리가 가르치는 이와 배우는 이의 동기부여를 진지하게 받아들인다면 예컨대 철학의 학습 장소인 대학에게 다음과 같이 물어볼 수 있을 것이다. 즉 방법과 내용이 '학문 공동체'(scientific community)의 관심과 목표에 더 부합하는 것은 아닌지, '세계 개념'보다는 오히려 더 철학의 '학교 개념'에 더 부합하는 것은 아닌지가 바로 그것이다. '주관적 요소', 가르치는 이의 탐구관심은 보통 '사태 자체'의 객관성이라는 너울 아래에 감춰진다. 이를 통해서 배우는 이에게는 자신의 '주관적 요소' 뿐만 아니라 '사태 자체'도 거부된다.

---

27) H. v. Hentig, *Die Wiederherstellung der Politik*, Stuttgart/München 1973, 196쪽.

배우는 사람들은 흔히 이중의 분열을 수행해야 한다. 즉 대학생들은 일상이라는 학습 장소가 학교라는 학습 장소로 바뀌면서 일상적으로 수행해온 동기부여를 잊고 '전문가 문화'에 적응해야 한다. 그들은 그런 다음에는 학습 장소 학교에서 학생들의 무관심과 맞닥뜨리게 된다. 우리는 이 이중의 분열을 플라톤의 동굴의 비유에 따라 전적으로 필요한 '상승'과 '하강'의 운동으로 이해할 수 있을 것이다. 어쨌든 두 세계 이론이 아니라 최고도로 흥분되는 공동으로 가르치고 배우는 과정으로 보면 말이다. 이 이중의 분열이 학습 장소로서의 철학과 전부에게 해당되는 것은 아닐 것이다. 그럼에도 불구하고 예컨대 카플란Abraham Kaplan이 1970년대 말에 기술한 분열이 우리의 상황에 있어서도 여전히 광범위하게 들어맞는다. "철학과 학생들은 대단히 훌륭한 철학적 동기를 갖고 그들의 훈련을 시작한다. 지적 호기심을 갖고 임한 그들은 과학의 토대에 대해 의문을 품고, 종교적 물음에 의해 혼란스러워지고, 정치에 대해 고뇌하고, 문학과 예술에 사로잡히게 된다. 이 모든 넌센스가 그들을 기진맥진하게 만든다."[28]

4장
자기사유와 추체험

1절__ 철학 교수법의 역사: 칸트와 헤겔

우리의 행위를 이끄는 근본 전제들에 대해 공동으로 '근거를 댄다'는 목표는 철학의 역사에서 플라톤적 소크라테스에게까지 소급될 수 있다. 철학의 역사는 어느 면에서는 곧 철학 교수법의 역사이기도 하며 사회적-정치적 영향을 받는다.[29] 그런데 이 철학의 역사에서 어떻게 이 계몽이라는 목표가 확

28) A. Kaplan, The Travesty of the Philosophers, in: *Teaching philosophy today*, T. W. Bynum/S. Reisberg (편), Bowling Green(Ohio) 1977.

29) 1800년에서 1979년 사이의 시기에 대해서는 특히 다음을 참조. P. Vogel/I. Stiegler (편),

고한 사유 형태와 행동 형태를 전승하고 확립한다는 다른 목표와 다투게 되는지가 드러난다.

첫 번째 목표에서는 저마다의 방법과 매체로 전달하는 것이 막강한 무게를 얻는다. 왜냐하면 여기에서 이미 우리 앞에 있거나 아니면 이제 막 작업을 해야 하는 앎의 산물은 항상 그 전모를 알 수 있고 공동으로 수행된 앎의 과정의 임시적이요 원칙적으로 수정 가능한 결과에 불과하기 때문이다. 게다가 이 앎의 과정에서 개별자는 철학사라는 콘베이어 벨트 위의 단순한 수단이 아니요 철학사가 거꾸로 자기목적으로서의 개별자를 —물론 고립된 개체로 파악되지 않았을 때— 계몽 혹은 자기인식의 과정에서 촉진한다. 두 번째 목표에서는 이미 형성되고 선별된 내용이 오직 추후적으로만 일어나거나 그 전모를 알 수 없는 '교화'(Indoktrination)의 형태로 일어나는 가공이나 전달에 우선한다. '앎'은 여기에서는 산물과 과정이라는 이중적 성격을 상실한다. 대내적 철학이 대외적 철학을 누르고 승리한다.

『도덕 형이상학 언론』의 첫 번째 '이행' 장에서 칸트는 플라톤적 소크라테스를 모범으로 제시한다. 이런 플라톤적 소크라테스의 전통과 특히 가르베의 '대중철학'(Popularphilosophie)에 대한 비판적 반응으로 칸트는 특히 앎의 산물과 과정을 서로 결합시키려고 시도한다. 칸트는 자신의 '코페르니쿠스적 전회'로 이미 주어진 이데아계의 초월성을 일반 인간의 이성, 물론 무시간적으로 타당하다고 이해되고 아프리오리하게 해석된 인간 이성의 선험적 인식 조건들에로 되돌림으로써 시민으로 하여금 철학적 자기 확신을 갖도록 도와주었다. 시민은 이 개념 안에서 스스로를 사회적 관계의 생산자로 재인식할 수 있었다. 철학적으로 보았을 때 산물로서의 앎은 그 자체로 떨어져 나와 쓸 수 있는 것이 아니라 방법으로서의 앎을 경과해서만 얻어질 수 있었다. 그래서 칸트는 자신의 주저의 말미 '방법론'에 큰 관심을 기울였다. 그는 『순수이성비판』의 끝부분에서 그 당시의 몇몇 대중철학자들에 대한 비판이 분명한 "학적이지 않은 저급한 이성"의 '자연주의적' 방법과 "체계적으로" 작동하는 '과학적' 방법을 구별한다. 칸트가 '과학적' 방법에서 볼프[Wolff]의 '독단

Bibliographisches Handbuch zum Philosophieunterricht, Duisburg 1980.

주의적' 유형과 흄Hume의 '회의주의적' 유형을 거부함으로써 그에게는 "비판적 길만이 남게 되었다."[30] 칸트는 자신의 비판적 방법을 인식 가능성의 조건들의 출발점으로 철학적으로 규정한다. 이 인식 가능성의 대상들이 곧 『순수이성비판』의 주제이다. 뿐만 아니라 그는 이 비판적 방법을 교수법적이요 방법적으로 구체적으로 전개시키는데, 매체 문제까지 포함해서 그렇다. 그의 숙고와 제안은 오늘날까지도 시사하는 바가 많다.

『1765-1766년 겨울 학기 설강에 대한 보고』에서 칸트는 통상적인 강의 방식이 미리 주어진 교과서에 너무 밀착되어 있는 점을 반대한다. 칸트 역시 그 당시에 흔히 그랬듯이 형이상학과 윤리학 강의에서는 바움가르텐Baumgarten의 책을, 논리학 강의에서는 마이어Meier의 책을 각각 교과서로 삼았다. 그러나 수업 매체가 설교하고 수동적으로 받아들이는 방법에로 잘못 이끌어서는 안 된다고 생각했다. "우리가 가르침의 기초로 삼는 철학 책의 저자도 판단의 원형이 아니라 스스로 그 저자에 대해 판단하고 심지어는 그 저자에 반대하는 판단을 내릴 계기로 간주되어야 한다. 스스로 사유하고 추론하는 방법은 학생이 본래 찾아 나선, 그것만으로도 자신에게 도움이 되는 능력이다."[31] 칸트의 교수법적 정언명법은 "네 자신의 이성을 사용하기를 삼행하라"는 자신의 계몽주의 정언명법에 충실하게 "철학을 배워라"가 아니라 "철학하기를 배워라"이다. 오로지 역사적이고 수학적인 학문들만 확실한 경험적 사실, 오류 가능성이 없는 실증(Demonstration)들로부터 출발할 수 있다. 반면에 칸트에 따르면 학문으로서의 철학은 (아직) 존재하지 않는다. 설혹 학문으로서의 철학이 있다손 치더라도(『순수이성비판』 말미에서 강조하듯 칸트가 전적으로 확신하는 것인데) 그것은 오로지 역사적으로만, 그러니까 외적으로만 배워질 수 있을 것이다. 인간 이성 자체로부터 출발하는 우리의 인식과 행위의 최초의 원칙들을 다루는 학문으로서 철학은 철학하는 자 자신에 의해 수행되어야만 한다. 만일 그렇지 않다면 철학하는 자는 미리 주어진 어떤 대상으로부터 출발하는 것이 된다.

---

30) 칸트, 『순수이성비판』, A 856/B 884.

31) 칸트, 『순수이성비판』, A6 이하.

물론 이 단초로부터 어떻게 자율성을 가르치고 타율적으로 전달할 수 있는가 하는 원칙적인 어려움이 생겨난다. 칸트는 스스로 돕는 데에 대한 도움의 일환으로 『1765-1766년 겨울 학기 설강에 대한 보고』에서 학습 단계를 "인간 인식의 자연적 진척"에 따라 정돈할 것을 제안한다. 즉 "경험을 통해 직관적 판단에 도달하고 이 직관적 판단을 통해 개념에 도달함으로써 우선 오성이 길러지고, 그런 다음 이 개념들이 그 근거와 결과에 비추어 하나의 잘 짜여진 전체 안에서 학문들을 매개로 인식된다."[32] 인식은 칸트가 『순수이성비판』에서 펼쳐보이듯 경험에서 생겨나는 것은 아니지만 경험과 함께 시작한다. 자기사유는 경험이 연관된 방법, 귀납적 방법을 통해 자극될 수 있다.

칸트의 자기사유의 교수법은 흔히 헤겔의 추체험의 교수법에 마주 세워진다.[33] 실제로 헤겔은 뉘른베르크 애기디엔 김나지움의 수업을[34] 자신의 『철학적 예비학』에 제시된 철학 체계를 요약하는 것으로 시작했다. 이 『철학적 예비학』은 수업 매체로서 그가 강의의 방법이라는 수단으로 가르쳤던 것이다. 이 교수법적 실천과 그가 1812년 철학 수업에 대한 평가서에서 제시한 세 가지 방법적 원칙들은 칸트와 헤겔을 마주 세우는 것이 어느 정도 옳다는 것을 보여준다. 첫째로 헤겔은 루소Rousseau를 계승하는 당시의 박애적 교육학이나 페스탈로찌Pestalozi와 프뢰벨Fröbel에 반대해서 앎의 과정과 산물 사이의 교환을 거절한다. "현대의 병적 증세, 특히 교육학의 그것에 따르면 철학의 내용에서는 가르침을 받을 수 없다고 하는데 그것은 우리가 철학 없이 배운다는 것과 같다. 이것은 마치 우리가 도시들, 강들, 나라들, 사람들 등을 만나지 않고 여행하고 또 여행해야 한다는 것과 같다."[35] 둘째로 헤겔은 "볼프적 학문들"의 교과서적 앎이 사라진 데에 대한 필연적 귀결이 마치 내용이 없고 '비체계적인 철학'인 것처럼 생각하는 오해에 대항한다. 마지막이자 셋

---

32) 칸트, 『순수이성비판』, A4.

33) 예컨대 다음을 참조. G. Klemm, Geschichte des deutschen Philosophieunterrichts, in: *Beiträge zum Philosophieunterricht in europäischen Ländern*, E. Fey, Münster 1978, 65쪽 이하.

34) 1808년에서 1815년에 이르는 시기

35) G. W. F. Hegel, *Über den Vortrag der Philosophie auf Gymnasien*, Bd. 4, Frankfurt/M. 1970 (Theorie Werkausgabe), 410쪽.

째로 헤겔은 예컨대 피타고라스 정리를 배울 때 그런 것처럼 추체험이 자기 사유를 배제해서는 안 된다고 지적한다.

물론 정밀하게 보았을 때 이 세 가지 모두에 칸트와 원칙적으로 대립되는 점은 없다. 칸트 역시 철학 체계 안의 원리적 앎으로부터 출발한다. 물론 이 것이 그저 습득되는 것이 아니라 철학하는 사람이면 그 어느 누구나 스스로 생각해야 한다. 다른 한편으로 헤겔은 이미 성취된 철학적 앎에의 연결을 칸트보다 더 힘주어 강조한다. "철학 공부는 기본적으로 자기 활동, 곧 학습, 이미 존재하고 형성된 학문의 학습이다. 이 학문은 힘들여 얻어내고 형성해 온 내용물들의 보물 창고이다. 우리 앞에 놓인 이 유산은 각자에 의해 획득되어야, 다시 말해 학습되어야 한다. 교사는 이 유산을 갖고 있으면서 먼저 생각했고, 학생은 따라 생각한다."[36] 그렇기 때문에 헤겔의 경우 구체적인 수업 과정에서 추체험이 더 중시된다. "그는(교사) 몇 단락을 소리 내 읽고 설명하는데, 그 설명은 날카롭고 집요하지만 아주 생생하지는 않다. 학생들은 교사가 읽은 것을 한번 더 받아 써야 한다. 학생들은 교사가 구두로 설명한 것도 문자화해야 한다."[37] 1816년 대학 교수법에 관한 의견[38] 및 1822년 김나지움 철학 수업에 대한 두 번째 의견[39]에서 헤겔이 추체험을 강조하고 있는 것은 당대 교육학에 맞서 균형을 이루려고 하는 것으로 이해될 뿐만 아니라 그 자신의 철학관으로도 받아들여질 것이다. 왜냐하면 헤겔은 칸트가 도덕적이고 실천적인 '세계 개념'의 철학을 지향하는 것과는 달리 사변적 논리 체계를 목표로 삼고 있기 때문이다. 실천 철학의 영역에서 칸트는 계몽의 '통속철학'과 마찬가지로 생활세계적 경험으로부터 시작해서 소크라테스적 방법으로 나아가는 귀납적 방법을 적용할 수 있었다.

36) G. W. F. Hegel, *Über den Vortrag der Philosophie auf Gymnasien*, Bd. 4, Frankfurt/M. 1970 (Theorie Werkausgabe), 412쪽,

37) K. Rosenkranz, *Hegels Leben*, Berlin 1844, 249쪽.

38) G. W. F. Hegel, *Über den Vortrag der Philosophie auf Gymnasien*, Bd. 4, Frankfurt/M. 1970 (Theorie Werkausgabe), 418쪽 이하.

39) G. W. F. Hegel, *Über den Unterricht in der Philosophie auf Gymnasien*, Bd. 11, Frankfurt/M. 1970 (Theorie Werkausgabe), 31쪽 이하.

2절__ 역동적 대화: 문답-텍스트-논의

더 열린 철학 활동이나 더 체계적인 철학 활동을 둘러싼 논쟁은 현대의 방법 논쟁과 매체 논쟁에 이르기까지 계속된다. 이때 칸트와 헤겔은 여전히 항상 대척점으로 제시된다. 물론 더 열린 철학 활동이 비체계적이요 비역사적인 철학 활동을 해야 하는 것은 결코 아니요, 그것은 철학 전통과 체계에 종사하는 작업이 거꾸로 대화적이고 문제 지향적인 논의를 요구하는 것과 마찬가지이다.

대내적 철학과 대외적 철학의 매개, 전문가 철학(Fachmanns-Philosophie)과 모든 이의 철학(Jedermanns-Philosophie)의 매개로서의 철학 '수업'은 이미 주어진 것의 단순한 추체험도 금지할 뿐만 아니라 출발점이 되는 앎의 단순 재생산도 마찬가지로 금지한다. 방법이자 매체로서의 대화는 만일 이미 암시한 대로 세 계기의 통일로서 수행된다면 이 양극단을 피할 수 있다. 첫째로 각자의 고유한 관심과 선판단을 밝히기 위한 수업에서의 열린 문답. 둘째로 텍스트를 듣거나 읽음으로써 다른 대화 상대자를 끌어들이는 것. 셋째로 되묻고, 문제삼고, 출발점의 문제에 연관시킴으로써 대화에 담겨 있는 것을 깨닫는 것.

이 삼박자는 대화적 운동 혹은 보다 확장된 의미로 변증법적 나선 운동으로서 원칙적으로 완결되지 않으며 고정될 수 있는 시작도 없다. 이 운동은 매번 상황에 따라 상이하게 시작한다. 예를 들어서 하나의 텍스트를 듣거나 읽음으로써 고유한 사고가 자극될 수 있고, 관심과 선판단이 비로소 나타나고 열린 문답이 이어질 수도 있으며, 경우에 따라서는 아예 빠질 수도 있다. 물론 우리는 거꾸로 텍스트나 보고를 포기할 수도 있으며, 이런 것을 단순한 정보 전달로 이용하지 대화를 제공하는 것으로 보지 않을 수도 있다. 그때마다의 방법과 매체가 유동적이지만 대화적 삼박자는 구체적인 교수법적 상황에서 정당화를 돕고 구조화를 돕는 역할을 할 수 있다. 이 삼박자는 대화적이요 문제 지향적인 철학 활동, 다시 말해서 대답을 오로지 구체적이요 수행된 문제 제기에 대한 대답으로만 말하거나 찾아나서는 것을 작동시키는 것을 도와주어야 한다. 특히 이 삼박자는 몇몇 가짜 대립을 피하는 것을 도와줄 수 있다. 그 가짜 대립이란 예컨대 텍스트 작업 대(對) 수업에서의 열린 문답, 전체 문헌 대부분 발췌, 추체험 대 자기사유 같은 것이 바로 그것이다. 물론 이 삼박자는 예컨대 수업에서의 자유로운 문답이 그저 '증기 배출'이 되고 말거나 '정서적 장식물' 역할을 하는 것과 같이 단순히 외적 기술로 적용되어서는 안 된다. 거꾸로 문답의 단계와 텍스트 단계 사이의 분열은 텍스트를 읽고 해석하는 일이 공동으로 문제를 발견하고 해결하는 과정에서 전혀 목격되지 않거나 방해된다고 느껴지지 않는 방식으로 회피되어져야 한다.

세 대화 계기는 이제 차례차례 —결코 부동의 순서로가 아니라— 더 자세히 전개될 것이다. (1) 수업에서의 열린 문답은 상이한 여러 동기들을 가질 수 있다. 예컨대 한 학기 초에 계획을 세우는 과정이 있을 수 있다. 여기에서 각각의 참가자 혹은 집단은 제안들을 모으고, 다듬고, 전체 모임에서 토의하고, 다른 정보들(기사, 책)을 참조한다. 새로운 주제 영역이나 수업 시간을 새로 시작할 수 있다. 여기에서 관심이나 선판단이 제거되기도 하고 표현된다. 또 수업 계획을 세우거나 시험을 준비해야 한다는 압박이 모든 것을 질식시키지 않는다면 자발적으로 '철학적 여유'(philosophische Muße) 속에 있을 수 있다. 물론 수업에서의 열린 문답은 모든 참가자의 선의, 자발성, 창의성에 크게 좌우되며, 학교라는 기관에서는 분명한 한계를 발견하게 되고, 유토피아가 아니다. 보다 학생 지향적인 수업 방식에 대한 제안들이 일반 교수법 및 분과 교수법에 이미 나와 있다.[40] 물론 이 제안들은 교사에게 어느 정도 집단동학적 능력을 갖출 것을 요구하며 이는 교사의 훈련에까지 미치는 광범위한 결과를 동반하고 있다.

3절__ 공동사유와 공동수행

극단적인 주관 연관과 객관 연관으로 이해된 자기사유와 추체험 사이의 매개는 '공동사유'(Mitdenken)와 '공동수행'(Mitvollzug)이라는 범주로 기술될

---

40) P. Heintel, Thesen zum Problem der Motivation, in: ZDP 2/1980, 69-76쪽.
W. Karb, Der 'schülerorientierte' Unterricht, in: ZDP 2/1980, 76-80쪽.

수 있다. 우리는 전적인 자발성이나 창조성으로서의 자기사유를 학습 심리적-초월철학적 근거에서 뿐만 아니라(사유는 '항상' 자기사유이다. 따라서 자기사유는 중요하지 않은 요구이다) 시대 경제적 근거(이미 앞에 있는 숙고와 성과에 비추어 불필요한 오류와 우회를 절약) 및 재능의 근거에서도(모든 이가 '위대한 사상가'와 동일한 사유 능력을 지니고 있는 것은 아니다) 제한할 수밖에 없다. 그러나 결정적인 근거는 우리가 우리의 언어와 사유에서 항상 그 안에서 움직여 온 대화 전통이다. 아무도 제로에서 시작하는 것이 아니라 역사적으로 각인된 특정한 사유방식과 언어방식을 배운다.

앞에서 언급한 근거들로 해서 구성을 주장하는 논의는 주관의 측면으로부터 이제 오히려 객관의 측면으로 바뀐 것 같고 다시금 모상교수법에 가까워진 것으로 보인다. 철학 및 모든 사유 과정이 주관에 연관되어 있음에도 불구하고 객관적인 것의 계기가 우세한 것으로 보인다. 그럼에도 불구하고 매개과정에서 주관의 측면에 더 강한 액센트를 찍는 것이 필요하다. 말하자면 참여자의 동기에 대한 관여, 인도되지만 가능한 한 자립적인 사유과정, 혹은 비판적 대결이나 검증적인 대화라는 의미에서 이해되는 측면을 말한다. 이에 대해서는 인식론적, 학습심리학적, 교육학적 근거뿐 아니라 도덕적-실천적 근거도 있다. 우리가 모든 사람은 —칸트적 공식에 따라— 단지 수단일 뿐 아니라 자기 목적, 인격이어야 한다는 데에서 출발한다면 모든 이는 이성적인 자기규정의 능력이 있어야 하며 그렇게 되도록 고무되어야 한다. 우리가 '과감히 알려고 하라!'(sapere aude)라는 것을 자기 자신을 오해하는 계몽의 의미에서 총체적으로 자율적인 자기사유의 과도한 요구에서가 아니라, '스스로 자신의 지성을 사용할 용기'로 이해한다면, 우리는 가능한 한 자기사유와 추후수행의 구체적이고 실천적인 매개 속에서 주관적 측면을 강화하도록 노력해야 한다. 이것은 특히 '성숙함으로의 교육'(아도르노)이라는 사회적-정치적 요구이기도 하다.

4절__ '여유'와 기관

플라톤의 『테아이테토스』에 나오는 철학자들의 자유로운 '여유'와는 달리[41] 김나지움과 대학의 철학 수업은 여러 가지 강박 아래에 있다. 즉 학생들이 자발적으로 자유로운 대화를 나누는 것이 (동아리 모임이 아니고서는) 허용되지 않는다. 장소와 시간이 밝혀져야 하고, 시간표는 주제를 다소간 강하게 규정한다. 수업에서는 점검할 수 있는 지식이 가르쳐지고 배워진다. 많은 학생들의 다양한 의견들은 공동의 진리 찾기에서 어렵사리 해명될 뿐이다. 교사와 학생의 역할 차이는 교사가 정보와 성찰에 있어서 앞서 있다는 점에서 필연적으로 귀결되는 정도보다 더 강하다. 교사는 철학과라는 학습 장소에서 양성되었기에 광범위하게 모상교수법이라는 관행으로 각인되어 있다.

문제의 장소와 학습 장소의 분리, 자기사유와 추체험 사이의 분리는 교육학(교수법도 마찬가지)의 과학주의적 지식 모델을 통해서도 함께 한정되어 있다. 브레친카Brezinka가 자신의 프로그램적 제목의 책, 『교육학에서 교육과학으로』(1971)에서 (근대) 학문 모델의 승리로 평가한 이러한 전향은 많은 희생으로 얻은 유명무실한 승리를 일컫는 말인 '피루스의 승리'(Pyrrhussieg)와 다르지 않다. 정확하고 점검 가능한 지식의 승리는 일상적 행위의 합리성의 상실이라는 비싼 대가를 치르고 얻어졌다. 일상생활의 지식과 일상생활의 행위는 부정확하고 계산될 수 없는 것으로, 심지어 비이성적인 것으로 간주된다. 교육학과 교수법의 과학주의적 지식 모델은 특히 교사들의 양성 관행과 그들의 수업 관행에 큰 영향을 미쳤다. 단순한 수업 행위의 기술 이론을 극복하려는 목적의 교육과학은 교육적 실천(동시에 모든 실천)의 '시저분함'(Schmuddeligkeit)을 거부한다. 이 끈적끈적한 지저분함이란 어떤 일관된 규칙, 계획 도식, 논의 모범 사례도 갖고 있지 않으며, 구체적인 교수법적 상황에서 늘 상상력, 판단력, 행위자의 정서적 참여를 요구하는 것들이다.

■ 인용된 문헌

약어(Abkürzung): ZDP = *Zeitschrift für Didaktik der Philosophie*, Hannover 1979 ff.

Adorno, Th. W. 1966, *Negative Dialektik*, Frankfurt/M.

41) 플라톤, 『테아이테토스』, 172c 이하.

____________. 1969, Tabus über den Lehrerberuf, in: Ders., *Stichworte. Kritische Modelle 2*, Frankfurt/M.

Aristoteles 1967, *Physikvorlesung*, H, Wager (독역), Darmstadt.

Ballauff, Th. 1956, Philosophieunterricht in der höherten Schule, in: *Zeitschrift für Philophische Forschung*, 10, Jg.

Detel, W./Martens, E./Schnädelbach, H. 1980, Grob-Synopse der Studienordnungen und -pläne der Philosophischen Seminare an den Universitäten, Hochschulen der Bundesrepublik, in: ZDP 3/1980.

Fey, E. 1978, *Beiträge zum Philosophieunterricht in europäischen Ländern*, Münster.

Heckmann, G. 1981, *Das sokratische Gespräch*, Hannover.

Hegel, G. W. F. 1970, *Über den Vortrag der Philosophie auf Gymnasien*, Bd. 4, Frankfurt/M.

____________. 1970, *Über den Vortrag der Philosophie auf Universitäten*, Bd. 4, Frankfurt/M.

____________. 1970, *Über den Unterricht in der Philosophie auf Gymnasien*, Bd. 11, Frankfurt/M.

Heintel, P. 1978, *Modellbildung in der Fachdidaktik. Eine Philosophisch-Wissenschaftstheoretische Untersuchung*, Klagenfurt.

_________. 1979, Fachdidaktik Philosophie, in: ZDP 2/1980.

_________. 1980, Thesen zum Problem der Motivation, in: ZDP 1/1979.

_________ /Macho, Th. 1983, Noch einmal: Konstitutive Philosophiedidaktik, in: ZDP 1/1983.

Hentig, H. v. 1973, *Die Wiederherstellung der Politik*, Stuttgart/München.

Kambartel, F. 1979, Thesen zur "didaktischen Rücksichtname", in: ZDP 1/1979.

Kant, I. 1983, Studienausgabe, 6 Bde., W. Weischedel (편), Darmstadt.

Kaplan, A. 1977, The Travesty of the Philosophers, in: *Teaching philosophy today*, T. W. Bynum/S. Reisberg (편), Bowling Green(Ohio).

Karb, W. 1980, Der "schülerorientierte" Unterricht, in: ZDP 2/1980.

Klemm, G. 1978, Geschischte des deutschen Philosophieunterricht, in: *Beiträge zum Philosophieunterricht in europäischen Ländern*, E. Fey, Münster.

Kommer, A./Lorenzen, A. k. D. u.a. 1981, *Philosophie als Thema in der universitären Erwachsenenbildung*, Hannover.

Kuhn, Th. S. 1976, *Die Struktur wissenschaftlicher Revolutionen*, 2. Aufl., Frankurt/M.

Liebert, A. 1927, *Die Philosophie in der Schule*, Berlin.

Lorenzen, A. K. D. 1983, Schulbücher für den Philosophieunterttlicht, in:

Infromation Philosophie 5/1083.

Lübbe, H, 1978, Wozu Philosophie? Aspeke einer ärgerlichen Frage, in: Ders. *Wozu Philosophie?*, Berlin/New York.

Martens, E, 1979, *Dialogisch-pragmatische Philosophiedidaktik*, Hannover.

________, 1983, *Einführung in die Didaktik der Philosophie?*, Wien.

________, 1990, *Sich im Denken orientieren, Philosophische Anfangsschritte mit Kindern*, Hannover.

________, 1991, *Der Faden der Ariadne. Über kreatives Denken und Haldeln*, Stuttgart.

Nordhofen, E. 1981, Armut und Reichtum. Ein Vorschlag zur Spracherweiterung in didaktischer Absicht, in: ZDP 1/1981.

Oelmüller, W./Dölle, R. (편) 1077 ff., *Philosophische Arbeitsbücher*, Paberborn.

Platon 1957, *Sämtliche Werke*, F. Schleirmacher (독역), Reinbek bel Hamburg.

Püllen, K. 1958, *Die Problematik des Philosophieunterrichts an höheren Schulen*, Düsseldorf.

Rehfus, W. D. 1980, *Didaktik der Philosophie*, Düsseldorf.

__________. 1986, *Der Philosophieunterricht. Kritik der Kommunikationsdidaktik und unterrichtspraktischer Leifaden*, Stuttgart-Bad Cannstatt.

__________ /Becker, H. (편) 1986, *Handbuch des Philosophieunterrichts*, Düsseldorf.

Richert, H, 1920, *Die deutsche Bildungsarbeit und die höhere Schule. Ein Buch von deutscher Nationalerziehung*, Tübingen.

________, 1922, *Weltanschaunung. Ein Fuhrer für Suchende*, Leipzig.

Rosenkranz, K. 1844, *Hegels Leben*, Berlin.

Schapp, W. 1953, *In Geschichten verstrickt*, Hamburg.

Schmucker-Hartmann, J. 1980, *Grundzüge einer Didaktik*, Bonn.

Schnädelbach, H. 1979, Über historistische Aufkärung, in: *Allgemeine Zeitschrift Für philosophie* 2/1979.

____________. 1981, Morbus hermemeuticus-Thesen zu einer philosophischen Krankheit, in: ZDP 1/1981.

Schulz, W. 1980, *Unterrichtsplanung*, München etc.

Vogel, P./Stiegler, I. (편) 1980, *Bibliographisches Handbuch zum Philosophieunterricht*, Duisburg.

8부 _ 철학을 가르치고 연구하는 기관들

- T. 마코

들어가는 말

사상가들의 조직화는 그들의 사상의 조직화와 일정한 연관 관계를 갖는다. 이 연관 관계는 사소한 것이 아니요 단지 역사적 의미만 지니는 것도 아니다. 어떤 철학적인 이론 확립이 꼭 필요한지 아니면 그렇지 않은지를 묻는 것은 항상 그 철학적 사상의 실제적인 조직화 가능성을 묻는 것이기도 하다. 그렇기 때문에 철학의 자기 비판이 현대에 얼마나 활발한가 하는 것이 철학에서 새로운 조직 형태에 대한 요청이 얼마나 큰가를 연상시킨다는 것은 정말이지 우연이 아니다. '실천철학의 복권'(Rehabilitierung der ptaktischen Philosophie), 철학을 '일상생활의 학문'(Alltagswissenschaft) 혹은 학제적(interdisziplinär) 학문이론(Wissenschaftstheorie)으로 규정하는 것, 철학 교수법(Didaktik der Philosophie)의 발달 등은 적어도 철학의 현재 기관 형태를 변경하고자 한다

는 점에서 공통된다.[1)]

세상과 거리를 두면서 세계를 파악하고자 시도하는 고독한 사상가의 상(像)이 설득력 없는 것이 아니고, 또 여전히 널리 퍼져 있는 것이 사실이다. 이 상은 때때로 '정신 나간 교수'(zerstreuter Professor), 자신의 사유에만 몰두하느라 세상 일에 어두운 교수라는 우스꽝스러운 모습을 연상시킨다. 그러나 철학적 사유 문화에 대한 역사적 서술은 이런 상이 하나의 이상화 혹은 희화화(戱畵化)에 지나지 않으며, 이 이상화 혹은 희화화는 철학하는 사람들의 조직이 발달해 왔다는 역사적 사실을 도외시 하려는 것이라는 사실로부터 출발하지 않을 수 없다. 이 대립은 벌써 자연철학자이자 천체 관측가인 탈레스가 우물에 빠졌다는 전설과 결합된다. 트라키아 출신의 하녀는 탈레스를 이렇게 조롱한다 "하늘에 있는 것을 알려고 애쓰면서 바로 발밑에 무엇이 있는지도 모른다."[2)] 아리스토텔레스는 이 일화에 천체 관측의 '멀리 바라본다는 것'(weiter Blick)이 갖는 실제적인 장점을 말하는 이야기를 덧붙인다. 즉 탈레스는 "천문학의 도움으로 그 해 올리브 농사가 풍작이라는 것을 미리 알아서 겨울철에 적은 돈으로 밀레토스와 키오스에서 올리브 열매로 기름 짜는 틀을 대거 빌려 놓았다. 때가 되어서 올리브 기름 착유틀이 많이 필요하게 되었다. 탈레스는 자신이 빌려 놓은 착유틀을 다시 비싸게 세 놓아서 큰 돈을 벌었다. 이 이야기는 철학자가 원하기면 하면 부자 되기가 얼마나 쉬운지를 잘 보여준다."[3)] 이 두 일화는 '자신의 사유에만 몰두하느라 세상 일에 어두운 철학자'와 '멀리 바라보는 철학자' 사이의 대립이 쉽사리 첨예해질 수 있다는 것을 보여준다. 그러나 겉으로 보기와는 다른 경우가 많이 있다. 즉 개인적으로 어색하고 서투르다는 것이 탁월하게 조직적 성취를 이뤄내는 능력과 반드시 모순을 일으키는 것은 아니다.

아닌 게 아니라 플라톤과 아리스토텔레스는 각각 학교를 설립했고 정치적 영향력을 행사했다. 역사적으로 볼 수 있는 한 철학은 그 시초부터 스스로

1) 이하에서는 '기관'(Institution)과 '조직'(Organisation) 사이의 차이가 중요하지 않다고 보아 이 두 가지를 구별하지 않기로 한다. 이 둘 사이의 차이를 다루려면 더 많은 지면이 필요할 것이다.

2) 플라톤, 『테아이테토스』, 174a.

3) 아리스토텔레스, 『정치학』, 1258a 9-16.

조직화하려는 시도와 연관되어 있었다.

아래에서는 철학 기관의 역사와 그 본질적 형태를 소개하고 조직화된 철학의 현대적 형태를 짤막하게 특징지을 것이다. 따라서 철학적 사고가 제도화될 수 있는지를 둘러싼 모든 논쟁에서 전제되어야 할 내용들이 우선적으로 제공될 것이다. 이런 방식은 철학 기관의 역사가 이제껏 씌어진 적이 없다는 점에서 정당화될 수 있을 것이다. 사변적이고 일반적인 것에 관심을 두는 철학자일지라도자신의 경험적 규약을 기억할 필요가 있을 것이다. 그렇게 함으로써 결정적인 물음, 곧 이론가들의 조직화와 이론 내적 연관 관계에 대한 물음, 사상가들의 조직화와 사상의 조직화 사이의 내적 연관 관계에 대한 물음에 비로소 그 기초가 마련될 것이다. 이 물음이 아래의 절들에서 역사적으로 재구성 되지만 그 대답은 아직 주어지지 않는다.

1장
비교적 결사체

초기 그리스 철학은 아직 신화와 실증적 학문 사이의 엄격한 구별을 허용하지 않는다. 경험과 형이상학, 비교적(秘教的, esoterisch) 사변과 수학이 빈틈없이 잘 결합된다. 피타고라스학파의 이론들이 기하학적 정리들뿐만 아니라 오르페우스 종교의 세계 발생론 및 혼의 윤회설, 수 신비주의(數神秘主義, Zahlenmystik) 등과도 결합되는 것은 바로 그런 까닭이다.

사모스(Samos)의 피타고라스는 기원전 540년에서 530년 사이의 여행 끝에 남부 이탈리아의 크로톤(Kroton)에 자신의 유명한 학교를 세운다. 피타고라스의 학교는 종교 공동체와 유사했다. 남녀 구성원들은 여러 등급으로 구별되었다. 등급에 따라 다른 엄격성이 적용되는 공동체 규칙 때문에 이학교의 영향력은 넓은 영역으로(특히 남부 이탈리아와 시칠리아로) 확장될 수 있었다. 나중의 전설들은 피타고라스학파를 주로 비교적 비밀을 갖는 금욕적 결사체로 묘사한다. 공동 재산제나 채식을 통한 절제가 그 특징들 가운데 하나다. 피타고라스학파 사람들은 자신들의 의식(儀式)을 그 당시의 비교 의식, 특히 아폴론 숭배에 동화시켰고, 전체적으로 보아서 윤리적 삶의 영위에 일차적인 관심을 부여했다.4)

이런 윤리적 경향은 화성학, 의술, 체육 등과 같은 다양한 테크네(techne, Kunst) 및 자연과학적 탐구에 종사하는 것과 결합한다. 더 나아가 도덕적 이상은 정치적 활동으로 이어진다. 피타고라스학파 사람들이 전제 정치 뿐만 아니라 민주주의에도 반대하는 도리아 귀족층의 정치 이론에 따랐을 것이 거의 확실하다. 피타고라스학파 사람들의 정치적 활동은 대단한 영향력을 발휘했을 뿐만 아니라 (남부 이탈리아의 몇몇 폴리스는 일시적으로 거의 전적으로 지배되었다) 그에 상응하는 뚜렷한 저항을 불러일으키기도 했다. 결국 이 결사체는 다양한 정치적 갈등과 마찰 끝에 기원전 3세기 전반 공격을 받고 쇠망했다.

이렇게 볼 때 피타고라스학파는 기본적으로 정치적 비밀 결사의 면모와 종교적, 비교적, 신비주의적 조직의 면모를 지니고 있다. 정치적 특징은 윤리적 경향이 표현한다고 할 수 있겠고, 종교적 특징으로는 —귀족 모임으로서는 매우 이례적인— 설립자의 신격화를 들어야 할 것이다. 우리는 정치적 결사체와 종교적, 비교적인 비밀 결사체의 결합이라는 이 전통을 '플라톤 아카데미아'에서 다시 만나게 된다.

2장
소피스테스들

엘리트주의적인 피타고라스 철학 학교의 영향은 대단했다. 피타고라스의 학교가 세워지고 그 영향력이 확산될 즈음에 페르시아 사람들을 피해 달아난

---

4) E. Zeller, *Grundriß der Geschichte der griechischen Philosophie*, 6판, Leipzig 1901, 42쪽 이하 참조.

크세노파네스Xenophanes는 엘레아(Elea)에 자신의 학교를 열었다. 나중에 플라톤의 아카데미아(Akademia), 아리스토텔레스의 리케이온(Lykeion), 에피쿠로스의 학교 등은 모두 이 철학 조직화의 최초 모델에 초점을 맞추었다.

반면에 철학 교육 과정에 있어서 사회적 조직화에 훨씬 큰 영향을 미친 것은 기원전 5세기 후반의 소피스테스(sophistes)들이었다. 이들의 활동은 일차적으로 플라톤의 대화편들과 같은 간접 증언들에 담겨 있다. 그래서 소피스테스들은 오랫동안 비판적 관점에서만 고찰되었다. 19세기에 이르러서야 비로소 소피스테스들에 대한 부분적인 복권이 이루어지게 되었다.

소피스테스들이 철학 및 학문의 역사에서 단지 경미한 기여를 했을 뿐이라고도 할 수 있을 것이다. 그렇지만 그들은 최초의 교육자들이었다. 프로타고라스Protagoras는 자신의 테크네를 '사람을 교육하는 것'으로 규정한다.[5] 그들은 기관(Institution)이라는 의미의 학교를 세우지는 않았지만 우리가 '집단적 수업'이라고 부를 수 있을 방법을 택했다. 즉 그들은 가능한 한 폭넓은 앎을 전달해 줄 것을 기대하는 젊은이들을 불러 모았다. 그들의 교육 활동은 보수를 받고 행해졌다. 다시 말해 소피스테스들은 보수를 받는 수업이라는 제도를 창안해 낸 것이다. 그런 까닭에 그들 앞에 고객이 서 있는 것이 아니라 그들이 먼저 자신들의 대중, 자신들의 학생을 구하고 소피스테스의 교육 활동을 받도록 설득해야 했다.

제공된 것은 수사술적인 표현 기법, 공개 연설 등이었다. 올림픽 경기로 인해 국제적인 관중이 모이는 올림피아(Olympia)에서도 그들의 교육 활동이 이루어졌다. 많은 연설들은 돈을 지불할 수 있는 사람들로 제한된 소수의 선별된 사람들 앞에서 행해졌다. 말하자면 값싼 그러나 효과가 있는 연설들과 학문적인 주제를 다루는 비싼 방법적 강의가 모두 제공되었다.

소피스테스들 수업의 최고 목표는 정치적 교육, 그러니까 성숙한 시민의 양성이었다. 이 프로그램은 기원전 6세기 참주정치의 위기 이후에 나타난 관심, 곧 정치적 활동에 대한 관심, 관직에 나아가는 데에 대한 관심에 상응하는 것이었다.

---

5) H. I. Marrou, *Geschichte der Erziehung im klassischen Altertum*, München 1977, 110쪽.

물론 소피스테스들이 이룬 가장 현저한 공헌은 그들이 교육 활동을 통해 성취하고자 했던 정치적 영향력에 있는 것이 아니다. 프리드리히 텐브룩Friedrich Tenbruck은 (역사상 최초로 성공한) 전문적 지성의 확립이 갖는 가치를 강조한다. 소피스테스들이 등장하기까지 모든 철학 및 학문은 비밀스러운 앎(Geheimwissen), 특별한 앎(Sonderwissen)이라는 형태를 띠고 있었다. 이 앎은 스승과 제자, 거장과 초심자 사이의 특별한 관계 속에서 매개되고 전승된다.

비로소 소피스테스들이 바로 이 원칙을 깨고 학문적 대중이라는 일정한 형태를 확립시켰다. 한편으로 이오니아의 자연철학자들, 피타고라스학파 사람들, 엘레아학파 사람들에 의해 철학과 학문의 발달을 위한 '내용적 전제 조건들'이 형성된 반면, 소피스테스들은 공개성과 논쟁을 통해 내용적 논의를 가능케 하고 앎과 진리에의 접근을 가능케 함으로써 '사회적 전제 조건들'을 확립했다.[6]

3장
플라톤 아카데미아

반면에 플라톤의 아카데미아(Akademia)는 정치가 플라톤이 겪어야 했던 실망과 위기의 산물이었다. 그는 『제7서한』에서 다음과 같이 고백한다. "한때 내가 젊었을 때, 다른 사람들과 마찬가지로, 내가 스스로의 주인이 되는 날부터 정치에 종사할 생각을 가졌었소."[7] 이상적인 정치적 삶에 대한 그의 관심은 30인 참주(기원전 404-403)를 통해 예전의 권력을 회복하고자 했던 귀족정이 패배하고 그 결과 외당숙인 크리티아스Kritias와 외삼촌인 카르미데

6) F. H. Tenbruck, Zur Soziologie der Sophistik, in: *Neue Hefte für Philosophie 10: Moderne Sophistik*, Göttigen 1976, 51-77쪽 참조, 여기에서는 71쪽.

7) 플라톤, 『제7서한』, 324c.

스Charmides와 같은 잠재적 후원자들이 사라짐으로써 약화된다. 아테네에 민주정이 회복된 이후에 귀족 가문 출신이자 귀족정을 옹호하는 플라톤 같은 사람은 더 이상 의미있는 역할을 수행할 수 없게 된다. 그래서 그는 기원전 398년 정치적 효과가 더 잘 실현될 수 있는 곳으로 보이는 시라쿠사이(Syrakousai)로 건너간다. 결국 그는 거기에서 수 천 명으로 이루어진 데모스(demos)가 아니라 단 한 사람, 그러니까 시라쿠사이의 강력한 참주 디오니시오스 1세Dionysios I로 하여금 생각을 바꾸게 만들어야 했다. 그러나 이런 기도는 실패로 끝나고 만다. 플라톤은 거의 생명을 잃을 뻔하기도 했다. 즉 참주 디오니시오스 1세는 한 사람의 자문관이나 스승이 아니라 아첨꾼을 원했던 것이다.

플라톤은 시칠리아에서 돌아와 기원전 387년 아카데미아를 열었다. 말하자면 그는 유감을 지닌 채 현실 정치 세계를 떠나 이론과 유토피아에 몰두하게 된 것이다. 물론 이런 뒷걸음질은 완전한 것이 아니었다. 그는 두 차례나 더 시칠리아를 방문했고(기원전 367년과 361년), 다른 한편으로는 아카데미아를 '철학 학교'일 뿐만 아니라 국가의 자문관이나 입법가를 양성하는 곳으로도 조직화 했다. 플루타르코스Plutarchos는 플라톤의 아카데미아에서 양성된 정치가의 목록을 소개한다. 시라쿠사이의 디온Dion, 트라키아의 해방자인 피톤Python과 헤라클레이데스Herakleides, 아테네의 위대한 장군들인 카브리아스Chabrias와 포키온Phokion, 아르카디아의 메가로폴리스의 입법가인 아리스토니모스Aristonymos, 엘레아의 포르미온Phormion, 피라의 메네데모스Menedemos, 크니도스의 에우독소스Eudoxos, 알렉산드로스의 자문관인 크세노크라테스Xenokrates 등이 바로 그들이다. 아카데미아는 "일종의 정치적 활동가의 공동체이기도 했다. 어느 특정한 시기의 서로 조율된 활동에서 일정한 역할을 수행할 수 있었으며, 실제로 역사적으로 강력한 역할을 하기도 했는데, 이를테면 기원전 357년 디온이 시라쿠사이로 귀환하는 일이 그런 예이다."[8)]

법률적 관점에서 보자면 아카데미아는 피타고라스학파의 학교와 비슷하게 종교적 결사체였다. 아카데미아는 무사(Mousa) 여신들을 숭배하였고 플라톤

---

8) H. I. Marrou, *Geschichte der Erziehung im klassischen Altertum*, München 1977, 135쪽.

이 죽은 뒤에는 영웅화된 스승을 숭배하기도 했다. 이런 숭배 의식은 아카데모스Akademos를 기리는 성역에서 특히 축제나 엄격하게 규정된 희생 제의에서 치러졌다. 이 의식은 아마도 이른바 플라톤의 '문자화되지 않은 이론'(Ungeschriebene Lehre)의 비교적(秘教的) 요소들에 상응하는 것으로 추정된다. 이 플라톤의 '문자화되지 않은 이론'은 현대에 이르기까지 연구에 있어서의 사변적인 관심을 불러일으켜 왔다.

플라톤 비교이론(秘教理論, esoterische Lehre)의 내용, 문헌학적인 해석의 문제, 많은 저술들의 위작 여부 문제(예컨대 『제7서한』) 등 플라톤 연구에 있어서의 여러 문제들은 여기에서 자세하게 다루어질 성질의 것들이 아니다. 우리의 목적에 비추어서는 플라톤의 아카데미아가 정치의 역사와 철학 이론 설정의 역사에 주목할만한 영향을 끼칠 수 있었던 정치적이자 종교적-철학적 결사체였다는 것으로 충분하다. 결국 이론가들이 아카데미아라는 조직에서 경험한 것들이 그들의 이론에 반영되었다고 말할 수 있을 것이다. 예컨대 『국가』에서 말하는 '위계질서가 확립된 교육 국가'라는 이상(Ideal)은 확실히 아카데미아의 조직 형태를 반영하는 것이요, 플라톤이 『국가』와 『법률』에서 그려 보이는 교육 과정은 아카데미아의 교육적 목표에 기초하고 있다고 말할 수 있을 것이다. 아카데미아는 서기 529년 유스티니아누스Justinianus 황제에 의해 폐쇄되었다.

4장
페리파토스학파

스타게이라(혹은 스타기라) 출신의 아리스토텔레스는 18세의 나이에 플라톤 아카데미아의 일원이 된다(대략 기원전 366년). 이 시기에 아카데미아는 학문 탐구의 중심이었다. 아카데미아와 대조를 이룬 것이 이소크라테스Isokrates의 학교인데, 이 학교는 일상적이고 정치적의 삶의 사안들에 초점을 맞춘 실용적인 교육관을 갖고 있었다. 고대의 일화들에 따르면 아리스토텔레스는 아카데미아에 입학한지 얼마 지나지 않아서 탁월한 지적 성취를 보여 '아카데미아의 정신', '아카데미아의 예지(叡智)'라고 불렸다고 한다. 그는 347년 플라톤이 숨을 거두기까지 대략 20년 동안 아카데미아에 몸 담았다. 아리스토텔레스는 플라톤 사망 이후 소아시아 지방으로 갔다가 마케도니아의 필립포스 2세Philippos II의 궁정에 초빙되어 열 네 살의 알렉산드로스의 교육을 맡게 된다. 그는 알렉산드로스가 왕위에 오르자(기원전 336년) 아테네로 돌아와서 아폴론 리케이오스(Apollon Lykeios)의 성역에 자신의 학교를 세우는데 그것이 바로 리케이온(Lykeion)이다. 그는 마케도니아의 재정 지원을 받아 일련의 건물들을 확보했는데, 그 가운데에는 학교의 구성원들이 토론하면서 산책을 하고 그러는 사이 어쩌면 강의도 이루어졌을 것으로 추정되는 지붕 덮인 회랑(回廊)도 있었다. 이 회랑, 그리스어로 페리파토스(peripatos)로 인해 아리스토텔레스의 리케이온은 '페리파토스학파'라고도 불리게 되었다. 기원전 323년에 알렉산드로스가 갑자기 사망하자 아테네에는 반(反)마케도니아 물결이 일게 되어 아리스토텔레스는 자신의 학교를 떠나지 않을 수 없었고 얼마 뒤 에우보이아(Euboia)의 칼키스(Chalkis)에서 숨을 거둔다. 그가 사망한 뒤에 제자이자 친구인 에레소스(Eresos)의 테오프라스테스Theophrastes가 리케이온의 학통(學統)을 물려받게 된다.

플라톤 아카데미아와는 달리 페리파토스학파는 이데아 철학에 관심을 집중시키지 않고 점점 더 인간 경험이 사유할 수 있는 모든 차원을 탐구하는 데에 몰두하였다. 아리스토텔레스 학교의특징으로 들 수 있는 것은 방법론적으로 경험을 중시한다는 것, 스스로의 능력 및 전승된 업적에 대한 비판적 검토, 끝으로 세분화된 앎의 체계화이다. 아리스토텔레스는 최초의 중요한 도서관들 가운데 하나를 설치하였고, 여기에 주목할 만큼 방대한 자연과학 장서들을 수집하였다. 전체적으로 보아서 페리파토스학파는 플라톤 아카데미아보다는 근대 대학을 연상시킨다.

플라톤 아카데미아가 그랬던 것처럼 아리스토텔레스의 리케이온 역시 수 세기에 걸쳐 영향력을 행사했다. 처음에는 상당한 기간 동안 이 학교 설립자의 체계는 더 이상 가르쳐지지 않았다. 그러다가 기원전 1세기 로도스(Rhodos) 출신의 안드로니코스Andronikos가 학통을 이어받는다. 그에 의해서 간행된 아리스토텔레스 전집은 수많은 주석들이 쏟아져 나오는 계기가 되었고, 결국에는 아리스토텔레스 사상이 아랍 세계와[9] 비잔틴 세계로 흘러드는 것을 가능케 했다. 중세는 보에티우스Boethius를 통해 비로소 그리스 철학, 특히 아리스토텔레스 논리학을 알게 되었고, 아리스토텔레스주의는 13세기에 이르러 특히 토마스 아퀴나스Thomas Aquinas의 저술을 통해 활짝 꽃피게 된다.

5장
그 밖의 고대 철학학교들

사변을 강조하느냐 경험을 강조하느냐의 차이에도 불구하고 플라톤 아카데미아와 아리스토텔레스 리케이온은 일차적 이론철학을 가르쳤다는 점에서 공통된다. 반면에 아리스토텔레스 이후의 철학학교들은 삶의 실천적 문제를 집중적으로 다룬다는 특징을 갖는다.

기원전 4세기에서 3세기로 넘어가는 무렵에 키티온(Kition)의 제논Zenon은 스토아학파를 세운다. 스토아학파라는 명칭은 제논이 수업을 하곤 했던 채색된 회랑(回廊)에서 비롯되었다. 제논은 아리스토텔레스와 비슷하게 둘이나 세 명의 제자들과 이리저리 왔다갔다하면서 수업을 했다고 한다. 그는 그밖에도 일정한 형식의 강연을 했던 것으로 추정된다. 스토아학파가 이론철학도 다루었던 것은 사실이지만 무게 중심은 '덕 이론'(德理論), '올바른 행위(다시 말해 이성적 행위)의 이론'에 놓여 있었다. 스토아의 덕은 무엇보다도 인간이 일반적인 세계 질서의 법칙에 따르는 것, 우주적 이성의 전개 과정에 의식적으로 편입되는 것이었다.

죽음에 대한 공포와 미신을 극복하려는 또 하나의 행복 이론은 에피쿠로스Epikouros가 기원전 306년에 아테네에 세운 학교를 통해 대변된다. 에피쿠로스가 자신의 학교를 아테네의 한 정원에 세웠기 때문에 이 학교는 '에피쿠

9) 대표적으로 아비첸나Avicenna와 아베로에스Averroes를 들 수 있다.

로스 정원'이라고도 불린다. 에피쿠로스학파 사람들은 방탕하다는 오늘날까지 전해지는 소문들과는 반대로 이 정원학파는 구성원들 사이의 깊은 신뢰와 스승에 대한 존경에 그 기초를 두고 있었다. 이런 점들은 에피쿠로스와 그 제자들 사이에 오고간 편지들 가운데 오늘날까지 전해지는 단편(斷片, Fragment)들에서 확인된다.[10)]

스토아학파나 에피쿠로스 정원보다 약간 일찍 회의학파가 세워졌다. 이 학파는 엘리스(Elis) 출신의 피론Pyrrhon이 기원전 4세기 후반에 자신의 조국인 폴리스에 세운 것으로 보인다. 이 학파는 그의 제자인 플리우스(Phlius) 출신의 티몬Timon을 통해 크게 확장된다. 회의학파 역시 철학의 실천적 방향 설정에 주목하는데, 이 목적을 학문적 확신을 통해서가 아니라 바로 이런 확신을 포기함으로써 성취하고자 한다.

스토아학파, 에피쿠로스학파, 회의학파 이외에도 몇몇 다른 철학학교들을 들 수 있겠지만 이 학파들의 자세한 입장을 여기에서 소개하지는 않겠다. 예컨대 고대 원자론자들의 학파, 견유학파(犬儒學派), 신아카데미아학파, 신페리파토스학파 등이 바로 그것이다. 우리는 여기에서 신플라톤학파나 로마시대의 학파들을 기술하는 것을 생략하고 철학 기관(philosophische Institution)의 역사에서 새로운 유형을 제시하는 수도원 학교로 건너뛰고자 한다.

6장

수도원 철학

중세에는 수도원의 조직 형태가 곧 철학적 사유의 조직 형태이기도 했다. 대학의 역사는 12세기에 비로소 시작한다.

수도원 조직은 상당히 극적인 두 가지 변화를 통해 특징지어진다. 첫째로

10) G. Striker, Epikur, in: *Klassiker der Philosophie*, O. Höffe (편), Bd. 1, München 1981, 93-115쪽, 여기에서는 96쪽.

수도원 생활은 순결 계명이라는 규칙 아래에 서 있다. 둘째로 수도원 조직은 그 구성원들의 삶을 특히 시간, 공간적인 관점에서 지금까지는 알려지지 않았던 정도로 개조시킨다.[11]

이로부터 생겨나는 긴장감에 맞추어서 형식적으로 규정된 관행은 "모든 '정치적이고' 분쟁적인 것으로부터 정화된(gereinigt) 공간, 어떤 물음도 더 이상 던져질 수 없고 어떤 회의도 품을 수 없는 공간을 마련한다." 이 '정화된' 의식(儀式)의 공간에서는 감각적인 것, 육체적적인 것은 배제되어야만 한다. 이런 '정화'(淨化, Reinheit)의 모범으로 우주의 천체 질서가 제시된다. 즉 천체 질서는 "신의 창조물 가운데 가장 순수한 것, 악마적이요 유혹적인 것으로부터 가장 덜 더렵혀진 것으로 간주된다. 늘 동일한 모습으로 진행되는 천체 운동이 수도사의 삶에 투사되어야 한다."[12]

마찬가지로 시간 역시 엄격히 규범화된 질서로 설명된다. 개인이나 공동체의 고유한 시간성, 개별적인 순환 주기, 심지어는 생물학적 순환 주기조차 고려할 필요가 없다. 하루의 시간적 전개는 사제와 신자가 주고받는 기도인 연도(連禱, Litanei)를 통해 규정된다. 이 시간적 전개는 계절의 변화나 밤과 낮의 교대에 전혀 영향을 받지 않는다. 수도원들은 혹시 일어날 수 있는 오차를 줄이기 위해 끊임없이 보다 복잡한 시계 장치를 발달시켰다.

이 "의식적(儀式的) 시간 도식, 무한한 반복을 통한 의미 제거는 우주적 질서를 모방하는 투사(投射, Projektion)로서의 형식적 합리성의 상(像)을 보여준다."[13] 달리 표현하자면 수도원의 조직 형태는 철학적 사유의 흐름(Gestus)을 결정적으로 담고, 드러내고 있고, 이성의 새로운 모습, 자기 성찰과 자기 제한을 확립한다.

스콜라철학은 주로 무제한의 권위가 부여된 이른바 진정한(authentisch) 텍스트들을 다룬다. 이런 텍스트들에 속하는 것으로서는 맨 먼저 『성서』가 있고, 그 다음으로는 교황, 주교, 공의회의 결정을 담은 문헌들이 있고, 마지막

11) H. D. Bahr, *Über den Umgang mit Maschinen*, Tübingen 1983, 여기에서는 469쪽 이하 참조.

12) 같은 책, 471쪽.

13) 같은 책, 472쪽.

으로 전통의 증인이자 해석자인 교부(敎父, Kirchenvater)의 저술들이 있다. 원칙적으로 이런 방향 설정은 신학에서만 유효한 것이 아니라 철학에도 꼭 같은 정도로 유효했다. 철학은 신학의 시녀(**ancilla theologiae**)이다.

권위를 지니는 텍스트들은 한편으로는 언어적으로 그리고 내용적으로 해석되어야 했다. 바로 여기에서 '주석가들'의 작업이 이루어진다. 다른 한편으로는 본래부터 '무오류'로 간주될 수는 없는 텍스트들, 그러니까 『성서』 및 교회의 교의적(敎義的, dogmatisch) 결정을 제외한 모든 문헌들은 비판적으로 평가를 받아야하는데, 특히 논쟁이 일고 있는 경우라면 더욱 그렇다. 셋째로 전체 자료들은 하나의 체계로 질서 지어져야 했다. 위대한 종합이 연구의 근본 동기가 되었다.

중세적 사유의 흐름에서 그 조직이 무제약적으로 유효한 일반자(우주적 시간 질서)에 맞춰져 있다는 사실이 현존하는 전통에 대한 평가로 이어진다. 샤르트르(Chartres)의 베른하르두스Bernhardus로부터 다음의 유명한 표현이 나왔다. "우리는 거인의 어깨를 타고 있는 난장이다."[14] '위대한 질서'가 개념의 긴장(Anstrengung des Begriffs)의 목표가 된다. 따라서 모순은 해소되어야 한다. 모순이 없는 세계 질서라는 사상에 대한 이런 관심으로부터 크배스치오(**quaestio**)라는 방법적 형태가 생겨난다. 이 크배스치오는 13세기까지도 철학 활동의 본질적 수단이었다. 크배스치오는 그 안에서 텍스트 자체의 정당한 형태뿐만 아니라 사실적인 의문과 난점도 다루어질 수 있는 한 텍스트와 전통의 강력한 힘으로부터의 해방을 약속하는 첫 번째의 사유 형태로 작동했다.

스콜라철학에서는 본질적으로 두 가지의 수업 방식이 발달했다. 텍스트 주석으로부터 렉치오(**lectio**)가 나오고, 크배스치오로부터 디스푸타치오(**disputatio**)가 나왔다. 렉치오에서는 특정한 텍스트을 해석한다. 멜룬(Melun)의 로버트(1155년 경)은 이 수업 방식을 두고 다음과 같이 표현한다. "렉치오에서 우리가 센텐치아(**sententia**)라고 부르는 텍스트의 의미 말고 달리 무엇을 구하겠는가?"[15] 반면에 디스푸타치오에서는 선생이나 학생들에 의해 제

14) K. Galling (편), *Die Religion in Geschichte und Gegenwart*, Bd. V, Tübingen 1961, 1495쪽.

기된 문제가 토론되는데, 선생의 지도 아래 발언과 반대 발언이 끊임없이 교차되면서 결론에 도달한다. 드물지 않게 선생은 일종의 이론 시합의 심판처럼 최종 결론을 내려야 했는데, 이것을 데테르미나치오(**determinatio**)라고 부른다.

이 두 가지 수업 방식은 세속 대학의 수업에서도 채택되었는데 '강의'와 '연습'이 바로 그것이다. 대학의 설립과(특히12세기에서 13세기로 넘어가는 시기에) 수도원 학교 혹은 대성당 학교 사이에 밀접한 연관 관계가 있다는 것은 이제 더 이상 논쟁의 대상이 아니라고 하겠다. 13세기에 신학과 사변철학에서 주도적 역할을 한 파리대학은 노트르담 대성당의 부속 학교로부터 발전한 것이다. 파리대학은 1215년에 교황의 인준을 받았다. 옥스포드대학은 1214년에 총장을 맞게 되고, 캠브리지대학은 약간 뒤이다.

7장
대학의 철학

이제 대학은 서서히 그리고 힘겹게 교회와 신학의 보호로부터 해방된다. 18세기에서 19세기로 넘어가는 시기조차도 여전히 아주 자유로운 종교철학적 입장을 표방하는 일은 심각한 어려움을 불러일으킬 수 있었다. 예컨대 임마누엘 칸트는 1793년 그의 저서 『이성의 한계 안에서의 종교』(*Religion innerhalb der Grenzen der bloßen Vernunft*)로 인해 1788년에 공표된 프로이센의 종교 및 검열 칙령과 갈등을 일으키게 된다. 1799년 피히테Fichte는 이른바 무신론논쟁(Atheismusstreit)과 연관해서 예나대학을 떠나야만 했다. 1833년에 와서도 프리드리히 리히터Friedrich Richter는 '궁극적인 것에 대한 이론'을 학문적으로 비판했다가 프로이센의 대학에서 자리를 얻는 모든 기회를 상실하고 개인적으로 파멸해야 했다.

15) 같은 책, 1496쪽.

이런 정황에서 이미 1810년 빌헬름 폰 훔볼트Wilhelm von Humboldt는 독일 대학의 개혁을 염두에 두고 있었다. 그 핵심은 학문의자유, 연구와 교육의 국가간섭으로부터의 독립이었다. 이런 의미에서 「베를린 고등 학문 기관들의 내적 및 외적 조직에 대하여」에는 이렇게 표현되어 있다. “대학은 각자 가능한 한 항상 학문이라는 순수 이념에 마주 설 때에만 그 목적에 도달할 수 있기 때문에 고독과 자유야말로 대학에 적용되는 원칙들이다.” 이로부터 귀결되는 대학에 대한 국가의 지위는 다음과 같다.

> “국가는 다음과 같은 점들을 항상 의식하고 있어야 한다. 즉 국가가 대학을 작동시키는 것도 아니요 작동시킬 수도 없다는 것이 그 한 가지이다. 또한 자신이 개입하자말자 오히려 장해물이 된다는 사실도 마찬가지이다. 사태 자체는 국가의 개입 없이 훨씬 더 잘 굴러갈 수 있다. 한 사회에는 어떤 폭넓은 활동을 위한 외적 형태와 수단이 있어야만 하기 때문에 학문의 수행을 위해 이 형태와 수단을 마련하는 것은 국가의 의무이다. …”[16]

이런 비판에 훔볼트의 대학 개념이 마주 세워지는데, 그것은 어떻게 보자면 고대의 철학학교들을 연상시킨다.

> “그런 까닭에 우리가 고등 학문 기관들이라고 부르는 것은 그 모든 형태에 있어서 국가로부터 떨어져 나온, 외적인 여유나 내적인 추구를 학문과 연구에로 이끄는 인간의 정신적 삶 이외에 다른 것이 아니다. 그래서 어떤 사람은 골똘히 생각하고 자료를 수집하는가 하면, 또 어떤 사람은 같은 나이의 사람들과 교제하고, 또 다른 이는 일련의 젊은이들을 자신 곁에 불러 모을 것이다. 만일 국가가 그 자체로 규정되지 않았고 어느 정도 우연적인 영향력을 보다 확고한 형태로 행사하고 한다면 바로 방금 말한 모습에 충실한 상태로 머물러 있어야 한다.”[17]

---

16) W. v. Humboldt, Über die innere und äußere Organisation der höheren wissenschaftlichen Anstalten in Berlin, in: *Bildung des Menschen in Schule und Universität*, Heidelberg 1964, 30-40쪽, 인용은 30쪽 이하.

17) 같은 글, 31쪽.

홈볼트 역시 학문의 자유가 오로지 국가로부터만 위협당하는 것이 아니요 "그렇게 하기를 이미 시작했는데 어떤 정신은 받아들이고 어떤 다른 정신의 출현은 기어코 막아내는 교육 기관 자체로부터도" 그렇다는 것을 이미 간파하고 있었다. 그는 부자유, 편파성 및 불관용을 교정하는 장치로 철학과 예술을 들었다. "만일 대학의 정신이 그저 논리적이거나 수학적인 형식적 방식으로만 다른 인식과 종류를 다루는 연구 분야를 대한다면 대학으로부터도 기대할 것이 별로 없을 것이다."[18]

이렇게 철학은 "고등 학문 기관"의 조직에 대한 훔볼트의 구상에서 핵심적 지위를 차지한다. 훔볼트의 생각은 오늘날 우리에게는 익숙하지 않아 보일지 몰라도 전체적으로는 적어도 1780년에서 1840년 사이 대학철학의 위상을 정확하게 기술하고 있다. 칸트, 피히테, 쉘링 그리고 특히 헤겔은 철학자로서 뿐만 아니라 대학 선생으로도(어쩌면 일차적으로 대학 선생으로) 알려져 있었다. 이렇게 볼 때 왜 다름 아닌 55세의 쉘링이 1830년 12월 하순 학생들과 군대 사이에 유혈 사태로 번진 뮌헨대학교 소요에 연설을 하도록 초청되었는지 어느 정도 이해될 것이다. 이 초청은 성공적이었다. 왜냐하면 "연설이 끝나자 청중 가운데 대표가 일어나 경의를 표했고 그날 밤 거리에는 한사람의 학생도 나타나지 않았기"[19] 때문이다.

늦게 잡아도 쉘링의 사망 이후 독일 대학철학(Universitätsphilosophie)의 위대한 시기는 끝난다. 19세기 후반 중요한 철학자들의 활동은 — 마르크스건 키에르케고르건 니이체건 간에— 늘 대학이 아니라 사적 공간에서 이루어졌다. 쇼펜하워의 강단철학자들(Kathederphilosophen)에 대한 비판을 개인적인 병적 혐오의 표현으로 읽을 사람도 있을 수 있겠지만 대학철학에 대한 니이체의 비판에 이르러서는 의식 전환의 징표로 심각하게 받아들여야 할 것이다. 대학철학의 위상과 자기의식은 퇴락하기 시작했다. 니이체는 『우리 교육 기관들의 미래에 대하여』(*Über die Zukunft unserer Bildungsanstalten*)의 다섯번

---

18) 같은 글, 33쪽.

19) F. W. J. Schelling, *Rede an die Studierenden der Ludwig-Maximilians-Universität in der Aula Academica am Abend des 29. Dez. 1830*, in: *Sämtliche Werke*, Bd. IX, Stuttgart/Augsburg 1864, 367-376쪽, 인용은 376쪽.

째 강연(1872년)에서 다음과 같이 진단한다.

"이제 서서히 늘 똑같은 문제들에 대한 심층적 해석을 역사적인, 그 자체로 문헌학적인 숙고와 물음이 대체하게 된다. 이런 저런 철학자가 무엇은 생각했고 무엇은 생각하지 않았는지, 혹은 이런 저런 문헌을 두고 누구를 저자로 보아야 하는지, 혹은 이렇게 저렇게 읽는 방식들 가운데 어느 쪽이 더 우선권을 갖는지. 대학의 철학과 학생들은 이제 이런 식으로 중성적으로 철학을 다루는 데에 염증이 나 있다. 그것이 바로 왜 내가 최근 그런 학문을 문헌학의 곁가지로 간주하고 그런 학문을 대표하는 사람들을 그들이 좋은 문헌학자이건 그렇지 않건 상관없이 평가절하 하는 데에 익숙해졌는가 하는 이유이다. 따라서 당연히 그런 철학은 대학으로부터 추방되어야 한다. 이렇게 해서 대학의 교육 가치에 대한 우리의 첫번째 물음은 대답되었다."[20]

대학에서 철학이 문헌학적이고 역사적인 방향으로 기움으로써 생겨난 결과의 이면(裏面)에는 물론 철학적 사고의 엄청난 의미 상실이 감추어져 있다. 이 의미 상실은 다른 학문이나 학과의 구조에 맞추는 것으로 보상되어야 했다. 20세기에 철학은 대학의 그 어떤 학문보다도 자신의 학문 기관으로서의(institutionell) 정당성에 시달렸으며, '무엇하려고 철학하는가'(Wozu Philosophie)라는 뼈아픈 회의에 별다른 해결책을 내놓지 못했다.

이 화석화(化石化), 대학철학의 고통에는 최고 학부의 기관(Institution)이 반영되어 있다. 즉 관료화되고 경쟁 구조에 의해 특징지어지는 기관이라는 딜렘마는 자연히 그 내용적이요 구성적인 근거에서 규격화, 커리큘럼, 시험 제도, 특수화, 모든 종류의 독단 등과 어울리지 않는 학문에서 가장 뚜렷하게 드러난다. 자신의 고유한 정당성을 힘들게 구하는 대학철학은 여전히 퇴화된 형태로 니이체가 말하는 대학으로부터 '추방된' 철학의 관리인으로 남아 있다.

하이데거가 『독일 대학의 자기주장』(*Selbstbehauptung der deutschen Universität*)을 하필 국가사회주의(나치)로부터 기대할 수 있다고 믿은 것은 대학이 세상

---

20) F. Nietzsche, *Über die Zukunft unserer Bildungsanstalten*, in: *Sämtliche Werke* (Kritische Studienausgabe), Bd. I, München 1980, 641-752쪽, 여기에서는 742쪽 이하.

을 잘 모른다는 상당히 냉소적 지점들 가운데 하나이다. 이와는 반대로 한스 블루멘베르그Hans Blumenberg는 "1995년에 해야 할 독일 대학의 재건"[21]을 더 꿈꾼다.

8장
현대 철학 기관의 형태

우리는 역사에서 다음과 같은 유형의 철학 조직을 만난다.

첫 번째 유형은 종교적-비교적(秘敎的)이요 이와 동시에 정치적 지향을 지닌 비밀 결사체이다. 이 조직의 이론은 특별한 앎(Sonderwissen)의 형태를 띠며 영웅화된 스승에 의해 구현되고 가르쳐진다. 이 조직의 구성원은 입문 의식을 거치며 보통 한 곳에 함께 거주하고 생활한다.

두 번째 유형은 앞의 경우와 마찬가지로 비교적으로 조직된 수도원이다. 이 조직이 앞의 경우와 다른 점은 엘리트적인 특별한 앎에 대한 맹세를 (수도원이라는) 엄격한 공간적 재조직과 (정시 기도[時禱, Studengebet]라는) 시간적 재조직을 통해 무제약적으로 타당한 일반자에 대한 맹세로 전환시키려고 한다는 사실이다. 앎은 '절대적 텍스트'에 명문화되어 있고 학문은 일차적으로 주석과 해석으로 제한된다.

세 번째 유형은 대학과 학교라는 공적으로 조직된 교육 공동체이다. 이 조직은 철학적 앎의 자율적이요 이와 동시에 민주적으로 접근 가능한 전승을 가능케 하는 임무를 지닌다. 수도원에서 시작된 비교적인 특별한 앎의 해체는 한편으로는 학문적 이론의 공적 확립을 통해서 계속 진척되지만, 다른 한편으로는 (문헌학적이요 용어상의 전문화라는) '새로운 비교화'(秘敎化, neue Esoterisierung)를 통해 좌절된다.

현대에 규정되는 철학적 사유의 조직 형태는 모두 끊임없이 반복적으로

21) H. Ebeling, *Gelegentlich Subjekt, Gesetz, Gestell, Gerüst*, Freiburg 1983, 11쪽.

논의되는 위기와 맞물려 있다. 엄청난 전통의 부담과 특별한 앎으로부터의 궁극적 해방에 대한 정당한 바람이 서로 엇갈린다. 비교적인 삶의 요구(Lebensansprüche)와 공적이요 민주적인 이론의 요구(Lehransprüche)가 점점 더 분명하게 모순을 일으키고, 이 모순은 더 이성 철학자들의 조직을 통해서 진정되거나 해소되지 않게 되었다. 결국 미래 철학의 조직화 가능성은 화해되지 않는 두 극단으로 환원될 수 있겠다. 즉 직업도 없고 구속되는 데도 없는 철학자와 자유업 철학자로 구별될 것이다. 자유업 철학자는 자신의 이론적 및 실천적 능력을 자유롭게 시장에 제공한다. 직업이 없는 사상가들과 철학 프로들(philosiohische Professionals)은 몇 세기가 지나면 철학 이론의 학문적 조직이 무의미하게 보이게 만들지도 모른다.

현대에 있어서 철학은 주로 대학들에 자리 잡고 있다. 물론 대학에서의 조직형태에 단일한 표본이 있는 것은 아니다. 60대 이래의 대학 개혁을 거치면서 전통적인 철학부(philosophische Fakultät)는 해체되고 학과 연합(Fchbereich)으로 대체되었다. 그 결과 철학과(philophisches Institut)는 예컨대 심리학, 교육학, 사회과학, 종교학 등과 같은 다른 학과들과 묶이게 되었다. 교과 과정도 대학에 따라 다르다. 이 상이함에는 철학을 특수한 방법과 교육 목표를 지닌 개별 학과(Fach)로 규정하는 데에 따른 어려움이 반영되어 있는 것이다.

철학자의 '직업'과 관련된 문제들[22]을 다루는 새로운 문헌들이 많이 있다.[23] 이 문제들은 대학 철학(Universitätsphilosophie)이 '학제간의 만남의 장소'로 이해되어야 하는지, '토대연구'(Grundlagenforschung)로 이해되어야 하는지, 혹은 '통합 학문'(Integrativwissenschaft)인지 '기초 학문'(Grundwissenschaft)인지 '나머지 학문'(Restdisziplin)인지, 아니면 '초과 학문'(Überdisziplin)인지 '무능력을 보상하는 능력'(Inkompetenzkompensationskomtetenz)[24]인지 그것도 아니라면 '학문 토대의 중심'(Zentrum für Grundlagen der Philosophie)[25]인

22) 제8장이 이것을 다룬다.

23) 예컨대 J. Schickel, *Philosophie als Beruf*, Frankfurt/M. 1982; M. v. Brentano, Bemerkungen zu einer Studienplanung im Fach Philosophie, in: *Wer hat Angst vor der Philosophie?*, N. Bolz (편), Paderborn 1982, 197-209쪽.

24) Marquard가 말하는 대로.

지의 물음과 마찬가지로 거의 해결되지 않았다.

철학은 점점 더 수업 교과목으로도 확립되고 있다. 부분적으로는 김나지움의 저학년에서 윤리학 수업의 형태로 자리 잡고 있다.[26] 또 철학은 성인교육(Erwachsenenbildung)의 표준 프로그램 가운데 하나로도 꼽힌다. 자세히 말하자면 독일 대학들이 법적 계약에 따라 시행하고 있는 시민 대상 교육 프로그램[27], 독일어권 대부분의 큰 도시들에 세워진 평생교육기관(Volkshochschule)의 강좌들, 독일 몇몇 주의 노동자들과 회사원들이 누릴 권한을 갖고 있는 '재교육 휴가'(Bildungsurlaub), 끝으로 양적으로 소수의 인원만 수용하기는 하지만 다양한 외국 문화 기관들에서 철학이 제공되고 있다. 성인교육에서 보이는 철학에 대한 관심은 그 성격상 짐작할 수 있는 대로 주로 실천적 문제들에 집중되어 있다. 즉 학문적 논의보다는 삶의 조력자, 방향 설정의 조력자로서의 철학이 더 주목되고 있는 것이다.[28]

어찌 되었든 간에 철학이 조직화된 형태로 뿌리 내리고 있는 곳들을 열거하는 데에 있어서 독일의 여러 학술원(wissenschaftliche Akademie)을 빼놓아서는 안 될 것이다. 학술원들은 특히 철학의 연구, 저술 출판, 전집 간행 등을 관장하고 지원한다. 그 외에도 많은 재단(Stiftung)들이 특성 분세들을 다루는 철학 연구 집단을 조직하였다. 예를 들어서 『무엇하려고 철학하는가?』(*Wozu Philosophie?*)는 프리츠 티센 재단(Fritz-Thyssen-Stiftung)의 한 연구 집단의 성과를 반영하는 책이다.[29] 더 나아가서 재단들은 종종 저술 발간, 학술대회, 박사학위논문이나 교수자격논문의 집필을 지원한다.

철학사의 위대한 사상가들의 판본이나 전집 간행과 같은 어려운 작업은 때때로 독립적인 연구소(Forschungsinstitut)나 문고(Archiv)가 맡기도 한다.

---

25) 기쎈(Gießen)대학의 경우처럼.

26) 제6장을 참조.

27) 오스트리아에서는 '대학 강좌'(Hochschulkurs), '하계 대학'(Sommerakademie) 등의 이름으로 시행.

28) 예컨대 다음을 참조. A. K. D. Lorenzen, *Philosophie in der Erwachsenenbildung*, Göttingen 1986.

29) H. Lübbe (편), *Wozu Philosophie? Stellungnahme eines Arbeitskreises*, Berlin/New York 1978.

예를 들어서 보쿰의 '헤겔 아르키브', 프라이부르크, 쾰른 그리고 아헨의 '후설 아르키브', 쾰른의 '토마스 연구소', 하노버의 '라이프니쯔 아르키브', 뮌스터와 베를린의 '리이프니쯔 연구소', 쾰른의 '알베르투스 마그누스 연구소' 등을 들 수 있다. 철학의 조직화라는 테두리 안에서 또 다른 과제를 수행하는 것이 전문 학술 잡지들이다. 몇몇 잡지들은 20세기 초부터 존립해 왔는데 예컨대 Archiv für Geschichte der Philosophie, Philosophisches Jahrbuch, Kant-Studien, Archiv für Rechts-und Sozialphilosophie 등이 그것이다.* 현재 영향력을 행사하는 대부분의 학술 잡지들은 제2차 세계대전 이후에 발간되기 시작했다. Zeitschrift für philosophische Forschung, Philosophischer Literaturanzeiger, Philosophische Rundschau, Philosophia Naturalis가 대표적이다. 이 네 가지 학술 잡지는 1945년에서 1953년 사이에 창간되었다. 1968년 이래 일련의 새로운 잡지들이 등장한다. 그 예로는 Zeitschrift für allgemeine Wissenschaftstheorie, Neue Hefte für Philosophie, Allgemeine Zeitschrift für Philosophie, Zeitschrift für Didaktik der Philosophie 등을 들 수 있겠다.

대학에 설치된 전문 철학을 지탱시켜 주는 것이 철학 연합회(philosophische Vereinigung)나 철학 학회(philosophische Gesellschaft)이다. 1950년에 브레멘에서 창설된 '독일 철학회'(Allgemeine Gesellschaft für Philosophie in Deutschland, 약칭 AGPD) 외에 지역 연맹이나 개별 철학자나 개별 주제에 대한 연구에 집중하는 분과 학회가 있다. 예컨대 '헤겔 학회', '쇼펜하워 학회', '비트겐슈타인 학회', '현상학 연구회' 등을 들 수 있다. 끝으로 국제 학회가 있는데 '철학회 국제 연합'(Fédérqtion Internqtionqle de Sociétés de Philosophie, 약칭 FISP)가 대표적이다. 이밖에도 김나지움의 철학 교사들이 전국 철학 교사 연맹을 조직해서 활동하고 있다.

최근에는 '비교적' 영역에 대한 대항으로서 철학적 사고의 대안적 조직 형태가 등장했는데, 자유 직업으로서의 '철학 진료'(Philosophische Praxis)가 바로 그것이다. '철학 진료'는 스스로를 정신분석적 방식과 차별화하고 전문적인 철학 논의와도 차별화하면서 철학의 교육 과정을 상담으로부터 시작하고

---

*역주. 학술 잡지 명칭은 번역이 무의미하다고 보아 독일어 이름을 그대로 노출시키기로 한다.

자 한다.[30]

■ 인용된 문헌

Achenbach, G, B. 1983, *Die reine und Praktische Philosophie*, Wien.

Aristoteles 1973, *Politik*, München.

Bahr, H. D. 1983, *Über den Umgang mit Maschinen*, Tübingen.

Brentano, M. v. 1982, Bemerkungen zu einer Studienplanung im Fach Philosophie, in: *Wer hat Angst vor der Philosophie?*, N. Bolz (편), Paderborn.

Ebeling, H. 1983, *Gelegentlich Subjekt, Gesetz, Gestell, Gerüst*, Freiburg.

Galling, K. (편) 1961, *Die Religion in Geschichte und Gegenwart*, Bd. V, Tübingen.

Humboldt, W. v. 1964, Über die innere und äußere Organisation der höheren wissenschaftlichen Anstalten in Berlin, in: *Bildung des Menschen in Schule und Universität*, Heidelberg.

Lorenzen, A. K. D. 1986, *Philosophie in der Eewachsenenbildung*, Göttingen.

Lübbe, H. (편), 1978, *Wozu Philosophie? Stellungnahmen eines Arbeitskreises*, Berlin/New York.

Marquard, O. 1989, Praxis, Philosophische, in: *Historisches Wöterbuch der Philosophie*, J. Ritter/K. Gründer (편), Darmstadt.

Marrou, H. I. 1977, *Geschichte der Erziehung im klassischen Altertum*, München.

Niezsche, F. 1980, *Über die Zukunft unserer Bildungsanstalten*, in: *Sämtliche Werke*, Bd. Ⅸ, Hamburg.

Platon 1958, *Theaitetos*, in: *Sämtliche Werke*, Bd. Ⅸ, F. Schleiermacher (독역), Hamburg.

Schelling, F. W. J. 1864, *Rede an die Studierenden der Ludwig-Maximilians-Universität in der Aula Academica am Abend des 29. Dez. 1830*, in: *Sämtiliche Werke*, Bd. Ⅸ, Stuttgart/Augsburg.

Schickel, J. (편) 1982, *Philosophie als Beruf*, Frankfurt/M.

Striker, G. 1981, Epikur, in: *Klassiker der Philosophie*, O. Höffe (편), Bd. I,

30) 다음을 참조하라. G. B. Achenbach, *Die reine und praktische Philosophie* (Klagenfurter Beiträge zur Philosophie), Wien 1983; O. Marquard, Philosophische Praxis, in: *Historisches Wörterbuch der Philosophie*, J. Ritter/K. Gründer (편), Sp. 1307 이하, Darmstadt 1989.

München.

Tenbruck, F. H. 1976, Zur Soziologie der Sophistik, in: *Neue Hefte für Philosophie 10, Moderne Sophistik*, Göttingen.

Zeller, E. 1901, *Grundriß der Geschichte der griechischen Philosophie*, 6. Aufl., Leipzig.

9부 _ 철학자와 직업

- J. 로벡

1장
직업으로서의 철학

왜 철학과 재학생들과 졸업생들은 스스로를 철학자라고 부르기를 망설이는가? 헤르만 륍베Hermann Lübbe는 자신의 책 『무엇하려고 철학하는가』(*Wozu Philosophie?*)에서 이들이 자신 없어 하는 까닭을 직업 전망이 불투명하다는 점에서 찾는다.[1)] 독일 교육의 역사에 비추어 보자면 대학에서의 공부는 나중에 시민으로서 갖게 되는 직업과 긴밀한 상관관계를 갖는다. 말하자면 독일의 대학들은 전통적으로 실천 지향적이다. 이미 중세에도 이른바 '고등' 학부들은 의사나 법률가와 같은 특정한 직업인들을 양성하는 일을 맡았던 반면에 철학부는 그보다는 낮은 지위를 부여받았다. 18세기에 들어서서 철학의

1) H. Lübbe, Wozu Philosophie? Aspekte einer ärgerlichen Frage, in: *Wozu Philosophie?*, Lübbe (편), Berlin/New York 1978, 144쪽 이하. 이와 다른 견해로는 다음을 보라. G. B. Achenbach, "Philosophie nach Tisch"— oder: Wer ist Philosoph?, in: *Zeitschrift für Didaktik der Philosophie* 4/1982, 237-242쪽.

지위가 일반교양으로 격상되었지만 그럼에도 불구하고 어떤 직업을 갖기 위한 자격을 따로 준비해야만 한다는 사실은 변함이 없었다. 무엇보다도 먼저 철학은 그 어떤 특정한 직업에 해당되는 것이 아니었다. 19세기에 접어들어 서서히 철학 기관들이 확립되면서 철학자라는 직업이 생겨났지만 이 직업의 문은 오로지 소수에게만 열려 있었다. 이와 같은 학업과 직업 사이의 간극이 철학의 경우에는 오늘날까지도 흔히 경험된다는 사실이 바로 자신이 철학자라고 용기 있게 고백할 수 없게 만드는 요인으로 이해된다.

게다가 많은 철학자들을 소심하게 만드는 것은 철학이 내용상의 높은 수준을 요구한다는 점이다. 우리의 앎에 대한 반성이라거나 전체 맥락을 사유하려고 시도한다는 것 등이 바로 그것이다. 철학자들은 자신이 철학자라는 것을 스스로 부인함으로써 철학 전통의 무거운 짐을 떨쳐낼 수도 있을 것이다. 그러나 이 요구가 낮아져서 더 많은 용기를 갖게 된다는 것은 간단한 일이 아니다. 그렇지만 어쩌면 저 높은 요구들은 무엇보다도 먼저 철학자들의 낮은 지위를 들어서, 다시 말해서 시민으로서의 직업적 삶에서 고립되고 그에 따라 현실적으로 성공하기 어려우며 인색한 인정을 받을 수밖에 없다는 점을 들어서 반박할 수 있을 것이다.

요아킴 쉬켈Joachim Schickel은 막스 베버Max Weber의 유명한 강연 『직업으로서의 학문』(*Wissenschaft als Beruf*)에서 시사를 받아 '직업으로서의 철학'(Philosophie als Beruf)이라는 주제의 여론조사를 실행하였다.[2] 베버에 따르면 사회화된 기능으로서의 직업은 한 사회 내부의 분업에 의해 규정된다. 그러므로 직업은 우선 본질적으로 다른 사람들을 위한 노동이요, 그에 상응하는 객관적 수요, 다시 말해서 사회적 필요를 전제로 한다. 둘째로 이 활동은 특정한 노동을 하도록 요청받은 이들이 해당 영역에서 진정한 전문가들일 경우에만, 그러니까 이 사람들이 상응하는 교육을 받고 될 수 있는 대로 긴 세월 동안 —전통적으로 평생에 걸쳐— 오로지 이 일에만 전념하는 경우에만 의미가 있다. 마지막으로 하나의 특정한 직업상(Berufsbild)은 이 직업을 수행하는 사람의 관념과 의식을 포함한다. 이 직업상은 각 사회의 실천에 대한

2) J. Schickel (편), *Philosophie als Beruf*, Frankfurt/M. 1982.

해석이기도 하다. 이상이 직업에 대한 사회학적 정의(定義)이다. 그런데 문제는 이런 특징들이 철학에도 맞아떨어지느냐 하는 것이다. 조사에 응한 철학자들의 대답은 서로 현저하게 다르게 나온다.

우선 철학자라는 직업이 실제로 있다는 점에 대해서는 논란의 여지가 없어 보인다. 철학은 오래 전부터 학문 기관들, 특히 대학들에 편입되었다. 철학은 스스로 하나의 기관(Institution)이 되었으며 그 자체로 여러 학문들 가운데 하나가 되었다. 철학은 다른 여러 학과들과 마찬가지로 하나의 학과요, 다른 직업들과 나란히 하나의 직업이다.[3] 이 점은 전문적인 철학 활동 역시 여타의 전문 분과들의 표준에 맞춰지게 만드는 결과를 낳았다. 의사 소통은 전문가들 사이에서 이루어지는데, 이들은 전문 학회에서 서로 만나고 연구 결과를 전문 학술지에서 교환한다. 시간이 흐르면서 일반 대중이 더 이상 이해할 수 없는 고유한 용어들과 논의 방식들이 생겨났다. 철학은 그 내부에 또 하나의 분업 체계가 형성된 하나의 특수한 영역이 되었다.[4] 논리학, 윤리학, 미학 등과 같은 전통적인 분과에 더해서 언어철학이나 학문이론(Wissenschaftstheorie)과 같은 새로운 분과가 끊임없이 생겨났고 점점 더 많은 철학자들이 바로 이 새로운 분과들을 전문적으로 연구하게 되었다. 여기에다가 다양한 철학 방향으로의 분화가 이루어져서 각각 특수한 단초와 방법을 개발하고 있다. 이런 경향들은 철학에서도 전문화와 파편화라는 일반적인 과정이 뒤늦게 일어나고 있다는 사실을 분명하게 해준다.

많은 철학자들의 자기 평가는 방금 소개한 철학의 연구 성향과는 완전히 모순된다. 이런 상충은 부분적으로 다음과 같은 점에 연관되어 있다. 즉 언급했던 여론 조사에 상이한 방향의 철학자들이 대답을 내놓았다는 사실이 바로 그것이다. 가장 많이 전문화 되었고 그에 따라 일반적인 학문 관행에 맞추어진 철학자들은 현대에 진단되는 철학의 정당성 위기(Legitimationskrise)에 확

3) Riedel, in: *Philosophie als Beruf*, Schickel (편), Frankfurt/M. 1982, 23쪽 이하. 다음도 참조하라. H. Holzhey/Ch. Zimmerli (편), *Esoterik und Exoterik der Philosophie, Beiträge zu Geschichte und Sinn philosophischer Selbstdarstellung*, Basel/Stuttgart 1977.

4) H. M. Baumgartner/O. Höffe/Ch. Wild (편), *Philosophie — Gesellschaft — Planung. Kolloquium Hermann Krings zum 60. Geburtstag*, München 1974.

실히 덜 민감하며 직업철학(Berufsphilosophie)이라는 주제에 대해 별 의견을 내놓지 않는다. 그렇지만 철학에게 그 어떤 분업도 넘어서는 무관심성이라는 요구를 제기하는 철학자들에게는 '직업으로서의 철학'이라는 주제는 중요한 문제가 된다. 적어도 이 지점에서 철학에 대한 각각의 이해가 어떤 의미를 갖는지가 드러난다.

2장
철학 전공자의 직업 전망

아래에서 들고 있는 영역들이 적어도 안정적인 종사 기간을 보장하는 철학자들을 위한 현실적 직업 전망을 포함하는지를 일반적으로 말하기란 어렵다. 그렇기 때문에 직업 전망(Berufsperspektive)이라기보다는 오히려 노동 영역(Arbeitsbereich)이라거나 활동 전망(Tätigkeitsperspektive)이라고 말하는 것이 좋을 것이다. 상당히 드물기는 하지만 완전하고도 확고한 일자리와 제한적으로만 생계에 도움이 되는 부분적인 일자리는 구별되어야 할 것이다. 더욱이 모든 노동 기회가 철학자들에게 분명한 '수요'로서 일자리 시장에 나온다고 생각하는 것은 환상에 불과할 것이다. 물론 연구와 교육 분야에서 사람들이 지원할 수 있는 공개 경쟁도 있다. 그러나 매우 많은 지원자들 사이에서 경쟁의 승리자가 될 가능성은 상대적으로 적다. 이와는 반대로 스스로 주도권을 쥐고 어떤 철학적 활동의 가능 조건을 만들어내는 쪽이 더 많은 전망을 가질 것이다. 예컨대 적합한 기관을 목표로 삼아 스스로 자신만의 특수한 자질을 드러내는 제안을 내놓는 일이 바로 그것이다. 그렇지만 역으로 그런 행동 방식은 받아들이는 사람의 그때그때마다의 필요와 기대에 맞춘다는 것을 의미한다. 그런데 이때 관심의 대상이 되는 것은 역사적이고도 체계적인 지식 전범(Wissenskanon)을 제공하는 전통적인 '전문' 철학이라기보다는 오히려 의견이 분분한 현실적인 주제들을 다루고 고찰하는 우연성과 방법적 능력이다. 이것은 무엇보다도 전문 철학적으로 교육 받지도 못했고 관심도 없는 보다 폭넓은 대중에게도 철학 사상과 방법을 전달할 용의가 있다는 것을 전제로 한다. 그런 '시장'이 미래에 확립될 수 있을 것인가 하는 것은 현재로서는 예측하기 어렵다. 그러나 지난 몇 년 이래의 여러 정황들은 예컨대 경제라거나 언론, 혹은 대학 바깥의 교육 기관들에서 철학에 대한 관심이 늘고 있다는 것을 말해준다. 물론 이때의 철학적 관심은 근본적인 방향 설정의 물음에 대한 관심을 말한다.

1절__ 대학 교원

철학을 가르치는 자리는 어느 고등교육기관에나 거의 다 있다. 독일의 경우 철학의 대학 교원은 전통적으로 기한 제한이 없는 교수(Professor)와 기한 제한이 있는 대학 조교(Hochschulassistent)로 나뉜다. 어떤 대학들은 제한적인 고용 계약에 따른 공동 연구원(Wissenschaftlicher Mitarbeiter)이나 학습 보조원(Studentischer Tutor)을 두기도 한다. 교수의 과제는 철학을 연구하고 가르치며, 시험관이 되고, 대학 자치의 일원이 되는 일이다. 이를 위한 전제 조건은 —소정의 과정을 끝마치는 것 이외에도— 독립적으로 학술 논문을 작성할 수 있는 능력과(통상 박사학위논문과 교수자격논문으로 입증되는데) 교육 경험이다. 대학 이외에 몇몇 연구 프로젝트들이 있는데, 이 프로젝트들은 대개 전집류의 발간을 준비하며 젊은 학자들을 고용한다.[5]

전체적으로 보아서 —철학과 졸업자의 수를 감안할 때— 매우 적은 수의 자리가 대학이나 다른 고등교육기관에 설치되어 있다고 할 수 있겠다. 최근에 활발하게 채용이 이루어지는 분야는 실천철학, 윤리학, 개별학문의 토대 연구 등이다. 대학에서의 철학은 점점 더 다른 학문들이나 실천 영역들과의 학문 협업적 연계(interdisziplinäre Verbindung)를 모색하고 있다. 이 점은 '응용철학'(angewandte Philosophie)에로 기우는 최근 경향이 증명하는 바이다.[6] 체계적 관심이라는 관점에서 보자면 철학사 전문가에 대한 수요는 상당히 줄

5) W. D. Rehfus, *Einführung in das Studium der Philosophie*, Heidelberg 1981.

6) E. Martens, Rehabilitierung der Angewandten Philosophie?, in: *Zeitschrift für Didaktik der Philosophie* 4/1989, 204-210쪽.

어들었다고 할 것이다.

2절__ 교사

1972년에 김나지움 고급반(gymnasiale Oberstufe)에 대한 개혁이 이루어진 이래 예전 서독의 (거의) 모든 주에서 철학이 교과목 가운데 하나로 도입되었다. 통일 이후의 새 주들도 철학 수업의 도입에 관심을 보이고 있고 그에 따라 잘 교육된 철학 교사를 필요로 하고 있다. 물론 철학 수업의 확립이 반드시 철학과 정규 과정과 연계되는 것은 아니었다. 예를 들어서 베를린에서는 오랫동안 다른 학과 출신의 교사들을 재교육시키는 것으로 만족하였고 이제 비로소 철학 국가시험을 도입하려는 계획을 세우고 있다. 다른 여러 주들에서도 상황은 비슷하다. 좀더 구체적으로는 철학이 첫번째의 주전공(Hauptfach)인지, 두번째의 부전공(Nebenfach)인지, 그것도 아니면 세번째의 보충전공(Zusatzfach)인지에 따라 양상이 달라진다. 이 점은 특히 철학을 주전공으로 하는 학생들에게 큰 의미를 갖는다. 어느 경우에건 철학 공부를 일찍부터 한 개 혹은 두 개의 다른 전공과 결합시키는 것이 바람직하다. 그래야 국가시험에서 요구되는 전공 연계에 부응할 수 있을 것이다.

몇몇 주들에서는 중급반 I(Sekundarstufe I: 5학년에서 10학년에 해당)에 윤리학이 들어 있다(대개 9학년이나 10학년에). 이 영역에서도 교사에 대한 수요가 증가하고 있는데, 그 이유는 점점 더 많은 학생들이 종교 과목 대신에 윤리학을 택하기 때문이다. 이런 현상은 부분적으로는 하우프트슐레(Hauptschule)와 레알슐레(Realschule)에서도 일어나고 있다. 특히 과거 동독 지역에서는 윤리학 수업이 폭넓게 확립되어 있다. 즉 이 지역에서는 윤리학이 대부분 정규 과목으로 설치되어 있다. 제대로 교육 받은 철학자들이 어느 규모로 윤리학 수업에 참여하느냐 하는 것 역시 앞으로의 계획에 달려 있다. 윤리학은 철학 과목의 하나로 이해되고 오로지 철학과를 졸업한 교사만 가르치게 할 좋은 근거들이 있다.

몇 년 전부터는 독일에서도 특히 어린이들을 철학하게 하고 5학년에서 10학년 사이의 청소년들에게 철학 과목을 가르치려는 노력이 기울여지고 있다.

이와 관련한 적절한 자료들, 교육적 단초들, 경험에 대한 보고들이 점점 더 많이 쌓이고 있다.[7] 물론 폭넓은 주제를 다루는 철학이 중급반 I에서 살아남을 수 있느냐 하는 것은 좀더 기다려봐야 한다. 지금까지는 개별적인 교사들의 시도들이거나 어린이 및 학부모와 함께 한 학교 밖에서의 프로젝트들이었기 때문이다.

국가시험 이외에 통상 2년간의 예비 교사 실습(Referendariat)이 추가로 요구된다. 그러나 몇몇 적은 수의 대학들에서만 학업과 예비 교사 실습이 통합되어 있다. 철학 수업의 교사는 어떤 특별한 지식과 능력을 갖추어야만 하는가? 이와 관련해서 미래의 철학 교사는 예컨대 석사과정과 박사과정을 마치고 오로지 대학에 남는 사람과는 구별되는 준비를 이미 학업 기간 중에 해야 하는지를 묻지 않을 수 없다. 장차 철학 교사가 되고자 하는 학생에게는 다음과 같은 점을 갖출 것을 요구할 수 있겠다. 즉 과목을 근본적으로 이해하고 있고 가르칠 수 있으며, 김나지움의 철학 수업에 연관된 다른 학문 영역에서의 지식을 갖고 있어야 하고(예컨대 학문이론과 관련해서는 자연과학을, 인간학과 관련해서는 심리학을), 수업을 구성할 수 있어야 한다.[8] 학업 기간 중에 습득해야 할 것은 무엇보다도 전문적이고도 실제적인 수업의 과제인 강좌 구상이다. 여기에 해당하는 것은 적절한 텍스트, 특히 '쉬운' 텍스트를 잘 이해하고 자립적인 논의를 구성하며 자신의 경험을 전달하는 일이다.

3절__ 성인교육기관 강사

독일의 대부분의 평생교육기관(Volkshochschule)에는 철학과 관련된 과목들이 개설되어 있고, 보통 이 과목들의 수업은 강사(Lehrbeauftragter)가 맡고 있다. 이점은 강좌가 매번 새로 신청되어야 하고 월급이 아닌 강의료가 지불

7) E. Martens, *Sich im Denken orientieren, Philosophische Anfangsschritte mit Kindern*, Hannover 1990; *Zeitschrift für Didaktik der Philosophie* 1/1984, 1/1991.

8) A. Kamlah, Überlegungen zur Arbeit der Studienreformkommission für das Fach Philosophie in Niedersachsen und in anderen Bundesländern, in: *Zeitschrift für Didaktik der Philosophie* 4/1980, 248-252쪽; W. D. Rehfus, *Einführung in das Studium der Philosophie*, Heidelberg 1981, 110쪽.

된다는 단점을 갖는다. 전체적으로 보아서 이 분야에서의 형식적인 전제 조건들은 확고하게 정립되어 있지 않다. 그렇지만 철학 강좌의 책임자에게는 앞서 철학 교사의 경우와 비슷한 요구 사항들이 제시될 수 있겠다. 강좌 참가자들의 관심을 일깨우고, 그들의 경험에 접목시키고, 많은 선이해 없이도 철학할 수 있게 하자면 아마도 성인교육에 있어서의 특별한 능력도 필요할 것이다.

지금까지의 보고들은 대중 사이에서 실제적인 문제들(원자력 발전, 생태계 문제, 기술적이고 경제적인 진보, 평화 등등)에 대해 말하는 데에 그치는 것이 아니라 이런 문제를 이해하는 데에 있어서 역량 있는 대화 상대자로서 철학자에게 조언을 구할 필요성이 커지고 있다는 것을 확실히 보여준다.[9)]

이와 유사한 활동을 하는 또 하나의 기관으로 노동조합을 들 수 있다. 노동조합은 예컨대 노동자와 회사원의 재교육 휴가(Bildungsurlaub)의 테두리 안에서 철학적 주제들을 다룰 수 있다. 기업들 역시 근로자들을 위해 세미나를 개설하는 수가 있는데 여기에 철학자들도 참여한다. '경영인을 위한 철학'이라는 구호 아래에서 다양한 시도가 가능할 것이다. 예컨대 정신과 육체의 관계와 같은 '고전적인' 철학 문제를 다룰 수도 있을 것이고, 심리학과 철학의 경계 영역에서 집단 역학의 문제(gruppendynamische Frage)를 토론할 수도 있을 것이다. 특별한 역할을 하고 있는 것으로서 비교적 새로운 분과인 경제윤리(Wirtschaftsethik)를 들 수 있겠다. 이 분과에서는 개별 기업의 관점에서나 경제 전체의 관점에서 책임 있는 경제 행위가 무엇인지를 묻는다.

4절__ 언론인과 편집인

아주 많은 것은 아니지만 철학 교육을 받고 언론인이나 신문, 잡지 혹은 방송에서 편집인으로 일하는 경우도 있다. 몇몇 출판사들은 철학을 전문으로

---

9) A. K. D. Lorenzen, Philosophie in der Erwachsenenbildung. Untersuchung zur Legitimationsgeschichte und Ansätze zu einem Konzept exoterisch-lebensorientierten Philosophierens. *Göttinger Beiträge zur universitären Erwachsenenbildung*, Heft 8, Göttingen 1986.

하고 있다. 이런 출판사들은 철학적 소양을 갖춘 편집자를 고용한다. 이런 영역에서 중요한 것은 무엇보다도 실제적 경험을 수집하고 그것을 입증해 보일 수 있는 능력이다. 이 분야에서 일할 수 있는 기회는 그 외에도 다른 영역의 주제들과 결합하는 능력에 크게 좌우된다.

라디오 방송의 경우에는 철학이 주제인 프로그램이 오래 전부터 전해오고 있다. 이 방송 시간에는 철학적 문제를 다루기도 하고 철학사의 '거장들'을 소개하기도 한다. 그 외에도 각각의 고유한 관심과 지적 수준에 따라 철학적 소양이 요구되는 여러 영역들(문화, 영화, 문학, 정치, 경제)이 있다. 이 경우에도 철학자들은 예외적으로만 제안을 받고 있을 따름이다. 철학자들은 편집자들을 설득할 수 있는 자신들만의 아이디어를 개발해내야 한다.

몇 년 전부터는 텔레비전 방송 역시 철학을 재발견하고 일련의 해당 프로그램들을 방영하고 있다. 한편으로는 바로 이 시각적 매체가 전통적으로 추상적인 학문인 철학에 대해 어떤 가능성을 갖는지 논란 중이지만, 다른 한편으로는 '텔레비젼에서의 철학'(Philosophie im Fernsehen)이 지속적으로 확립되자면 시청자들이 어떻게 반응하는지를 외면할 수 없는 노릇이다. 가능한 한 폭넓은 대중으로 하여금 철학적 주제에 관심을 갖게 만드는 일이 성공하느냐의 여부는 라디오 방송의 경우 보다 더 텔레비젼의 경우에 철학자들의 창의성에 달려 있다.

5절__ 철학 상담사

마지막으로 '철학 진료소'(Philosophische Praxis)를 개설하는 시도를 취할 수 있다. 철학자가 의사, 변호사, 심리 치료사와 비슷하게 진료소를 열어 철학 상담을 제공하고 보수를 받는 것이다.[10] 이때 철학 대화는 심리 치료와는 본질적으로 달라야 한다.[11] 상담을 제공하는 철학자는 규격화된 이론으로 환

10) G. B. Achenbach, *Die reine und die praktische Philosophie*, Klagenfurt 1983 (Klagenfurter Beiträge); G. B. Achenbach/A. K. D. Lorenzen, Der Philosoph als Freiberufler, in: *Zeitschrift für Didaktik der Philosophie* 3/1982, 176-180쪽.

11) O. Marquard, Philosophische Praxis, in: *Historisches Wörterbuch der Philosophie*, J.

자를 진단하는 것이 아니라 상담을 청하는 사람의 문제를 직접적으로 함께 사유하는 것(mitdenken)을 목표로 삼는다. 이렇게 하자면 철학을 잘 알고 있어야 하고, 특정한 사안에 대해 철학적으로 사유할 수 있을 뿐만 아니라 구체적인 경우로부터 함께 철학하는(mitphilosophieren) 특별한 능력이 필요하다. 이미 '철학 치료사'(philosophischer Praktiker)의 양성을 도모하는 '철학 치료 협회'(Gesellschaft für philosophische Praxis: 약칭 GPP)가 설립되었다.

■ 인용된 문헌

ZDP = *Zeitschrift für Didaktik der Philosophie*, Hannover 1979 ff.

Achenbach, G. B. 1983, *Die reine und die praktische Philosophie*, Klagenfurt.

______________. 1982, "Philosophie nach Tisch"— oder, Wer ist Philosoph?, in: ZDP 4/1982.

______________ /Lorenzen, A. K. D. 1982, Der Philosoph als Freiberufler, in: ZDP 3/1982.

Baumgartner, H. M./Höffe, O./Wild, Ch. (편), 1974, *Philosophie — Gesellschaft — Planung. Kolloquium Hermann Krings zum 60. Geburstag*, München.

Holzhey, H./Zimmerli, Ch. (편) 1977, *Esoterik und Exoterik der Philosophie. Beiträge zu Geschichte und Sinn philosophischer Selbstdarstellung*, Basel/Stuttgart.

Kamlah, A. 1980, Überlegungen zur Arbeit der Studienreformkommission für das Fach Philosophie in Niedersachsen und in anderen Bundesländern, in: ZDP 4/1980.

Lübbe, H. 1978, Wozu Philosophie? Aspekte einer ärgerlichen Frage, in: Ders, *Wozu Philosophie?*, Berlin/New York.

Lorenzen, A. K. D. 1986, *Philosophie in der Erwachsenenbildung. Untersuchung zur Legitimationsgeschichte und Ansätze zu einem Konzept exoterisch-lebens-orientierten Philosophierens. Göttinger Beiträge zur universitären Erwachsenenbildung*, Heft 8, Göttingen.

Marquard, O. 1989, Philosophische Praxis, in: *Historisches Wörterbuch der Philosophie*, J. Ritter/K. Ründer (편), Bd. 7, P-Q, Darmstadt.

Ritter/K. Gründer (편), Bd. 7: P-Q, Darmstadt 1989, Spalte 1307 이하.

Martens, E. 1990, *Sich im Denken orientieren, Philosophische Anfangsschritte mit Kindern*, Hannover.

________. 1989, Rehabilitierung der Angewandten Philosophie?, in: ZDP, 4/1982.

Rehfus, W. D. 1981, *Einführung in das Studium der Philosophie*, Heidelberg.

Schickel, J. (편) 1980, *Grenzbeschreibungen. Gespräche mit Philosophen*, Hamburg.

________. (편) 1982, *Philosophie als Beruf*, Frankfrut/M.

역자 약력

원승룡 전남대학교 철학과 교수, 서울대학교 철학박사, 현대 유럽철학 전공
이강서 전남대학교 철학과 교수, 뮌헨대학교 철학박사, 서양 고대철학 전공
이방연 전남대학교 철학과 강사, 프라이부르크대학교 철학박사, 현대 독일철학 전공

철학적 사유의 근본 주제들 II

PHILOSOPHIE:
EIN GRUNDKURS, BAND II

인 쇄 2021년 2월 5일
발 행 2021년 2월 10일

역 자 원승룡·이강서·이방연
발행인 정성택
발행처 전남대학교출판문화원

등 록 1981. 5. 21. 제53호
주 소 61186 광주광역시 북구 용봉로 77
전 화 (062) 530-0571~2
마케팅 (062) 530-0573
팩 스 (062) 530-0579
홈페이지 http://www.cnup.co.kr
이메일 cnup0571@hanmail.net

값 18,000 원

ISBN 978-89-6849-776-6 (93160)